福建新闻界“四力”
教育实践系列读本
“Four Effectiveness” Theory in Fujian Press
Educational Practice Series

福建优秀新闻工作者践行“四力”实录

Memoir of Excellent Journalists in Fujian

· 中共福建省委宣传部
· 福建省新闻工作者协会

主　编：邢善萍
副主编：许守尧　蔡小伟　叶雄彪　陈惠勤　阎立峰

厦门大学出版社
XIAMEN UNIVERSITY PRESS
国家一级出版社
全国百佳图书出版单位

图书在版编目(CIP)数据

福建优秀新闻工作者践行“四力”实录/中共福建省委宣传部,福建省新闻工作者协会编.—厦门:厦门大学出版社,2020.11
(福建新闻界“四力”教育实践系列读本)
ISBN 978-7-5615-7974-9

Ⅰ.①福… Ⅱ.①中… ②福… Ⅲ.①新闻工作—中国—文集 Ⅳ.①G219.2-53

中国版本图书馆 CIP 数据核字(2020)第 239661 号

出 版 人 郑文礼
责任编辑 刘 璐 廖婉瑜

出版发行 厦门大学出版社
社 址 厦门市软件园二期望海路 39 号
邮政编码 361008
总 机 0592-2181111 0592-2181406(传真)
营销中心 0592-2184458 0592-2181365
网 址 http://www.xmupress.com
邮 箱 xmup@xmupress.com
印 刷 厦门集大印刷厂

开本 720 mm×1 000 mm 1/16
印张 30.25
插页 1
字数 493 千字
版次 2020 年 11 月第 1 版
印次 2020 年 11 月第 1 次印刷
定价 79.00 元

本书如有印装质量问题请直接寄承印厂调换

厦门大学出版社
微信二维码

厦门大学出版社
微博二维码

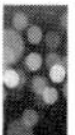

序　言

时代是思想之母，实践是理论之源。党的十八大以来，习近平总书记亲自为福建擘画的宏伟蓝图逐步变为美好现实。新闻舆论工作处在服务新福建建设的前沿，广大新闻工作者扎根八闽大地，活跃山海之间，用手中的笔墨光影，真实、全面、立体地展现了新时代福建发展的新气象、新作为。

长绳汲深井，深水负重舟。当前，我省新闻工作者坚持以习近平总书记关于新闻舆论工作的重要论述为根本遵循，不断提升"脚力、眼力、脑力、笔力"，担当作为、守正创新、佳作迭出。为展现全省宣传思想战线增强"四力"教育实践工作的成果，向奋斗在八闽大地上的新闻媒体从业者致敬，我们编撰了"福建新闻界'四力'教育实践系列读本"的第二辑——《福建优秀新闻工作者践行"四力"实录》。

参与本书组稿的记者、编辑，均是我省荣获长江韬奋奖、全国百佳新闻工作者、全国优秀新闻工作者、省"十佳"("双十佳")新闻工作者等荣誉称号的同志。翻开心得，我们能看到，他们以脚力前行，迈赤溪村民门槛，进贫困群众心坎，拉开脱贫攻坚的序幕；他们以眼力观察，观台海全局大势，察两岸细微民情，搭建沟通交流的桥梁；他们以脑力思索，探求乡村振兴路径，钻研晋江发展经验，弘扬"爱拼会赢"的福建精神；他们以笔力描绘，说县域基层治理，评干部为政之要，宣讲廖俊波的感人事迹。阅读作品，我们可以回望改革开放40多年来福建波澜壮阔的发展历程，也可以见证这支队伍与党同心同德、同向同行，与百姓心连心、为人民鼓与呼的初心与坚守。阅读"四力"心得，汇集新闻佳作，我们坚信：这是一支政治坚定、业务精湛、作风优良、让党和人民放心的新闻舆论工作队伍。

为更加全面地反映福建新闻战线工作者的风采，我们采取"心得"与"作品"相映照的编排方式。为此，我省长江韬奋奖获得者、全国百佳新闻工作者、全国优秀新闻工作者，以及在报社、期刊社工作的省"十佳"("双十佳")新闻工作者，提供了部分代表作品。其中不乏富有鲜明时代底色，又具有出版价值和纪念意义的上乘之作。《福建优秀新闻工作者践行“四力”实录》作为各新闻单位开展增强“四力”教育实践工作的业务用书，有助于新闻人增强专业本领、激发创造活动、锻造过硬作风；作为高校新闻院系“新闻理论”和“新闻实务”课程的教材，我们希望本书能丰富教学案例，对马克思主义新闻观教育形成有力支撑，引导未来的新闻人早铸新闻理想、厚植人民情怀。

本书是“福建新闻界‘四力’教育实践系列读本”的第二辑，弥补了第一辑的缺陷，也肯定存在一些不足。在此，我们诚恳接受读者的指正建议，并在今后的工作中不断优化改进。

唯有本领过硬，才能使命必达。“四力”本领绝非天生，无法一蹴而就、一劳永逸，需要在学思践悟中更新、在时代大潮中磨砺。在建设“机制活、产业优、百姓富、生态美”新福建的征程上，新闻舆论工作队伍使命光荣、责任重大。我们相信，经过增强“四力”教育实践的洗礼，福建新闻战线的广大工作者，一定能更好发挥出宣传新福建、记录新时代的排头兵作用。

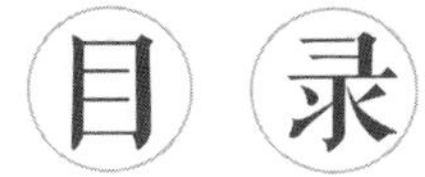

目录

人民日报社福建分社

3 〉赵鹏:把“四力”落实在基层

新华社福建分社

13 〉肖伦添:从一场新闻官司感悟新闻记者践行“四力”的必需
16 〉余瑛瑞:时刻想着国家的利益和人民的需要
18 〉郑良:增强“四力”是提升法治报道质量的必由之路
20 〉康淼:在“四力”实践中提升调研能力

中新社福建分社

33 〉徐德金:沉下心去找新闻
35 〉毕永光:“四力”之间的递进关系

福建日报社

41 〉王国萍:增强“四力”,不负新时代职责使命
46 〉吴孝武:回到现场
——关于增强“四力”的思考

49 〉段金柱：增强“四力”，讲好福建故事
63 〉刘国军：“跑”出权威和流量
69 〉李向娟：践行“四力”，努力采写有温度有思想的新闻报道
77 〉王志贤：倚马可待如何练成
81 〉王丹飚：夜班人当补短板
83 〉张永定：脚力是新闻摄影工作的基础
90 〉林世雄：有“四力”，才有四射魅力
96 〉黄少鹤：《福建法治报》的“四力”实践
102 〉陈岳：增强“四力”，做合格的新闻工作者
106 〉王伯伟：“四力”也要紧跟时代
111 〉刘辉：如何凸显主流舆论的声音
117 〉薛东：善于发现美好生活
119 〉兰锋：在重大报道中践行“四力”

福建省广播影视集团

147 〉成杨：唯有本领过硬　才能使命必达
151 〉王琳：践行“四力”的淬炼
153 〉傅毅梅：身心齐入练“四力”
156 〉卫小林：走对新闻工作这条路
161 〉李晓晖：“四力”的践行是不二法则
163 〉翁崇闽：对台传播实践中，“四力”要求指明方向和方法
166 〉郭福佑：我爱，我思，我求
172 〉林兴华：增强脚力、眼力、脑力、笔力
——提高新闻舆论的传播力、引导力、影响力、公信力
175 〉郭戴云：不忘初心，方得始终
——广播剧《闽宁镇》的创作体会
179 〉郑建武：追求最有效的新闻表达
——浅谈媒体融合背景下增强“笔力”的体会
181 〉阮怡：践行“四力”，是新闻工作者的职责与使命

183 〉 唐征宇:增强“四力”是创优工作的法宝
200 〉 赖黎萍:守初心担使命　强“四力”勇创新
203 〉 李连申:践行“四力”　传递声音
207 〉 李薇:把“四力”落实在工作中
210 〉 冯媛媛:践行“四力”,知行合一再出发
213 〉 孙世庆:增强“四力”练真功,融通采编多环节
216 〉 刘学:“四力”皆强　方出精品
218 〉 张春煌:践行“四力”是提高新闻舆论传播力、引导力、影响力、公信力的基本功
220 〉 李国泉:深入生活、扎根人民,不断增强“四力”
222 〉 邹琦逊:“四力”在新时代新闻媒体守正创新的时代意义
224 〉 张卫:增强“四力”　久久为功
227 〉 连振海:记者就应在前方
229 〉 林凡:锤炼“四力”,奏响新时代广播主旋律

福　州

237 〉 楼卫东:“四力”,新时代宣传思想工作的行动指南
243 〉 陈滨峰:心态永远是决定性因素
248 〉 谢联灵:好新闻始于足下
254 〉 刘琳:学习力是增强“四力”的基础
258 〉 陈永章:增强“四力”　服务人民
263 〉 雷岩平:知行合一　正本清源
265 〉 黎伦俊:增强“四力”　勇担使命
267 〉 陈长森:不入基层　焉得“活鱼”
273 〉 潘文森:走出误区上坦途
——办报中的一点体会
279 〉 刘家铭:练好“四力”才能写出好作品
283 〉 赵素文:《福州晚报》增强“四力”的基、本、源
290 〉 陈航:牢记职责使命　不断增强“四力”

292 〉张春斌:锤炼“四力”,做党的全媒型专家型新闻工作者
295 〉吴乙平:不断锤炼和增强新闻发现力
297 〉岳福荣:增强“四力” 不辱使命
299 〉汤寒枫:“四力”铸魂
301 〉姚敏:如何在融媒体环境下增强“四力”
304 〉王振江:增强“四力” 不忘初心

厦 门

309 〉蓝碧霞:落笔求实
312 〉黄圣达:用“四力”破除自媒体时代的信息迷雾
314 〉吴慧泉:我的第一身份是记者
318 〉宋康:公益栏目《就是爱朗读》的“四力”实践
320 〉王海青:增强“四力”让新闻更给力
330 〉邱建浩:增强“四力” 让新闻出新出彩

漳 州

335 〉吴鹏举:基层为纸 实践为笔
341 〉陈小玲:从三个方面入手践行“四力”
349 〉林忠:践行“四力”,归来仍是“少年”
352 〉蔡文原:只有增强“四力”才能出精品
355 〉林艺群:练好“四力” 新闻路越走越宽

泉 州

361 〉吴家阳:增强“四力”是新闻工作者的立身之本
363 〉许志荣:践行“四力”,与时代同行
365 〉郭培明:不打无准备之仗

368 〉吴建生:地方媒体增强“四力”的关键点
370 〉杨旭东:增强“四力” 挺进宣传舆论工作“主战场”
373 〉蔡斯琦:锤炼“四力” 深耕电视新闻

三　明

377 〉马汝杰:肩头重量 促“四力”提升
380 〉卢辉:用“如椽之笔”书写时代最强音
382 〉吴爱农:到一线去锤炼“四力”
386 〉陶盛爱:增强“四力” 提高能力
388 〉谢凌:把广播办到乡镇墟场
390 〉张敏:以点带面增强“四力”

莆　田

395 〉许晨聪:闻鸡起舞砺初心
401 〉吴伟锋:增强“四力” 坚守初心

南　平

407 〉杨斌:“四力”是要求,也是方法
411 〉叶国宝:三分写,七分思
423 〉邱盛林:“四季”不偷懒 方有好“收成”
428 〉兰旺生:如何在“四力”上下功夫
430 〉余仲樵:增强“四力”,应当做到“八个要”
432 〉林海:注重“四力”的整体效应
434 〉柯仙炉:不忘初心 增强“四力”
437 〉黄旭辉:“四力”入心注于手 汩汩华章动地来

龙　岩

441 〉卢基莹:永远在路上
445 〉阙林福:践行“四力”,让我们的新闻更有力量
448 〉谢庆平:做一个新时代的广播新闻好记者
450 〉张华云:也谈新闻人的基本素养

宁　德

455 〉王绍据:坚持不懈深入　方可增强“四力”
459 〉吴道锷:在践行“四力”中传递真善美
465 〉李振富:增强“四力”　倾情书写新时代

平潭综合实验区

469 〉高芳:记者,记着!
471 〉欧阳晓波:“四力”为宣传队伍建设提供根本遵循

473 〉**后　记**

人民日报社福建分社

福建优秀新闻工作者践行『四力』实录

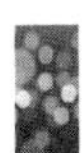

赵鹏:把“四力”落实在基层

人物名片

赵鹏,北京人,祖籍山东莱州,高级记者。1994 年 7 月山东大学中文系毕业,8 月进入人民日报社地方部(原记者部),同年 9 月,到人民日报社驻福建记者站工作;1999 年入党;2003 年,晋职人民日报社驻福建记者站采访部主任;2018 年 8 月,任人民日报社广东分社副社长;2019 年 1 月至 2020 年 1 月,挂职中宣部新闻局第二十六届新闻协调小组副组长;2020 年 3 月,任人民日报社海南分社社长。

2004 年获福建“双十佳”新闻工作者称号;2008 年和 2010 年,分获福建省抗震救灾和抗洪救灾省级先进个人;2010 年,因紫金矿业污染系列报道获中国新闻奖三等奖;2011 年,全国新闻界“走转改”活动期间,因福建省长汀水土流失治理报道《十年治荒　山河披绿》,获得习近平同志批示;2012 年,获人民

赵　鹏

日报社“走转改”活动先进个人，同年3月，代表人民日报社参加中宣部组织的全国巡回报告；2014年，作品《驻村三日》获中国新闻奖三等奖；2013年，受聘厦门大学新闻传播学院兼职教授；2015年，受聘清华大学新闻学院“高级新闻采访写作”课程讲师。

“四力”心得

作为一名记者，行走基层、深入基层是我们的家常便饭。可为什么“走转改”依旧首先要强调“走”？很多部门和单位也在强调“深入基层”，身为媒体人的“深入基层”又与他们有何不同？除了完成采访报道任务外，驻地记者的“下基层”，还应该汲取哪些不同的收获呢？

到基层去寻找时代答案

在转型期内、在新常态下，世界既让人眼前丰富多彩，也令人内心充满困惑。社会解构之前，我们习惯于一种声音、一种视角；解构之后，多元的声音、多元的视角给人们带来了更多的欲望，这种欲望激起了欢欣，也引来了更多的痛苦。困惑与痛苦中，我们最大的失落是方向感，似乎都对，又似乎都不对。

我们是如此，我们的读者也是如此。世界需要一个答案、读者也需要一个答案，而这个答案就“埋”在基层。

风起于青蘋之末。社会的变革起源于基层、时代的变迁涌动于基层，同样，展现在表层的矛盾积累聚焦于基层，而找到破解矛盾的方法也探索于基层。20多年来，我把每一次采访都当成一场社会调研。越是深入，越是觉得基层蕴藏着无穷的故事。越是深入，也越是觉得我对基层的了解还有很多的未解之谜。

同样的主题，不同的视角、不同的人物、不同的经历，都会让我找到不同的答案。这个时代需要答案、这个社会也需要答案。当一些自媒体、新媒体利用制造答案的机会，争夺话语权、营取利益的时候，党报媒体人更应该肩负起自身的使命，到充满答案的基层中去。因为，我们笔下的世界就是读者眼前的世界。

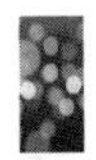

到基层去提升自身能力

每一次对基层的重新认识，其实也恰恰都是我自己对中国社会又一次更新认识和加深理解。而这种更新与加深，反映到报道上，也正是不断提升自身业务能力的一条有效途径。人的思想不是无源之水、不是无本之木，源和本有两个，一处来自理论建设，另一处就来自基层大地。

清醒与冷静，是我们媒体人坚守的品格。对于基层，不能是简单的诗意，要有发自内心的善意；不能是简单的抨击，更要有远于别人的透邃剖析；不能是简单的归类，还要有谦逊学习的敬畏。每完成一次这样深度报道，基层工作人员常常表示感谢，但我更感谢他们对我的充分信任和给予我毫无保留的信息。在这样的互取中，我在业务上又进了一步。

2019 年，新闻界开展增强“四力”教育。所谓“四力”，即脚力、眼力、脑力、笔力。脚力为什么排在第一位，我们每一次深入基层采访的故事就很说明问题：脚力就是深入实践、深入群众开展调查的能力，而实践又是理论创新的动力和源泉。

这么多年一直在基层做驻地记者，我最大的收获就是：作为一名党报记者，无论外界条件如何复杂，都不能取代我们用脚底板一步一步丈量出今日中国的伟大变迁，不能取代用扎扎实实的实践为理论注入鲜活生命力的时代记录。

到基层去透越思想迷雾

“接地气”的目的，不仅是加强作风建设的一种手段，同时也是获取真相的最有效手段。过去讲“没有调查，就没有发言权”，现在看，“只有离基层越近，才能离真相越近”。

勇于触及矛盾、敢于直面问题，这是我们当下以及未来媒体工作的一个方向。我们的任务是通过触及矛盾来引导读者，而不是加剧矛盾；是用直面问题来澄清谬误，而不是制造更大谬误；我们需要时刻保持怀疑的精神，而不是让怀疑左右我们的思想；我们要有深入基层的求实，更要有超越基层的视野。

落实习近平总书记的要求就要坚定思想。坚定不是表现在口头上，也不是体现在顺利时，而是越是在风高浪急中越要成为守在峭壁间的中流砥柱、越是在迷雾重重时越要担起孤岛上风雨航灯的重任。脚下的大地有多深，我们的根系就要扎多深；脚下的大地多稳，我们的思想就要嵌多牢。

代表作品

十年治荒　山河披绿

赵　鹏

《人民日报》 2011 年 12 月 10 日

如果我有“穿越”异能，真想带你重回 10 年前的闽西老区，看一看那中国四大水土流失严重地之一长汀县，亲身感受一下什么叫“山光、水浊、田瘦、人穷”；如果我的笔有摄像功能，真想让你看一看今天的长汀，又是怎样的翠波千顷、满眼新绿、花灿两岸、果香万里。

敢教山河换新颜，成立全省唯一水保局，水土治理走群众路线

长汀县土地面积 460 多万亩，1985 年遥感普查显示，全县水土流失面积高达 146.2 万亩，面积大小、严重程度、危害性均居中国南方省份之首。从 1983 年起，福建省就开始了在长汀的水土保持治理，时任省委书记项南还专门写过一首 72 字的“水土保持三字经”。

2000 年，福建省委、省政府正式将长汀水土保持治理工作列入全省为民办实事项目，确定连续 8 年每年从省级财政中划拨 1000 万元、龙岩市财政配套 200 万元，誓让这个当年土地革命时期人称“红色小上海”、中央苏区物资基地的长汀县，重披绿装。

第一个 8 年过去了，至 2009 年，长汀县累计治理 107 万亩流失山地，但长汀人铁心奋战绿荒山的脚步，并没有停下来。2010 年，福建省委、省政府再次作出决定，扶持政策继续，再干一个 8 年，水土不治、山河不绿，决不收兵！

钱有了，长汀县政府成立了全省唯一的水保局；队伍也有了，虽然只有 12 个人，但个个都是农学科班出身，技术不含糊。这就行了吗？“不行！”已经退居二线的长汀县水保局原副局长刘炳平陪着我，一个镇一个村实地走访，“干了 10 年，我觉得最重要的一条，就是必须把群众发动起来，让群众一道参与治

理保护,否则怎么干都白搭!”

普通人做不凡事,不认输的马大姐,不服老的黄老汉,不惧穷的沈支书

马雪梅今年48岁,老家山东青岛,1997年嫁到濯田镇莲湖村。1999年,她最早承包的198亩山地,还是刘炳平当副局长时“连哄带骗”拉来的。

“他们在山脚种一圈板栗,无偿交给我承包。可那叫啥山?天上下一点小雨,水从山头冲到山下时,就变成了泥石流,冲得整座山一道道深沟。”忆起往事,马雪梅还是忍不住流下眼泪。“这就是南方典型的水土流失面貌。”刘炳平说,下来的雨水在山上根本存不住,还冲走土壤中有机元素、微量元素。

哭完之后,马雪梅那股山东人的倔强性格显露了出来,重新借钱、重新买苗买肥,再度上山。刘炳平也豁出去了,带着技术人员上山指导。他们自己创造出“反弹琵琶”“小穴播草”“逆向治理”“养分归还”等“土”招数,别看“土”,但管用。2000年,马雪梅再种上去的板栗,4年后开始挂果,挂果率和质量也开始逐年提高。后来,马大姐又一口气承包200亩山地,如今400亩山地全部种满了果树,连养猪带收果,一年毛收入五六十万元。

黄金养今年57岁,三洲镇三洲村人,自小看够了当地水土流失的可怕模样。到了20世纪90年代,情况越发严重。“家门口就守着汀江水,可是一到种稻之时,周边几个村为抢水,没少打架甚至械斗。水土一流失,汀江里根本就没水。”

1999年,也正是长汀县实施“大种大养”战略之年,黄老汉当仁不让,主动要求治山。刘炳平当过三洲的镇长,熟悉老黄,二话没说就把一片300亩左右的崩山(水土流失造成的崩坍山地)包给了他。招数还是那些招数,可黄金养选种的却是杨梅。“我们这里还是稀土区,土壤中虽然其他养分不多,但刚好适合杨梅。”这一承包,就到了今天,老黄把家里能凑来、借来的钱全都投到山上,连女儿每年从英国寄来的1万英镑养老费,也都扔了进去。

眼下,黄金养手上除了900亩杨梅,还有200多亩茶山。在他的带动下,整个三洲村种起了6000多亩杨梅,每年村里举办杨梅节时,放眼望去,漫山苍翠,郁郁葱葱。

因水土流失,长汀曾是国家级贫困县。沈腾香嫁过来时正是策武镇南坑村最穷的时候,“人均八分田,地上没资源”。没几年,凭着毛巾厂技术员的经历,沈腾香当上了村支书。不是本村人,还是女娃子,沈腾香最突出的本事——不惧穷。沈腾香细一琢磨，南坑的“穷根”是水土流失，只有治了山，才能彻底挖穷根。她领头带着村干部上山种油萘，结果当年就见效益，少的也赚了三五千元。这一下，群众信了沈支书，第二年，南坑村9000多亩荒山全种起果树。

沈腾香一看群众全都种果树，预料到几年后市场会有所波动。于是，她又找到在厦门做生意的一个乡亲谈合作，将村集体2309亩山地以入股的形式，种植银杏树，同时再把村里一家一户的养猪场合并到一起，全部搬到山上。既提供了肥料，又美化了村容，后来又在村里盖起了200多个沼气池，一并破解用柴用电的难题。

后来一切发展正如沈腾香所料，银杏树种植达到9000多亩，南坑由此一举甩掉穷帽子。如今的南坑，家家新房、户户人丰，前年还成为龙岩市首批新农村建设示范村。

向政府再提建议，增加补贴，建立补偿，因地制宜调政策

10年努力，长汀县水土流失治理成效明显。对107万亩治理区的监测显示：植被覆盖率由15%至35%提高到65%至91%，植物种类由7科7属8种增加到20科26属30种，年增加保水6526.4万立方米，保土128.47万吨。水利部专家誉之为“中国南方红壤区水土流失治理新模式”。

可马大姐、黄老汉、沈支书拉着我的手说，你们“走转改”来了，能不能顺便也帮我们提点建议：

电费、化肥能否多些补贴？咱这是治理区，禁砍树禁挖草，群众生活能源要么靠煤、要么靠电。以前水保局为了扶持群众烧煤，每个煤球补贴4分钱。现在煤价从原来的每斤0.15元涨到了0.8元，用不起了，只能改用电。可农村电价每度0.6元，像老黄家一年仅生活用电就要2000多元，这还不算生产所需。化肥更别提了，复合肥原来一吨800多元，现在3000多元，有机肥一亩一年更是要5000多元。

能否建立生态补偿机制？对治理区能否也像流域生态治理一样，搞个下游补上游，让汀江下游的地区对上游反哺一些。毕竟生态是大家的生态。

养猪能否少些限制？治理区原来都是荒山，可现在很多地方治理好了，一些山地被划为生态林之类，就意味着在这片区域里限养猪了；另外，由于靠近汀江河上游，按现在法规，饮水源地也要限养或禁养猪。其实，治理区不同其

他地方，这里养猪一个重要目的，就是为了要用猪粪，给山增肥。是不是也能给个特例，对这样的治理区养殖家畜，政策放宽一些。

编辑感言

一座座寸草不生的“火焰山”，一群生长于此的普通群众。可是，山，究竟是怎么改变的？树，是怎么栽活的？长汀的旧貌换新颜引人深思。

10年之间，从荒山连片到花果飘香，长汀人的努力让人感佩。正是他们不信邪、不服输、不怕穷的勇气和坚守，造就了今日人与自然的和谐。山清水秀，脱贫致富，日子也越来越有奔头。但长汀的农民群众依然有亟待解决的难题困在心头，希望有关方面能够采取措施帮他们解难。山河重披绿了，可别寒了群众心。

新华社福建分社

福建优秀新闻工作者践行『四力』实录

肖伦添：从一场新闻官司感悟新闻记者践行“四力”的必需

人物名片

肖伦添，中共党员，1956 年 9 月出生。1979 年 9 月至 1983 年 9 月，在厦门大学中文系学习；1983 年 9 月至 1986 年 10 月，任新华社国内部港台编辑室编辑；1986 年 10 月至 2000 年 4 月，任福建分社记者、主任记者；2000 年 4 月至 2001 年 1 月，任福州记者站站长；2001 年 2 月至 2006 年 12 月，任福建分社总编室副总编、常务副总编（2003 年 12 月，受聘任福建分社高级记者）；2007 年 1 月至 2009 年 1 月，任福建分社新闻信息中心主任；2009 年 1 月至 2010 年 7 月，任福建分社机关党委副书记；2010 年 8 月至 2016 年 3 月，任福建分社机关党委专职副书记；2011 年 7 月至 2017 年 3 月，任福建分社纪检组组长（2016 年 4 月任福建分社党组成员、四级职员）。

肖伦添（左一）

“四力”心得

2016 年 3 月，习近平总书记在中央政治局“三严三实”专题民主生活会上提出：“要增强看问题的眼力、谋事情的脑力、察民情的听力、走基层的脚力。”这一重要论述后来又进一步延伸为对全国宣传干部的谆谆教诲和殷切希望：“要不断掌握新知识、熟悉新领域、开拓新视野，增强本领能力，加强调查研究，不断增强脚力、眼力、脑力、笔力。”近年来，新闻同行们努力践行习总书记的“四力”要求，撰写了大量佳作。

我从事新闻工作期间，虽然无人明确提出“四力”要求，但我和我的同行都被强调“新闻是跑出来的”，要脚到、手到、眼到，强调新闻要准确、客观、及时、公正，要把“笔下有财产万千、笔下有人命关天、笔下有是非曲直、笔下有毁誉忠奸”作为座右铭。

总结我 24 年的采编生涯，其中，2001 年底至 2002 年上半年与外商李某打的一场名誉侵权官司，至今仍让我感悟到作为新闻从业人员必须努力践行“四力”的重要性。

这个案例并不复杂：20 世纪八九十年代，外商李某在福建做生意，通过合资、承包等，向银行和企业借款不还，每办一个企业，就引发一连串官司。几年间，李某在大陆欠债达上亿元。1999 年，李某出境。

从“脚力”方面说，这个案例是我在“跑口”中从省高院执行庭中了解到的，当时李某的许多案例已经生效，但却遇到“执行难”问题。如果我没去“跑”，是不可能知道这些情况的。

从“眼力”和“脑力”方面说，这些案例都是单个的经济纠纷；但如果连串起来研判、归纳，就可以断定，这是以“投资”为名行诈骗之实的连环诈骗案，常态中有着极其不寻常的特性。敢不敢把它披露出来又是一个考验记者的难题。当时全国各地都似乎患了“招商引资”饥渴症，争相晒出“招商引资”优惠政策，披露此案将导致正反两方面的结果：正方会认为是对当时“招商引资”热的当头棒喝；反方会认为如果揭发外商不法行为的信号扩大，将影响本地社会经济发展。

这一稿件在“笔力”方面不敢说写得有多好，但可以肯定的是符合新华社报道要求。此案例完稿后，内部报道方面发于新华社《内参选编》；经领导同意，公开长篇报道发表于《福建经济快报》。

舆论监督起到好的结果。该文发表后，李某认为侵害了他的名誉权，委托律师向福州市鼓楼区人民法院提起诉讼。经过法院的一系列庭审程序后，最终，鼓楼区法院、福州市中级人民法院都判定，记者的报道“基本内容真实”，驳回原告诉讼请求。多家媒体关注过此案。该文发表后，不少地方政府陆续出台政策，改变将招商引资作为考核干部硬指标的做法。

余瑛瑞：时刻想着国家的利益和人民的需要

人物名片

余瑛瑞，1980 年 4 月被新华社从长春市商业局选调至吉林分社任工业记者；1986 年 4 月，由新华社吉林分社选调到北京总社《瞭望周刊》经济部任记者兼编辑；1990 年 8 月由总社派驻新华社福建分社，常驻厦门支社；1997 年被新华社评聘为高级记者，任厦门支社副社长，后主持工作至退休。

2004 年 5 月被福建省委宣传部、福建省新闻工作者协会评为福建省“双十佳”新闻工作者。

余瑛瑞

“四力”心得

我在新华社从事新闻工作整整35年。在35年的记者生涯中，我没休过一次年假，几乎所有节假日都守候在一线工作岗位上，到底采写了多少条稿件已无法统计。

从北方到南方，我几乎跑遍所有行业，采访对象涉及社会各个阶层。上到副总理、中央部委负责人、省委书记和省长；下到酒店传菜的小妹、鼓浪屿上的流浪艺人。在众多采访对象中，有来华投资的外商，有知名专家学者，有中外钢琴家，也有诈骗犯、走私犯、跨国毒枭，以及偷渡客和落网贪官。

在这里，我只讲一个例子，关于福建安溪铁观音的兴衰。1997年，我在泉州采访。福建日报社泉州站站长李宇思对我说：安溪茶农种茶亏损，很多茶农在砍茶树，希望我能去看一下。深入采访后我发现，千年茶乡安溪竟然是福建省最大的贫困县。因为没有外贸进出口权，安溪茶农捧着金饭碗要饭吃。茶叶越种越穷，茶农不得不忍痛砍茶园，外出打工。深入采访后，我写出《安溪茶农种茶亏损，乌龙茶前景堪忧》，呼吁国家授予安溪外贸进出口权。稿件刊发后，中央领导做出重要批示，外经贸部和相关部门组成专题调查组赴安溪调研，回京后很快授予安溪外贸进出口权。有了外贸进出口权的安溪茶产业再度兴盛，万千茶农种茶致富，很快甩掉了贫困县的帽子。

35年记者生涯，给我最深的感悟是：只有时刻想着国家的利益和人民的需要，并为这一追求全身心地付出和奉献，才能不辱使命。

郑良：增强“四力”是提升法治报道质量的必由之路

人物名片

郑良，2006 年 7 月毕业于厦门大学法学院（法学硕士），8 月进入新华社福建分社从事新闻采编工作。2017 年任新华社福建分社编委、政文采访室主任；2020 年 2 月任新华社福建分社副总编。从事新闻采编工作以来，有 70 多篇稿件获得中央领导批示，多篇稿件获得中央主要领导批示，并产生了较大的反响。

郑　良

“四力”心得

法治领域历来是新闻报道的富矿，社会关注度高。传播力和影响力的强大，并不意味着引导力和公信力随之提升。如果法治报道没有把握好正确舆论导向，负面影响也会更大。

从当前法治报道看，存在以下问题：一是报道肤浅化。这类稿件主要表现为照搬执法办案单位通稿，大多千篇一律、面目可憎、言语无味。二是报道低俗化。个别媒体在一些案件报道中，沉溺于对表面现象的追逐，甚至热衷于搜奇猎异，将庸俗、低俗的情节作为噱头炒作，有的甚至已经构成新闻侵权。三是报道失真化。此类报道往往居高临下，指点江山，看似理直气壮、咄咄逼人，实际上大多缺乏法治常识和法治思维，有的甚至自觉或不自觉充当利益集团代言人。

增强“四力”是提升法治报道质量的必由之路，要以更宽广视野，讲好故事，发现真问题，记录并推动中国法治进步。全面推进依法治国进程中，科学立法、严格执法、公正司法、全民守法的生动实践，打破了当前法治报道过分依赖案件报道的局限。记者要破立结合，注意挖掘更多折射中国法治进步的生动故事和典型人物，以扎实的采访、生动的叙述，增强报道的吸引力和感染力。我们应正确认识主流和支流、成绩和问题、全部和局部、普遍性和特殊性的关系，从建设性立场出发，以人民为中心，以促进问题解决为导向，实现舆论监督和正面宣传的统一。

康淼：在“四力”实践中提升调研能力

人物名片

康淼，1980 年出生，2002 年浙江大学毕业后进入新华社福建分社工作，历任新华社福建分社记者、福建分社经济采访室主任、总编室编委、副总编辑。现任新华社厦门支社社长，高级记者职称。

曾采写《潮涌八闽帆起东南　福建启航新时代》等一批重大主题报道，近百篇内参获得中央领导批示。先后获新华社优秀内参调研记者、福建省“十佳”新闻工作者、新华社优秀共产党员、新华社庆祝新中国成立 70 周年宣传报道工作先进个人等荣誉称号，有 30 多篇报道获福建省新闻奖等省级以上新闻奖项。

康　淼

“四力”心得

新华社社长蔡名照经常说起一个故事，他在基层农村考察调研时，一个农民跟他说：“现在信息离我们越来越近，媒体离我们越来越远。”确实，现在传播格局深刻变化，社会节奏越来越快，媒体行业也越来越浮躁，各种信息信手拈来，真正扎到基层做调研的记者越来越少。

纵观这几年新华社的报道，总体上有两个趋势：一是记者的写作水平和能力整体上在提升，文字越来越凝练，文采越来越优美；二是一些记者的调研能力整体上却在下降，重大调研、独家调研、原创调研报道越来越少。

如何破解调研能力下降的问题？只有在“四力”实践中才能提升调研能力和水平。深入基层、深入群众，是新闻工作者提升调研能力的必由之路，是履职尽责的应有之意，也是提升新闻舆论传播力、引导力、影响力、公信力的重要保障。

时代是思想之母，实践是理论之源。要走出去、俯下身、沉下心。镌刻时代印记的趋势问题、经验教训都来自基层实践。只有深入基层、深入群众，真正做到人到、心到、脑到，才能在基层实践中发现问题、把握趋势、找到办法。

“以天下之目视，则无不见也；以天下之耳听，则无不闻也；以天下之心虑，则无不知也”，要牢牢树立为民情怀，始终把人民群众装在心里，始终惦记人民群众冷暖，始终为人民群众书写，始终把镜头向人民群众聚焦。坚定新闻工作人民性原则，这是践行不忘初心、牢记使命的必然要求，也是增强“四力”工作的着力点和方法论。

代表作品

潮涌八闽帆起东南　福建启航新时代

刘　亢　康　森　涂洪长　刘姝君

《新华每日电讯》 2018 年 2 月 6 日

改革开放，决定当代中国命运的关键一招。2018 年，中国迎来改革开放 40 周年。

40 年来，海峡西岸春潮涌动，沉寂的台海前沿迸发出前所未有的活力。集"台、侨、特、海"于一身的福建，先行先试，爱拼敢赢，取得了令人瞩目的成就。

借力扬帆天地阔，击鼓催征正当时。进入新时代，习近平总书记为福建擘画未来："建设'机制活、产业优、百姓富、生态美'的新福建"；"多区叠加"的八闽大地，迎来了千载难逢的发展良机。

新时代再启航，福建如何找寻前行方位航程坐标？如何在服务国家发展大局中落实特殊使命？如何在全球化竞争合作的洪流中再造优势？

经济发展高质量、社会治理高效能、精神文明高品位、幸福生活高指数、生态环境高颜值……一系列"高追求"，彰显福建特色、体现福建品质、展现福建气魄。

改革不停顿，开放不止步。深化"放管服"改革更好发挥政府有形之手作用，落实"马上就办，真抓实干"重塑干部作风，倡导"爱拼会赢，永不止步"提振企业家精神……

再扬改革之帆，行好赶超之船，新福建启航新时代。

赶超底气从何而来？

内生动力勃发，区位优势重塑，国家使命加持，福建赶超发展迎来多重历史机遇交汇期。

1 月 26 日，福建省十三届人大一次会议举行。福建省省长唐登杰在政府工作报告中提出：2018 年经济增长目标为 8.5％左右。两年前，福建省"十三

五”规划纲要也将未来5年的经济增速设定为8.5%。

经济新常态下，福建的发展预期，既有立足实际的理性谋划，更有立志赶超的宏远抱负。

稳中求进，稳是前提，稳是基础。

十八大以来，福建GDP从接近2万亿元到突破3万亿元，2016年首次进入全国前十；人均GDP从5.3万元增加到8.2万元，超过1.2万美元，2016年上升到全国第6位。初步统计，2017年，福建GDP达3.2万亿元，增长8.1%。

稳中求进，进是突破，进是追求。

逐渐摆脱“沿海经济小省”的尴尬，整体实力跃上新台阶，福建稳中求进有了更为坚实的基础，更为广阔的前景。

——与沿海先进省份相比，福建工业化仍有较大空间，赶超势能的集聚为较快发展提供了坚实保障。

福建省委政研室主任陆开锦说，东部沿海其他省份已基本完成工业化或进入工业化后期，而福建尚处于工业化中后期。过去5年福建发展速度一直位居东部沿海前列，正在形成追赶之势。“十二五”是福建比较优势的累积期，“十三五”则是比较优势向发展优势的转化期。

“闽道更比蜀道难”，交通落后、腹地逼仄曾长期制约福建发展。十八大以来，福建“两纵三横”的现代综合交通网络建设加快形成，实现市市通快铁，县县通高速，镇镇通干线，村村通客车。全省高速公路运营里程突破5000公里，密度居全国前列，铁路路网密度为全国平均水平的2倍。从末梢到枢纽，基础设施的沧桑巨变，为产业聚集和发展提速打开了新天地。

从经济总量来看，相邻的广东省已接近9万亿元，浙江省突破5万亿元，而福建省才处于3万亿元关口；全国14个城市GDP突破万亿元，福建经济第一大市泉州GDP尚不足8000亿元，增长潜力可期。

——我国区域经济板块联动日渐加强，处于长三角、珠三角、中部地区三大板块中间的福建，正乘八面来风之势，享区域协调发展之利。

欧洲的红酒、日韩的化妆品……在江西省井冈山经济技术开发区吉安陆地港，来自厦门自贸片区的1000多种直销进口商品备受欢迎。这家由厦门港务集团投资运营的陆地港是闽赣合作的产物，大量江西货物通过吉安陆地港及海铁联运等渠道进出福建港口。福建腹地之困日渐缓解，互利共赢的合作之路越走越宽。

青拓集团，浙江青山钢铁在福建宁德投资的大型企业。看中当地优质的港口资源、较低的要素成本，青拓集团果断布局，几年间销售收入突破800亿元，成长为世界最大的不锈钢生产企业。

——两岸关系进入新阶段，福建肩负深化两岸融合发展的历史使命，需要进一步壮大经济实力，增强吸引力，凝聚向心力。

总投资62亿美元的联芯集成电路项目，由台湾联华电子与福建方面合资组建。公司成立3年多来，产品良率已达行业领先水平。从无到有，从弱到强，厦门迅速形成完整的产业链上下游配套，相关项目超过100个。

平潭综合实验区围绕两岸共同家园，建起了对台小额商品交易市场、台湾创业园等，平潭至台湾客滚航线、台车入关、对台海运快件等业务让“闽台一日生活圈”逐渐成形。

持续推进的闽台产业对接升级计划，让两岸企业有了更多携手共进的机会。目前，43家台湾百大企业在闽投资，福建实际使用台资74.5亿美元，漳州古雷炼化一体化、泉州晋华存储器、莆田联颖光电6寸砷化镓等一批台资项目正在加快建设。

——发展更高层次开放型经济，福建身兼政策与区位之便，向全球产业链和价值链高端迈进。

21世纪海丝核心区的特殊定位，让福建又一次挺立开放潮头。

丝路启迪思路，视野推动事业。全方位、多层次的海丝核心区建设方案，加快了福建与东盟等海丝沿线国家和地区合作步伐。广泛吸引华商参与海丝沿线重要基础设施、产业园区等合作项目建设，福建与东盟经济文化合作迅速升温。

从非洲西海岸毛里塔尼亚，福建宏东远洋股份有限公司建成大型远洋渔业基地，到欧亚大陆十字路口波兰，福建商人成立的中国商品城……有着深厚海洋基因的福建商人，正以开放开拓之姿复兴着曾经的丝路盛景。

海丝核心区、自贸试验区、平潭综合实验区、福州新区……一项项国家任务书，一个个开放窗口，成为福建与世界联结的缤纷纽带；在经济全球化的汪洋大海中，“新福建号”巨轮风光无限。

福建省委书记于伟国说，福建将打开“大视野”，用好“大平台”，在开放的思想观念、结构布局、体制机制上进一步拓展，以全面开放促进改革深化、提高经济发展质量。

夯实现代化经济体系的骨架支撑

抓龙头、铸链条、建集群、谋创新，主导产业增底气，传统产业鼓士气，新兴产业显锐气。

在24小时连续滚动的全自动化生产线上，一块块大尺寸液晶面板鱼贯而出。这里是总投资300亿元，以业界最快速度完成打桩建设的福州京东方项目生产车间。去年2月，京东方福州8.5代线向国内外客户交付首批产品。

福州市经信委副主任林端雄介绍，京东方项目不仅填补了福州电子信息产业液晶大尺寸面板的空白，也将带来超过80亿元的配套项目投资。

随着京东方、华佳彩、泉州晋华等项目的接连投产，福建电子信息产业集群竞争优势加速形成，由"填芯补屏"向"增芯强屏"大踏步迈进。

长期以来福建产业结构偏轻、领军企业匮乏、集群规模不大。时空变幻，昔日"前线"，今日"前沿"，福建的区位格局为之一新，发展优势全面迸发。

年终岁首之际，两岸最大石化产业合资项目——漳州古雷炼化一体化落户，在福建石化产业的大棋局上，又添一关键棋子。

作为福建三大主导产业之一，沿着福建海岸线一路向北，古雷石化基地、湄洲湾石化基地、江阴石化专区等多个石化巨头次第崛起，东南沿海石化产业版图正加速重构。

5年来，福建全力以赴抓好"五个一批"项目，全省工业投资从4548亿元扩大到8600亿元，年均增长13.5%，千亿产业集群由5个增加到11个。产业结构由"轻"向"重"、产业链条由"短"变"长"，产业规模由"小"做"大"。

一个小小的马桶盖曾引起国人对"中国制造"的质疑，然而福建民企九牧厨卫却通过"技术赋能"，改写了人们对国产卫浴用品的粗糙成见。

走进位于南安的九牧厨卫质检车间，一个个智能马桶的零部件正在接受各种考验，为了检测防水性能，马桶要进行20多个小时的连续冲洗，马桶盖座圈被反复施以200公斤的压力测试……

九牧厨卫董事长林孝发说，随着消费结构的升级，九牧从产品技术、设计、品质上进行创新，利用人工智能，将烦琐程序操作简化为一键定制。九牧还推出一款可以检测用户体脂等健康参数的智能马桶，引领用户消费需求。

面对供给侧结构性改革的时代浪潮，以一般制造业起家的福建工业，比以往任何时期都更需要创新驱动。

过去5年,福建技改投资年均增长17.5%,累计超过1万亿元,创新驱动引领超过60%的工业企业转型升级。纺织服装、食品加工、建筑陶瓷等传统行业供给侧改革成效显著,经历蜕变的阵痛,一大批民企重现生机。

创新,不仅促进传统产业升级换挡,更带来新兴产业的蓬勃发展。

只需快速充电10分钟,电动汽车即可连续行驶300公里,宁德时代新能源公司这一最新的技术攻关进一步完善动力电池续航效能,再度引爆行业风口。仅去年上半年,公司的研发投入就达6.7亿元。

在曾经的沿海"黄金断裂带"闽东宁德,贫瘠的土地抱上了一个个"金娃娃"。短短几年,锂电新能源产业爆发式增长,宁德市消费类锂电池市场占有率跃居全球第一,动力电池达到全球首位。

传统动力汽车上掉队的福建,正抢占新能源汽车产业风口。福建两会期间,省人大代表、云度新能源总经理刘心文开着云度下线不久的首款纯电动SUV出现在会堂门口。2014年,云度这一行业"黑马"在莆田脱颖而出,成为市场新贵,下线当天即与首批采购客户签署2.2万辆的订购协议。

创新之火,燎原八闽。过去5年,福建扎实推进国家创新型省份建设,高新技术企业从1638家增加到3054家,规上工业高技术产业增加值年均增长11.9%,研发经费投入年均增长13.9%。中科院海西研究所、国家海洋局海岛研究中心等相继落地,省级以上创新平台达2600个。

求解高质量发展的时代命题

以新发展理念为引领,构建"山海有差异、城乡有特色、产业有优势、共享有保障"的发展新格局。

闽北南平市是闽江源头,"双世遗"武夷山所在地,素有"南方林海""中国竹乡"之美誉。去年以来,发生在这个山区市的两件事引起社会广泛关注。

一是"铁腕治污"。全市累计拆除养殖场11445家,消减生猪400余万头,源头端减量的效果立竿见影,辖区内劣V类小流域从原来20条减少到目前1条。

二是"妙手算账"。南平下辖的武夷山市开展了生态系统服务价值核算试点工作,目前公布的阶段性成果显示,2015年武夷山市生态系统服务总价值为2324.4亿元,是同年全市GDP的16.7倍,人均为101.1万元。"生态值多少钱?"第一次有了可供参考的答案。

南平市委书记袁毅说，这两件事表明了“绿色南平”的取舍之道和潜力所在，即要选准与自身绿水青山相得益彰的绿色产业作为发展主攻方向。

不以污染换增长，不因速度轻质量。目前南平市已经确定了现代绿色农业、旅游等七大产业，并高起点编制绿色发展行动纲要、七大产业绿色发展规划和资金、人才配套支持政策。围绕“绿色发展创新”主体，初步梳理出285个总投资2128亿元的支撑项目。

福建背山面海，自然生态条件得天独厚，森林覆盖率连续40年冠居全国。此外，各地资源禀赋、环境容量和产业基础相差甚巨，发展的方向、重心和节奏也理应不同。

共赴一盘棋，落子见水平。瞄准“让该干什么的地方干什么”，福建省以落实主体功能区划为契机，建立起一整套约束与导向并重的国土空间管控体系。

——坚持保护优先原则。全省2/5的县市和197处区域列入限制或禁止开发区域，陆域面积的1/3列为重点生态功能区。

——严格红线管控制度。全省近48%的国土面积纳入红线范围进行保护。

——调整考核导向。对限制开发区域的34个县(市)取消地区生产总值考核，实行农业优先和生态优先的绩效考评方式。

2016年8月，全国首个国家生态文明试验区花落八闽，福建生态文明建设实践迎来新考题：既要凝聚共识，把生态理念落实到施政布局全过程，更要因地制宜，提升绿色发展、特色发展能力。

福建省发改委相关负责人说，福建一直致力于找准改革与发展的结合点和突破口，大力探索“一地一品”“一品一策”“一策一业”“一业一龙头”的生态文明建设和绿色发展模式。

绿色蔚然成风，内涵各有千秋：制造业重镇泉州市扭住转型不放松，推动传统产业向绿色低碳循环方向发展；花果之乡漳州通过“五湖四海”等综合生态项目建设，从天生丽质的“生态佳”迈向融合发展的“生态+”；闽西龙岩市立足现有环保产业基础，打造以环保装备为代表的千亿机械产业集群……

沿海与山区有差异也有差距，如何弥合？保护与发展有共性也有矛盾，如何破解？福建瞄准问题、聚焦短板，着力在脱贫攻坚、城乡同步、山海协作和绿色惠民方面下功夫。

——脱贫攻坚精准发力。十八大以来，“造福工程”累计搬迁87.9万人，脱贫110万人，贫困发生率从3.8%下降到0.02%；2201个建档立卡贫困村面貌明显改善，原中央苏区、革命老区、少数民族聚居区、海岛等欠发达地区发展步伐加快。

——新型城镇化与乡村振兴齐步走。常住人口城镇化率从59.6%提高到64.8%，529万农业转移人口成为城镇居民；提升乡村公共服务水平，在1/3村庄开展美丽乡村建设，75%行政村实现生活垃圾常态化治理；建立专项奖励制度，促进山区专业技术人才收入水平总体上不低于沿海。

——加强山海协作，先富带动后富。23个沿海强县(市)牵手23个扶贫开发工作重点县，共建产业园区。沿海泉州市实施“三百工程”，百企帮百村、百会扶百村、百侨助百村……23个省级扶贫开发工作重点县生产总值年均增幅高于全省平均水平。

——加大山区财力扶持，增强百姓获得感。投入近50亿元加大全流域生态补偿力度，大部分补偿到流域上游欠发达地区和生态保护地区。探索商品林赎买制，由政府出钱把位于重点生态区位的商品林买过来；财政资金作为担保金，林农利用林权证直接获得贷款……不断深化的林改，让连绵起伏的绿色群山成为林农致富新途径。

铸造奋力赶超的八闽气质

“爱拼敢赢，永不止步”提振企业家精神，“马上就办，真抓实干”重塑干部作风，“攻坚克难，奋勇争先”再树改革大旗。

2017年初，一张照片在手机朋友圈刷屏：身家百亿的恒安集团CEO许连捷在机场候机厅吃泡面。照片背后，是这位65岁的“闽南商业教父”带着不服老、不服输的拼劲放弃“退休”，再度出山。受市场环境影响，恒安持续上扬的销售曲线一度遭遇罕见下滑。“作为企业创始人，我义不容辞要和大家一同渡过难关。”在恒安集团总部，一身休闲装的许连捷斩钉截铁地说。

进入新常态，市场深度调整，行业洗牌加剧，企业间竞争空前激烈，不改革就没有出路，不创新就难以生存。一向信奉“爱拼才会赢”的许连捷说：“我重返一线不是为了钱，而是为了百年千亿恒安的发展蓝图。我们的目标是希望走向国际舞台，把产品带出去，让品牌走出去。”

在另一家福建龙头企业安踏的品牌展示馆门口，“永不止步”四个大字苍劲有力，这四个字也镌刻于福建企业家精神深处。

从靠 600 双鞋子闯北京到如今市值突破千亿港元，安踏的成长史正是一部闽南企业不断创新、不停探索、不懈奋斗的精神史。

安踏董事局主席丁世忠在给员工的新年致辞中说道："我们要做好专业化、高质感，让安踏从'消费者买得起的品牌'向'消费者想要买的品牌'升级和转变。"

干事创业，关键在人，关键在作风。风清则气正，气正则心齐，心齐则事成。

"别人在晒朋友圈，我们在晒太阳，但晒得有成果。"无论是双休日还是国庆等节假日，过去一年，在水系治理、旧改征迁等项目一线，这样的状态是福州很多干部的常态。

拖了多年的地铁通了、脏乱差的火车站靓了、低迷的招商活了……福州市大力弘扬"马上就办，真抓实干"优良传统，并推出一线考察干部创新机制，让 12 万多名干部既感到压力更充满动力。

营商环境好坏，关系事业成败。厦门市市长庄稼汉说，作为特区，环境不仅要在国内比，更要对标国际一流。为此，厦门主动参照世界银行评价指标体系，围绕建立企业全生命周期服务体系，逐项查找差距和短板，逐领域提出具体的改革目标、任务和措施。

根据第三方机构评估，两年来，厦门营商环境从全球排名第 61 位上升到第 40 位水平，跻身全国前列，企业满意度和获得感不断提升。

志不求易者成，事不避难者进。在福建经济社会发展的重大节点和事件中，改革创新始终是最为鲜明的标记。

厦门成为全国首批 4 个经济特区之一，晋江从小渔村发展为蜚声海内外的制造业品牌之都，1984 年 55 位国有企业负责人联名发出"松绑"放权的呼吁，1998 年闽西武平县几位林农冒着政策风险摁下"分山到户"的红手印……翻开历史，福建留下了许多敢闯敢拼的改革创新之举。

平潭综合实验区，在一个曾经"光长石头不长草"的海岛上建设起了两岸共同家园；三明医改，"山区小市"勇于挑战世界性难题，"三医联动"改革模式成为全国效法的典型；全国首个生态文明试验区，在"生态环境只能更好，不能变坏"的硬约束下，探索全新的生态文明制度体系……近年来，福建承担了一系列打硬仗、啃硬骨头的国字号发展改革任务，成效令人瞩目。

在 2 月 1 日的省委常委会上，于伟国书记强调，围绕全面深化改革，福建目前要着力建立问题导向工作机制、经验复制推广机制、改革推进落实机制，力求让各项改革举措深下去、实起来，充分释放改革红利。

向改革要动力，向改革要红利。在全面深化改革的福建实践中，多项重大改革试验加快推进，关键环节改革不断实现新突破。

——自贸试验区推出创新举措11批285项，其中全国首创103项，新增企业数、注册资本分别是挂牌前的4.3倍和6.3倍，国际贸易单一窗口建设成为全国典型案例，跨境电商、保税展示交易、融资租赁等新业态快速发展。

——深化放管服改革，梳理公布“一趟不用跑”和“最多跑一趟”办事清单2725项，省级行政许可事项精简50%以上，非行政许可审批全部取消。省市县乡四级权责清单实现全覆盖，90%以上事项实现网上办理。

“在全省范围对标国际最高标准，全力打造一流营商环境，让企业和群众办事像‘网购’一样方便。”福建省省长唐登杰说，福建将用好用足中央赋予的先行先试政策，坚定不移将改革进行到底。以深化改革增添供给活力，突破利益固化的藩篱，破除各方面体制机制弊端，拓展改革广度和深度。

潮涌八闽，风正帆悬。对于赶超路上的福建来说，这是创新创业的时代浪潮，是借力聚力的改革新风。站在改革开放40周年的时间节点上，处于前所未有的多重发展机遇之中，在习近平新时代中国特色社会主义思想指引下，“新福建号”巨轮的新时代航程，必将不辱使命、不负期许，创造更多成就和惊喜，收获更大光荣与梦想。

中新社福建分社

福建优秀新闻工作者践行『四力』实录

徐德金:沉下心去找新闻

人物名片

徐德金,1985 年 7 月厦门大学中文系毕业后即进入中国新闻社福建分社工作。先后担任福建分社新闻组记者、厦门记者站记者、首席记者,福建分社采编室主任兼专稿部主任、分社副社长兼采编室主任、副社长兼福州支社社长。1999 年 7 月,派驻美国分社,担任中新社华盛顿记者站首席记者。2003 年 12 月,担任中新社福建分社社长至今。任福建省新闻学会第五届理事会副会长;福建省新闻工作者协会第四届理事会理事,第六届、第七届理事会常务理事;华侨大学兼职教授。

采写稿件先后获福建新闻奖一等奖、福建对外新闻奖一等奖、中国人大新闻奖一等奖等奖项;编辑稿件获中国新闻奖三等奖。曾获福建省首届"双十佳"新闻工作者荣誉称号。

徐德金(左一)

“四力”心得

新闻是“跑”出来的，这是我从事新闻工作35年最深的体会。

“跑”新闻是一方面，它只是“四力”的一部分。跑是行动，谋定而后动，它需要思想引领。要做到思想与行动相一致，不做思想上的巨人、行动上的矮子，就必须知行合一，身体力行去做。让“跑”新闻成为一种职业自觉、操守。

沉下心去找新闻，是脚力、眼力、脑力、笔力的聚合。以跑两会为例，如果没有脑力激荡、没有眼力观察、没有脚力磨炼，就无法体现到笔力上的锋芒与力量。2014年，我写《人大代表“非官式”发言引人入胜》一稿，就是沉下心找的新闻。2014年第四期《三项学习教育通讯》刊登了我采写该稿的体会文章，我认为：“之所以能写成《人大代表“非官式”发言引人入胜》一稿，首先得益于扎实的采访，充分的听会；其次是对新闻价值的判断、对内容的取舍以及文字的表述；还有一点，记者的态度——你要表达什么、你想向受众传播什么。”

2017年第一期《中国记者》刊登我的一篇短文《也谈讲好故事，做优秀记者》。文中提到，“互联网使传播变得简单方便，各种表达也往往莫衷一是”，这个时候，“媒体还是要沉下心去做新闻”。“走基层也好，走上层也罢，不在于形式做表面文章，而在于能否写出鲜活的、有价值的东西来。”

“一切鲜活的、有价值的东西”只能来源于采编一线。走基层、转文风、改作风说到底就是“四力”建设的基本要义，没有从脚力、眼力、脑力和笔力上入手，转文风、改作风也将流于形式，走基层就会成为走马观花的一日游、二日游。

2020年5月，我带领分社采访小分队赴宁德做脱贫攻坚的主题采访，5天时间跑了4个县市区10个老、少、边、岛乡村，我们与当地农民、渔民、乡村干部、工商业者、政府官员、理论工作者进行采访、座谈，获得大量的鲜活素材。受益于《摆脱贫困》一书所阐述的“滴水穿石”“久久为功”“弱鸟先飞”等理论观点，我们的系列报道有了更广阔的视野、更开阔的思路。因此，我们形成《福建宁德30多年的发展变迁：滴水穿石、久久为功》《摆脱贫困！来看看闽东这只“弱鸟”如何飞起来的》等中新社电讯通稿、中新网网稿、中新社及中新网微信稿产品。这样的基础一线采访，就像试金石一样，是对脚力、眼力、脑力、笔力的综合考试。

新闻永远在路上，增强“四力”，也始终而且必须永远在路上。

毕永光:“四力”之间的递进关系

人物名片

毕永光,1992 年厦门大学中文系毕业后入职中国新闻社福建分社,从摄影记者做起,曾担任专稿部副主任、采编室主任、副社长等职。2007 年 4 月至 2010 年 4 月任中新社澳门分社首席记者。2012 年 5 月至 2014 年 8 月任中新社香港分社编辑部主任、副总编辑。2019 年 3 月至 5 月赴台湾驻点采访。较早参与网络新闻报道,曾任福建新闻网总编辑、分社融媒体中心主任等职;兼顾杂志采编管理,曾任《海峡西岸》杂志总编辑、《海峡姐妹》杂志执行主编。著有作品集《浮云过眼》。

毕永光

“四力”心得

脚力、眼力、脑力、笔力是环环相扣、相辅相成的。就新闻报道而言，笔者以为“四力”存在递进关系，即脚力、眼力是基础工程，脑力、笔力是“上层建筑”。

从事新闻报道工作，首先要在脚力、眼力上下功夫，要勤下基层，勤赴现场，多问多看，见人见事见细节。素材收集充分，新闻报道才有源头活水，作品才能接地气，吸引读者。

笔者刚入职时，曾赴清流县采访“女儿村”。正是隆冬时节，笔者下午进村，次日下午离开，在村民家过夜，整整采访了一天。由于跟村民聊得透，并拍了不少精彩的照片，采制的图文专稿《高镉井水影响胎儿性别？女儿村之谜似解未解》受到新闻同行的好评。可以想象，如果只是在村里走马观花转一两个钟头，稿件效果必定会大打折扣。

脚力、眼力考验的是采集能力，脑力、笔力考验的是加工、呈现能力。在媒体融合发展的当下，新闻采编强调选题策划、前后方配合，还有“中央厨房”等运作模式。这对一线记者的采集能力提出了更高的要求。前期策划、后期呈现都可以借力、合力完成，但若采集环节出现缺失，其他环节无法弥补。如果记者满足于“蜻蜓点水”式的采访，甚至依赖新闻发布会、新闻通稿，出新、出彩又从何谈起呢？

强化脚力、眼力也是新媒体勃兴背景下发挥主流媒体舆论引导力的必然要求。智能手机普及后，有关新闻现场的音视频内容常常被自媒体先行发布。但对公众而言，这些内容往往要素含糊、真假难辨。主流媒体记者只有尽快抵达现场，及时发布权威、准确的信息，才能发挥正面导向作用。

坚持脚力、眼力优先，并不断提升脑力、笔力，新闻工作者才能奉献出无愧于时代的作品。

代表作品

习近平走访澳门居民问冷暖

毕永光

中新社　2009 年 1 月 10 日

“不敢相信习副主席会来我们家做客!”虽然昨天就知道将有贵宾光临,但家住澳门氹仔濠景花园 21 座的胡祖杰直到习近平一行来到他家前,都不敢相信这是真的。“既开心,又紧张,心情难以表达!”

赴澳门视察的国家副主席习近平一行在澳门特区行政长官何厚铧等陪同下,今天下午 3 时许走访了濠景花园的两户澳门居民家庭,与居民拉家常,了解国际金融危机对他们家庭生活的影响。

今年 40 岁的胡祖杰是一名公务员。他告诉记者,习副主席待人很亲切,跟他聊了工作、生活和小孩的学习情况。他和太太还特地泡了一壶铁观音招待客人。“习副主席、何特首都有饮!”太太陈元玲高兴地说。

当记者来到濠景花园 26 座龙志贤家中时,他 8 岁的独子龙子游正在兴致勃勃地摆弄习副主席送他的一台“联想”笔记本电脑。龙志贤夫妇都是中学教师,他告诉习副主席,家里收入稳定,受金融危机影响不太大。习近平则希望他们用心工作,教书育人,并鼓励龙子游小朋友好好学习。

胡祖杰说,太太经营土木工程业,家里收入不错。他回答习近平询问时说,国际金融危机对太太的生意有影响,“钱赚少一点,但还有得吃”。

习近平在两户人家中各停留了十几分钟。临行前,习近平送给胡祖杰家一套紫砂茶具,胡太太则把她与子女共同制作的一幅拼贴画回赠贵宾。

习近平一行离开后,胡祖杰 5 岁的女儿胡卓萦一直闷闷不乐。原来,她准备了一个小舞蹈要为来宾表演,但没轮到。后来在大家鼓励下,她在一众记者面前把在幼儿园学到的舞蹈认真表演了一遍,总算了却了一个小小的心愿。

福建日报社

福建优秀新闻工作者践行『四力』实录

王国萍：增强“四力”，不负新时代职责使命

人物名片

王国萍，1971 年 9 月出生，江苏泰州人，中共党员，高级记者。福建省政协第十一届、第十二届常务委员。

1993 年从厦门大学企业管理系毕业后至福建日报社工作，历任福建日报社要闻版主编、宁德记者站站长，海峡都市报发展有限公司总经理、海峡都市报社常务副社长，现任福建日报新闻发展有限公司总经理、福建报业新媒体发展有限公司总经理。

作为党报新闻工作者，长期奋战在新闻采编一线，取得一系列工作业绩，采编作品十多次获得福建省新闻奖、中国新闻奖等省级以上奖项；个人先后获评福建省“双十佳”新闻工作者、全国“百佳”新闻工作者称号，2014 年获第十三届长江韬奋奖（长江系列）。

王国萍

“四力”心得

不断增强“脚力、眼力、脑力、笔力”，是习近平总书记对新形势下宣传思想队伍建设提出的新要求，是履行新时代新闻舆论工作职责使命的必然要求，也是适应当前媒体格局新变化的必然要求。

脚力、眼力、脑力、笔力，这“四力”是紧密联系、环环相扣、缺一不可的。只有同时具备强大的“四力”，才能更好地履行新时代新闻舆论工作的职责使命，才能真正实现“党的政策主张的传播者”“时代风云的记录者”“社会进步的推动者”“公平正义的守望者”的时代担当。

增强“脚力”，永远在路上

增强“脚力”，就是要深入百姓生活，真正走出去、沉下去、融进去。作为党的新闻工作者，要始终践行党的群众路线，深入基层一线，用脚步丈量八闽大地，满腔热忱地为百姓民生奔走。

增强“脚力”，首先要练就一副“铁脚板”。宁德曾是全国18个集中连片贫困地区之一，也是福建自然和经济条件最为艰苦的地方。2013年初，我被派驻到宁德任记者站站长。无论是转作风下基层，还是应对各种突发事件，始终坚持带头冲在新闻第一线。在宁德记者站第一年，我刊发稿件260多篇，获评优秀站长。

增强“脚力”，更要练就“拼”的意志。2014年4月，为做好习总书记在福建重大主题宣传报道，因为心包积液在医院住院的我，毅然拔掉针头，随同采访组赶赴寿宁、霞浦、周宁、福安等地，一周时间里马不停蹄，行程上千公里，获得大量珍贵的资料。几天后，又再赴寿宁，与同事共同采写《群众的赞美最甘甜》一文，讲述习近平同志在闽工作期间，披荆斩棘步行数小时，深入宁德市寿宁县下党乡现场解决发展难题的生动故事，各大主流媒体纷纷转载。

纸上得来终觉浅，绝知此事要躬行。在“人人都有麦克风”的全媒体时代，新闻人更要多往基层去、往现场跑，听民声、察民意，这样才能写出真实鲜活、有温度的优秀作品。

增强“眼力”，练就“火眼金睛”

增强“眼力”就要提高观察力、辨别力、预判力。很多新闻事件都具有多面性，选择哪一面作为新闻宣传报道的切入点，作用和效果往往不一样，新闻工作者只有增强“眼力”，练就敏锐的观察力、辨别力和预判力，通过深入细致的调查，才能厘清事实真相。

2013 年 6 月，福建日报群工部接到 76 岁的南平老人陆某某投诉，称其屏南老家的祖坟疑被一位乡邻刨了，嫌疑人至今逍遥法外。此前，老人多次找政法部门、信访部门反映情况。相关部门认为老人对嫌疑人的指证证据不足。上访一年多无果后，老人心情激愤，遂向报社投诉屏南公安系统徇私枉法，包庇嫌疑人。

报社安排我赶赴屏南双溪镇调查。在详细了解事件来龙去脉并查阅案件卷宗之后，我作出自己的基本判断，警方在办案过程中没有明显瑕疵，问题的症结主要在老人，他的判断确实更多基于主观情绪。

如何才能化解这起上访积案呢？我决定放弃舆论监督报道的角度，与派出所同志一起分析案情，促进他们将原先“被动应对上访缠访案件”的工作方法，转化为“为民办实事帮老人化解心结”的正向驱动，挖掘面对这起积案时，公安民警做了哪些摸排工作、面对老人电话缠访时派出所所长如何耐心地“陪聊”讲解。对于记者的理解和肯定，派出所同志很是感动，表态说他们一定会继续摸排，多走访了解，帮老人解心结回归正常生活轨道。

两个月后，我接到电话反馈，所长说请村里一位熟悉山林水土的村民当向导，民警攀爬了几座山头，终于找到了老人家的祖坟。原来，由于屏南当地搞山地开发，地貌变化很大，老人时隔 22 年回乡祭祖，一开始就把一座被刨开的弃坟错认为是自家祖坟，从头到尾告的是“乌龙状”。

“眼力”非一朝一夕所能练就，需要直觉思维和理性辩证思维的长期综合养成。作为新闻人，在面对社会热点难点问题时，尤其需要一双“慧眼”，才能廓清迷雾，看清前路。

增强“脑力”，捕捉新闻“活鱼”

“脑力”是理性思维品质的显现，是对社会实践和新闻事实本质属性的一种认识。记者不是事实的简单记录者，而是应该以真挚的情感和睿智的思想，切实唱响“主旋律”，把握舆论导向的“主动权”。增强“脑力”，就要求新闻工作者练就“最强大脑”，在面对社会热点时，想得全、想得细、想得透，这样才能捕捉到新闻“活鱼”。

2008 年至 2013 年，我一直在比较艰苦的要闻大夜班岗位，经常下班回家已是凌晨两三点。虽长期晨昏颠倒，心力体力透支得厉害，但却依然保持敏锐，对各类新闻事件勤于动脑思考。

2010 年 12 月 26 日，司法部为 7 家台湾律所驻大陆（福建）代表处办理执业许可证。对这一两岸司法合作的里程碑之举，各媒体只刊发简短的通稿消息，我总觉得意犹未尽。

几天后，偶然获悉福建拓福集团亟须推动对台合作项目，正张罗着尽快与台湾律所签约一事，遂主动联系拓福跟踪进展，写就消息《台湾律所在大陆揽下首笔业务》。

该消息是全国独家新闻，短短 900 余字，完整描述了签约现场、台湾律所在福建挂牌的时代背景、签约双方的发展愿景、专家解读台湾律所进驻大陆在政治、经济层面的深远意义。透过台湾律所在福建试点开放后迎来的首单业务，生动形象地反映了福建“先行先试”政策的张力和 ECFA 签署后海峡两岸交流合作呈现出热流涌动的态势。该文因为站位高、立意远，语言朴实精炼，取得了良好的传播效果，获评福建省新闻奖（消息）一等奖。

增强“笔力”，不断创新表达

“笔力”是语言文字的表现力，它要求新闻工作者不断改进文风，摆脱形式上的枯燥和呆板。增强“笔力”，就要坚持内容为王、创新表达、做强传播。“铁肩担道义，妙手著文章”，作为新闻人，更要不断擦亮笔头，讲好人民故事，通过生动的表达方式，富有感染力和吸引力的报道呈现出来。

如《告别“野蛮增长”——探访精致农业的“津田模式”》，是我深入宁德霞浦县崇儒乡、辗转数个山头采写的一篇深度报道，讲述津田农业公司巨资发展精致农业过程中遭遇的政策和资金瓶颈。该文以白描的手法，叙述了津田农业公司对精致农业的苛刻追求，反映了当前福建发展现代农业的新突破，具有较强新闻性和感染力。随附记者手记，提出各项农业扶持政策如何打破“玻璃门”的普遍性问题。文章刊发后，引起福建省、宁德市领导和相关部门的高度重视，迅速派人实地了解企业发展情况，《求是》杂志、中央电视台等央媒也主动联络企业采访。仅仅3个月，公司就通过高优农业千亩示范片项目获得市县两级配套资金110万元，并用企业《林权证》向银行成功贷款1400万元，缓解了困扰发展的资金瓶颈问题。

当前，面对“人人都有麦克风，人人都是自媒体”的传播格局，新闻人不仅要抢先发声，还要善于发声；不仅要言之有理，还应言之有物。这就要求我们跟上时代，创新表达方式、善用网言网语，不断推出受众迫切需要、乐于接受的，具有较强吸引力、感染力和思想性的内容产品，让主流价值观在新媒体环境中得到更好传播。

吴孝武:回到现场

——关于增强“四力”的思考

人物名片

吴孝武,毕业于厦门大学、复旦大学,历史学硕士。1993 年进入福建日报社,曾任职记者、编辑、校对等岗位,参与创办《福建日报》增刊《新闽都》及《海峡周报》。先后担任《海峡周报》副总编辑,福建日报社专刊部副主任、要闻采编部副主任、要闻编辑部主任、记者通联部主任,现任福建日报社编委、总编辑办公室主任,高级编辑。

参加新闻工作至今,一直从事一线采编和业务管理工作,参与“习近平总书记在福建的探索与实践”重大报道,采写和编辑的作品获得中国新闻奖、福建新闻奖等奖项 30 多次,包括消息、通讯、评论、漫画、专栏、版面、业务论文等,获得 2007 年度福建省“十佳”新闻工作者荣誉称号。

吴孝武

“四力”心得

“回到现场”本是新闻报道之要义，是对新闻从业者的基本要求，是传媒产品生产的核心环节之一。但是，尽管新闻战线“走转改”已倡行多年，近几年来，业界仍存在疏离现场之弊。令人担忧的是，这种现象在传统主流媒体中亦有表现，直接或间接导致主流新闻价值的流失，从而削弱了其引导力、传播力、竞争力。

基于对这一现象的观察，在新传播时代背景下，增强“脚力、眼力、脑力、笔力”，呼吁从业者回到现场，实乃对症之方、现实之需。

新闻报道之“现场缺失”现象，大致有如下表现：

第一，没有对现场的采访。记者不到现场，大多根据采访对象提供的资料编撰成稿，常见于各类工作性综述和应景式报道。

第二，缺乏现场感的文本。记者虽身到现场，但心智未及，未收获现场感，文本缺乏场景描写或语言呆板生硬无个性。

第三，缺少描述现场的版面。编辑组稿，有重“硬”轻“软”的偏好和重数量轻质量的倾向，现场新闻、新闻特写等现场要素丰富的作品，常不被重视，或稿件中的现场描述常被删除，剩下无味的所谓的“干货”。

在新闻实践中，到达现场的要求被置于极高的地位；对现场感的追求和掌控，亦被视为新闻写作区分于其他写作的重要特质之一。那么，为何现实中泛起疏离现场的暗流？以笔者经验析之，至少可得出三个成因：

之一，现代信息技术应用带来的便利化和新闻产品对时效性、独家性的要求，产生叠加效应，深刻地改变了新闻生产模式。若应对失当，就会造成对信息技术装备及其所提供的通道越来越依赖，而对新闻现场则渐离渐远。

之二，当下浮躁的社会心态和不合理的成果评价体系对职业行为产生冲击，从业者进退失据，难以产生到达新闻现场、深入生活的激情。

之三，宣传报道“规定动作”增多，出稿时间紧，压缩了作者的思考空间，没有时间到达现场或到达现场却没有更多时间深入采访。

近年来，有识之士时有对传统媒体在移动互联背景下感染力、引导力、传播力弱化和竞争力退化之忧的表达，究其原因固然有新兴媒体之强烈冲击，但现场缺失也是一大原因。

因为疏离现场，从业者发现新闻的能力在退化，主动"跑"出来的鲜活新闻减少了，根据舆情主动策划的动力不足、能力降低；因为疏离现场，缺乏丰富而深刻的生活体验积累，新闻敏感力趋向钝化，在题材选择、体裁运用、报道策划、版面组合等生产环节上均有所体现；因为疏离生活现场，捕捉不到或不善于运用丰富而生动的生活语言，新闻文本趋向生硬、枯燥，加上八股式的叙事结构，可读性大大降低；因为疏离现场，独立思考能力渐渐退化，难以发现真问题、提供新观点，特别是能自下而上反映民声民情民利的问题和观点，新闻产品缺乏思想元素，缺乏深度价值，读者更高层次的信息需求得不到有效满足。

消解"现场缺失综合征"的药方，当为回到现场，切实增强"脚力、眼力、脑力、笔力"，这也正是传统媒体有效应对新兴媒体冲击的利器之一。在新传播时代，在新的媒体竞争图景中，传统媒体竞争力重构，不可缺失解释性新闻产品，要实施从提供事实到提供观点的策略转变——提供事实，是基础竞争力；提供观点，是核心竞争力。而要完成这个转变，回到现场，改造报道话语体系，以生动性提高阅读体验的愉悦度，以思想性升华阅读体验，实现新闻价值回归，正是必经之路。从认识论的意义考察，到达现场，增强"脚力、眼力、脑力、笔力"，对打开通向活的新闻、深度报道之路，是必要条件。回首曾经的报道，凡是在社会上引起广泛关注、深受欢迎的报道，都是新闻从业者深入一线采访、调研的结果。

当然，回到现场，不等于所有的采访都要到达现场，也不等于所有的文本都需要现场描述。事实上，所谓回到现场，要旨在于现场体验的积累，在于现场意识的养成，把这种体验和意识深深浸润于所提供的叙事文本和新闻产品之中，并化为真实、深刻、可达的阅读体验，从而影响受众。在新闻产品生产上，要从身体到达现场到心智到达现场，与一事一物倾心对话，与新闻当事人倾心沟通。只有这样，才能有真实的体验和完整的观察，并形成现场经验的积累，才能有独立的判断和深邃的思考，才能提供独家的发现、选择、角度和观点，也才能捕捉并善用源于生活的活语言、真话语，祛除新闻八股之魅，最终成就完美的文本表达。

段金柱：增强“四力”，讲好福建故事

人物名片

段金柱，安徽庐江人，厦门大学中文系硕士研究生毕业，2002 年 7 月进入福建日报社工作至今，现任福建日报社福州记者站站长，高级记者。

2011 年荣获第十一届福建省“十佳”新闻工作者称号，2015 年荣获第十二届福建青年五四奖章，2020 年入选全国宣传思想文化青年英才。采写的作品获中国新闻奖（文字评论类）三等奖 1 次，福建新闻奖 16 次。其中，特别奖 3 次，一等奖 4 次。代表作有《莫让“规划性破坏”毁掉乡愁》《“像爱惜自己的生命一样保护好文化遗产”——习近平在福建保护文化遗产纪事》《福耀定力——一家龙头民企的实业坚守之道》等。

段金柱（左一）

“四力”心得

2002 年 7 月从厦门大学中文系毕业后，我考进福建日报社，先后在要闻采编部、漳州记者站、时政采访部、福州记者站等部门工作。2014 年以来，我作为“习近平同志在福建”主题报道采访小组主力成员之一，全程参与了这个重大报道的采写，在社会上产生较大的反响。

参与“习近平在福建”重大主题报道的采写，对我来说，既是极为难得的新闻从业经历，也是极为难得的践行“四力”、学习思考、砥砺前行的机会。

我深深体会到，党的新闻工作者首先要胸怀大局，站位高远，牢记责任与使命。福建是习近平同志的“第二故乡”，他给福建人民留下了宝贵的精神财富。从新闻角度而言，这也是独特的资源和优势。党报及党报新闻工作者有责任将主题报道组织好、采写好、展现好。

其次，新闻工作者要不断增强“四力”，更好地承担起“举旗帜、聚民心、育新人、兴文化、展形象”的使命。采写“习近平同志在福建”主题报道时，几乎每天都是“在路上”的快节奏状态，“5＋2”“白加黑”，快马加鞭未下鞍；初稿写好后，又精心打磨，精益求精，几乎每篇稿件都是数易其稿才最终定稿。

这次专题报道的采写过程本身就是我们增强“四力”、不辱使命、完成重大主题报道的生动实践。这个经历启迪我们，在平时的工作中就要深入基层，把握大势，勤于思考，善于表达，锤炼作风，改进文风，不断生产出高质量的新闻作品。在今后的工作中，我将深入学习习近平新时代中国特色社会主义思想，践行“四力”，继续讲好新时代的中国故事、福建故事。

代表作品

“像爱惜自己的生命一样保护好文化遗产”

——习近平在福建保护文化遗产纪事

段金柱　郑　璜

《福建日报》 2015 年 1 月 6 日

“一片福州三坊七巷，半部中国近代史。”

每一天，位于福州市中心的三坊七巷都是人潮如织。徜徉在幽深的坊间巷里，人们沉醉于“明清建筑博物馆”雕梁画栋的精美绝伦，惊叹于这里走出了林则徐、严复、沈葆桢、陈宝琛、林觉民、冰心等灿若繁星的风流人物……

当人们在感悟着福州厚重的历史、感喟于“海滨邹鲁”悠久灿烂的文化时，不一定会想到，20 多年前，在一位主政者的带领下，福州市委和市政府以及有识之士为保护文化遗产、传承文化根脉所做的努力。

这位主政者就是自 1990 年 4 月开始担任中共福州市委书记的习近平。“历史文化是城市的灵魂，要像爱惜自己的生命一样保护好城市历史文化遗产。”2014 年 2 月 25 日，习近平总书记在首都北京考察工作时强调。

从 1985 年 6 月到 2002 年 10 月，习近平在福建工作期间，对文物和文化遗产保护工作就极为重视。他不仅提出了许多前瞻性的思想和观点，并且推动了一系列保护文化遗产的开创性实践，为延续福建文化的“根”与“魂”奠定了坚实的基础，也给福建人民留下了宝贵的精神财富。

初冬时节，本报记者深入福州、三明等地，探寻习近平在福建工作时关心和支持文物及文化遗产保护的故事，记录下他各项开创性实践的成果与效应。

高瞻远瞩：“评价一个制度、一种力量是进步还是反动，重要的一点是看它对待历史、文化的态度”

“每一个民族的文化复兴，都是从总结自己的遗产开始的。”著名建筑学家、中国科学院和中国工程院两院院士吴良镛先生如是说。

一个民族的文化遗产，承载着这个民族的认同感和自豪感；一个国家的文化遗产，代表着这个国家悠久历史文化的“根”与“魂”。保护和传承文化遗产，就是守护民族和国家过去的辉煌、今天的资源、未来的希望。

“心有高标，方可致远。”

思想是行动的指针。早在厦门、宁德工作期间，习近平对文物及文化遗产保护工作就很重视，到福州和福建省委工作后，他提出了很多极富远见的看法。

1986 年 1 月 10 日，在厦门市八届人大常委会第十八次会议上，时任中共厦门市委常委、副市长习近平就提出，需要警惕对历史文物的“建设性破坏”，“厦门是不能以这种代价（指建设性破坏）来换取其他方面发展的”。

1990 年 4 月，主政具有 2000 多年历史的国家历史文化名城——福州之后，保护历史文化名城、保护文物及文化遗产工作在习近平心中的分量更重了。

1991 年 3 月 10 日下午，在三坊七巷召开的市委市政府文物工作现场办公会上，时任中共福州市委书记习近平说：“评价一个制度、一种力量是进步还是反动，重要的一点是看它对待历史、文化的态度。要在我们的手里，把全市的文物保护、修复、利用搞好，不仅不能让它们受到破坏，而且还要让它更加增辉添彩，传给后代。”

1992 年 1 月 24 日，在福州城市建设进行得如火如荼之际，习近平在《福建日报》上发表署名文章《处理好城市建设中八个关系》，高屋建瓴地论述了推进城市建设这项“复杂的社会系统工程”，必须妥善处理好的八个关系：上与下、远与近、旧与新、内与外、好与差、大与小、建与管、古与今。

其中，“古与今”着重论述的是如何处理传统历史风貌保护与现代城市建设的关系。习近平说：“我们认为，保护古城是与发展现代化相一致的，应当把古城的保护、建设和利用有机地结合起来。”

那几年，福州市城建提速，为历史名城增添了现代都市的色彩，但是并没有破坏“三山两塔”的基本格局和三坊七巷的古城风貌。正因为较好地处理了“古与今”的关系，才有了相得益彰的结果：历史名城在发展中得到保护，在保护中得到了发展。

在担任福建省委副书记、省长之后，习近平对文物和文化遗产保护工作依然念之挂之，在日常繁忙的工作中仍时不时亲自过问。

2001 年 10 月，福建省政协部分委员赴泉州、漳州两市视察文物和文化遗

产保护工作，形成了调研报告，指出问题，提出建议。习近平阅后作出批示：文物是历史的见证，保护文物就是保护历史；文物是珍贵的不可再生资源，保护文物就是促进经济和社会的可持续发展。

2002 年 4 月，时任福建省省长习近平欣然为福州市知名文物学者、曾任福州市文物局局长的曾意丹所著的《福州古厝》一书作序。他在序中写道："保护好古建筑、保护好文物就是保存历史，保存城市的文脉，保存历史文化名城无形的优良传统。"

值得注意的是，习近平在《〈福州古厝〉序》中还特地提出："保护好古建筑有利于保存名城传统风貌和个性。现在许多城市在开发建设中，毁掉许多古建筑，搬来许多洋建筑，城市逐渐失去个性。在城市建设开发时，应注意吸收传统建筑的语言，这有利于保持城市的个性。"

2014 年 10 月 15 日，习近平总书记在北京主持召开文艺工作座谈会时曾说"不要搞奇奇怪怪的建筑"，引发广泛关注，很多人期待像北京这样的中心城市今后不要再出现与城市品位和风貌不协调的奇形怪状的建筑。回首观望，习近平在这方面的思考可谓一脉相承、一以贯之。

古今兼容：既要加快城市发展和建设，也要保护好文化遗产，达致"在发展中保护，在保护中发展"

著名作家冯骥才说："城市，你若把它视为一种精神，就会尊敬它、保护它、珍惜它；你若把它只视为一种物质，就会无度地使用它，任意地改造它，随心所欲地破坏它。"

20 世纪 80 年代起，和很多地方一样，福州城市发展日新月异，由此，城市开发建设与文化遗产保护的冲突也不时出现。

三坊七巷北隅，南后街与杨桥路交会处，历经百年沧桑的林觉民故居静立于繁华闹市之中，门前矗立着全国重点文物保护单位和福州市文物保护单位的石碑。

往来的游客并不知道，那块市文物保护碑上，曾出现过一个脸盆大的"拆"字。

这座典型的福州民宅，不仅走出了黄花岗七十二烈士之一的林觉民，也是著名作家冰心的故居。林觉民就义后，林家人为逃避清兵的追杀，躲到福州远郊，将此宅卖给了冰心的祖父。1982 年，这里被确定为福州市文物保护单位。

但在1989年，福州市有关部门批准一家房地产开发公司拆除林觉民故居部分建筑，准备建设商品房。当时在一家工厂工作、热心文保事业的鼓楼区政协委员李厚威投书《福州晚报》建议完整保留林觉民故居，但不久，刺眼的“拆”字还是被写在了市文物保护碑上。

时不我待。福州市政协委员张传兴立即写信给刚到任不久的市委书记习近平，并撰文《林觉民、谢冰心故居不容再拆》，发表于1990年12月1日的《福建日报》，指出“如此不顾社会效益，不免使人失望”。

习近平看到来信后，立即让市文管会核实，同时要求有关部门暂缓拆迁，并于1991年1月27日作出批示，要求市委办公厅核实情况。

1991年3月10日下午，福州市委市政府在林觉民故居召开文物工作现场办公会，习近平亲自主持。时任福州市文管会常务副主任、福州市博物馆馆长黄启权参加了会议。

在林觉民故居二进大厅廊前，习近平问黄启权：“老黄，这里是不是林觉民故居?”黄启权回答：“对，我们站的地方就是林觉民故居的大厅。”“好，我们就决定把它保护下来，进行修缮。”习近平的话语很简洁。

当年5月31日，故居修缮工程动工。11月9日，在辛亥革命福州光复80周年纪念日当天，林觉民故居修缮完成，并辟为福州市辛亥革命纪念馆对外开放。

因为一直为保护林觉民故居奔走，李厚威的命运也得以改变，他由工厂正式调入林觉民纪念馆工作，后来担任馆长。“开馆当天，习近平书记除了参加剪彩仪式，还亲自给省外客人当起了讲解员。开馆一个月内，他又三次来馆了解观众反应，作出整改指示。”李厚威向记者回忆道。

从林觉民故居出发，沿着南后街一路向南，到了相连的澳门路，临街而立的便是红墙环绕的林则徐纪念馆。

林则徐，世界禁毒先驱，近代中国开眼看世界第一人。福州是林则徐的故乡，是他出生、求学、成长以及晚年退养之地，留下了一系列与他相关的珍贵遗迹。

不过由于历史原因，20世纪80年代末90年代初，包括林则徐故居、出生地以及纪念馆在内的系列遗迹，都不同程度存在着年久失修、损毁严重、房舍被侵占等突出问题，省政协委员陈以强等多位有识之士为此奔走呼吁多年。

1990年5月，《人民日报》“情况汇编”发表《林则徐故居及墓地现状》，反

映了保护林则徐遗迹工作中存在的问题，时任全国人大常委会副委员长习仲勋同志做了重要指示。1991年7月，习近平在有关汇报材料上批示：抓紧修复林则徐故居及做好墓地开放。此后，在市委常委会等场合，他又数次研究林则徐遗迹修复等事宜。

1996年2月6日，习近平主持市委常委会，专题研究林则徐系列遗迹修复、充实工作，决定成立林则徐系列遗迹保护、开发领导小组，同意把纪念馆及故居、出生地的保护部门列为福州市文物局的下属单位，归福州市文物局统一管理。会上还议定收回林则徐出生地。

位于福州市中山路左营司巷的林则徐出生地，是林则徐出生、幼年读书、中举、完婚、中进士和走上仕途的摇篮，其忧国忧民的思想就是在这种艰苦的环境中孕育的。但在当时，这块地已经出让给了一家房地产公司，他们计划兴建高级商住楼"则徐花园"。

这次会议后，福州市有关部门迅速与开发商协商，以1200万元的补偿收回了这块地。一个月后，林则徐出生地暨幼年读书处修复工程开工典礼举行，1997年6月竣工。

"两次仪式，习近平同志都亲自参加了。"时任福州市副市长、后任福建省人大常委会副主任的林强回忆，他也是林则徐后裔，现为林则徐基金会会长。

与此同时，位于鼓楼区文藻山路的林则徐故居也逐步完成被占用房舍清退、拆迁等工作。2003年5月一期修复"七十二峰楼"工程动工，当年8月竣工，其余部分修复工作正在推进中。

《易经》有云："形而上者谓之道，形而下者谓之器。"守护有形文物这个文化载体，更是为了扬其"道"。

对林则徐系列遗迹修复的重视，源于习近平对这位民族英雄的倍加推崇。1990年6月18日，到任福州月余的习近平就到林则徐纪念馆瞻仰、调研。

1995年6月3日，林则徐铜像在福州南大门——白湖亭树立。在揭幕仪式上，习近平满怀深情地说："今天，故乡的人民树立起林则徐铜像，就是为了激励自己，教育后人，让在林则徐身上体现出来的中华民族的伟大精神永远发扬光大。"

同年8月24日，在福州市纪念林则徐诞辰210周年大会上，习近平更加明确提出，我们要"继承、发扬林则徐坚贞不渝的爱国精神和气贯长虹的民族正气，学习他清廉刚正的高尚风范，学习他'开眼看世界'的开拓精神"。

到中央工作后，习近平多次提到林则徐“苟利国家生死以，岂因祸福避趋之”的报国情怀，林公“海纳百川，有容乃大”的自勉联也被他一再引用。“海纳百川，有容乃大”，如今也成为福州的城市精神。

在福州，邓拓故居、琉球馆等故居及其他历史文物的修复和保护，同样倾注了习近平的心血。

20世纪90年代初，福州市建设现代化国际大都市工作稳步推进，但正因为较好地处理了“古与今”的关系，福州这个历史文化名城“在发展中得到保护，在保护中得到了发展”。

短长兼顾:“既要重视经济发展，又要重视人文环境的保护”“做到保护文物和发展生产两不误”

“夫源远者流长，根深者枝茂。”

文化就像一条源远流长的河流，源头很远，流过历史，流到今天，还要流向未来。文化是一脉相承、生生不息的，需要数百年、数千年，甚至是数万年的积累。

如果说保护文化遗产不仅留住了先辈栖居的物质场所，也为今人留下心灵的栖息地，那么找到通往一段尘封历史的入口，更是祖先的馈赠。

从三明市区驱车约30公里，到达三元区岩前镇岩前村西北，空旷的平地之间，一座金字塔形状的孤峰傲然耸立，这便是万寿岩了。宋代文人邓肃在此留下了“群山透逸不能高，突兀独摩霄汉碧”的诗句。

这座石灰岩体中有十几个大小不一的溶洞。正是在这些溶洞中，20世纪八九十年代，文物工作者发现了大量远古人类制作的石制工具及伴生的哺乳动物化石，使得万寿岩身价倍增。

“这一遗址的发现，把福建有人类活动的历史提前了十几万年；这里发现的人工石铺地面，属全国首次，世界罕见，被誉为‘人类最早的建筑’；石器的制作方法、生活形态的相似性，证明了闽台同根同源的密切关系。”说起万寿岩遗址的重大价值，三明市文新局副局长苏世斌如数家珍。

然而，这个号称“南方周口店”的史前遗址，也曾面临被摧毁的命运。

今年86岁高龄的王远林老人回忆，当年万寿岩岩上有奇花异草，岩底有流水叮咚，一直是村民的钟爱之地。

由于万寿岩岩石中含有炼钢工艺所必需的一种矿石，20世纪80年代，这

里被三明钢铁厂出资购得，作为采矿点。岩前村村民担心矿山的开采会影响遗址保护，于是推选出村里5位离退休教师奔走呼吁。

王远林老人就是当年的“五老叟”之一。他回忆，从1998年6月起，他们不断与三明钢铁厂进行协商，要求停止开采，同时向国家文物局、省文物局等各级部门发出了抢救万寿岩文物古迹的呼吁书。

多番努力，终获回报。考古工作人员从1999年9月开始，先后对万寿岩遗址进行了3次抢救性发掘。考古队开始工作后，“五老叟”也每天都跟着考古队跑上跑下，端茶送水，节假日还自发到考古现场值守。

然而，矿石开采还在继续，遗址保护危机尚未过去。

1999年12月底，省文化厅向省政府提交了《关于三明万寿岩旧石器时代洞穴遗址保护有关情况的紧急汇报》。

2000年1月1日，时任代省长习近平作出重要批示，明确指出：保护历史文物是国家法律赋予每个人的责任，也是实施可持续发展战略的重要内容。万寿岩旧石器时代洞穴一直作为不可再生的珍贵历史文物，不仅属于我们，也属于后代子孙，任何个人和单位都不能为了谋取眼前或局部利益而破坏全社会和后代的利益。

他要求，“三明市政府立即采取有效的安全防范措施，加强对洞穴遗址群的保护；协调、帮助三明钢铁厂尽快在异地选定新采矿点，做到保护文物和发展生产两不误”，同时，决定由省财政拨款50万元，用于遗址群的考古发掘和保护工作。

时隔不到一个月，1月25日，习近平在省人大常委会《关于依法保护三明万寿岩旧石器时代洞穴遗址的意见》上再次批示：“省政府高度重视三明古代遗址保护，已于去年底专题协商，做出初步保护安排。请省文化厅进一步提出全面保护规划和意见。”

习近平批示后不久，三明钢铁厂马上落实，以大局为重，全面停止了在万寿岩的爆破开采，异地选定了新的采矿点，而用别处的矿石，每吨成本要高出15元。

“矿石易找，文物难求。当年领导能舍弃一时经济利益，毅然决定支持保护遗址，没有惊人睿智和长远战略眼光，是不可能做出这样的决策的。”王远林感叹。

此后，万寿岩遗址保护工作提速，并取得重大进展。2001年3月，万寿岩遗址被评为“2000年度全国十大考古新发现”,6月跻身全国重点文物保护单位之列。

如今,经历了纷繁喧嚣的万寿岩归于平静。2013年12月,国家文物局正式将万寿岩遗址列入国家考古遗址公园立项名单,目前正在推进建设工作。

在省长任上,虽然谋发展抓建设等工作极为繁忙,但习近平对文化遗产保护仍然高度重视,并经常关心过问。

20世纪90年代末,“奇秀甲于东南”的武夷山开始申报世界遗产。时任省委副书记习近平十分关注申报的进展,并积极协调推动有关工作。

1999年12月1日,武夷山正式被联合国教科文组织列入世界自然和文化遗产名录,实现了我省世界遗产零的突破,时任代省长习近平致信祝贺。

世界遗产,既要利用,更要保护。申遗成功后,为“双世遗”立法提上议事日程。2001年9月29日,时任省长习近平主持召开省政府第34次常务会议,审议了有关武夷山“双世遗”保护的条例。此后,经多次修改,《福建省武夷山世界文化和自然遗产保护条例》于2002年5月31日经省九届人大常委会第32次会议审议通过,自2002年9月1日起施行。

如今,每年都有数百万中外游客畅游武夷山,领略世界遗产奇秀风光,感受厚重历史文化。

继武夷山之后,我省又有福建土楼、中国丹霞(泰宁)荣登世界文化遗产、世界自然遗产名录。此外,我省申报的海上丝绸之路、闽浙木拱廊桥、鼓浪屿、三坊七巷、闽南红砖建筑等5个项目,已被列入《中国世界文化遗产预备名单》。

福建省文物局副局长舒琳介绍,目前,我省已有国家级重点文物保护单位137处291个点,省级重点文物保护单位674处,形成了国家、省和市、县(区)三级文物的有效保护体系。此外,近年来在涉台文物保护、传统村落整体保护利用及大遗址保护等方面,福建也是成果喜人。

建章立制:为留住文化根脉奠定法制和制度基础,让文化遗产保护有法可依、有序推进

古希腊哲人亚里士多德说:“人们为了活着而聚集到城市,为了生活得更美好而居留于城市。”

这样美好的居留,有赖于城市生产和生活条件的保障,也有赖于城市历史

和文化的滋养。而保护城市历史和文化，不仅需要一次次“该出手就出手”的单项行动，更需要不因人事更迭而变易、能管长远能保长效的制度建设。

这就是机制、法制的力量。正所谓，“没有规矩，不成方圆”。在闽工作期间，习近平着眼长远，着力推动文化遗产保护制度化、法制化，他为此做了多项开创性探索和实践。

现今的福州文博界，传颂着“四个一”（一个局、一个队、一颗印、一百万元）的佳话，而这正是习近平担任福州市市委书记期间拍板解决的事。

20多年过去，“四个一”彰显的大胆创新精神，依旧熠熠生辉；“四个一”发挥的效应，依然惠泽长远。

“四个一”的源头则要回溯到24年前的春天——1991年3月10日下午，习近平主持召开福州市委市政府文物工作现场办公会议。

参加了此次会议的黄启权回忆：“这次会议主要是解决了林觉民故居的保护和修缮问题，还确定了三坊七巷等地名人故居和遗址的保护办法：今后任何单位和个人，未经文物主管部门报经市政府同意，均不得拆除、改建或添建。同时，还确定了为加强文物保护工作，1991年福州市要办好7件实事，包括制定《福州历史文化名城保护规划》、加强文物管理部门的力量等。”

正是由这7件实事衍生出“四个一”，以及一系列给力福州历史文化名城保护的创新之举。

一个局。1991年3月现场办公会确定，福州市文物管理委员会办公室增加事业编制10名。1994年11月11日，习近平主持召开的专题研究进一步加强历史文化名城保护的市委常委会又议定，健全文物管理工作机构，在机构改革中考虑设立市文物管理局。1995年6月，福州市文物管理局正式成立，作为市直二级局，人财物相对独立，定编20人。

“当时，全省包括省里和各个地市都没有专门的文物管理部门。福州在全省最早成立文物局，比省文物局成立还早，在全国同类城市中也算比较早的。成立了专门的文物管理机构，对福州文物及文化遗产保护工作发挥了巨大的作用。”1997年担任福州市文物局局长、现已退休的王培伦说。

一个队。1991年3月现场办公会明确提出，建立福州市考古队。1991年6月考古队正式成立，定编8人。这为提升福州文物考古水平，进一步做好文化遗产保护工作奠定了坚实的基础。

20多年来，福州市考古队在多个考古领域创下辉煌业绩，特别是中国水下考古领域，长期以来，他们作为骨干力量参加了中国水下考古一线工作，工作范围基本涵盖我国水下考古的全过程，主要参加了西沙水下考古、“南海一号”沉船遗址、平潭“碗礁一号”等水下考古发掘工作，成果丰硕。

一颗印。1991 年 3 月现场办公会明确提出：“各级文物保护单位中的现有使用单位，都要与文物主管部门签订‘使用保证合同’”。由此延伸，福州市委市政府决定，从 1992 年开始，城建项目立项时需要征求文物部门的意见，加盖市文管会(后改为市文物局)的印章。“以前只需盖规划建设部门的印章就可以了，增加了文物部门的一颗印，保护文物的主动性大大加强了，建设性破坏的可能性尽量避免和减少了。”黄启权说。

一百万元。过去，福州全市每年的文物修缮经费只是从城市维护费中列支 8 万元，1991 年 3 月现场办公会议定，从当年开始，此项费用每年市财政拨款 100 万元，以后逐年增加。“由此可见习近平同志对文物保护工作的重视程度。”王培伦说。

除此，这次现场办公会还提出，在全市开展一次全面的文物普查；对全市各级文物保护单位全部挂牌立碑，对名人故居、遗址等分别采取立碑纪念、挂牌昭示等办法加强管理，并一律建立档案。

黄启权介绍，在 1991 年 3 月 12 日省、市人大代表视察福州市文物工作反馈会上，福州市正式决定用市政府挂牌形式从速保护一批名人故居。1991 年 9 月，经调查研究，福州市政府公布了第一批 64 处市区名人故居，比照市级文物保护单位予以挂牌保护。

从 1991 年 10 月到 1992 年 1 月，这 64 处名人故居全部挂上了不惧风雨的搪瓷烧制的“福州市名人故居”铭牌，包括陈衍故居、陈若霖故居、高士其故居等。这也是新中国成立后，福州市公布的最大一批名人故居。

20 多年过去，这些故居有的已经升格为各级文物保护单位，其他的仍以“福州市名人故居”的名义得到妥善保护。这些故居门前依然挂着独具时代特色的搪瓷铭牌，经历风雨，见证历史。

“这些故居中绝大部分当时还不算文保单位，原则上不受文物法保护。可以想见，如果不是挂牌保护起来，很多都会在城市建设中面临被拆的命运。”黄启权说。

1991 年 3 月现场办公会确定的不仅是一件件具体实事，还有惠及长远的机制举措：抓紧修改《福州市历史文化名城保护管理条例》，制订《福州市历史

文化名城保护规划》和《福州市三坊七巷保护规划》。

《福州市历史文化名城保护管理条例》从1989年4月开始起草,1991年3月现场办公会议之后,福州市文物、法律工作者马上加紧修订,到1992年6月底形成了第5稿,后来又论证、修改,再论证、再修改。最终,到1995年10月,数易其稿才敲定,从启动制订到最终定稿,前后历时8年。

1995年10月27日,时任福州市市委书记、市人大常委会主任习近平主持的福州市十届人大常委会第19次会议通过了《福州市历史文化名城保护管理条例》。1997年1月23日,经省人大常委会审议批准颁布施行。该条例的制定施行,在全国历史文化名城保护领域乃率先之举。

2013年6月28日,福州市十四届人大常委会第11次会议通过了《福州市历史文化名城保护管理条例》的修订版,后经省人大常委会审议批准,自2013年10月1日起施行。

《福州市历史文化名城保护规划》和《福州市三坊七巷保护规划》也经历了多次修订、完善、提升的过程。

2008年,福州市委托同济大学国家历史文化名城保护中心编制完成了《福州市历史文化名城保护规划(2012—2020)》,2014年10月17日获省政府批准公布实施。2013年9月,《三坊七巷历史文化街区保护规划(修编)》通过省住房和城乡建设厅组织召开的技术审查会,上报省政府批准。

"建章立制,为福州留住文化的根脉奠定了法制基础,确保历史文化名城保护工作有法可依、有序推进。"福州市文物局局长吴聿建说。

近年来,福州市先后投入40多亿元用于历史文化名城和文物保护工作,全面梳理老城的历史记忆、古城符号和福州元素,彰显古城风貌。

时至今日,经过多年持续接力保护,福州古城"三山两塔一条街"总体格局,及三坊七巷、朱紫坊、上下杭等历史文化街区保存较为完整。

"城在山中,山中有城""有福之州"富有特色的山水城市空间格局被吴良镛院士誉为"东方城市设计的佳作",这里也成为很多人畅游山水、清新呼吸的上佳之选。

今天从历史中走来,未来始于足下。

"当历史的尘埃落定,一切归于沉寂之时,唯有文化以物质的或非物质的形态留存并传承下来,它是我们民族独立品格的历史凭证,也是我们满怀信心走向未来的坚实根基和力量与智慧之源。”

保护文化遗产，就是要共同守护我们的精神家园，以求延续民族的灵魂和血脉，让我们的子孙后代面对苍天知晓：我们是谁，我们从哪里来，我们到哪里去！

习近平在福建工作期间，推动文化遗产保护的一系列前瞻性思想和观点以及开创性实践，既为八闽大地的文化传承和复兴注入了时代活力，也为后来者薪火相传传递文明之光铺下了坚实的道路。

站在新的历史起点，回首过去，立足当下，面向未来，八闽儿女正汲取先行者的智慧和营养，砥砺奋进，加强文化遗产保护、推进文化强省建设，以期在追寻中国梦的伟大征程中，营建更加美好、更加宜人的精神家园。

刘国军:“跑”出权威和流量

人物名片

刘国军,1998 年 7 月入职福建日报社;1998 年 9 月至 2002 年 6 月,任福建日报南平记者站记者;2002 年 7 月至 2005 年 8 月,任福建日报要闻采编部编辑;2005 年 9 月至 2006 年 3 月,任福建日报经济文教部记者;2006 年 4 月至 2007 年 9 月,任晋江经济报编辑中心主任;2007 年 10 月至 2012 年 12 月,先后担任福建日报记者通联部编辑、采编通联科科长、主任助理(其间 2011 年 4 月至 2012 年 3 月,抽调至中央创先争优活动领导小组办公室宣传组工作);2012 年 12 月至 2019 年 10 月,任福建日报记者通联部副主任;2019 年 11 月至今,任福建日报要闻编辑部副主任兼《新福建》编辑部副主任。

2019 年 7 月 31 日,刘国军(左三)在南平市延平区王台镇溪后村采访

刘国军从事新闻采编工作22年，采写、编辑的新闻作品获20多个奖项，包括1个中国新闻奖二等奖、4个福建新闻奖一等奖。

“四力”心得

“新闻永远在路上”，毋庸置疑，脚力是新闻工作者首要具备的。当下新媒体时代，海量信息鱼龙混杂，更需要新闻工作者用双脚跑出有价值、明真相的权威报道，生产更多自带流量的“网红”新闻。

记者跑新闻是本分，无论哪个年代。20世纪90年代末，大学刚毕业的我被派往山区记者站。尽管当时交通还不便利，也没采访车，去边远县乡，坐班车得花大半天甚至一天时间，但依然坚持每半个月下乡采访一次，每次至少三四天。用脚丈量大地，用心采写稿件。驻站期间每见报一篇报道，都会让自己兴奋好一阵子。如今，高速公路、高铁动车四通八达，当记者更没理由“不出门写新闻”。

“基层跑遍、跑深、跑透了，我们的本领就会大起来。”于新闻媒体而言，无论时代如何变迁，“内容为王”始终是做好新闻报道的根本所在，而源于生活、源于群众、源于实践则是做好内容的核心要素。想要有鲜活素材，就要去新闻现场。平日是这样，特殊时候亦然。在发生疫情期间，有的采访事发突然，记者无法第一时间到达现场，或无法进入第一现场采访，该如何补上素材缺失的短板？这就需要记者用好新媒体和文字两种思维方式，让采访对象还原当时场景，采访音频、视频、文字三者有机结合，通过加工制作，更多地以融媒体产品方式多角度呈现一线的写实内容。

新闻工作者只有以脚力为本源，眼力、脑力、笔力才有扎实根基，才会迸发更大力量。

代表作品

山绿　林活　农富

——尤溪探索培育多种新型林业经营主体

刘国军　邱慧敏　严士冬

《福建日报》 2017年4月13日

随着集体林权制度改革向纵深发展，如何放活林地经营权、释放林业活力，提升林业发展质量和经营水平成为改革的焦点。

地处闽中的尤溪，拥有林地面积379万亩，是全国集体林区林业产权制度改革试点县，2011年被国家林业局授予“全国集体林权制度改革先进典型县”称号。这个福建山区大县，通过出台扶持新型林业经营组织发展政策，在产权清晰和林农自愿的前提下，大力发展家庭林场、林业专业合作社、股份林场，鼓励发展“公司＋林农＋基地”，探索发展委托经营模式，培育发展林业经营专业大户等。因地制宜实施“一地一良策”，加快了林地规模化、集约化、专业化经营步伐，实现了“山绿、林活、农富”。

股份林场，带动村集体、村民增收

3月底，尤溪城关镇下村村的公路边、山坡上，新植的1万棵桂花树和200亩杉树，排成行行绿意，一派生机勃勃景象。

“这批刚种的杉树、桂花树是今年的造林任务，通过股份林场合理安排种植采伐计划，我们每年都有300亩左右的林木可以轮伐，实现了永续利用。”村主任戴永春告诉我们，村里实行“分股不分山，分利不分林”的股份经营模式，股份林场全权负责投资开发及经营管理，村集体和村民将收益四六分成，不但让村民有了可观的林业分红，而且为村集体提供稳定的收入来源，确保了村级组织正常的运转和公益事业建设。

通过股份经营模式，1万多亩山林成了一个整体，林场连片规划、统一管理、统一病虫害防治，充分发挥了规模化营林的优势，实现森林资源有增长、村民收益有保障。同时，通过章程明确林场、村委、村民的权利和义务，结成利益共同体，实行民主管理，规避了潜在的利益冲突，实现林业和谐稳定发展。

正如下村股份林场场长戴永堪所说:"统一管护,成本减少了,规模上去了,效益也就出来了"。该经营模式有效保障了村民的合法权益,促进林农增收,同时带动村集体经济的发展。近年来,股份林场每年林业收入均在200万元以上,村民人均林业分红保持在1000元左右。村集体通过林业分红,解决了无钱办事的难题,不断推进美丽乡村建设,完成河道整治、旱厕拆除、廊桥修复、公路沿线美化绿化等公益事业,并聘请台湾旅游设计团队对森林资源进行重新规划,发展休闲旅游,带动村民致富,持续释放林业改革带来的红利。村民们高兴地说:"山绿了,路好了,来旅游的人多了,村里发展越来越快了……"

这样的模式既让农户受益,又提高了他们种林爱林护林的积极性。"去年4月,强雷电造成一起森林火警,村民发现后第一时间自发组织上山扑火,在工作组到达前已经扑灭,没有造成任何损失。"戴永堪说,这是印证村民爱护山林意识提高的最好事例。

专业合作社,助力产业提质增效

尤溪是"中国绿竹之乡",拥有绿竹6.5万余亩。梅仙镇经通村是绿竹种植大村,过去每到绿笋上市的季节,只靠本地市场自销,销路有限,村民们总要为到哪儿卖绿笋而发愁。

"以前靠自己运到上海、福州等地卖,路途遥远成本高,加上绿笋不好保存,赚不了几个钱。"提起零售绿笋的经历,林农叶辉韩直言不讳,大家都很清楚,卖绿笋挣不到钱的主要原因是:市场品牌认知度不够、绿笋保鲜难、销售渠道不畅。

提质量、打品牌、拓渠道,设备、场地和技术,缺一不可,但村民个体无法承担大量投入资金的风险。2012年1月,尤溪县大山笋竹专业合作社应运而生。

合作社实行联产联销,与尤溪丰业农产有限公司签订绿笋销售协议,与尤溪永丰茂纸业有限公司签订绿竹材销售协议,社员只需经营好竹林,再也不用发愁绿笋、绿竹材卖不出去。

叶辉韩是最早一批加入合作社的林农,现在家里的5亩绿竹林,每年可以创收5万多元。谈起合作社的好处,他说:"通过合作社牵头,我们接受统一技

术培训、统一生产标准、统一销售，解决了缺技术、缺资金、销售难等问题，增强了抵御市场风险的能力。”

而合作社通过争取政府项目补助和企业的二次返利，有了资金，开展标准化生产和品牌经营，进一步提高了绿竹林生产经济效益，带动产业发展。目前，合作社共有社员121户，发展高效绿竹基地3000多亩，初步建立起产前、产中、产后一体化服务体系，据不完全统计，每年产值已经超过500万元。

眼下，不再担心销路的社员们，又开始谋划如何让绿笋卖出更好的价格。“我们正在申请‘竹公’品牌，希望克服资金、保鲜技术等难题，通过贯彻绿色环保理念，打造好自有品牌，进而让合作社的绿笋直接走进城市农贸超市。”大山笋竹合作社理事长叶辉明介绍了下一步的发展思路。

生产服务队，激发山林管护活力

“此州乃竹乡，春笋满山谷。”这是尤溪西城镇三山村的真实写照。三山是林业大村，林业用地面积近4.6万亩，其中6000多亩毛竹林全部承包到户，村民户户有竹林。

随着外出务工经商潮的兴起，当地1400多名村民中有超过1000人外出经商务工。村民张世富一家在浙江台州开小吃店，无暇花时间、精力管护毛竹林，但他家承包的毛竹林依然生机勃勃，每年能给家里带来7000多元的纯收入。

这得益于当地自发形成的委托经营模式。“前些年，有些毛竹林粗放经营，生产效益不断下降，自从毛竹林生产服务队成立后，这一问题很快得到了解决。”村支书胡开银介绍，该服务队共有队员10余人，由留在村里的林农组成，依托于尤溪县益林毛竹专业合作社，是生产性服务组织，在传统专业合作社的基础上，提高社会化服务能力，为劳动力不足或外出的林农提供锄草抚育、挖笋、砍竹、病虫害防治等综合托管经营服务。

外出人员委托专业队根据毛竹林立竹量和竹林结构合理砍伐毛竹、采挖竹笋，并帮助销售，砍伐工资结合承包竹林的生产条件，按照毛竹销售额的25%～50%灵活计算，竹笋采挖工资按照销售额的50%计算。因为同是邻里，服务队成员还无偿帮助外出农户做好日常管护，不仅避免了盗砍滥伐，而且竹林效益得到提高。

户户有林，不需户户营林。托管经营的模式，让很多村民从山林里解放了出来。“竹林托管给服务队，在外的村民可以安心工作，实现两份收入；在家的林农也多了一条务工渠道，增加了收入。”这一模式深受当地村民的认可，他们认为托管经营给村里的林业生产注入了新活力。

尤溪县林业局林改办主任陈君豪介绍，通过贯彻落实各项惠农政策，积极引导培育，全县上下新型经营组织蓬勃发展，涌现出上源合作社、高春山庄、下村股份林场等一批典型，多种模式因地制宜，让林业发展活力得到释放，实现了山林增值、林农增收、生态良好。目前全县已成立林业专业合作社 173 家、家庭林场 92 家、股份林场 16 家，采取“公司＋林农＋基地”模式，经营面积 2 万亩，委托经营面积 1 万亩，培育林业经营专业大户 112 户。

李向娟:践行“四力”,努力采写有温度有思想的新闻报道

人物名片

李向娟,博士,主任编辑,曾任福建师范大学传播学院兼职导师、福建工程学院兼职教授。

独立采写的多篇内参获时任国务院副总理回良玉及省领导的批示,推动相关问题的解决。从业近20年来,采编大量的新闻作品,获中国新闻奖二等奖、福建新闻奖特别奖、福建新闻奖一等奖等50多个新闻奖项。三度赴台湾驻点采访,参与一系列两岸重大交流活动及澎湖空难、高雄气爆等突发事件报道。近10篇论文发表在国家核心期刊(社科类)上。荣获福建省“3·15”荣誉勋章、省直机关“三八红旗手”、福建新闻奖人物奖暨“十佳”新闻工作者等。

李向娟

“四力”心得

干好新闻工作，就要保持一股工作干劲、一腔工作激情、一种拼命精神。在驻宁德记者站的1000多个日子里，我大部分时间在闽东大山里穿行，或在宁德乡村、项目工地上奔跑。

近3年里，我跑遍了闽东10个县（市、区）近70个乡镇、200多个村落。我坚持以人民为中心的工作导向，努力用手中的笔和相机记录时代的发展，讲述闽东好故事，展现记者的责任与担当。

第一，深入基层群众，进村入户采写报道脱贫致富的感人故事。

打好脱贫攻坚战是中央提出的三大“攻坚战”之一。宁德10个县（市、区）里，就有6个是贫困县。经过攻坚拔寨，所有贫困县脱贫摘帽。

有新闻前辈说过，要想把新闻采访做得生动，就要学会“站在天安门上看问题，走到田间地头上找感觉”。所以，围绕打好脱贫攻坚战，我们奔波于闽东大地，进村入户，用双脚丈量闽东大地、用双眼发掘鲜活故事、用双手记录脱贫攻坚的好声音。

我们深入福安、霞浦、蕉城等地，采写宁德连家船民上岸致富的故事《告别河海漂泊，踏上小康征程》；深入寿宁下党乡下党村采写脱贫攻坚报道《从特困乡到美丽乡村的嬗变》；深入古田县采写食用菌产业助力乡村振兴的《一朵菌菇，如何撑起百亿大产业》；深入福鼎采写《福鼎白茶，逆势飞扬》；深入霞浦县采写《霞浦，如何玩转“行摄经济”》；深入周宁采写《“高山明珠”展魅力》等等。

古语云：“耳闻之不如目见之，目见之不如足践之。”现在，宁德县县通高速，但是从宁德去寿宁、去古田、去福鼎、去屏南、去柘荣都还要2个小时。距离并不是问题，反而促使我们更好地践行“四力”。每一回深入大山农家的采访，对我而言不仅是脚力、眼力、脑力、笔力的锻炼，更是一次灵魂的洗涤。

行走闽东乡间，那种绽放在黝黑脸上的最会心的笑容，足以打动每一个人。我们看到周宁贫困户周孙庭养羊致富后的灿烂笑容，看到屏南残疾青年杨发旺因绘画获得重生的自信，看到古田贫困户曾起先因造福搬迁过上新生活的幸福……

通过扎根式、蹲点式采访，我深刻认识到，只有扎根人民，新闻工作者才能

汲取丰厚养分；只有来自群众，新闻报道才能富有勃勃生气。

第二，深入项目一线，聚焦报道“金娃娃”推动闽东高质量发展的火热实践。

当下，宁德正在发力四大主导产业：不锈钢新材料产业、锂电新能源产业、新能源汽车、铜材料产业等。我们通过蹲点项目工地、走进车间厂房，在高达40多摄氏度的钢铁熔炉车间采访、在滚滚尘土的工地上采访，先后采写《先进制造，挺起新宁德脊梁》《工业腾飞见证闽东大跨越》《千亿产业巨龙，跃起闽东》等深度报道，视角独特，剖析深刻，获得了不错的反响。

上汽宁德基地是宁德抱回的又一个“金娃娃”，对推动宁德高质量发展意义重大。上汽宁德基地项目2018年4月28日开工建设，2019年6月30日投产下线第一辆汽车。这个项目，3年工期一年半完成招商、安征迁、建设等。而且，宁德一年365天，有200天左右在下雨。这些困难对宁德干部而言，是何等的考验。我和同事跑了三四趟项目工地、车间、拆迁现场，聚焦征迁、建设、招商等各方面，采写了《上汽速度》《上汽宁德基地项目：平均每分钟可产1辆车》《四大主导产业提速宁德高质量发展》等有分量的报道，反响较好。

走进一个个“金娃娃”项目，在塔吊林立、机车轰鸣的项目工地上，在车辆奔忙扬起的滚滚尘土里，我们感受到建设者们豪气冲天的干劲，感受到环三都澳湾区澎湃的发展热潮。那一刻，我们的内心被深深震撼了。在蹲点调研、多方采访后，我和同事一同采写了《大开发，新宁德奔涌时代潮》《高质量，让碧海蓝天产业红》等重头报道，被新华网、人民网、省政府网站等转载。这些调研式的深度报道让我更加明白：在路上，心里才有时代；在现场，心里才有感动；到项目一线，才能写出接地气、聚人气的高质量报道。

从2018年起，宁德打响了海上养殖整治战，致力于还一片碧海清滩。围绕打赢污染防治攻坚战这一选题，我们跑福鼎、蕉城、福安等地，奔渔村、搭渔船，跳上塑胶渔排，与渔民面对面，聊养殖、谈转型，聚焦新旧渔排转换升级，采写发表了《福鼎：耕海牧渔，筑建“蓝色粮仓”》《蕉城：退藻还海，风光无限好》等一系列报道，有力地展现了打好污染防治战的闽东探索。

第三，行走闽东乡间，感受乡村振兴的发展脉动。

作为记者站站长，尽管只有一名站员，但我还是带头策划、深入调研、牵头采写、严格把关，带着记者干，做给记者看。

我们奔赴屏南、周宁、古田等地采写的《农厕改革，宁德这么干》，聚焦柘荣、屏南山区电商助力乡村发展的《咱村有电商，特产卖得欢》，聚焦周宁返乡乡贤助力乡村振兴的报道《乡贤回归，为了乡愁》等等。

我们从宁德市区驱车两个半小时，一路坑坑洼洼、摇摇晃晃，深入到闽浙交界莽莽大山中的福安范坑乡毛家坪村。因为“党建引领”、生态农业的勃兴，使得这个“鸡鸣一声，两省三县相闻”的贫困地区、革命老区走出了一条脱贫致富的路子。我们采写的《福安“西伯利亚”的美丽嬗变》，受到各方的关注。

为了更好聚力乡村振兴，我建了一个闽东乡镇群，把一些乡镇党委书记、镇长和宣传委员拉进群，第一时间了解各个乡镇的发展特色和推动乡村振兴的具体做法。当然，也通过私下聊天了解基层的发展难点和难题，这无疑也是调研的另一种方式。

作为新时代的党报新闻工作者，我们要在深入基层中练就强劲脚力，在洞察生活中练就敏锐眼力，在书写时代中练就不凡笔力。我们将“不忘初心、牢记使命”，努力践行“四力”，去读懂这个伟大的时代，以奋斗姿态去书写新时代的春天故事。

代表作品

17 个月，荒地崛起现代汽车城

李向娟　周　琳

《福建日报》　2019 年 9 月 29 日

这是一个令人惊叹的“宁德速度”。上汽宁德基地项目，约 200 亿元的重大投资项目，6 个月完成项目安征迁，2 个月完成 43 个前期要素保障。

这是一个令人惊艳的发展奇迹。上汽宁德基地项目，从开工到投产，仅仅用了 17 个月，就实现了从零到 24 万辆的跨越。

9 月 28 日下午，上汽乘用车宁德基地正式竣工投产，首辆插电混动名爵 eHS 下线了。这标志着宁德乃至福建的高端制造、智能制造迈上了新台阶。

上汽宁德基地自 2018 年 4 月 28 日开工以来，全速推进。今年 6 月 28 日第一台通线车下线。一期项目年产能 24 万辆，实际产能 30 万辆，新增年产值

500亿至600亿元;二期预留同等规模产能,将打造千亿产业集群。

攻坚克难,建设"全速度"

"多上几个大项目,多抱几个'金娃娃'。"习近平总书记曾这样寄语闽东。上汽宁德基地便是宁德抱回的又一个"金娃娃",已成为宁德乃至福建坚持高质量发展落实赶超的一个标志性项目。

上汽宁德基地位于宁德蕉城区三屿园区,占地6879亩,总投资约200亿元(产能投资100亿元、基础设施配套100亿元),具备整车生产的冲压、焊接、涂装、总装等完整的四大工艺,主要生产荣威、名爵等品牌的新能源和传统能源汽车。

上汽宁德基地项目自2018年4月开工以来,上千名建设者奋战在蕉城三屿园区,抢进度,赶序时,掀起了奋斗热潮。

"做好安征迁,保障项目用地,是项目建设的关键一环。"蕉城区委有关负责人说,在上汽项目建设中,蕉城区干脆把安征迁指挥部设在离群众最近的村委楼,在短短6个月内,全面完成征地收海6460亩、房屋征迁640座……

除了安征迁任务重,上汽宁德基地建设还遇到"雨天多、交叉施工多、地质条件复杂"等诸多困难。闽东多雨,从项目开工至首台通线车下线,历时14个月(共444天),雨天就有268天,占60%以上。

为克服雨天不利条件,项目每一位参建干部心中,都有一个"时间表"和"气象仪"——这是一场人与自然的特殊较量!

以打桩基为例。在建设高峰时期,上汽宁德三屿园区要在短短3个多月内,打下46.53万根总长312万米的桩基,调度机械设备数量达上万辆。在短时间内完成这么大工程量,在宁德建设史上前所未有。

如何强势推进项目建设?从2018年10月起,宁德筛选出28个重中之重项目作为"百日攻坚"项目,由厅级领导具体挂钩项目,形成了领导带班、全员上阵的强大合力。

为集中攻坚保投产,2019年5月底宁德开始集中力量重点攻坚。在6月28日前,实现了三屿互通提前竣工通车、污水处理厂提前投产运行、水电气全部接入园区、园区内外路网实现提前接通,确保了项目6月底顺利投产。

如何抢回雨天耽误的工期?宁德市确定30个重中之重项目,开展2019年"春节不停工"活动,市领导、指挥部全体同志、5322名参战工人春节奋战在项目一线。

不论刮风下雨，还是热浪酷暑，上汽宁德（三屿）基地项目的每一位参建者全力以赴，掀起一轮轮建设高潮，生动展现出“大干晴天、抢干阴天、巧干雨天、干好每一天”的“四干精神”。

各方合力，配套“加速度”

七都溪特大桥是上汽工程建设的生命线工程之一。它连接着上汽项目所在蕉城三屿园区与宁德时代新能源所在的新能源特色小镇，承担着上汽项目宁德基地对外交通的主通道。

年轻的工程师李铭臣当过几个大项目的总工，可七都溪特大桥对他而言却是个难啃的“硬骨头”。按常规，全长2561米的七都溪特大桥工期要24个月，但现在要提速到15个月。

如何提速？身为上海路桥公司宁德七都溪特大桥项目总工的李铭臣说，原先，大桥采取空中跨越海堤的立交式，但工期长、成本高。为了提速，由宁德市牵头，多方协调论证，最终拿出一个创新方案，即采取大桥与海堤平交、路堤结合方式。这样，七都溪特大桥就可节约工期8个月，节省成本1.8亿元。

作为连接蕉城三屿园区与高速公路的重要枢纽，宁德汽车城互通工程自2018年8月开工，到2019年6月25日就完成交工验收，6月28日通车。“这样超前的建设速度，正是各方合力的结果。”工程项目经理刘建鏕说。

上汽宁德基地及基础设施的配套项目多，有7大类47个项目。其中，大交通项目占了6个，即一条铁路、一个码头、两个互通、两条国道。此外还有市政道路项目10个（含福宁北路、疏港路、鉴湖路三条主干道）、防洪防潮排涝项目5个、水电气项目12个等。截至目前，已完成投资约212亿元，为总投资200亿元的106%。其中，上汽主机厂已建成投产，总装车间14.6万平方米成为亚洲最大车间；30家供应商全部完成建设任务并交付使用；宁德汽车城互通提前通车；七都溪特大桥、福宁北路等主干道建成通车，漳湾7号泊位码头如期建成，铁路专用线按序时推进，计划2020年9月与衢宁铁路同步建设通车。

刚建成投用的漳湾7号泊位，是上汽宁德基地汽车进出口运输的基础性工程。它紧邻漳湾作业区8号泊位，建设规模为新建5万吨级通用泊位1个及相应的配套设施，可满足2万GT汽车滚装船靠泊，设计年吞吐量为30万辆汽车和 35 万吨件杂货。

产业链配套，也是上汽宁德基地项目成功量产的关键。

“抓住产业集群核心产业链招商，推动产业补链建群。”宁德市工业和信息化局负责人说，上汽宁德基地项目自落地以来，宁德同步引进 30 家一级核心配套商企业，纳入整车厂一起规划建设，基本涵盖底盘车架、电泳及注塑、空调系统、轮胎总成等零部件产品，涉及零部件占整辆车体积的 80%，并积极对接二三级配套商。同时，按照物流优先原则，在整车厂南北侧布局供应商园区，构建起新能源汽车产业集群。

全力以赴，服务“有温度”

上汽宁德基地项目 3 年工期 17 个月完成，安征迁、项目建设时间也同样缩短，时间紧，任务重。

面对这一“硬仗”，省、市、区各级干部齐心协力，迎难而上、自我加压，用一股“逢山开路、遇水架桥”的闯劲，破解了一个又一个难题。

为服务上汽宁德基地，省领导密集到项目一线调研指导，省重点办建立半月一协调、一月一调度、一季度一公报的工作机制；宁德市成立项目建设领导小组，下设筹融资、工程建设、商务协调三个指挥部。宁德市委、市政府主要领导既挂帅又出征，全力以赴抓进度、调度，破题解难。

“指挥部每天一会商，每周一例会，随时解决问题，做到问题不过夜。”上汽宁德基地工程建设指挥部副总指挥何必良说，宁德市委、市政府主要领导与市政府分管领导每日一碰头一会商，对重大问题亲自沟通协调、决策拍板；市区两级指挥抽调干部合署办公，并与上汽方建立常态化沟通联系，不定期召开专题会议，协调解决困难等。

项目时间紧，审批程序多，如何提速？宁德、蕉城两级采取协同审批等方式，打通“绿色通道”——60 天内完成用林、用地等 43 项主要前期要素保障任务，90 天完成整车厂 4 大车间、16 个功能区、30 家供应商厂区的土方回填任务……

宁德市发改委负责人说，“对于重点项目，宁德设立首席责任人制度”。每一个项目，甚至大项目下的子项目，都有一位处级领导或行业主管部门一把手挂钩，“建立‘五个一’工作机制和月跟踪、旬报送制度，以及月度协调会制度，完善挂钩、帮扶、调度、督导，提高项目的开工率和投产率”。

借力上汽宁德基地项目等一大批省市重点项目，宁德市委组织部探索完善干部一线锻炼平台，发挥一线攻坚的磨刀石、一线考察的试金石作用。去年以来，蕉城区拿出多个科级岗位提供给在重点项目一线表现优秀的干部，同时从重点项目一线选拔干部 28 名。

一切围着项目转，一切盯着项目干。正是各方力量的汇合，强化要素保障，做好周到服务，源源汇聚而来的暖流，形成上汽宁德基地项目成功量产的强大原动力，创造了前所未能的“宁德速度”和“宁德质量”。

王志贤:倚马可待如何练成

人物名片

王志贤,1988 年 7 月毕业于华中理工大学(现华中科技大学)新闻专业,在福建日报社多个岗位从事新闻工作。2005 年 7 月底起承担评论撰写、编辑任务,高级记者职称。

十多年来,每年撰写各类评论 60 篇左右,包括社论、评论员文章等重要评论和屏山时评、记者点击等时评,还参与了《福建日报》评论版的编辑工作。作品中有 1 篇评论作品获中国新闻奖三等奖,20 多篇评论作品获得福建新闻奖。

王志贤

"四力"心得

倚马可待,是评论写作的一项重要要求。有时,重要评论当天布置,当天完成撰写、审稿任务,有时,重要会议当天才拿到讲话稿,甚至领导脱稿讲话,却要在当天写出成品稿件，对评论员写作能力提出了很高要求。那么，倚马可待如何练成？

评论是以说理为主的文体，要求评论员有较高的理论政策水平和较丰富的知识积累。多年来，我加强政治理论学习，对中央和省委各个时期的决策部署有较全面的理解，撰写的评论能够符合中央和省委的相关精神，为宣传中央和省委的政策主张积极发挥作用。2007 年 10 月，省委召开常委会提出实施品牌带动。报社领导要求我们撰写一篇评论员文章予以论述。我依靠知识积累，运用搜集的材料，撰写了《大力实施品牌带动》。文章见报后，因对该问题的论述先人一步受到关注，省政府办公厅一位领导认为，这篇评论的观点颇有见地，特地邀请我参加实施品牌战略文件修改稿的讨论。这篇作品获得了第十四届福建新闻奖二等奖。

评论写作除了需要平时知识积累，还要尽可能多地掌握相关材料，才能写得丰满。2006 年 2 月，我在媒体上看到闽江河口湿地遭受破坏的新闻，搜集了大量典型案例，撰写了时评《维护湿地之美》，运用典型事例论证保护湿地的重要性及如何处理好湿地保护与开发的关系。文章发表后，中宣部新闻局《新闻阅评》以《结合实际扎实宣传科学发展观一例：福建日报载文〈维护湿地之美〉令人信服》为题，对其进行了评点。《新闻阅评》以一整期的版面对单篇作品进行评析，是比较少见的。

代表作品

让党的十九大精神在福建落地生根

王志贤

《福建日报》 2017 年 11 月 18 日

在全省上下掀起学习宣传贯彻党的十九大精神热潮之际，省委十届四次全会于昨日闭幕。会议高举中国特色社会主义伟大旗帜，坚持以习近平新时代中国特色社会主义思想为指导，不忘初心、牢记使命，对深入学习贯彻党的十九大精神进行再部署、再动员。全会要求全省各级党组织用最坚决、最彻

底、最见成效的行动和措施，把学习贯彻习近平新时代中国特色社会主义思想引向深入，推动党的十九大精神在八闽大地落地生根，结出硕果。

深入学习、全面贯彻十九大精神，是当前和今后一个时期摆在我们面前的首要政治任务。党的十九大是在全面建成小康社会决胜阶段、中国特色社会主义进入新时代的关键时期召开的一次十分重要的大会，在我们党和国家的发展进程中具有极其重大的历史意义。十九大闭幕后，我省迅速兴起学习宣传贯彻党的十九大精神的热潮，取得了初步成效。我们要在前一段学习贯彻的基础上，进一步在学懂弄通做实上下功夫，切实把思想和行动统一到十九大精神上来，把智慧和力量凝聚到实现十九大确定的目标任务上来。

学习宣传贯彻十九大精神，最为重要的就是把习近平新时代中国特色社会主义思想作为长期坚持的指导思想，统领和指导改革、发展、稳定各项工作。习近平新时代中国特色社会主义思想是十九大的灵魂，是全党全国人民为实现中华民族伟大复兴而奋斗的领航灯塔。我们要深刻领会这一指导思想的精神实质和丰富内涵，用党的创新理论武装头脑、指导实践。把学习领会这一指导思想与贯彻落实习近平总书记对福建工作的重要指示精神结合起来，与贯彻落实省第十次党代会和省委十届二次、三次、四次全会的部署结合起来，始终保持战略定力，聚焦战略重点，紧盯战略目标，做好任务细化、目标分解、进度督查，一件事情接着一件事情办，一年接着一年干，确保各项目标任务落到实处，转化为本地区本部门的生动实践。

深入学习、全面贯彻十九大精神，就要有责任、有魄力、有行动、见实效。习近平总书记在福建工作近18年，为福建改革开放和现代化建设作出了巨大贡献，为我们创造了极为宝贵的物质财富和精神财富，与福建广大干部群众结下了极其深厚的感情。福建作为习近平总书记的“第二故乡”，更有条件、更有感情、更有责任把习近平新时代中国特色社会主义思想，学得更深、悟得更透、贯彻得更彻底，真正将这一重要思想贯穿和体现到新福建建设的全过程、各方面。我们要着力建设现代化经济体系，打造福建经济升级版；发展社会主义民主政治，巩固和发展生动活泼、安定团结的政治局面；加快文化强省建设，不断提高福建文化软实力；坚持以人民为中心的发展思想，切实保障和改善民生；深入推进生态文明试验区建设，让“清新福建”的品牌更加亮丽；充分发挥对台独特优势，更好地服务祖国统一大业。

深入学习、全面贯彻十九大精神，必须按照新时代党的建设总要求，坚定不移全面从严治党。党政军民学，东西南北中，党是领导一切的。要把政治建设放在首位，坚决维护党中央集中统一领导和习近平总书记在党中央、在全党的核心地位，牢固树立"四个意识"，更加自觉、更加坚定地向党中央看齐、向习近平总书记看齐，始终在政治立场、政治方向、政治原则、政治道路上同以习近平同志为核心的党中央保持高度一致。要把对党绝对忠诚作为必须坚守的生命线和立身之本，严格遵守党章和党内政治生活准则，在任何时候、任何情况下都不触碰政治纪律和政治规矩的"红线"。加强理论武装工作，坚持知行合一、学做结合，推进"两学一做"学习教育常态化制度化，按照中央部署组织好、开展好"不忘初心、牢记使命"主题教育，促使党员干部解决好世界观、人生观、价值观这个"总开关"问题。大力弘扬习近平总书记在福建工作时倡导的"滴水穿石"精神和"四下基层""马上就办"等优良作风，大兴调查研究之风，始终保持同人民群众的血肉联系。

新时代要有新气象，新征程要有新作为。我们要认真贯彻落实十九大精神，按照省委十届四次全会的重要部署，更加紧密地团结在以习近平同志为核心的党中央周围，坚持以习近平新时代中国特色社会主义思想为指导，不忘初心、牢记使命，以永不懈怠的精神状态和一往无前的奋斗姿态，在加快建设机制活、产业优、百姓富、生态美的新福建的伟大征程中谱写新篇章，为决胜全面建成小康社会，夺取新时代中国特色社会主义伟大胜利、实现中华民族伟大复兴的中国梦作出福建贡献。

王丹飚：夜班人当补短板

人物名片

王丹飚，1994 年 7 月本科毕业后进入福建日报社工作；1994 年 7 月至 2002 年 7 月，在福建日报社广告处先后任助理编辑和分类广告部经理、省外广告部经理；2002 年 7 月至 2005 年 7 月，任福建日报泉州记者站记者；2005 年 7 月至 2008 年 8 月，任福建日报时事体育部国内新闻、国际新闻编辑；2008 年 8 月以来，在福建日报要闻编辑部担任 1 版、要闻 2 版编辑和主任助理等职。目前为要闻 3 版、要闻 4 版和海峡新闻版值班主任。

王丹飚

“四力”心得

近十几年，笔者一直在被称为“报纸核心”的夜班编辑部工作，深深感到

"四力"是新闻人从业之根、守业之本，更是夜班人的守正之基、创新之源。增强"四力"，练就好把式、培养高站位，才可能在编稿、组版等工作中既不出错又出彩。失去"四力"，"守版有责、守版负责、守版尽责"便只是口号。

"四力"中，脚力是全部新闻宣传工作的源头，眼力、脑力、笔力归根到底要从脚力中得来。然而，因工作特性常年"昼伏夜出"，客观上脚力是许多夜班人的短板。

前段时间，编辑部收到一组反映育秧插秧场景的照片，画面挺好，但有个疑问：已经入夏了，这时节还能插秧吗？笔者与编辑们讨论，不得其解，最后打了电话到当地，才知道那里因地理环境特殊，一年里可多次种稻收稻。笔者当时就想，我们还是农村去得少，只知早稻晚稻，孤陋寡闻了。这只是近期遇到的一个小例子，但也能见缺脚力的"懵"。

再举个小例子：笔者在编辑一篇讲述一个乡镇以花为媒推动旅游业发展的通讯时，很自然地做了标题《就爱小镇风情好，岭上开遍映山红》，见报后获不少称赞。这标题能招人喜爱，很大原因是引用了大家耳熟能详的歌词，但对笔者来说，"很自然地"做出这个标题，主要是因为曾到过通讯所述的乡镇，有亲身感受。

习近平总书记指出："基层跑遍、跑深、跑透了，我们的本领就会大起来。"作为报纸核心，夜班要对版面、稿件把关、打磨、提升，考验的是综合本领，而不仅是新闻文字运用能力。增强脚力、多见世面，在这一过程中自我锻炼、自我提高、自我升华，促进思想、政治、业务、作风全面成熟，才有胜任报纸夜班工作的基础。

愈是短板愈要补。增强脚力，夜班人要克服生物钟颠倒、休息时间不多等困难，或是和记者一起到一线采访，或是自己到基层多走、多看、多问、多听，或是约上其他编辑，带着课题到城乡调研。走出编辑部，在路上、到现场"充电"，夜班人便可能量满满。

张永定:脚力是新闻摄影工作的基础

人物名片

张永定,福建永定人,1983 年 8 月出生;2005 年 6 月本科毕业于南京大学;2005 年 7 月至 2008 年 10 月,任福建日报厦门记者站记者,负责地方新闻报道;2008 年 11 月至 2010 年 7 月,任福建日报摄影美术部记者,负责图片新闻报道;2010 年 8 月至今,任福建日报屏山记者站记者,负责省委、省政府主要领导的摄影报道。现任屏山记者站摄影科科长。

曾获 2008 年福建省抗震救灾先进个人、2013 年省"十佳"新闻工作者等荣誉称号,作品曾获全国、省级各类新闻奖项 30 余次。

张永定

“四力”心得

脚力，是一名摄影记者工作的基础——“无图无真相”，不到现场就没有新闻图片。

著名战地记者卡帕说过，“如果你拍得不够好，那是因为你距离炮火还不够近。”深入新闻发生的第一现场，获取最鲜活的新闻现场影像，是我一贯坚持的工作原则。为了抵近采访拍摄，我爬过几十米的塔吊、蹚过没大腿的洪水、睡过汽车帐篷瓦砾地，受过伤流过血。汶川“5·12”大地震、漳州古雷化工厂爆炸、泰宁泥石流灾害、厦门公交车纵火案……这些重大突发新闻现场都曾留下我的足迹，我的相机也留下了那些最真实的现场影像。

脚力在我这里，不仅是对深入新闻现场的执着追求，还有对复杂社会问题的长期追踪和报道质量的精益求精。我用一年多的时间随消防官兵出动了十余次救灾抢险任务，还与消防官兵同吃同住一周，拍摄了近万张图片，最终发出专题摄影报道《火一半　水一半》；为报道一所孤儿戏校，我先后近十次来到该校，拍摄撰写了多篇观察报道，让该校师生得到了全国关注；为真实地了解一个颇具争议的农民工教育培训机构，我前后对该机构观察了半年多，先后采访了四十余位农民工师生，仅采访笔录就有数百页，最终发出五千多字的长篇通讯，得到了省领导的高度评价，有关部门由此专门派出专家组对该机构的教育模式进行调研。

全民记者时代，可拍照可传播的智能手机，彻底打破了职业摄影记者对新闻影像的垄断，也对摄影记者的脚力、眼力、脑力、笔力提出了更高要求。但始终不变的是，鲜活的新闻影像，依然有赖于“我在现场！”

代表作品

主席台上的环卫工代表

张永定

《福建日报》 2013 年 3 月 22 日

3 月 5 日，北京人民大会堂，第十二届全国人大一次会议正在举行。作为大会主席团 178 名成员中唯一的农民工代表，谢智波坐在主席台上，埋头阅读政府工作报告，把自己特别关注的内容圈划出来，收入、住房、教育、农村、环保……

3 月 5 日，第十二届全国人大一次会议开幕，
主席台上的谢智波(最后一排右一)埋头阅读政府工作报告

这是谢智波作为全国人大代表的首次参会。这位福州市鼓楼区华大街道环卫所路段班长，平时在路面保洁，连张办公桌也没有，和工友开会就站在路边交谈。得知自己被选为主席团成员，他给福州家里打电话，同是环卫工的妻子有些疑惑：“坐主席台？是不是坐到二楼去？”

15 年前，谢智波从湖南农村老家来到福州，成为一名环卫工。由于工作出色，他先后被评为“全国优秀农民工”“福建优秀进城务工人员”等，如今带领着 140 多位工友，担负着 50 多万平方米区域的环卫工作。

在谢智波看来，得益于政府的保障政策，生活越来越好。根据福州市对外来务工人员子女的优惠政策，儿子已在家门口的公办小学入学；去年，福州市区环卫市场化运作后，工作职责更明确，他和妻子的收入也有所提高；不久前，他家被纳入公租房保障范围，还申请了经济适用房；2014 年，福建将全面放开“异地高考”，就读初三的女儿正好赶上趟……

对于“人大代表”这一称谓，谢智波并不陌生，每年省人大会议都在福建人民会堂召开，恰好在他的保洁路段。谢智波倍感职责沉重：“我不是代表我个人，我要代表我们环卫工、农民工说说心里话”。

首次参会，谢智波带来的建议是要加强市民文明教育，改进卫生习惯，减轻环卫工人的负担，提高他们的待遇和福利。“先从我最熟悉的领域开始，回去后还要好好学习，争取提出更多更好的建议和议案。”

2 月 18 日晚，福州市家中，谢智波占儿子的书桌
学习省人大寄来的材料，琢磨着怎么写议案、提建议

2 月 18 日晚上十点半，福州市西湖旁，谢智波和妻子打扫街道

2 月 26 日，福州市家门口，谢智波与上下班的工友们交谈

2 月 26 日，福州市家中，谢智波学着打领带

2 月 27 日，在福州长乐市华能电厂，福建省全国人大代表就环境保护课题进行调研，谢智波站在人群里认真地听取介绍

3 月 17 日，第十二届全国人大一次会议闭幕，谢智波走出北京人民大会堂

林世雄：有“四力”，才有四射魅力

人物名片

林世雄，1965 年 4 月生，中共党员，文学学士，高级记者，现任福建日报报业集团（福建日报社）厦门记者站站长、海峡导报社社长，主要从事新闻采编、经营与管理。从事新闻记者工作 30 多年来，先后发表了 5000 多篇共计 300 多万字的新闻稿件。有多篇新闻作品荣获中国新闻奖、全国省级党报好新闻以及福建新闻奖等；多篇新闻论文在《中国记者》《新闻战线》《新闻大学》《新闻前哨》《新闻实践》等国内一类新闻专业（优秀）期刊发表；率领团队成功主办了“厦门金砖电影入岛宣传”“海峡论坛金点子创意大赛”“海峡论坛涂鸦大赛”“海峡两岸七夕牵手会”“在台湾导报开辟《大陆新闻》”等多个两岸交流重点项目。

林世雄

2006 年被授予“中国国际投资贸易洽谈会新闻贡献奖”;2010 年被授予第十届福建省“十佳”新闻工作者称号,同年入选第二批福建省新闻出版(版权)行业“高层次人才”优秀人才;2014 年被评为全国新闻出版行业领军人才;2016 年入选福建省第二批“百人计划”文化名家;2017 年被授予“金砖会晤保障先进个人”称号;2018 年被授予“改革开放四十年报业经营管理先进个人”称号。

“四力”心得

从事新闻职业 32 年来,我时时处处践行“四力”。深知只有践行“四力”,才能写出有魅力、有实力的新闻作品来。我于 2018 年转管理岗位,担任海峡导报社社长之后,更是以身作则当先锋,带领全体员工落实习近平总书记提出的增强“脚力、眼力、脑力、笔力”的要求,以锻造一支政治过硬、本领高强、求实创新、能打胜仗的宣传思想工作队伍为目标,书写新时代的精彩答卷。

提高政治能力,深入学习领会习近平新时代中国特色社会主义思想,增强“四个意识”,坚定“四个自信”,做到“两个维护”,把党的理论路线方针政策和重大决策部署宣传好、阐释好、落实好。2018 年,海峡导报社在改革开放 40 周年前后,策划特刊、系列报道,获得社会各界的高度赞扬;2019 年,海峡导报社在新中国成立 70 周年之际,推出“把国旗迎回家”特别策划,厦门市、漳州市乃至对岸金门岛的十万多个家庭热烈响应,江苏、湖北主流媒体迅速跟进,《学习强国》隆重推介,让红色的浪潮一浪高过一浪,在鹭岛、在八闽、在两岸,一颗颗澎湃着爱国激情的心一起跳动,奏响爱国主义的最强音。

打造过硬本领,带领采编人员提升业务本领、打牢专业功底、加快知识更新,要求全体采编人员既要有敏锐的眼光,又要有深刻洞察的分析,全面提高采、写、编、评各项业务水平。2018 年第二十五届福建新闻奖揭晓,《海峡导报》获得 4 个一等奖——新闻名专栏《天下无骗》、系列报道《盼了 23 年　终于喝上大陆水》、消息《巢已筑凤未来》、媒体融合作品《蔡后驾到》——取得创刊 20 年来最好成绩!

推进创新创造,增强融合意识,2018 年、2019 年在报社进行全媒体整治,要求采编人员必须掌握全媒体传播技术,提高全媒体采编能力,同时大胆进行业务探索,创新新闻形态,创新语言表达方式。两年来,《海峡导报》官方微信始终在全省媒体微信中名列前茅，《海峡导报》对台新媒体宣传阵地获得国台办、省台办高度认可，海峡导报社因此也成为《今日头条》在福建省内唯一指定的本地新闻资讯合作方。截至目前，《海峡导报》在各类新媒体平台上的矩阵多达100多个，粉丝量达到1000多万。

锤炼优良作风，深入基层、深入实际、深入群众，进一步转作风、改文风。海峡导报社在漳州、龙岩设立区域新闻中心的基础上，在厦门市“6＋2”区设立思明区、湖里区、集美区、海沧区、同安区、翔安区、火炬管委会、自贸区全媒体中心，把所有的记者下沉到一线，通过深入基层采访，创作出接地气、群众喜闻乐见的新闻作品。

代表作品

抗御“莫兰蒂”台风重建家园的厦门力量：守望相助

林世雄　潘抒捷

东南网　2016年10月20日

在抗击“莫兰蒂”台风与灾后恢复重建中，全国文明城市“四连冠”和双拥模范城“九连冠”展现出其积淀的文明涵养、高尚品格，以及蕴含其中的——厦门力量。

10月15日，“守望相助，大爱暖城——厦门抗御‘莫兰蒂’台风重建家园”特别节目在厦门举行。

一个月前，厦门遭受今年全球最强台风，同时也是新中国成立以来登陆闽南的最强台风“莫兰蒂”的正面袭击。厦门党政军民众志成城、守望相助，在全省大力支持下，抗御“莫兰蒂”和灾后重建工作取得重大阶段性胜利，让世界看到了一个有大爱、有品格、有力量的文明厦门。

写就救灾厦门速度的，正是全国文明城市“四连冠”和双拥模范城“九连冠”所积淀的文明涵养，所培育出的厦门精神，以及蕴含其中的厦门力量。

厦门模式:军民合力众志成城

9 月 14 日,台风“莫兰蒂”掠过台湾南部海域,以最大阵风 17 级以上的威势直扑厦门。

多年的防抗经历,使厦门形成了全面防御的预警制度和科学规范的防抗预案。市领导分七组深入各重点区域督导,层层落实防御措施,党政主要领导坐镇市防汛抗旱指挥部统筹指导。

当天中午,厦门市防汛抗旱指挥部研判:“莫兰蒂”强风圈半径小、威力大,很有可能于 15 日凌晨在厦门沿海登陆。登陆时恰逢天文大潮,强风、暴雨和狂潮叠加,将造成严重损失,形势严峻。

根据省委、省政府的决策部署,14 时 45 分,厦门发布新中国成立以来首个防台风防汛动员令,要求 15 时 30 分起,到防台风防汛一级应急响应结束之前,全市范围内实行停工(业)、停产、停课、休市等“三停一休”。

9 月 15 日,中秋节。凌晨 3 时 5 分,“莫兰蒂”在翔安区登陆,最大阵风达 17 级以上,创下厦门气象史的最高纪录。狂风怒吼,暴雨如注,电断了,水停了,树木倒伏,满城积水,人员被困……“莫兰蒂”在黑暗中肆虐,全市各区纷纷传来人民群众生命财产受到灾害威胁的救援消息。

警报已拉响,军民合力防灾抗灾的“厦门模式”开始发挥作用。在最危急的灾难现场,随处可见一抹抹“国防绿”、一个个“最可爱的人”,他们为这座城市注入一股强大的动力,也坚定了军民众志成城的必胜信心。

厦门速度:恢复重建美丽重现

面对来势汹汹的“莫兰蒂”,厦门事先开展拉网式排查,转移群众不留死角盲点,有效避免了重大人员伤亡。

然而,天亮后,厦门满目疮痍:电网遭受重创导致 62.21 万户停电;停电引发全市 145 万户停水;行道树倒伏 65 万棵造成全市交通瘫痪。

9 月 15 日 6 时,距台风登陆还不到 3 小时,厦门市就召开第一次灾后重建动员会,通路、通水、通电成工作重点。

交通是第一生命线。武警漳州支队 230 多人赶到厦门时,进岛的嘉禾路已被倒伏的树木全面封阻。一边开路,一边行进,漳州支队的驰援方式,正是先期到达的救援部队的缩影。海防第 54 团与地方专业力量组成“联合清障队”,大大提高了效率。在大家的共同努力下,市区主要道路 3 天内实现畅通。

“身上湿一点没关系,老百姓有水用更重要。”厦门水务集团水务 110 联动抢修人员雷光强,在排查管道大面积漏水时,发现窨井下管道中的排气阀受损。为不影响居民用水,他放弃切断供水的方案,浸泡在没过胸部的水里维修排气阀。水务集团全员进入巡查抢修、保障供水等应战状态,连续 5 天作业,全市基本恢复正常供水。

“一次次下来再上去太浪费时间,我们淋点雨没关系,希望能早点恢复供电。”已连续 30 多个小时在高空冒雨抢修的厦门供电公司电力抢修组组长张德禄说,他们克服人手少、故障点多的困难,连续作战,共完成数百个故障抢修复电任务,6 天内重新点亮厦门城市的万家灯火。

这就是恢复重建的“厦门速度”。台风过后的“十一”黄金周,厦门共接待国内外游客 150.8 万人次,在国内自由行旅游目的地排行榜中依然进入前十。“以前,我爱你的绿树如荫;昨天,我痛你的满目疮痍;今天,我欣慰于你的快速伤愈。”这首点赞厦门的小诗,刷爆了网络。

厦门温度:守望相助温暖你我

危急时刻,温暖和爱的故事在厦门一再上演。

9 月 16 日 20 时,厦门同安区洪塘镇苏厝村党支部书记苏振家吃过晚饭就急忙赶往安置点,由于没有照明设备,刚走到村部门口,就被驶过的小汽车后视镜刮倒,双肺挫伤。17 日上午,被送进抢救室的苏振家仍在打电话布置清障、灾后防疫工作。

在湖里区,江头派出所民警刘泽明挂着胰岛素,冒雨转移被困群众一家三口;在翔安区马巷镇五美社区,社区党总支书记陈清楚赶赴现场处理险情,被狂风卷飞的一块玻璃割伤,血流不止……灾难面前,人们相互守望,一股股暖流在城市中涌动。

9 月 18 日,武警厦门支队十三中队的官兵担负一项道路清障任务。上午,他们把挎包整齐地放在路边,转身去干活。直到下午任务结束归队才发现,每名官兵的挎包上都放着一个红色的福袋,袋子里装着 2 颗熟鸡蛋。

这是一位母亲带着孩子悄悄放下的,福袋里还放着一封信,信上写着:手磨破了,你们不说痛;汗水浸湿了满是泥土的迷彩服,你们却一声不吭;问你们这是为什么,你们却说,我们是人民的子弟兵。战士陈伟博动情地说:“当看到那封信,字里行间都是暖暖的,再苦再累都值得。”

街头上,看着大汗淋漓的战士,一位阿婆情不自禁地走上前来为他擦汗;一家茶叶生产企业,为救灾官兵送来智能泡茶机;爱心餐饮企业免费为来不及用餐的官兵送上粥和面线;医生护士为战士们送来药品。大家说:“抗灾抢险十分辛苦,我们也希望尽自己的一份力。”

当救援队伍圆满完成任务、准备撤离时,市民们带着鲜花、水果自发聚集,千言万语,化作一句“谢谢”。“莫兰蒂”摧毁家园时,厦门人没哭;送别“最可爱的人”时,厦门人却热泪盈眶。

黄少鹤:《福建法治报》的“四力”实践

人物名片

黄少鹤,1998 年 7 月毕业于上海体育学院体育新闻系,先后在福建日报总编室、时事体育部、要闻部从事采编工作,2012 年 3 月取得主任编辑任职资格。2012 年至今,历任福建日报宁德记者站站长、内参部主任和福建法治报社总编辑。

在宁德,采写的作品《丢掉“官气” 沾上“土气” 承接“地气”》获第十九届福建新闻奖报纸消息二等奖;在内参部,组织编写的内参多次得到省委省政府主要领导批示,对推动我省经济建设和民生工程起到了参考、参谋作用;在福建法治报社,主持策划的《走进建新医院艾滋病病区》等系列报道获福建新闻奖,《法治福建进行时媒体八闽行》获 2016—2017 年度福建省政法综治优秀新闻作品网络类一等奖。被评选为 2015 年度福建新闻奖人物系列暨省“十佳”新闻工作者。

黄少鹤

“四力”心得

作为意识形态能力的重要组成部分，脚力、眼力、脑力、笔力是环环相扣、互为补充、紧密联系的统一整体。结合《福建法治报》的采编工作，就增强“四力”，谈几点自己的心得体会。

脚力：站得直、立得稳、走得远

练强脚力，实际上是个思想意识转变、作风转变的问题。近年来，报社本着用工匠精神做好主旋律报道的工作态度，策划“平安在身边”“新时代 新征程——‘走转改’学习贯彻十九大精神”等一系列主题报道，在全省政法系统中取得了很好的反响。

眼力：淬炼观察力、发现力、判断力、辨别力

进入新时代，社会的主要矛盾发生了变化，人民群众对民主、法治、公正、正义、安全都提出了新要求。法治新闻中报道的热点事件，既是法治事件，也是人民群众最关心的内容。近 5 年来，《福建法治报》在报纸版面和官方微信上同步开辟普法栏目，报纸普法栏目共计刊发 250 余个专题报道，官微官网共推送相关报道 1300 余篇。

脑力：做到去粗取精、去伪存真

新闻工作是一项复杂而系统的脑力劳动，记者的采访和发现，都要通过脑力的加工。其中，加强学习是最重要的一环。除去日常学习，我们用了一种“用输出倒逼输入”的方式加强年轻记者学习——让年轻记者轮流讲课，以教带学。每个人都不自觉地向所教的内容叠加自己的东西，这恰好促进已有知识与未知知识之间的缝合。

笔力：文字呈现有力度有深度有温度

笔力是新闻工作最终的呈现，笔力关键要有力度有深度有温度。在党的新闻事业发展史上，那些耳熟能详的优秀新闻作品无一不是深入调查研究的佳作。在深度方面，近年来，《福建法治报》采访记者策划了一批深度报道，引

起政法系统内外读者的一致好评。据统计，近 5 年来，《福建法治报》共有 20 多篇作品荣获福建新闻奖。

代表作品

一个山区小学的留守与坚守

黄少鹤

《福建日报》 2011 年 3 月 16 日

留守，是一种深深的无奈

开学了，这对于小丽艳来说是一件很开心的事，学校的小操场又热闹起来了，操场上笑声和教室朗朗的读书声，让她感觉到一种充实。每天早上，她都早早地来到教室，先是看看教室是不是还有纸屑，然后按照老师的要求组织同学们早自习。放学后，她会留在教室里完成当天的作业，然后又细心地四处查看各个教室的灯是不是关了、窗户是不是全扣上了。虽然，再迟回去都得做家务，但她乐此不疲，“我喜欢为老师和同学们做点事情。”她自豪地说。

与城市的孩子不同，小丽艳并不太喜欢放假。上学的时候，每当夜幕降临，远远地看着学校的灯光，这个山区的孩子就有种莫名的温暖，老师宿舍里的电视是她打开山门的唯一窗口。放假了，她就会有种孤独的感觉，家是两层楼的破木屋，永远只亮着一盏昏黄的灯光。除了饭桌和两张床，这个家里没有一样像样的家具。沿着吱吱嘎嘎的木梯来到二楼，靠着墙壁的一个小几子就是小丽艳的书桌，她盘腿坐在地板上写作业，昏黄的灯光把她的影子印在小几子上，很瘦。

小丽艳今年 11 岁，是霞浦县新四军希望小学五年级的学生。她沉默寡言，说话的时候往往低着头、手不安地捻着衣角，语气很慢很轻，是她留给记者的印象。智障的母亲生下她后就没了踪影，父亲随后外出也没回家过，一周岁多的她从此就和外公、外婆守着空落落的老宅生活。她对父母没有任何印象，即便是想象也常常是在梦中完成的。

小丽艳家的经济来源主要是外公、外婆种水稻和茶叶所得。“去年种水稻收入950元，卖茶青收入不到1000元。”小丽艳的外公和记者算着一年的收入。

在一楼的房间顶上挂着一个猪腿，这是外公70大寿的时候两个女儿合买的，平时家里一年到头连猪肉都没买过。而懂事的小丽艳从7岁就开始做家务了。去年她被评为宁德市“自立好少年”。

在霞浦县新四军希望小学，51名学生中有26名是留守儿童。其中，单亲的8人，占30.8%；寄在亲戚家的6人，占23.1%；由爷爷奶奶或其他隔代教育的24人，占92.3%。

小家辉今年念三年级了，春节前他接到妈妈的电话说要回来过年，高兴坏了。记者随同老师送年货到他家里，他正和小朋友在屋里看电视。父亲几年前出去打工就没再回来过，母亲也有两年没回来了，他平时就由爷爷和大伯带着，爷爷身体不好，家里的经济来源主要靠大伯务农了。老师告诉记者，小家辉很聪明，但学习成绩总是忽上忽下，极不稳定。“他爷爷身体不好，我又要干活，再说学习的事我也弄不懂。”大伯抱着不到两周岁的儿子解释，他的妻子也出去了，一直没有音信。

最高兴的是小民辉了，他的父母在年前就早早地回来了。记者到他家的时候一家人正在吃晚饭，有肉还有鱼丸，这也是记者走访过的几户中晚餐最丰盛的。“民辉念二年级了吧？”回答记者的问题时，民辉的父亲有点犹豫，以询问的眼光看着孩子。“我都念三年级了。”放下饭碗，小民辉大声地回答。父亲显得有些尴尬，不好意思地说，孩子都是奶奶带，他们俩口子在两个不同的城市打工，实在是顾不上。“一个人出去打工，刚够平日开销，趁着年轻出去，也好有点积蓄给孩子以后用。”民辉的父亲说，握着老师的手，他说：“孩子就请老师多费心了。”

“这里实在是太穷了。”校长吴忠棋告诉记者，26名留守儿童中，有近一半的父母没有回来过年，有些孩子3年都没见过父母了。

坚守，不完全是一种责任

林光辉的手指在琴键上划过，音符从指尖跳跃而出，小丽艳和伙伴们围着他，欢快的歌声一下子飘出教室，犹如阳光直入心田，霎时划破阴霾，远离忧伤、远离惶恐，孩子们是快乐的小鸟，飞入童话的世界。这一幕，是林光辉坚守的理由。

霞浦县新四军希望小学位于省重点老区贫困乡柏洋乡。邓子恢、陶铸、叶飞、曾志、范式人等老一辈革命家曾经在这里浴血奋战，先后建立了霞浦县第一个党支部、“中共霞鼎县委”、“霞浦县苏维埃政府”、“中共闽东特委办事处”、“闽东红军独立师第四团”等红色政权。

学校离县城48公里，记者从县城出发，一路往西北，汽车沿盘山路盘旋而上，一个半小时后到达学校。据学校老师介绍，从县城到学校要拐430多个弯，除了住在当地的老师外，住在县城的老师每周都要花12元从霞浦县坐汽车到柏洋乡所在地，然后又花15元转乘营运摩托车到学校，一个月的路费就要200多元，而老师的平均工资仅为2000元左右。

林光辉原是柏洋中心小学的音乐老师，去年，希望小学分配来一名女教师教音乐，才来几天，她的母亲到学校来看女儿，发现这里交通闭塞、条件简陋，就坚决要求女儿调离，哪怕是辞职。女教师走后，林光辉就主动挑起了兼任希望小学音乐老师的职责。“我自己就是塔后村出来的，这些孩子都很可爱，我有义务让他们跟外面的孩子一样学习音乐、热爱音乐。”每次看到孩子们投入的表情，他都为自己的选择感到骄傲，“冼星海说过，音乐，是人生最大的快乐；音乐，是生活中的一股清泉；音乐，是陶冶性情的熔炉。孩子们需要音乐。”

霞浦县新四军希望小学原为塔后小学。2004年2月，吴忠棋来这里担任校长，一上任摆在他面前的就是D级危房改造任务。几番筹措，新校舍在当年10月动工，5个月后建成，其间他父亲患病住院，他都没时间照顾。校舍落成后由于资金缺口大，为还债，他甚至将家里给父亲的医疗费和亲朋好友给父亲买营养品的钱也垫上了。当他安排好最后一名要债人离去时，已是除夕下午4点多钟，他拖着疲惫的身体回到家中，咽下平生第一次充满辛酸的年夜饭……

2007年底，为纪念建军80周年暨新四军成立70周年，一批老一辈革命家后代来到这里，为学校捐建了电脑室、阅览室，同时举行了霞浦县新四军希望小学揭牌仪式，叶飞之女叶小楠和宁德市政协主席林鸿坚受聘为名誉校长。在他们的关心下，学校的教学设施有了极大改善，同时组织了爱心妈妈活动，逢年过节前来开展慰问活动，今年春节前，市、县干部还来与留守儿童、困难儿童结对子。

学校的情况正在好转，但坚守者的拮据并未打破。

温月媚负责一年级的语文和数学，她在这里教学已经20多年了，家也安

在当地，爱人没有工作，长期卧病在床，家里两位老人也都80多岁了。她的工资是学校里最高的，2500元左右，也是家里的唯一收入。

陈勇除了三年级的数学教学外，还是学校“大厨”。住校的老师，平时都是AA制，由陈勇负责采购、烧菜煮饭，有时候一些孩子中午没有回去也在这里“蹭饭”。为了供3个孩子念书，他先后借了6万多元，好不容易两个女儿步入社会工作，务农的妻子由于长期操劳患了肺癌，化疗一个疗程下来，债务累积到了10万元，本来话不多的陈勇也就更加沉默了。

然而他们在坚守。胡春明和林祥琴本来都调到中心小学了，可是看到希望小学的师资实在紧缺，又重新申请调回来。“离开这里，我会经常想念他们的笑容，我想还是回来吧，他们更需要我。”胡春明说。

雷祥义，这个福安的小伙子，快30岁了，至今没有女朋友，塔后村婚龄女性留下来的就没几个。“一个月就1900元，外面的女孩子哪看得上我呀。”雷祥义说：“可我如今也是爱心爸爸了。”

在这里，除了正常教学，老师们不是留守儿童的“爱心妈妈”，就是“爱心爸爸”，他们要比常人倾注更多的心血。

“上学期，柏洋中学初一年段前10名中，有6名是我们学校出去的。”吴忠棋很自豪，这也是对坚守者最大的安慰。

陈岳：增强“四力”，做合格的新闻工作者

人物名片

陈岳，1973 年 8 月出生，福州人，现任福建日报东南网副总编辑，主任记者。从业 25 年来，在《福建日报》评论员、驻站记者、时政记者、要闻编辑及下属子报采编工作分管领导等多个采编岗位上经受了锻炼。

2006 年获评福建省第六届“双十佳”新闻工作者称号。参与编辑的福建日报《总编室热线》栏目曾获中国新闻奖名专栏奖，参与采写的通讯《蓄势待发看闽西》获中国新闻奖二等奖。策划的多个网络大型专题报道，如东南网《十九大报道专题》《喜迎十九大　建设新福建》系列短视频等，都取得了较好的宣传效果，引起了较大的社会反响。

陈　岳

"四力"心得

新时代的新闻工作者应该把牢方向，站定脚跟，练好本领。只有练就过硬的脚力、眼力、脑力、笔力，我们才能有效提高工作业务能力，切实锤炼和增强自身党性修养，真正在党的新闻宣传工作实践中做到政治过硬、本领高强、求实创新、能打胜仗。

脚力，是我们调查研究、掌握民情的重要来源之一。"纸上得来终觉浅，绝知此事要躬行。"只有练就过硬的脚力，新闻工作者才能在时代的土壤里深深扎根，在贴近实际、贴近生活、贴近群众中立定脚跟，接牢地气。

眼力，就是要求新闻工作者眼光要敏锐、眼界要开阔，善于从表象中洞察本质、从争议中明辨是非。新闻工作者没有好眼力，就不能认清形势、把握大势。学会从个别现象中发现事物发展的规律，从时代大局中把握发展的方向，这是新时代党的新闻工作对我们提出的更高要求。

脑力，就是要用深邃的思想，写出有温度和情感的新闻作品去吸引人、感染人、影响人。作为党的新闻工作者，要牢牢坚持马克思主义新闻观的基本立场、观点和方法，自觉用习近平新时代中国特色社会主义思想来武装自己，始终与党同向、与人民同心、与时代同行，交出不负时代重托、不负人民期望的合格答卷。

笔力，就是我们讲好中国故事、福建故事的表达能力。在信息传播高速发展的今天，新闻工作者手中的笔已经不仅仅局限于"笔杆子"，而是代表了"口头、笔头、镜头"以及各类新媒体传输终端。综合运用新闻传播的诸多武器，做好舆论引导、讲好中国故事，是伟大时代赋予新闻工作者的重任。

代表作品

36位闽籍侨领受聘为十九大精神海外宣传员

张朝辉　陈　岳　邓春花

《福建日报》 2017年11月24日

"以前也收到过不少聘书,但没有哪次像今天这样让我感觉意义深远、责任重大!"23日,美国福建公所主席郑时甘接过大红的聘书时,脸上满是兴奋。

当日下午,在福州市侨联举办的海外侨领学习贯彻党的十九大精神座谈会上,来自美国、俄罗斯、法国、阿根廷、马来西亚、新西兰等18个国家的36位闽籍侨领,受聘成为福州市侨联"学习贯彻十九大精神海外宣传员"。

"这是一份沉甸甸的责任。"郑时甘告诉记者,回到美国后,他将向更多的海外乡亲特别是下一代宣讲十九大精神,让大家一起参与到中华民族伟大复兴的进程中来。

据了解,党的十九大召开期间,海外多个闽籍社团的侨领和侨胞认真收听收看大会盛况。大家聚在一起座谈讨论时,觉得意犹未尽,便主动联系福建的省、市侨务部门,想组团回国,实地走访,看变化、听宣讲。世界福州十邑同乡总会组织会员回国后,迅速开展"百侨帮百村"活动,共捐善款663万元,用于帮扶福州、宁德、平潭三地的贫困群众。该会会长吴换炎说:"十九大报告提出,坚决打赢脱贫攻坚战,坚持精准扶贫、精准脱贫。帮助家乡群众尽快脱贫致富,是我们义不容辞的责任。"

从主动组团回国学习,到受聘参与十九大精神的海外传播,此次"学习之旅"让大家收获很多。省侨联副主席、福州市侨联主席蓝桂兰说,福州市侨联给海外侨领颁发"学习贯彻十九大精神海外宣传员"聘书,请他们做中国声音在海外的传播者,此举属全国首创。今后,福州市侨联将与这些海外宣传员保持密切联系,不定期邮寄学习材料。同时,利用互联网对他们进行培训,与他们交流,及时了解海外乡亲学习十九大精神的情况。

福建是中国改革开放的前沿,目前,旅居海外的闽籍华侨华人有1580多万。座谈中,法国福州十邑同乡会会长石忠胜说:"十九大向世界传递了中国发展进步的自信与力量，许多海外闽籍华侨华人极其关注十九大报告。”侨领们表示，将深入领会十九大精神的丰富内涵和精髓要义，把中国方案、中国智慧传播到全世界。

到目前，美国亚裔社团联合总会参与主办的“新时代中国”系列讲座已在纽约举办 4 场。香港福建社团联会、美国福建同乡会、澳大利亚福建乡情联谊会、菲华各界联合会等闽籍社团也先后组织会员，通过举办座谈会、交流会等形式认真学习十九大精神，并踊跃为中国、为福建的繁荣发展建言献策。

王伯伟:“四力”也要紧跟时代

人物名片

王伯伟,《福建日报》高级编辑。从事新闻工作40余年,历任福建日报要闻编辑部主任、总编辑办公室主任、《福建日报》编委等职务。2008年退休后,继续受聘从事新闻考评、新闻教学,以及新闻史志编纂等工作至今。

曾获中国新闻奖、福建新闻奖等重要奖项30多篇次。1996年,被评为福建省首届“双十佳”新闻工作者。

王伯伟

“四力”心得

“脚力、眼力、脑力、笔力”，当好一个记者，或曰当一个好记者，缺少“四力”能行吗？从来不行。为什么本来不该是问题的问题，现在反而成了问题？一则是因为，确实存在新闻工作优良传统丢失、记者生存能力退化的状况，更主要的是，时代对新闻工作提出了更高的要求。

现在是什么时代？互联网时代。互联网时代对新闻工作提出了哪些新要求？2016年2月19日，习近平总书记在党的新闻舆论工作座谈会上指出，随着形势发展，党的新闻舆论工作必须创新理念、内容、体裁、形式、方法、手段、业态、体制、机制。互联网时代对新闻工作提出的创新要求如此之多，这里仅举新闻体裁为例。传统媒体新闻报道重在回答“新闻五要素”，重中之重又是回答“WHAT”——是什么。到互联网时代，门户网站、自媒体、微博和微信客户端一族蜂起，“是什么”的信息在第一时间即已满天飞，待到传统媒体按部就班放“马后炮”，黄花菜早凉了。专业媒体、大众媒体的着力点应该转移到WHY(为什么)、HOW(怎么办)和MEANING(社会意义)上，探究新闻事件发生的前因后果、社会公众的应对施策，以及事件对发展前景的深层影响等，这些恰是自媒体之流不肯做、做不来、做不好的事。对新冠肺炎疫情的抗击大大促进了大数据、云计算等新科技对社会经济生活的渗透，可是有几篇新闻报道能把个中表里说明白？多数还不是照搬术语，“以其昏昏，使人昭昭”，更遑论深入浅出、引领风气了。何以如此？“四力”不足，“绳短不能汲深井”啊！

也是在新闻舆论工作座谈会上，习近平总书记强调，新闻舆论工作者要提高业务能力，勤学习、多锻炼，努力成为全媒型、专家型人才。编辑记者要朝“全媒型”“专家型”方向努力，新闻媒体要向“体验型”“智慧型”方向转型。就现状而论，多数大众媒体及媒体人距此尚远。所以，今天我们强调增强“四力”，不可以仅仅理解为某些传统做法的回归，而应更多注意赋予“四力”时代内涵。

代表作品

认识优势　增创优势　聚合优势

——二论加快闽东南开放开发

王伯伟

《福建日报》 1995年8月15日

闽东南，是福建各方面条件最优越、经济最活跃、最具发展潜质的地域。福建要大发展，必以闽东南的开放开发为龙头，进而将全省乃至更广的区域带动起来；而闽东南要加快发展，则必须进一步发挥自身的优势，将既有的优势转化为更强的优势，将潜在的优势转为现实的优势，将分散的、个别的优势转化为整体的强势。

闽东南的优势是多方面、多层次的。既包括老天爷给的自然优势和中央赋予的政策优势，如区位优势、资源优势、对外联系优势、开放先行优势、优惠政策优势等等，又包括改革开放中闽东南人民运用自然优势和政策优势创造出来的派生优势，如观念的优势、实力的优势、体制的优势、市场的优势、人才的优势、法制的优势，以及高新科技的优势、对内对外辐射的优势等等。

过去十几年，闽东南的发展，主要是依靠和发挥区位与优惠政策的优势而取得的。但今天看来，这两方面的优势都面临着一个如何抑弱和强化的问题。向来被排在第一位的区位优势，目前正因为全国开放区域扩大、走向纵深，交通、通信条件的改善，以及海峡两岸“三通”的受阻而面临激烈竞争；优惠政策的优势，也正由于优惠条件在全国越来越“普适化”和闽东南地区投资成本的增大、办事效率的降低而被弱化。改革开放初期，国家对原先基础薄弱的闽东南赋予种种减税让利政策，实行政策投入。在闽东南经济已蓬勃发展的今天，再指望国家给予更多更大的优惠，已是难有可能。现在要发挥、发掘闽东南开放开发的优势，必须向更深层次、更广领域努力。

首先，要从更深层次上发掘既有优势的潜能，强化既有优势，增创新的优势。事实证明，即使在今天，闽东南在区位和政策上的优势也还远远没有发挥殆尽，潜力大得很。譬如说，福建同台湾隔海相望，岛内产业面临转移，如何使

我们吸引台资从轻、小、低向重、大、高升级，进而促进区域经济结构调整，这方面的工作刚刚起步。再譬如，厦门经济特区经过十多年的建设，目前已形成工业区、保税区、金融区、高科技园区、旅游度假区等，又被赋予自由港的某些政策，这些区域各自的功能作用并没有都发挥出来。又譬如，站在全国、世界的格局看，闽东南是珠江三角洲与长江三角洲两个经济繁荣区域的联结点，闽东南又处于中国海岸线中部、台湾海峡西岸、东南亚经济圈北端、环太平洋经济圈中部，位置刚好在世界上最繁忙的海运线的主航道上，而且海岸线长、港口多，发展港口经济和海洋产业的条件无与伦比。这方面的区位优势，目前可以说尚未破题。

再则，要善于将潜在的优势转化为现实的优势。如果说以往闽东南的发展主要是仰仗了区位、政策同其他地方的"优势落差"而实现的，那么今天闽东南在体制、市场、人才、观念、法制等方面的优势则构成新的"优势落差"。这是一种"不会走的优势"，也是一种尚未得到充分重视和发挥的潜在优势。将这些潜在的、更深层次的优势发挥出来，将构成闽东南第二次创业的主题。譬如，发挥闽东南人才和高新技术的优势，加快产业升级步伐，发展知识、技术密集型产业，能够克服投资成本增高的弱势；提高人员素质，完善法制、反腐倡廉，能够克服办事效率降低、机会成本增加的弱势，等等。

增创闽东南开放开发优势，必须继续发扬敢为天下先的精神，在思想解放和深化改革方面继续"先行一步"。过去十几年，闽东南的发展走在全省的前列，但在本区域内也存在着不平衡现象，有些市县快些，有些市县慢些；有时快些，有时慢些。发展得比较快、比较好的时候，往往都是我们思想解放、眼界开阔、决策科学的时候。今天闽东南要增创新优势，同样须以思想大解放为前提，使闽东南在建设社会主义市场经济体制方面，在与国际市场国际惯例接轨方面，继续发挥先行区和试验田的作用。

增创闽东南的优势，还须树立全局观念，善于聚合闽东南地区各方面的优势，协调好各个块块之间、上级政府部门条条与闽东南地区之间、各个条条之间、闽东南与全省其他地区之间的关系。由于客观条件的限制和历史的原因，闽东南是十四大再次确定的四大开放区域中实力最弱的一个，至今经济总量尚小，也未形成支柱产业。这就更要求闽东南地区各方力量把五个指头攥成拳头。各地区在产业上既合理分工，又结为一体，尽快上水平、上规模、上档次，尽快形成支柱产业，改变小而分散、各成体系的状况。各条条则要在闽东南改革开放继续先行一步的试验中，立足于促，多一点理解支持，少一点磕磕绊绊，共同做好加快闽东南开放开发的文章。闽东南开放开发是一盘棋，不是几盘棋。下好它，将相车兵马炮各有其责，若缺乏一盘棋的大局观，谁都难成气候。

今天讲加快闽东南开发开放，同八十年代初期已经有很大不同，最大的变化是中国已实行了全方位的对外开放。如果说闽东南的发展过去主要是依靠打“地域差”“政策差”，那么今后我们主要得靠打“观念差”“体制差”，用好改革开放以来我们在脑子里的观念优势、经济活动中的体制优势，进一步解放思想，推进改革，方能够加快脚步，保持优势，再创辉煌。

刘辉:如何凸显主流舆论的声音

人物名片

刘辉,2001 年 7 月毕业于复旦大学中文系,同年进入福建日报社工作。先后担任驻站记者、副刊编辑、评论员、南平记者站站长、新闻评论部副主任等职。曾被评为福建省抗震救灾宣传报道先进个人、福建省“新春走基层”先进个人、2018 年度福建省“十佳”新闻工作者。获中国新闻奖三等奖 1 次,福建新闻名专栏奖 2 次,福建新闻奖特别奖 2 次、一等奖 9 次、二等奖 7 次,其他省级以上新闻奖 10 余次,获奖作品体裁涵盖通讯、评论、漫画、版面、专栏等。

刘　辉

“四力”心得

从事新闻工作以来,担任报社评论员时间最长,也最有感受。

在当前纷繁复杂的舆论场,如何凸显主流舆论的声音?可从以下三方面努力:

一、强化观点生产。评论类型包括社论、评论员文章、短评等，规格不同、文体有别、论述方式各有侧重。要充分发挥各种文体的特色和针对性，实现党报声音的多样化传播，进而达到重点、热点、要点、焦点全覆盖，开展一场深刻的评论“供给侧改革”。

二、提倡走到现场。全媒体时代，党报评论要生产更多有思想力的观点产品。要在挖掘评论内容上继续发力，鼓励评论员到现场去，多走基层，多进行一些调研，抓一些鲜活的选题，提升脚力去探索、增强眼力去发现，把来自实践的积累转化成思考的脑力、表达的笔力，以事见义、以义讲理、以理服人，让评论与地方工作实际结合得更紧密、更有针对性。

三、加强媒体融合。面对新媒体冲击、舆论格局的重塑，仅仅抓内容质量是不够的，应该让政策、内容、技术、平台、资金、人力形成良性运转的闭环。在融合传播深度推进中，充分利用新媒体传播速度快、到达率高的优势，紧跟时事热点、积极引导舆论，在诸多热点事件中第一时间发声、第一时间跟进。针对当前评论与新媒体仍存在的“两张皮”现象，在实质性融合上下功夫。在新媒体传播“24 小时全天候”的生态下，探索党报评论“融合化发展”的第一突破口，就是增强选题的时效性，将评论生产从之前的以报纸出版为核心，转向以新媒体发布为核心，实现全天候热点监测，及时发出党报的声音。

代表作品

牢记嘱托担使命　不忘初心再出发

刘　辉

《福建日报》 2019 年 10 月 31 日

历史总在一些重要的时间节点引发人们的回顾和总结。

2014 年 10 月 30 日至 11 月 2 日，习近平总书记在福建考察，进企业、到社区、上码头，一幕幕动人场景、一句句深切叮咛，牢牢定格在八闽儿女的脑海里，如一股股暖流，至今流淌心间。

“希望福建的同志抓住机遇，着力推进科学发展、跨越发展，努力建设机制

活、产业优、百姓富、生态美的新福建”、切实加快科学发展、跨越发展，切实加快特色现代农业建设，切实保障和改善民生，切实把从严治党落到实处——五年来，习近平总书记来闽考察的重要指示如黄钟大吕，成为推动福建高质量发展实现赶超的最强动力，温暖着、鼓舞着八闽儿女迈上发展的新征程。

一

灯塔引领航船方向，思想赋予时间意义。

五年来，在福建发展的重要节点、关键时刻，习近平总书记每每从战略和全局的高度，以宏阔视野和战略思维，对福建工作作出一系列重要指示批示。

特别是 2019 年 3 月，习近平总书记在参加十三届全国人大二次会议福建代表团审议时发表重要讲话，要求福建在营造有利于创新创业创造良好发展环境、探索海峡两岸融合发展新路、做好革命老区中央苏区脱贫奔小康工作等方面再创佳绩、作出示范，讲话进一步丰富了新福建建设的内涵要求。

习近平总书记的重要讲话、一系列重要指示批示，充分体现了习近平总书记和党中央对福建发展的高度重视、殷切期望和对全省干部群众的深厚感情，为福建发展擘画了宏伟蓝图、指明了前进方向、提供了根本遵循。

二

牢记嘱托，勇担使命，重在实效，贵在坚持。

五年来，福建省广大干部群众在党中央的坚强领导下，抢抓机遇、奋勇争先，把习近平总书记对福建人民的巨大关怀，化为建设新福建的实际行动，推动全省经济社会发展再上新台阶。

省委把持续深入贯彻落实习近平总书记重要讲话精神，作为增强“四个意识”、坚定“四个自信”、做到“两个维护”的重大政治责任和长期重大政治任务，落深落细落实；紧紧围绕习近平总书记为我们擘画的宏伟蓝图，科学谋划部署，落实落细任务，常抓不懈、久久为功，推进各项工作再上新水平。

好机制是推动工作的重要保障。省委成立了学习贯彻落实习近平总书记重要讲话、重要指示批示精神和党中央各项决策部署工作小组，形成了贯彻落实的“三四八”机制：年初研究部署、年中协调推进、年底总结提升，在工作链条上突出“四个重点”形成完整的贯彻落实链条，在工作进程上抓好“八个环节”形成完整工作闭环，每年都进行再回顾、再部署、再推动。

在省委、省政府的统一部署下，全省各级各部门紧紧围绕建设“机制活、产业优、百姓富、生态美”的新福建宏伟目标和“四个切实”的重要要求，认真对标对表，常态化跟踪推进，紧盯工作弱项短板，加大攻坚力度，确保贯彻落实全面到位。

三

春华秋实，岁物丰成。

五年来，新福建建设有如一艘远轮，风帆高张，破浪前行——全面深化改革纵深推进，产业转型升级强势突破，惠民奔富之路步履坚实，生态文明建设深入人心。

机制活，气象万千。向改革开放要动力，“放管服”、国资国企、财税金融、农业农村等重点领域改革取得新突破，多区叠加优势不断凸显，大力推进两岸“新四通”，为高质量发展落实赶超激发更多活力动力。

产业优，提质增效。以供给侧结构性改革为主线，围绕全面提升产业竞争力和产业链水平，深入实施创新驱动发展战略、产业龙头促进计划、现代服务业提速提质工程，产业发展加快迈向中高端。

百姓富，润泽万家。践行以人民为中心的发展思想，着力解决事关人民群众切身利益的“头等大事”和“关键小事”，老百姓的获得感、幸福感、安全感不断提升。

生态美，靓丽生辉。树牢绿色发展理念，使绿色发展成为各级领导干部的政绩导向和全社会的自觉行动，扎实推进首个国家生态文明试验区建设，推进绿色惠民，水清岸绿、鱼翔浅底的景象成为常态。

……

回望过去五年，福建经济社会发展之所以呈现新气象、展现新作为、取得新成就，根本就在于以习近平同志为核心的党中央掌舵领航、举旗定向，根本就在于习近平新时代中国特色社会主义思想的科学指引，根本就在于抓好习近平总书记来闽考察重要讲话精神和对福建工作的一系列重要指示批示精神的贯彻落实。

四

“只要路走对了，就不怕遥远。”

实践充分证明，只有牢固树立政治意识、大局意识、核心意识、看齐意识，始终在思想上、政治上、行动上同以习近平同志为核心的党中央保持高度一致，在服务全国大局中找准福建定位，在落实中央决策部署中展现福建作为，撸起袖子加油干，勇于担当抓落实，才能确保福建经济社会发展始终沿着正确方向胜利前进。

脚步已迈出，永远在路上。

从五年前来闽考察时强调要“深化科技体制改革，向创新要活力、要动力、要出路、要效益”，到今年参加十三届全国人大二次会议福建代表团审议时提出要“着力解决影响创新创业创造的突出体制机制问题，营造鼓励创新创业创造的社会氛围”，习近平总书记始终心系福建改革创新。牢记嘱托，砥砺奋进，我们要以“再出发”的信心决心推进新一轮改革开放，深化重点领域和关键环节改革、拓展对外开放新优势、发挥对台工作独特优势，全力打造改革开放“新高地”。

从五年前来闽考察时强调要“大力推进产业优化升级”，到今年参加十三届全国人大二次会议福建代表团审议时指出要“吸引优质生产要素集中集聚，全面提升福建产业竞争力”，习近平总书记始终关心福建产业转型升级。牢记嘱托，砥砺奋进，我们要继续突出创新驱动、突出龙头带动、突出整体提升，营造有利于创新创业创造的良好发展环境，实施技术改造专项行动，建立高新技术企业成长加速机制，推动传统行业转型升级和新兴产业加快发展，推动经济发展“高素质”。

从五年前来闽考察时强调要“加快科学扶贫和精准扶贫，办好教育、就业、医疗、社会保障等民生实事”，到今年参加十三届全国人大二次会议福建代表团审议时指出要“确保老区苏区在全面建成小康社会进程中一个都不掉队”，习近平总书记始终关注福建脱贫攻坚。牢记嘱托，砥砺奋进，我们要继续带着感情和责任做好老区苏区脱贫奔小康工作，坚决打赢脱贫攻坚战；实施补短板工程，坚决补齐民生社会事业短板；强化底线思维、忧患意识，坚决打好防范化解重大风险攻坚战，解决人民群众“心头事”。

从五年前来闽考察时强调要“大力保护生态环境”，到今年参加十三届全国人大二次会议福建代表团审议时指出要“多做经济发展和生态保护相协调相促进的文章”，习近平总书记始终强调福建要守住生态红线和底线。牢记嘱托，砥砺奋进，我们要继续把绿色发展理念融入发展各领域各环节，树好绿色发展导向、创新绿色发展机制、增进绿色发展福祉，保持生态环境“高颜值”。

从五年前来闽考察时强调要“持续深入改进作风，全面落实从严治党要求”，到今年参加十三届全国人大二次会议福建代表团审议时指出要“全面推进党的各方面建设，以坚强有力的党组织确保工作任务落实”，习近平总书记始终强调要把党建设得更加坚强有力。牢记嘱托，砥砺奋进，我们要以党的政治建设为统领，按照省委提出的“五抓五看”“八个坚定不移”等具体部署，全面推进党的各方面建设；认真开展“不忘初心、牢记使命”主题教育，着力打造忠诚干净担当的高素质干部队伍；大力弘扬习近平总书记在闽工作时倡导的“四下基层”“马上就办、真抓实干”“滴水穿石”等优良作风，激励新时代工作者有新担当、新作为。

五

“任重而道远者，不择地而息。”

回首来路，才会知道已经走了多远；站上峰峦，才能把握发展的历史方位。

10 月 1 日，我们隆重庆祝中华人民共和国成立 70 周年；如今迎来习近平总书记考察福建 5 周年；明年将全面建成小康社会。站在历史与未来的交汇点上，面对新长征、新使命，我们重任在肩。

对福建干部群众来说，当前和今后一个时期最大的政治任务和责任担当，就是深入贯彻落实习近平总书记 2014 年来闽考察时的重要讲话精神，与深入学习贯彻党的十九大精神、深入学习贯彻习近平总书记参加十三届全国人大二次会议福建代表团审议时的重要讲话精神和习近平总书记对福建工作的一系列重要指示批示精神紧密结合，紧紧围绕高质量发展落实赶超这一战略目标，扎实推进闽东北、闽西南协同发展区建设，努力实现“六个新突破”，确保新时代新福建建设始终沿着以习近平同志为核心的党中央指引的正确方向阔步前进。

举目已觉千山绿，宜趁东风马蹄疾。我们要以习近平总书记考察福建五周年为契机，认真总结五年来的成效，进一步明确下一步工作的举措，牢记嘱托担使命、不忘初心再出发，做矢志前行的“逐梦人”、担当有为的“拓荒牛”、只争朝夕的“实干家”，不辜负习近平总书记和党中央的厚望与重托，夺取全面建成小康社会的新胜利，谱写中华民族伟大复兴的福建篇章。

薛东:善于发现美好生活

人物名片

薛东,1959 年 5 月出生,福建省平潭县人。1976 年 6 月参加工作,中共党员,大学本科学历,福建日报社高级编辑、福建农林大学兼职教授、福建省社会建设研究会副会长。大学毕业后先后在原中共莆田地委宣传部、中共福建省委党校从事理论宣传、教学与研究工作。1989 年 5 月调到福建日报社从事理论宣传、理论研究与新闻采编工作。1999 年初起历任福建日报理论部、理论文艺部、经济文教部、记者通联部主任。2019 年 6 月退休。2000 年获福建省"双十佳"新闻工作者称号。

薛　东

“四力”心得

追求美好生活是新时代社会发展的特征与主题。媒体工作者在时代进步的大潮中，当然需要善于发现并记录大众所创造所追求的美好生活实践，这是媒体工作者的职责所在，也是基本素养的重要体现。

眼力就是一种发现能力、观察能力，也是记者的眼光、视角与判断力。“涉浅水者见虾，其颇深者察鱼鳖，其尤甚者观蛟龙”。因此，做到善于发现美好生活，需要学习、需要专业、需要实践。

学习既是一种能力，也是一种方式。只有善于学习者，才能善于发现、善于表现。做有思想、有高度的新闻，发现并记录有思想、有高度的美好生活，记者本身就需要有思想、有高度。显然，思想与高度只能来自孜孜不倦的学习与吸收，只能来自对新思想、新理论的把握。

社会生活瞬息万变，信息来源纷繁复杂，传播渠道变幻无穷，记者只有具备一定的专业素养与专业水平，才能准确把握新闻价值、善于发现美好生活。尤其是发现并记录具有时代进步意义与社会发展趋势的新闻事实的能力，更需要全面准确把握新闻传播规律，运用新闻传播手段观察理解新闻事实，运用新媒体全媒体技术做出具有专业水准的呈现与表达。

美好生活是所有人的追求与理想，采编实践既是发现美好生活的过程，也是记者展现发现能力、观察能力的平台。记者并不是美好生活的旁观者，而是美好生活的参与者、建设者。只有用心体验、用心感受，从而用心生活、用心创造，才能真正发现并记录美好生活。

兰锋:在重大报道中践行“四力”

人物名片

兰锋,毕业于中央民族大学中文系新闻专业,现任福建日报社新闻研究所所长、屏山记者站站长、主任记者,是全国青联委员、福建省青联副主席、福建省青年传媒协会会长。他的作品先后获中国新闻奖一等奖以及福建新闻奖特别奖、一等奖等省部级各类奖项10余次,本人获全国优秀新闻工作者、福建省文化名家、福建省“十佳”新闻工作者等荣誉称号,以及福建五四青年奖章。

兰　锋

“四力”心得

重大报道是党媒围绕党委政府中心工作和重要部署，以及重大活动、重大事件的报道。福建日报社屏山记者站负责省四套班子领导新闻活动报道，长期参与省内外重大活动、重大会议报道。重大报道成为屏山记者站记者践行“四力”要求、彰显责任担当的主战场。

在急难险重任务中练就强劲“脚力”

好记者都有“铁脚板”，好新闻都是“跑”出来的。作为福建省时政报道的尖兵，屏山记者站同志在急难险重关头总是脚下生风、冲在一线。

2020年春，新冠肺炎疫情凶猛来袭。屏山站同志主动放弃春节假日休息，奋战“抗疫”报道一线。从大年三十开始到春节，以及接下来的几个月，常常加班写稿都到凌晨两三点。屏山站记者全力以赴投入“抗疫”报道，采写制作了上千篇各类稿件和新媒体产品，福建日报社屏山记者站成为全省疫情防控信息发布的权威渠道。

进入屏山站工作以来，我和其他同事一起常常奋战在一线。2005年国庆假期，“龙王”台风淹了大半个福州城，为及时赶赴报道现场，我把电脑包扛在肩上，蹚着齐腰深的积水，整整走了一个多小时。2006年，超强台风“桑美”席卷闽东，我和同事第一时间赶到台风登陆点福鼎沙埕港，第一视角记录了当地干部群众奋起抗灾的生动场景，系列报道获福建新闻奖一等奖。此外，2008年雨雪冰冻灾害，大年三十还在受灾群众家中；2013年厦门公交车纵火案，连夜赶赴现场通宵采访；2015年漳州古雷石化罐体爆炸事故，在离着火罐体最近的地方记录事故处置过程；2016年泰宁泥石流滑坡灾害，多处道路中断，辗转到达滑坡现场，冒着大雨、踩在泥浆中完成采访……以及每年都来几次的台风、暴雨灾害，屏山站同志总是出现在重大报道现场采访报道。

重大新闻在哪里、屏山站的记者就应在哪里。在船上、车上、飞机上写稿，十几天连续出差，一个月行程过万公里，这些对于屏山站记者都不是例外。仅以我本人为例，到屏山站以来，先后完成近百位中央领导来闽考察报道，以及金砖国家领导人厦门会晤等各类重大活动报道、2000余场省委主要领导活动报道，写下了数十本、百万字的采访笔记，采写了数千篇稿件。

在洞察全局大势中练就敏锐“眼力”

记者艾丰说:“当记者要想总理想的事。”作为一名党报时政记者,只有总揽全局的胆识气魄,才能真正准确理解党委政府的决策部署,才能拥有一双俯视全局的慧眼,在表现重大题材、重要事件时游刃有余,在写作中高屋建瓴、磅礴大气,生动深刻地宣传党的主张。

福建与台湾隔海相望,闽台交流交往具有重大意义。特别是作为中央对台重大举措,平潭综合实验区开放开发如火如荼。

因此,立足祖国统一大业这一背景,讲好两岸交流故事,报道好平潭开放开发,福建新闻人责无旁贷。为此,我十几次登上平潭岛采访,走遍全岛东西南北,目睹了开放开发火热进程。我和同事采写的消息《平潭大开发:共筑两岸人民共同家园》,叙述了福建积极主动的对台工作,列举了台湾各界回应,表达了台商对投资平潭的信心。

报道没有拘泥于平潭自身建设,更没有停留在具体项目介绍上,而是以全局的眼光,审视平潭建设,甚至横跨到第六次“陈江会”上,不仅看平潭、看福建、看海峡西岸,还看到了海峡东岸。文章获得中国新闻奖文字消息类一等奖,填补了福建省这一类奖项的空白,省政府对此专项奖励。

在思考融合发展中练就过硬“脑力”

延安时期,毛泽东为《新中华报》题词,只有两个字“多想”。可以说,思想是新闻工作的至高境界,思考则是新闻工作者的制胜法宝。面对当前媒体融合纵深推进、传播形态日新月异的态势,新闻工作者更要思考如何借助媒体融合的手段,不断提升报道的传播力、感染力。

2019 年是中华人民共和国成立 70 周年,作为庆祝活动之一,国务院新闻办举行福建专场新闻发布会,向境内外媒体全方位展示福建改革开放发展成就,展示高素质、高颜值的新福建。与台湾地缘相近是福建具有的独特优势,也是此次新闻发布会上媒体关注的焦点。

为做好这次报道,我与采访组的同事认真研讨策划,详细制定了报道方案。活动中,敏锐抓住于伟国同志用三个字和两组数说明福建近年来在推动两岸融合发展中的探索实践这一细节,形成特写《于伟国:三“字”两“数”说惠台“加法”》,通过福建日报微信端、“新福建”APP、今日头条、抖音和省内外其他新媒体多次传播、置顶推送，形成了较好的立体全方位传播，获得2020年福建新闻奖一等奖。

2019年，我们参加外交部全球推介福建、中联部《中国共产党故事——福建绿色实践》等重大外事活动报道，通过精心策划，立体传播，取得了良好效果，吸引了海内外广泛关注，仅外交部推介活动报道的全网阅读量就达26亿次。

近年来，屏山站记者先后参加党的十七大、十八大、十九大福建代表团新闻报道，以及全国两会宣传报道。这些重大活动报道中，我们始终用心思考，做好同题作文，获得省主要领导多次肯定。仅在2018年和2019年全国两会期间，中宣部分别5次和8次点名表扬《福建日报》两会报道，数量位居全国前列。其中2019年全国两会媒体融合产品《在全福游有全福》还获得福建新闻奖一等奖。

在书写时代画卷中练就不凡“笔力”

“笔力”是新闻工作者的基本功，是“四力”的保障，文风到位，笔下千钧。在这个波澜壮阔的时代，抒写时代画卷正是新闻工作者锻炼不凡“笔力”的难得机遇。

习近平总书记在福建工作了十七年半，为福建发展打下了坚实基础，更留下了宝贵的精神财富。2017年5月，上级机关要求福建日报社组织采写习近平总书记在福建的探索与实践系列文章。我和同事采写开篇之作——党建篇。这篇文章要求高、难度大，要求采写者有开阔的视野、宏观的把握和对党建工作、福建工作的深入了解，特别强调要以平实的笔触还原真实的历史。

接到任务后，我们进行了深入采访。采访小组走进宁德地委大院、福安坦洋村、福州军门社区……追寻习近平总书记足迹，听当地百姓讲述总书记关心关爱群众的感人故事，听老同志回忆当年总书记带领大家脱贫攻坚的动人场景，采访组一路学习体会感悟，收集整理了数十万字的材料。写作中，数易其稿，精心打磨，分别以为民宗旨、廉政建设、组织建设等几个维度对习近平总书记当年的党建工作探索和实践进行了梳理和叙述。仅仅26天就提交了24000字的初稿《山海情怀　赤子初心——习近平总书记在福建的探索与实践·党建篇》。

党的十九大胜利召开前夕，文章在福建日报社所属网站及两微一端刊播

后，迅速被人民网、新华网、中国共产党新闻网等中央媒体置顶转发，刷屏全媒体和朋友圈，引发了舆论的关注和热议。很多干部群众说，文章有思想、有高度、有感情，比较全面系统梳理了习近平总书记创新推动福建党建工作的思路做法，生动再现了习总书记宵衣旰食的工作作风，表达了习总书记与福建干部群众深厚情谊。报道获得福建新闻奖特别奖，被选入中央党校参考教材，为宣传阐释习近平新时代中国特色社会主义思想上作出了福建贡献。

从业以来，我先后参与采写了叙述福建推动跨越式发展的《跨越》、反映习近平总书记三进下党乡的《群众的赞许最甘甜》，以及《写在海天上的忠诚》《为了大地的丰收》等多篇万字长篇通讯，成长为《福建日报》重大报道的骨干记者。

回顾自己的工作经历，我认为，增强“四力”是新闻作品的成功之道，也是新闻工作者的成才之道。其中“脚力”是根本，“眼力”是关键，“脑力”是重点，“笔力”是基础，“四力”辩证统一，是对新闻工作者的高要求严要求。因此，对于我们来说，就是要牢记党的宗旨，始终把人民装在心中，不断增强“四力”，采写出更多有思想、有温度、有品质的精品力作。

代表作品

山海情怀　赤子初心

——习近平总书记在福建的探索与实践·党建篇

兰　锋　郑　昭　林　蔚　单志强

《福建日报》 2017年7月13日

在这绿树荫浓的日子里，走过96年光辉历程的中国共产党，迎来了自己的生日。再过几个月，还将召开党的第十九次代表大会。

就在一年前庆祝“七一”大会上，习近平总书记号召全党：“面向未来、面对挑战，全党同志一定要不忘初心，继续前进。”他满怀深情地说：我们要永远保持建党时中国共产党人的奋斗精神，保持对人民的赤子之心，“一切向前走，都不能忘记走过的路；走得再远、走到再光辉的未来，也不能忘记走过的过去，不能忘记为什么出发”。

当3800万八闽儿女聆听习近平总书记这铿锵有力的声音，回想当年他在福建工作的日日夜夜，感触尤深。

“忆往昔，峥嵘岁月稠”。在福建这块充满激情的热土上，习近平同志怀抱一颗赤子之心，探索奋斗了十七年半，在改革、开放、发展、党的建设等一系列重大领域，在理论和实践的双重探索中，取得了极其丰硕的成果，至今仍闪耀着真理的光芒。

一、“他对老百姓的感情最深”

励精图治，发愤图强，以中国的繁荣昌盛为己任，尽短时间使整个国家“脱贫”，尽短时间使中国立于发达国家之林，是更为紧迫、更为切实的思想和行动。

——习近平《摆脱贫困·跋》

1988年6月，34岁的习近平赴任宁德地委书记，成为当时宁德地委班子中最年轻的一个。

20世纪80年代末，宁德基础设施极其薄弱，没电、没路、没钱。到福州开车要8个小时，途经的飞鸾岭有36个弯。外商过来投资，一问电话、二问路、三问项目、四问住。干部群众思想陈旧，等靠要的多，怨天尤人也不少。“这么年轻的干部到这样艰苦的地方来工作，大家普遍热情欢迎，既期盼他能带来新思想、新发展，又担心他太年轻、扛不住。”当时宁德一些干部这样想。

时间很快改变了一些人的看法。“后来，我与同志们谈心，形容习书记好比一棵大树，一植根闽东，就成为我们的主心骨，为我们遮风挡雨，还不断输送氧气，让生命增添活力和生机。”福建省政协原副主席、时任宁德地区行署专员陈增光说。

1992年出版的《摆脱贫困》，是习近平宁德两年艰苦工作生涯的全面写照。在书中收录的《滴水穿石的启示》一文中，习近平以滴水穿石的自然景观来比喻经济比较落后地区的脱贫过程。他在文末写道：我推崇滴水穿石的景观，实在是推崇一种前仆后继、甘于为总体成功牺牲的完美人格，推崇一种胸有宏图、扎扎实实、持之以恒、至死不渝的精神。

黄褐色封面的《摆脱贫困》显得十分朴实。全书12万字，共收录了习近平在宁德工作时的29篇讲话和文章，围绕闽东地区加快发展、脱贫致富这一主

题，以经济建设为中心，同时广泛涉及闽东政治建设、文化建设、社会建设以及生态文明建设和党的建设等方面内容。

陈增光说，收到福州市委办寄来的2本《摆脱贫困》后，他反复研读："这本书体现了习近平同志扎根艰苦地区带领群众摆脱贫困的坚定理想信念，翻进去看每一篇都能看到他满满的为民情怀，在他心里从来没有一刻忘记人民。"

"牢记政府前面的'人民'两字""只有心中装着群众，事事为人民打算，才能得到群众真心实意的支持""不论职务高低，都是人民的公仆，都要把群众的冷暖安危放在心上"……在福建，许多曾经与习近平共事过的干部说起他，都会谈到，"人民"二字是习近平提起次数最多、频率最密、场合最多的词。

习近平曾在《摆脱贫困》一书中写道："每一个党员干部特别是担负一定领导责任的同志，都应当同焦裕禄同志作个比较，经常想一想，自己为人民服务是不是做到'完全''彻底'了。"

1990年7月15日，习近平在担任福州市委书记时，夜读《人民呼唤焦裕禄》一文，文思萦系，当即填下《念奴娇·追思焦裕禄》一阕。

"魂飞万里，盼归来，此水此山此地。百姓谁不爱好官？把泪焦桐成雨。生也沙丘，死也沙丘，父老生死系。暮雪朝霜，毋改英雄意气！依然月明如昔，思君夜夜，肝胆长如洗。路漫漫其修远矣，两袖清风来去。为官一任，造福一方，遂了平生意。绿我涓滴，会它千顷澄碧。"

焦裕禄的宗旨意识、公仆情怀和奋斗精神，让习近平为之敬仰。怎样做焦裕禄式的县委书记？习近平认为，要"心中有党、心中有民、心中有责、心中有戒"。

习近平的为民情怀，让身边的人深有感触。

"我感觉他对老百姓的感情最深，我从内心敬佩他。我觉得闽东有这样一位好领导，一定有希望。"时任宁德地委常委、统战部部长姚智梅在回忆与习近平共事的两年时光时这样说。在她看来，习近平总是想方设法到基层去，了解百姓的所想所盼，汲取群众的智慧和力量，群众在他内心具有最重的分量，基层是他去最多的地方。

1988年6月，一到宁德赴任，习近平就一头扎进了基层。

第一个月，习近平轻车简从，只带着两三个人下乡调研。第二个月，习近平还是调研，基本是2天一个县，每个县的主要乡镇、村庄都要走一走。到任不到3个月时间，习近平走遍闽东9个县，后来又跑了绝大部分乡镇。

时任宁德地委政研室副主任李金煊回忆说:“只要不开会,一有点时间,习书记就要下乡去,一年里半年的时间都在下乡。”李金煊多次跟随习近平深入基层调研。他说,习近平心里总是记挂着老百姓吃得好不好,住得暖不暖,每到一村都要走村入户到老百姓家里实地察看。当时有政研室的同志总结习近平到闽东后不知道“掀了多少锅盖、掀了多少桌盖、掀了多少铺盖”。

习近平第一次去屏南调研时,当地老百姓拿出艾叶蛋招待他——用艾草熬出的热乎乎的汤汁,冲进打散的生鸡蛋里,再加些白糖搅拌一下,这是当地招待贵客的“最高礼节”。工作人员担心习近平喝不惯,连忙阻止。习近平摆摆手说:“要是不喝,老百姓就觉得你是官,你和老百姓就有距离了。”他二话不说端起碗把艾叶蛋喝了下去,老百姓很高兴,一下子就和他熟络了起来。

“为了让闽东群众尽快摆脱贫困,习近平同志以低调亲民的身影深入群众,开展调研,探索思考,倡导并提出了许多富有远见的工作思路和对策。”陈增光说。

1989年7月19日,习近平顶着炎炎烈日,徒步到不通公路的省定特困乡——寿宁县下党乡现场办公,当时办公地点在廊桥边上的土坯房里,午休吃饭就安排在廊桥上。参加调研的时任寿宁县委常委、常务副县长连德仁在日记中写道:“这一天,乘车5个小时,步行四个半小时,开会座谈访贫2个小时,一路风尘,大汗淋漓,辛苦程度不言而喻……”

1989年7月26日、1996年8月7日,他又两次来到下党,协调解决下党建设发展难题。

下党乡的徒步调研,正是他所倡导的“现场办公下基层”的起点,随后逐步建立以“信访接待下基层、现场办公下基层、调查研究下基层、宣传党的方针政策下基层”为主要内容的“四下基层”工作制度。

“习书记在下基层的时候,特别注重发现好的典型,希望通过树典型,以典型引路,带动更多地方发展起来。”李金煊说,“习书记常说,地委工作大多数涉及农村,没有典型的东西,说服不了基层。”

1990年1月,来参加宁德地委工作会议的同志,每人都领到了一本叫《滴水集》的册子。这本近400页的册子里,一共有72篇文章,收集整理了当时宁德地区的各领域典型经验例子。

李金煊是当年《滴水集》的主要编写者之一。他回忆说,1989年底,习近平请他牵头准备这次会议典型材料汇编,并交代他:“要把这两三年工作中典

型的、有进步的、有发展的都收集起来。”

筹备小组经过43天的调研，走遍闽东各县，最终整理出一本材料。册子编好了，习近平看过之后，建议取“滴水穿石”之意，把这本册子的名字定为《滴水集》，还亲自做了序。

后来，这本《滴水集》中具体翔实的做法、例子，成为各地学习推广的良好典型。比如古田县瑞岩小学校长苏玉桂适应山区艰苦办学环境、创新探索教学方法的典型经验得到推广后，原本教育不算拔尖的古田县，第二年升学指标排到了全地区第一。

1989年2月25日，《福建日报》头版刊发了《山鸡飞上凤凰台》的报道，说的是宁德农民给地委干部做报告的新鲜事。

福安市坦洋村老大队长刘少如带头办起福安市第一家村集体企业，带领全村种茶致富。习近平到坦洋村调研时评价刘少如：官不大，但敢于担当，站在改革的前头，带领大家致富，很不容易。

习近平亲自邀请包括刘少如在内的八位基层农民代表到行署会议厅向地直机关副科以上干部做报告，用一村、一户、一人的变化，讲述了十年来改革政策给他们生活带来的巨大转变。

深入基层调研，倾听群众声音，汲取各方智慧，更加坚定了习近平带领干部群众加快改革开放、致力摆脱贫困的决心：“我觉得越是艰苦的地方、困难的时刻，越能磨炼人的意志、锻炼人的能力”“我们需要的是立足于实际又胸怀长远目标的实干，而不需要不甘寂寞、好高骛远的空想；我们需要的是一步一个脚印的实干精神，而不需要新官上任只烧三把火希图侥幸成功的投机心理；我们需要的是锲而不舍的韧劲，而不需要‘三天打鱼，两天晒网’的散漫。”

他调任福州时，《人民日报》有一篇“闽东脱离贫困线”的报道，他得知后表示：“我也坚信，‘亿万千百十，皆起于一’，闽东跨越了这一条‘贫困线’，若能继续卧薪尝胆，矢志如初，再接再厉，奋斗不息，必能彻底摆脱贫困。”

“摆脱贫困，让百姓生活好起来，是习近平同志工作的重心。”时任宁德地委副书记钟雷兴回忆说，“习近平同志把百姓的事当作最大的事，总是想方设法解决群众困难。”

“当时群众要上访就得到宁德地委行署。20世纪80年代末，闽东交通不便，路不好走，一路颠簸，一天都到不了。”钟雷兴说，“针对这种情况，习近平同志在原先约访群众制度做法的基础上，转换思路，转变工作方式，改约访为下访。”

“我们工作目的是为人民服务，不仅要对上面负责，而且要对群众负责，为人民做主。古时候的县官尚且还有击鼓升堂，为民申冤，而我们却成天忙于开会，很少主动去抓这种事，这是不应该的。”1988 年 12 月 20 日，习近平率先到霞浦县接待来访群众，在当天的总结会上他这样说。这一次接访，也揭开了宁德地县乡三级领导下基层接待群众来访日历的第一页。

1989 年 3 月 30 日，天空下着蒙蒙细雨，雨水给早春的霞浦增添了几分凉意。这一天，是霞浦县的接访日。

一大早，霞浦县委党校的门口就聚集不少上访群众。得知地委的领导要来接访，很多人早早就赶到了这里。

“我要找地委习书记。”人群中，一位上访者高声说。

接访一开始，这位上访者就奔着习近平去了。习近平热情地接待了他，耐心询问他遇到了什么困难。

“原来习书记这么亲和。”一开始还有些忐忑不安的群众放下心来，把自己的困难一五一十和习书记说了。原来，他是霞浦乡下某学区的一名教员，因家中情况特殊，老母亲孤身一人留在城里，体弱多病，年事已高。

“我放心不下老母亲，想调回城里照顾她，以尽孝道。”他说。

习近平认真听完他的叙述，详细了解了相关情况，对照有关政策，明确表态：可以回城，考虑今年暑假给予解决。

这件事习近平一直挂在心上。没过多久，他向相关部门跟踪了解这件事情的进展，当得知事情并没有抓好落实时，一向态度温和的习近平却显得特别严肃起来。

习近平批评相关办事人员说：“这个问题符合相关政策，没有违反原则。你们设身处地为群众想一想，遇到这样的情况，让孩子回到城里照顾他老母亲有什么为过呢？”并要求有关部门“一定要给我答复”。

“习书记心里有群众，从来不是光喊口号。”时任福州市委副书记方庆云回忆说，习书记关爱民生，总是把群众的苦，群众的难放在心里，常常带着四套班子的干部到基层接访群众，尽心尽力解决群众的困难。

对此，时任福州市委常委、组织部部长王文贵深有感触。“习书记赴任福州的第二天，就下基层调研，了解群众想什么、有什么困难，这让我们印象深刻。当时我就感到，福州要有大变化了。”

在福州，习近平大力倡导“马上就办”，推行“四个万家”，提高办事效率，切

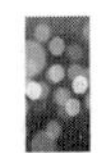

实解决困难。

1991 年 3 月，习近平登上低矮逼仄的连家船，实地察看船民的生活，登岸之后，立即召开现场办公会解决船民搬迁上岸问题。十个月后，104 户船民家庭结束了“上无片瓦、下无寸土”的生活，搬进了台江区红星新村的新居。

自 1990 年起，在习近平推动下，福州市委、市政府每年都为城乡人民办 20 件实事，办事项目通过新闻媒介向全市公布，项目的最终确定采用人民群众投票的方式来决定，年终公布项目完成情况，并让群众投票评选完成最满意的项目。

在担任福州市委书记期间，习近平大力实施“安居工程”“广厦工程”“造福工程”，改善百姓居住条件。2000 年 7 月，已担任福建省省长的习近平在接近 40 摄氏度高温的正午，走进拥挤闷热的福州苍霞社区棚屋区，与各级干部一起亲身体验群众疾苦。在他的推动下，2001 年 5 月 1 日，回迁安置的所有楼房就全部竣工。

“习书记让我感受最深的，就是他时刻把人民群众的冷暖放在首位。”时任福州市委办副主任赵汝棋说。

赵汝棋当年曾在市委政研室工作过，政研室的工作主要是起草文件讲话、开展调查研究、为领导决策提供参考，长时间都俯首案前。有一次，习近平对赵汝棋说：“你们不能把眼光只放在政策研究上，要把眼光放到人民群众中去。”

赵汝棋说，后来政研室根据习近平的这个想法，将 20 多名工作人员分成几个小组，分别下基层调研，收集群众关心的热点、难点、焦点问题，梳理后形成短平快的“一事一报”刊发在《福州调研》上。

习近平对“一事一报”非常重视。赵汝棋说，习书记基本上对所有的“一事一报”都要看，大部分都有明确的批示，比较详细的批示占到其中的三分之一。有的他认为还不够深入的，会批示再深入调研。

习近平交代身边的工作人员：“凡是群众来信，一律都要交给我过目。”并提议把信访工作列入市委、市政府的重要议事日程，还要求自己无条件做到四个“亲自”，即亲自研究、亲自部署、亲自批阅、亲自查办。

根据 1993 年福州市委督查科的资料，习近平任职福州市委书记后，批阅的群众来信函件达千余件，他对群众来信几乎每封必看，每看必批。

“人民对美好生活的向往，就是我们的奋斗目标。”习近平当选总书记后的首次公开讲话，朴实亲切、饱含深情，温暖了亿万人的心，鲜明宣示了他带领中国共产党执政为民的坚定决心。

二、“从他的身上我们感受到了一股清风”

共产党人要承担起廉政建设的历史使命，任重而道远。我们必须过好“两关”。第一关是“自我关”。自身不正，何以正人？“安天下，必须先正其身”。第二关是“人情关”。是刚正不阿、铁面无私，还是手下留情，大事化小，小事化了？——如果是这样，我们在一个人身上丧失原则，我们就会在千百万人心上失去信任！

——习近平《摆脱贫困·廉政建设是共产党人的历史使命》

闽东夏日，万木葱茏，坐落在半山腰的宁德老地委办公楼静谧庄严，院子里七棵绿树随风轻摆，树叶的沙沙作响陪伴着石砌三层办公楼。

“沙，沙，沙，沙……”这是1988年的一个清晨，新来的宁德地委书记习近平在院子里清扫落叶和垃圾。在没下乡的日子里，这是他上班前常常做的事。办公楼的卫生原来由年轻人做，习近平来了后，很自然地参与进来。在他带动下，地委的干部们也都渐渐早来上班，一块打扫卫生。习近平一边打扫卫生，一边有说有笑地与大伙聊工作聊生活。扫院子成为他与干部们沟通的一个好方式。

李金煊回忆说，习近平特别认真，不仅扫院子，还一级级清扫通往后山的石阶，即便秋天黄叶满地也是如此。打扫完卫生，他就去一楼走廊尽头打开水，拎上自己在三楼楼梯左转第一间的办公室，开始一天繁忙的工作。

当年习近平的办公室加上会客室一共22平方米。一进门是会客室，墙角简易的木架上放着淡黄色搪瓷脸盆，一圈小沙发，一副简单的茶盘，一个热水瓶和两个写着“宁德地委”的白瓷杯，这就是当年习近平接待客人的全部家当。

“习近平的工作和生活作风，简朴得出乎我们意料！”回忆往事，姚智梅说道。到任那一天，习近平和省委组织部的同志坐一辆车下来，没有搞欢迎仪式，更没有搞任何排场。地委办的同志通知地委干部说：“新书记来了，请大家到会议室开个会，见个面。”大家才知道习书记已经到了。

第一次打交道，宁德地委领导班子就对习近平的艰苦朴素作风有了深刻的印象。

到任后，习近平要求办公条件都不能变。办公室、宿舍不做一点翻新装修，宿舍里简简单单只放了一张床和一个写字台。他的用车和驾驶员，也是从前任手中接下的。那辆已经有十多万公里里程的上海牌老轿车，后来陪着他跑遍了闽东大地的山山水水。

平时，他就在地委食堂里排队凭饭票打饭吃，理发也就在行署边上的一间小店理。这期间，后勤部门多次提出要给习近平开小灶，但都被他拒绝了："这样吃饭很好，和大家一起，可以了解情况。"习近平喜欢和大家交流，打成一片。他和干部们坐在一起，聊聊天，顺便了解大家的工作生活——工作上有什么不好办的事情？下乡去了哪里？家里有没有困难？

后来，地委办的一位同志跟习近平说，书记您别去排队了，我们给您买了端过来。他却回答说："不用麻烦，我又不是不能做。"习近平和普通干部打的菜也差不多，一份饭菜大概一角多，一个月不到十元。很快，地委的同志们都和习近平熟络起来，也打心眼里对他又敬又爱。

不仅严于律己，习近平对自己的家属同样从严要求。姚智梅回忆，习近平母亲齐心和妻子彭丽媛来宁德看他时，他不要公家接待，就在宿舍简单搭个炉灶，一家人自己做饭吃。大家还看到彭丽媛挎着菜篮子去行署前面的菜市场买菜，生活跟普通干部家庭一模一样。

"从他的身上我们感受到了一股清风。三十多岁的年纪，还是地区一把手，却能够这样严格要求自己，正人先正己，这才是共产党员的本色。"姚智梅回忆的话语中满是崇敬之情。

打铁还需自身硬。1989 年 8 月 16 日，习近平在宁德地区全区廉政公告大会上强调说："各级领导首先做好廉洁自律，正人先正己，从我做起，当好表率，严格要求自己的家属、子女和身边的工作人员，凡是涉及自己和家属的问题，要做到不庇护、不隐瞒、不说情，用党性作为衡量自己行为的准则，严格执行党纪制定的廉洁自律规定。"

1988 年底，习近平采用"拉练"的方式，到宁德的九个县开现场会。一天中午，工作队伍来到霞浦县溪南镇。午餐时，当地干部拿出了水果和高档烟酒招待客人。一看到那大约价值十元的高档烟，一向亲切待人的习近平沉下了脸。他拿起烟，跟在场的干部严肃地说："这包烟，值老百姓多少个工分！"从溪南镇开始，后面一路上各地都不再准备烟酒。

时任宁德地区纪委副书记张经喜回忆，在习近平的严格要求下，宁德地委风气一新。1989 年工作总结报告这样提道:“目前地区几套班子成员中没有一人建私房和经商办企业,在工作中也没有乱批条子和为私人介绍承包工程谋取私利等违法违纪现象发生,领导成员不配专车,实行私人用车收费制度,禁绝大吃大喝,下基层一律用工作餐。大家都做到保持党的艰苦朴素的优良传统,以身作则,防微杜渐。”

“一身正气敢碰硬,两袖清风不染尘。”1990 年 6 月,习近平到罗源、连江、长乐三县开展调查研究时说道,“不贪,这是对干部起码的要求,也是绝大部分干部都能做得到的,但是对党的领导干部而言,洁身自好,独善其身是很不够的,还应该敢于同各种腐败现象做斗争。”

2013 年 1 月,习近平在第十八届中央纪律检查委员会第二次全体会议上强调:“我们要以踏石留印、抓铁有痕的劲头抓下去,善始善终,善作善成,防止虎头蛇尾,让全党和全体人民来监督,让人民群众不断看到实实在在的成效和变化。”

1988 年的冬天,对于宁德的不少干部来说都是一个难忘的冬天。

“人生三大事——盖房、修墓、娶媳妇。”当时宁德地区的干部队伍受陈旧观念的影响,纷纷占地建房。根据一份当年宁德地委清房办的材料记载:至 1988 年底,干部建私房人数之多,占地面积之大,建房标准之高,令人触目惊心,与闽东经济贫困很不相称;干部违纪违法占地建房成为诱发以权谋私、权钱交易等腐败现象的重要原因,成为削弱干部队伍战斗力的重要因素。

到任宁德的第一轮调研中,习近平就发现了这个严重问题。在广泛深入调查研究的基础上,习近平决心把查处干部违法违纪占地建房问题作为惩治腐败的突破口在全区全面展开。一次会议上,针对有干部提出清房问题牵涉面太大的问题,习近平明确指出就是“要紧紧盯住四百多名处级干部”。他对张经喜说:“你们是愿意得罪两三千名的干部,还是闽东二百七十万的人民?”从他的这一提问中,张经喜刹那间领悟到这位年轻书记惩治腐败的锐气和决心,心中原有的些许犹豫顿时一扫而空。

1988 年 12 月 30 日,离新的一年到来还有两天。习近平在全区加强土地管理、整顿干部建房、查处干部建房中的违纪问题电话会议上的讲话中严肃提出:这次我们对干部建房问题采取的措施是“停”“清”“理”,即从今天起先停下来,然后全面清查,再分别情况进行处理。

“停”即在 1989 年春节前全面冻结。

“清”就是摸清底子。

“理”就是在停、清基础上，转入查实况的攻坚阶段，不纠缠枝节。

一声令下，建私房行为全面冻结。当天的会议之后，宁德地委雷厉风行，紧紧抓住春节前夕这个私人建房高峰期的关键节点，在全区开始清房。在工作开展过程中，干部有私房占公房问题也被纳入彻查范围。

回忆起那段清房工作的经历，时任福鼎县纪委副书记、福鼎清房办主任的洪恒针仍激情澎湃。

福鼎当时刚刚规划出了龙山开发区，其中的上龙山一带由于离县政府近、地盘又小，成了干部争相占地建房的“香饽饽”。洪恒针一从纪委抽调到清房办工作，接到的任务就是去拆上龙山六户人家的“门头”！所谓“门头”，其实就是房子外的院门。这六户人家，四户是处级干部，都占道几十厘米修建自己的院子。在福鼎人的习俗里，拆“门头”是要触大霉头的，谁敢拆，那可就把主人得罪大了。

敢不敢拆？当时福鼎群众当中流传着一句歌谣：“党风正不正，关键看龙山。”

习近平对于全区清房工作的每一阶段进展，每一次会议，每一个事项，都时时过问，一抓到底。他获知福鼎的情况后，说道：“问问这些干部，是想要受到党的纪律处分，还是国家法律的处理？”

拆！洪恒针在丈量清楚占地多少后，坚决地拆去了六户人家的“门头”。福鼎县同时还严肃处理了 2 名正处级干部和 13 名副处级干部违纪违法占地建房问题。

清房工作迅速在全区从严公正推开，赢得百姓一片拍手叫好声，大快人心。

当回想起习近平的这次清房工作，张经喜一口气说了五个“非常”：“态度非常坚决，决心非常坚定，力度非常大，实效非常好，群众非常拥护！”

不仅是清房，习近平在宁德和福州都注重查处一批腐败的大案要案，特别对于严重以权谋私、严重违纪的，他强调要“敢碰硬，严肃查处，不能姑息”。张经喜说：“那段在习书记领导下开展纪委工作的经历，我们感受到的是习书记对腐败的深恶痛绝，对从严治党的坚定决心。”

20 世纪 90 年代初，伴随改革开放的深入，市场经济蓬勃发展，全国上下兴起了一股“炒股热”，福州的不少机关干部也心痒痒。对此，习近平强调“鱼和熊掌不可兼得”,福州的干部都不准炒股。“为什么不能呢?因为那时候很多干部所谓的买股票,其实是占着职权之便去买企业的原始股,这是干部占企业便宜!是不正之风!”时任福州市委副书记赵守箴说,这一决定得到了福州干部群众的坚决拥护。

“人民把权力交给了我们,怎么样才能让人民放心?一个很重要的措施就是建章立制。建立一整套系统、全面的制度以制约和监督权力的使用,这是杜绝腐败的根本性措施。”1990年2月,习近平在《廉政建设是共产党人的历史使命》一文中这样说。

在第十八届中央纪律检查委员会第二次全体会议上,习近平要求:“要加强对权力运行的制约和监督,把权力关进制度的笼子里。”

1989年3月29日,宁德地委、行署出台《关于地委、行署领导干部廉洁自律的若干规定》,主要包括12条:

一、在职期间不准以任何名义占地营建私房。

二、不准个人介绍基建工程。

三、不准贪污受贿和索贿。

四、不准违反招工、招干、招生、毕业生分配、征兵、复员转业军人安置和人事调动的有关规定,私自安插子女、亲友,谋求特殊照顾。

五、不准在干部的提升、晋级和调配选拔上,违反组织原则和人事干部工作程序。

六、公务往来不收礼,不向基层单位索要各种产品、礼品,索购紧俏商品。

七、下基层不准大吃大喝。要严格要求按接待标准办伙食,按规定缴纳伙食费。

八、不准公车私用。如特殊情况私事要用车,要向车辆管理单位缴纳用车费。

九、不准利用职便以任何名义参与经商办企业。

十、不准弄虚作假骗取荣誉或奖励。

十一、要敢于坚持原则,敢于碰硬,带头抵制各种不正之风;不准为违法乱纪的人和犯罪分子说情袒护、徇私枉法。

十二、教育管理好家属子女和身边的工作人员。

一个多月后,1989年5月15日,《关于党政机关廉政建设的若干补充规定》出台,共5条:

一、不准购买新的进口豪华汽车。

二、不准修建超标准的办公楼、宿舍。

三、领导下乡要轻车简从，不要到当地边界迎接上级领导。

四、上级领导来检查工作，除有关人员外，不要层层增加陪同人员。

五、今后领导干部生病，各部门、单位不要用公款赠送慰问品；不以各种理由，用公款向领导赠送礼品。如有违者，财务部门不予报销，领导干部要把物品退还有关部门、单位或上交。

1993年6月，习近平在福州全市党建工作会议上针对经济生活中出现的不正之风和违法违纪问题专门强调了五条廉政纪律：党政机关工作人员在公务活动中不得收受以各种名义赠送的礼金、有价礼券和贵重礼品；党政机关干部不得参与炒买炒卖股票；不能利用党政机关的职能去经商办企业；党政领导和执法执纪等监督部门不能经商办企业；党政机关领导干部不能收取回扣。

担任省长后，习近平在一次全省重点建设工作会议上，强调不要让“修一条路倒一批干部”的现象发生，对搞好重点建设的防腐倡廉工作提出“约法六章”。一系列的规章制度的建立，对清廉党风政风的形成起到长效约束作用。

1989年1月，习近平在接受记者采访时曾说过四句话：第一句话，“苟非吾之所有，虽一毫而莫取”，这是作为党员干部的起码要求。第二句话，“熊掌和鱼，不可兼得”，不要既想当官，又想发财，要当干部就不要想发财。第三句话，“寸心不昧，万法皆明”，贪污受贿，鱼肉乡民，这是党纪国法所不容的。第四句话，“为官一场，造福一方”，当干部的宗旨就是奉献，利益问题上，“拿来主义”要不得，不能图实惠，谋私利。

“与习书记共事的几年是我深受教育的一段经历。”时任福州市委副书记赵守箴深有感触。他说，从反腐倡廉到加强党内政治生活，习近平都强调要从严要求。

时至今日，赵守箴仍然对自己到福州工作参加的第一次常委会记忆犹新。“习书记在会上说，我们一起工作要互相帮助，更要互相监督。每个人都要诚恳虚心地接受监督，形成风气。”赵守箴一字一句地回忆当时习近平说的话，“这两句话令我深受教育，到今天还觉得受益匪浅。”

“我们中国共产党人靠什么来得民心呢？靠的就是廉洁奉公，全心全意为人民服务。这是一条真理。”1990年2月，习近平在《廉政建设是共产党人的历史使命》一文里这么写道。

2012 年 11 月 15 日，习近平在十八届中共中央政治局常委与中外记者见面会上说道：“打铁还需自身硬。我们的责任，就是同全党同志一道，坚持党要管党、从严治党，切实解决自身存在的突出问题，切实改进工作作风，密切联系群众，使我们党始终成为中国特色社会主义事业的坚强领导核心。”

三、“将理论高度与实践深度有机地结合起来，就能更好地做好领导工作”

历史的经验证明，是党带领闽东人民取得了翻身解放，也只有党才能带领闽东人民摆脱贫困，走向富裕。我们应当继续加强党的建设，突出地抓好思想建设、各级领导班子建设和基层组织建设。

——习近平《摆脱贫困·同心同德　兴民兴邦》

在福建，习近平先后在宁德、福州担任党委一把手多年，如何加强党的建设，是他始终关注的问题，也是着力探索的问题。其中，思想建设、班子建设、基层组织建设是他重要的抓手。

习近平到宁德上任，别的行李少得很，却带了几大箱书。

到任见面会上，习近平开口第一句话就是“学习”。他说：“闽东是老区、革命根据地，我来这里工作，对我本身也是一个鼓舞，要好好向大家学习。”姚智梅说，当年谦虚好学的习近平给班子同事们留下了深刻印象。

陈增光回忆说，习近平在宁德工作时，最大的爱好是读书学习，读书学习已成为他的一种生活方式。他特别喜欢看马克思主义原著，看毛泽东、邓小平的著作。“当年工作时，我经常到习近平的办公室。办公桌上，在一堆文件材料中经常能看到翻开的《邓小平文选》”。

抓思想建设，习近平着重抓学习，高度重视学习马列主义经典著作，是一个显著特点。

1990 年 5 月，在给宁德地直机关领导干部的临别赠言中，习近平不无感慨地说，马列主义是我们观察一切现象、处理一切问题的武器，特别是观察一切社会现象、处理一切社会问题的武器。作为一个共产党员，一个领导干部，如果不努力学习马列主义的理论和方法，如果不用马列主义指导自己的思想和行动，他要在革命斗争中坚持无产阶级的立场，增强无产阶级的思想意识，是不可能的。

1997 年和 2001 年习近平分别发表了“论《〈政治经济学批判〉序言》的时

代意义”“略论《关于费尔巴哈的提纲》的时代意义”两篇学习马列主义的论文。

“习近平外出开会和调研都带着书，休息时一有空就拿出来潜心研读，见到有新书、好书便立刻买下来读。”陈增光向记者回忆道。

让大家记忆犹新的是习近平“夜找书店”的故事。

1989 年 7 月 19 日，时任宁德地委书记习近平到寿宁县下党乡调研。下党是寿宁最边远的山乡。习近平一行从县城出发，沿崎岖山路步行 2 个多小时才到达目的地。晚饭后，他们又步行回来，到住处已是晚上 10 点多。大家不仅疲惫不堪，而且脚上都磨出了血泡，匆匆处理一下，都赶紧回房休息了。处理完脚上的血泡后，习近平思考着白天调研的收获，竟然毫无睡意。他问地委随行人员：“知不知道哪里有书店？”大家都回答不清楚。于是，他决定自己到街上找找。

深夜的寿宁街头，一片寂静，空空荡荡，偶有行人经过。习近平一路走，一路问，终于找到了一家书店。他很高兴，走进书店，看了又看，找到一本自己喜爱的书，赶紧买下来，回到宾馆细细品读。

多次陪同习近平调研的连德仁在日记中记载：每次习书记来寿宁，晚饭后必到街上逛书店，而且是认认真真看，不是简单地逛一逛就走了。

让连德仁印象更深的是，习近平第一次到寿宁调研，就要求县里把《寿宁县志》找出来认真阅读。这还不够，他又请人找来明代文学家冯梦龙任寿宁知县期间写的《寿宁待志》。采用第一人称写就的《寿宁待志》，既是有地方色彩的志书，又是冯梦龙在任四年的总结。习近平边看边点头，对提倡男女平等和“无讼”理念的冯梦龙倍加赞赏。

1988 年 8 月 10 日，习近平到霞浦县调研工业。晚上，他看完《霞浦县志》，又点名要看清代李拔编撰的《福宁府志》。工作人员找到后，他高兴地说：“今晚可以轻松地过了。”

有一次，与习近平一同调研的陈增光忍不住问道：“习书记，这么辛苦跑了一天，为什么还要加班看县志？”习近平对陈增光说：“一县之志，就是一县之史。历史是人民群众创造的，学县志，就是学当地的人文历史；尊重县志，就是尊重群众的首创精神。历史记载，有正面，也有反面，可以供后人借鉴。”

当时地委班子的成员们都被习近平这种刻苦读书的劲头所感染。“习书记爱读书、好读书，而且能从书中汲取智慧，善于运用历史思维分析现状、认清趋势、把握未来。”如今大家聊起时，都说习近平总书记有如此宽广的世界眼光，洞悉世界发展大势，历史典故信手拈来，这与他长期坚持读书的习惯是分不开的。

在福建工作期间，习近平不仅带头读书学习，还在多个场合语重心长地叮嘱领导干部要好学乐学，把学习放在第一位，经常给自己“加油”，不断给自己“充电”。

海拔800多米的屏南仙山草场，地远山高，只有一条狭窄的山间小道通往外面，很少有领导干部去过。

1989年8月底，主政宁德还不到一年的习近平打破常规，率地委、行署班子成员，各县（市）委书记及地直机关部门负责人，专门来到这里，举办一期地委学习中心组读书班。

盛夏的仙山草场酷暑难耐，大家走得大汗淋漓。实地看到百姓肩挑手提运送农产品，亲身感受大山深处百姓的艰苦生活，干部们顿时感到肩上的责任十分沉重，上了一堂加快发展的“现场课”。

就在这偏远的大山里，干部们平心静气、认真学习。围绕落实党的十三届四中全会精神，就如何增强党的领导、带领闽东人民摆脱贫困，大家通过互相交流、碰撞思想，有了很大启发。

“各级领导干部要以求实、求真、求深的精神，抓好思想理论建设，带头学好、用好马列主义，真正掌握理论武器。”读书班小结时，习近平提醒大家，我们的工作比较繁忙，真正脱产学习的机会很少。所以，我们应当有一种雷锋的“钉子”精神，挤时间学习，争分夺秒地学习。要虚心向书本学习，虚心向实践学习。

“在仙山草场，大家边学边思边议，对学习这件事有了更深刻的认识，全区领导干部的学习风气浓厚起来。领导班子学习中心组的理论学习自此开创了一种新形式。”回想起这段往事，李金煊不无感叹地说，习近平给大家树立了一个很好的榜样。

学习的目的全在于运用。“在地方工作的同志，如果能将理论高度与实践深度有机地结合起来，就能更好地做好领导工作。”习近平这样忠告地委的同事们。在大家看来，习近平要求干部注重学习特别是理论学习，就是希望大家能通过学习，不断提高领导水平和素质，从而增强各级领导班子的战斗力。

1988年9月，宁德地委部署在全区开展关于生产力标准的再学习再讨论。通过认真的学习讨论，不少地方的干部，提高了认识，开阔了视野，重新分

析了本地的优势和劣势，寻找落后的主要根源，调整修正了一些不适应生产力发展的具体政策、措施和规章制度，促进了经济工作和各项事业的健康发展。

为政之要，莫先于用人。组织建党，重在队伍建设。

“习书记关心大家学习工作，也关心大家的成长。”陈增光说，宁德是艰苦地区，优秀人才少，优秀青年干部更少。习近平主政宁德时，积极探索青年干部宏观管理办法，并大胆试验。

1989 年 3 月，宁德地委决定对地直机关新任领导实行试用制。从当年起，凡新提任的地直党、政、群机关副处级和处级领导干部，一律实行试用制，试用期为一年，期满考核依成绩决定去留。

“习近平同志当年倡导的这一用人制度改革，在全国属于首创，其目的就是为了让年轻干部多‘墩墩苗’。”张经喜回忆道。

张经喜说，当时闽东落后，干部思想状况不一，有的急躁冒进，有的思想贫困，这引起了习近平的高度重视。习近平在《从政杂谈》中说，青年干部是党的事业的希望，他们热情高、有闯劲，但也有许多短处。在成长过程中应当扬长避短。

他提出注意四忌：一忌急于求成。人们常说“新官上任三把火”，可“三把火”该不该烧，什么时候烧适宜，都要从实际出发。二忌自以为是。任何盲目的“自我感觉良好”，都会对真理产生排斥心理，使我们与真知灼见隔离，与成功无缘。三忌朝令夕改。“临大事而不乱”“临利害之际不失故常”，青年干部要不为一时议论所动，不为一时扬抑所惑，不追赶时尚，不迎合潮流。四忌眼高手低。在“做大事”上，青年干部都要有一种老实的态度，甘做最普通的事，乐于扮演拾遗补阙、跑龙套的角色。

“育人是用人的基础，是造就和选用高素质人才的前提。习近平同志的这一用人理念一以贯之。”赵守箴说。

在福州工作期间，习近平对青年干部的一番话让大家感到十分温暖：对青年干部既要热情爱护，又要严格要求；既要充分肯定他们的优点，又要热忱帮助他们克服缺点。从 1991 年开始，本着“全面锻炼提高，缺什么补什么”的原则，福州在年轻干部中普遍开展了岗位轮换、纵横交流、外派挂职、担任助理、压担子锻炼。

广为闽东干部熟知的是，习近平提倡念好知、举、用、待、育的“人才经”。他说：“干部问题就跟摆棋子一样，要摆得恰当，发挥最佳效果，人尽其才、各得其所。”他强调，闽东是一个穷地方，需要一批能吃苦、讲奉献的人去工作。对闽东干部的评估不能注重于他近期内做出多少醒目的成绩，而要注重于他是否尽心尽力去做长期性、铺垫性的工作。

同时，习近平也提出“为官四要”，即“为官之本在于为官一场、造福一方，为官之理在于讲奉献，为官之德在于清廉，为官之义在于明法”。

1990 年 7 月 25 日，在福州市领导干部会议上，习近平谈到自己在实践中的体会时说，有“四种人”不能用——

一是做官期望值过高的人。做官要求一直得到满足，唯独一次得不到满足，于是就躺倒不干。

二是善于钻营的人，专门去揣摩领导意图，精力不在工作上。

三是“天桥把式”的人，光说不做，专摆花架子，不肯办实事，也叫作“空里客”。

四是欺上瞒下的人。

习近平的话掷地有声：“要你当官，不是叫你来经营自己的‘安乐窝’，搞自己的‘根据地’，来当‘山大王’。在其位谋其事，谋共产党的事，谋社会主义的事，不是谋你自己一家一户的事，不是谋你小集团的利益。一个地方能不能发展，首先在于领导班子一班人，能不能形成一股正气，为人民谋利益。”

“习书记对当官为什么、怎样当好官、选什么人当官都有自己的思考。”陈增光说，一个地方风气好坏，很大程度上取决于选人用人的导向。习近平襟怀开阔、识人善任，对干部既真诚又严格。在宁德的两年，一批德才兼备的干部走上合适的岗位。

干部要严管，也要保护。

时任平潭县书记刘嘉静在开展工作时遇到了一些难题。对此，习近平还专门做了批示，鼓励刘嘉静克服困难，大胆地做好工作。过了 20 多年，刘嘉静回忆起总书记关爱干部的情境，仍然很激动。

不仅重视选人用人，在福建工作期间，习近平把基层组织建设作为党建工作的重点来抓，打牢基础，把堡垒建在基层。针对农村中存在“少数党组织落伍了、散伙了，党员的先锋模范作用不见了”的现象，习近平一针见血地指出：“为什么有的村党支部，说话没有力气，农民不愿听，那一定是因为这个党支部的作用已经是日薄西山。”

1989 年 1 月 7 日，习近平就加强党的建设作出批示，要在民主评议的基

础上，妥善处置不合格党员；搞好基层组织建设，调整不适应、不协调、不健全的“三不”班子。

为切实增强基层党组织的凝聚力、战斗力，1989 年，根据宁德地委的部署，全区整顿、调整了 429 个农村基层党支部，评出基本不合格和不合格党员 3650 名，占党员总数 4.4%，进一步纯洁了党的组织。“群众反映这次评议是‘雷声不大雨点大’。”说起这件事，张经喜历历在目。

1991 年起，福州市委实施党的“堡垒工程”建设纲要。两年后，一类支部从 52.8%上升到 86.4%，三类支部从 8.37%下降到 2.4%。全市 162 家具有建立党组织条件的三资企业全部建立党组织，还出现了外商主动向市委“讨”书记的新气象。

“‘上头千条线，下头一根针’，只有把基层组织建设好，我们的各项工作才能真正落到实处。否则，上级机关的工作就只能是自我循环式的空转，忙来忙去只是瞎忙。”这是习近平 1990 年 6 月到罗源、连江、长乐三县开展调查研究后得出的结论。

“昔日纸褙军门前，今日文明一枝花。”这是 1995 年 4 月习近平送给福州鼓楼区东街街道军门社区的一副对联，借此褒扬军门社区以党建创新推动社会管理的好做法。

习近平前后三次到军门社区调研。2014 年 11 月，已经担任总书记的习近平第三次到军门社区调研。他特意走到“昔日纸褙军门前，今日文明一枝花”的对联前，给大家介绍当初为什么要用“褙”这个字，重温了他初来军门社区时看到的情景。

那是 1991 年初，习近平第一次到军门社区调研，军门居委会党支部刚刚成立，办公条件很简陋，还是低矮的平房，与社区民房一样，墙壁上都褙着报纸。

“当时，我们社区党支部艰苦的工作环境，对习书记触动很大。他给大家加油鼓劲，每个人都备受鼓舞。”从 1972 年起，军门社区党委书记、居委会主任林丹就在这里工作。林丹说，后来，在社区党支部带领下，社区面貌发生了显著变化。习近平第二次来调研时，看到这一情况很高兴，这副对联脱口而出。

“20 多年来，这副对联一直贴在我们军门社区展厅门前，这 14 个字激励着社区每一位工作者。”林丹说。在社区党组织带领下，党员、社区管理者、志愿者拧成一股绳，为社区管理和服务献策出力。军门社区探索出的“135”社区党建工作模式，已在福州全市所有社区推广。

“大伙儿就是记住了对联上的一句话，齐心协力，创建了全国和谐社区建设示范社区，还获得100多项荣誉。”林丹这样向习近平汇报。习近平叮嘱她说，社区虽小，但连着千家万户，做好社区工作十分重要。社区的党组织和党员干部天天同居民群众打交道，要多想想如何让群众生活和办事更方便一些，如何让群众表达诉求的渠道更畅通一些，如何让群众感觉更平安、更幸福一些，真正使千家万户切身感受到党和政府的温暖。

“基层是党的执政之基、力量之源。只有基层党组织坚强有力，党员发挥应有作用，党的根基才能牢固，党才能有战斗力。”这是2016年习近平对在全党开展“两学一做”学习教育作出的重要指示。

习近平在福建工作期间对党建工作的探索与实践，成为福建加强党的建设的宝贵精神财富，激励着各级党组织和广大党员奋力投身新福建建设，为实现中华民族伟大复兴的中国梦而不懈奋斗。

于伟国：三“字”两“数”说惠台“加法”

兰　锋　周　琳

《福建日报》　2019年7月20日

“为两岸同胞谋福祉，永远要做加法，永远没有句号。”在19日上午国务院新闻办举行的庆祝新中国成立70周年福建专场新闻发布会上，省委书记于伟国用三个字和两组数生动鲜活地说明了福建近年来在推动两岸融合发展中的探索实践，让现场记者印象深刻。

“通”“惠”“情”，于伟国用这三个字阐述了如何建设台胞台企登陆的第一家园——

“通”就是全力推动经贸合作畅通、基础设施联通、能源资源互通、行业标准共通，闽台贸易额已累计突破1万亿元人民币；全力推进通水、通电、通气、通桥，在已实现泉州向金门通水的基础上进一步听取意见、加快推进。

“惠”就是要像为大陆百姓服务那样造福台湾同胞，全面落实国家有关部委提出的31条惠及台胞措施和福建省去年提出的66条实施意见，同时在省委十届八次全会上进一步提出了42条惠及台胞措施。除了“31＋66＋42”，福

建还会不断增加惠及台胞新措施，让台企台胞共享发展成果和机遇。

“情”就是深化心灵契合，通过“海峡论坛”等平台，推动两岸民间交流交往不断往深里走、往实里走、往心里走。

接着，于伟国又提供了两组闽台交流交往的数字——

一组是7000∶312。厦门航空近两年四次赴台招聘，吸引了7000多名台湾青年应聘，最终312名青年获聘；

另一组是2年5倍。2018年报考厦门大学的台生超过500人，比2017年增长5倍。

于伟国说，这些数字从侧面反映了台青台生现在来大陆、来福建学习、就业、创业、生活，是一种不可阻挡的趋势。我们正在通过直接听取在闽台胞的意见建议，让未来出台的政策更有针对性，更符合台胞、台青、台生的需求，让他们的获得感更多更实。

“为两岸同胞谋福祉，永远要做加法，永远没有句号。”于伟国向中外记者们发出热情邀请，“欢迎你们到福建来实地感受闽台融合成果。”

福建省广播影视集团

福建优秀新闻工作者践行『四力』实录

成杨:唯有本领过硬　才能使命必达

人物名片

成杨,1981年10月至1985年10月,为浙江温州军分区司令部文书;1986年1月至1991年5月,为安徽寿县人民广播电台记者、编辑;1991年5月至1996年12月,为中国华艺广播公司新闻部记者、编辑、主持人;1997年1月至今,为福建省广播影视集团(前身为福建电视台)新闻中心、东南卫视、新闻频道记者、编辑、主持人、制片人、策划科长、频道常务副总监;现任集团总编室副主任。目前还担任省政协委员、华侨大学新闻传播学院研究生实践导师。多个作品曾获国家级和省级奖项。

成　杨

2007 年 11 月，被授予"全国优秀新闻工作者"称号；2008 年 11 月，获"第九届长江韬奋奖(长江系列)"，是福建新闻界获此殊荣第一人；2011 年 10 月，入选中宣部全国文化名家暨"四个一批"人才；2013 年 2 月，享受国务院政府特殊津贴；2013 年下半年，入选中宣部、教育部实施的"卓越新闻传播人才教育培养计划"。

"四力"心得

习近平总书记有关"四力"的表述一共有两次：2016 年 2 月在党的新闻舆论工作座谈会上，习近平总书记明确提出"好的新闻报道，要靠好的作风文风来完成，靠好的脚力、眼力、脑力、笔力得来。"在 2018 年 8 月召开的全国宣传思想工作会议上，他再次强调："宣传思想干部要不断掌握新知识、熟悉新领域、开拓新视野，增强本领能力，加强调查研究，不断增强脚力、眼力、脑力、笔力，努力打造一支政治过硬、本领高强、求实创新、能打胜仗的宣传思想工作队伍。"

时隔两年，两次强调，而且将对象从新闻工作者扩展到整个宣传思想工作领域的干部，可见"四力"的重要性。重要性来自哪里？在我看来，一是目前我们实现中华民族伟大复兴的宏伟大业正处在关键期，当今世界正经历百年未有之大变局，新闻舆论工作面临着复杂形势，意识形态工作是否做好，"事关党的前途命运，事关国家长治久安，事关民族凝聚力和向心力。"二是媒体的传播环境，随着以技术革新为主导的新媒体的迅猛发展发生了深刻变革，巩固舆论阵地、提升话语权的任务艰巨而繁重。三是新闻工作者要正视媒体变革，抓紧补上本领弱项，不仅要有敢于承担使命的"铁肩膀"，还要有完成使命的"真本领"。这也是习总书记提出"四力"要求的本质。

在我的思考中，"四力"表述尽管只有短短 8 个字，但它是党对我们新闻工作者队伍建设提出的新要求，饱含对我们从业者练就过硬本领的殷切期望。它高度凝练地总结了作为一名党的新闻工作者应具备的基本素质，脚力、眼力、脑力、笔力缺一不可。另一方面，"四力"表述将党的新闻业务素养与党的基本工作方法——调查研究和群众路线相结合，继承和发展了党的新闻事业长期积累的实践经验。

曾担任新华社社长的穆青在1966年写下一篇名作——长篇通讯《县委书记的榜样——焦裕禄》。这篇报道让焦裕禄的名字传遍全国各地。为了报道好这位受人爱戴的县委书记的感人事迹，他从北京赶赴河南兰考县，走访几十位基层干部群众，历时两月有余，七易文稿。穆青一行采访之深入，对新闻素材判断之准确，对稿件打磨之精细，可以说是当时那个年代践行“四力”要求的典范。

我从事新闻工作已有30多年，在个人新闻实践过程中，我也深深体会到，凡是遵循“四力”要求采制的作品，往往也是有影响力受好评的作品。比如，1998年是改革开放20周年，当时我所在的福建电视台新闻中心，举中心之力，策划实施了《走过二十年》大型系列报道，以反映八闽大地在20年间发生的变化。作为主要参与者，我和同事深入闽北乡村，披星戴月走村串户，历时数月，这一作品获当年度中国新闻奖二等奖。再比如，2006年，我在东南卫视《海峡新干线》栏目组工作期间，策划了《台湾政经人物祖地行》系列报道。该系列选取台湾岛内较有代表性的12位政经人物，通过实地走访他们在大陆的祖籍地，或寻访他们的祠堂祖屋，或采访他们的宗亲故交，并结合记者收集到的族谱、方志、书信、照片等相关资料，从独特角度生动还原历史，对“文化台独”“去中国化”等“台独”分裂行径和言论予以有力批驳。其间，我们对资料和文稿反复论证推敲，制作精益求精，该系列报道获2005—2006年度中国广播影视大奖，并在境内外产生良好反响。谁又能说这不是按“四力”要求进行的一次生动实践呢。

当然，面对当下5G、人工智能和媒体融合发展的新形势，我们理解和践行“四力”要求，必然要赋予其更新内涵。说脚力，我们不仅要行走千里、深入一线实地调查，还要学会深入互联网舆论场，做好线上社会调查；说眼力，我们不仅要眼中有全局，还要借助新媒体技术，拓宽观察社会的新视野；说脑力，我们不仅要注重知识积累，提高辨识能力，还要借助互联网大量智识资源，有效提升我们的传播水平；说笔力，我们不仅要会使用接地气、生动、活泼的语态，拍出感染力强的画面，还要适应“互联网语态与全息传播形态的表达形式”，把自己培养成一专多能的“全媒体记者”。

2019年底，我曾以《践行“四力”从细节做起》为广电同行授课。课件中，我搜集了全国广电同仁多个按“四力”要求精心制作的作品。授课现场，很多听课同仁被片中人物事迹和命运所打动，泪水涟涟。我们从这些作品中，除了收获感动，更感受到在媒体融合时代新闻同仁们强烈的进取精神，他们以增强“四力”为抓手，正在不断提升自己的“真本领”。而2020年初新冠肺炎疫情发生后，成百上千的新闻人逆行拼命，用文字用视频传递了一份份人间大爱的报道，正是新时期新闻人践行“四力”的又一真实写照。

相信按照习总书记提出的增强“四力”路径，我们一定会找准差距、补齐短板，让增强“四力”成为我们的职业自觉，让自己成为“政治坚定、业务精湛、作风优良、党和人民放心的新闻舆论工作队伍”中的一员。

唯有本领过硬，才能使命必达。

王琳:践行“四力”的淬炼

人物名片

王琳,1978 年 12 月出生,2000 年 7 月参加工作,任广播都市生活频率副总监。2010 年 1 月取得北京大学新闻学专业硕士学位,2012 年 3 月取得主任编辑任职资格。作品曾获得中国新闻奖、福建新闻奖,并在国家级刊物发表。

王 琳

“四力”心得

一往无前锤炼“脚力”。长期以来，广大新闻工作者牢记媒体人肩负的使命和责任，迈开两条腿，走街巷、进社区、入学校，深入基层，因为最动人的故事在基层。2020 年上半年，记者深入一线采访，到肺科医院发热门诊、CT 室报道 90 后医务工作者的一线战疫经历；在福建省支援武汉医疗队的出征仪式现场发回感人至深的连线报道；跟随福州市卫生监督部门到各大超市探访复工后的防疫工作；报道福州开通甘肃定西专列，专程接农民工回榕务工等。新闻工作者的脚力深入在疫情防控工作大局中，通过诠释责任与担当，彰显新闻工作者的先锋本色。

乘风破浪磨炼“眼力”。耳听为虚，眼见为实，新闻工作者迈开脚，还需睁大眼。2020 年上半年，记者们纷纷走进基层，密切联系群众，用群众的眼光捕捉好新闻、好故事。第一时间将正面宣传、主流声音进行最大限度推送，生动反映抗击疫情战斗中涌现出来的感人事迹和伟大精神，记录战“疫”一线“好声音”。新闻工作者增强眼力，就是从细小方面入手见微知著，用细节引发受众强烈的情感共鸣。

披荆斩棘锻炼“脑力”。新闻工作者肩负时代使命，要做有态度的媒体人，就需要充分发挥脑力，用事实说话，贴近百姓视角，将新闻宣传做活做实。频率节目《私家车早上好》《速度生活》弘扬倡导帮助别人、快乐自己的理念，不断推动社会主义核心价值观深入人心，让社会正气蔚然成风。《新闻超有料》的主持人，既是深入一线采访的记者，也是新闻编辑和评论员，通过深入浅出的表达方式，关注老百姓普遍关切的民生热点，在回应公众关注中，积极有效地正面引导社会热点。脑力的锻炼，让新闻有深度有内涵，彰显传统媒体的创新思维，极大提高新闻舆论传播力和引导力。

砥砺前行淬炼“笔力”。新闻工作者的笔力推动传播优秀传统文化，促进社会主义文化大发展大繁荣；普及知识，传播健康文化，满足受众多样化的精神需求；宽领域、广角度、多渠道的笔力传播，全心全意为大众服务。在新生态媒体环境下，我们都市生活频率做出多方尝试，向“可视化”发展，同样需要笔力的沉淀。在资源共享、整合的前提下，深厚的笔力功夫将广播和可视媒体融合推进，对声音传播起到非常有价值的补充，有画龙点睛的功效。

傅毅梅：身心齐入练“四力”

人物名片

傅毅梅，2001 年 7 月至 2004 年 2 月，为福建省广播影视集团广播都市生活频率主持人、记者；2004 年 2 月至 2011 年 8 月，为福建省广播影视集团广播都市生活频率监制；2011 年 8 月至 2018 年 11 月，为福建省广播影视集团广播都市生活频率副总监；2018 年 11 月至今，任福建广播传媒中心副主任，广播都市生活频率（FM98.7）总监。由其分管的广播都市生活频率在节目、广告、品牌营销上各项指标均连创佳绩，连续 4 年（2015—2018 年）入围中宣部和中国记协联合向社会发布的《媒体社会责任报告》。最早开创福建广播突发事件

傅毅梅

新闻现场连线报道，2002年策划并推出新闻现场直通节目《987现场寻呼》，被评为福建省新闻名专栏。率先打造了一个听众互助的广播媒体平台，曾主持的《速度生活》节目直接、间接广告创收占频道广告总额的40%以上。广播作品获得中国广播影视大奖及多个福建广播新闻奖一等奖、二等奖。2012年3月被评为福建省直机关“三八红旗手”；获2015传媒中国年度创新人物、2016年度福建省“十佳”新闻工作者称号。

“四力”心得

“脚力”——是一种工作方法，更是一种工作态度

媒体工作者需要的是一种踏踏实实的态度，身入，更要心至。增强脚力，要带着感情，也要带着思考。最动人的故事在基层，做有温度的报道，做通过小角度反映新时代的好新闻。比如《寻味城市——我的方舱日记》，以新冠肺炎病患在方舱医院的一系列观察为视角，用正能量的语言生动呈现众志成城抗击疫情的感人画面。线性节目《福建支援武汉医疗队员的朋友圈》汇集了福建支援武汉医生的朋友圈，感受一线医护工作人员最真实的一面，并在“学习强国”平台发布。

“眼力”——见微知著，精准服务受众

无声处听惊雷，比的就是眼力！我们加强“上下班在路上”“旅游美食在路上”“爱车分享在路上”等概念，打造更加丰富化、多元化的“特定场景”进行内容构建和互动设计。如《朋友圈逛吃逛吃》，全新融合都市人最热衷的生活方式，集美食、旅游为一体，线上线下同步展示的创新融媒体分享平台。如文化普及公益节目《寻味城市》定位于人文类访谈节目，以符合新媒体传播特点的方式创意编排；再比如“i公益”品牌活动，紧紧围绕“爱”这个核心，体现了我们以人为本、关怀尊重弱势群体的办台理念。

“脑力”——发现真善美，弘扬主旋律

我们坚持守正创新，牢记主流媒体党的喉舌功能，肩负社会责任感，把引

导群众、弘扬传统文化、传递积极向上的价值观作为工作的出发点和落脚点，发现真善美，弘扬主旋律。针对社会热点，及时推出打动人心的宣传，如：中华人民共和国成立70周年系列公益宣传；倡导“垃圾分类”公益宣传小剧场。通过情景化演绎、广播剧式的精良制作等敏锐捕捉舆论热点，借力发力，通过深思熟虑的脑力发挥，获得良好的社会责任宣传效果。

“笔力”——将脚力、眼力、脑力表达呈现

作为广播媒体，“声音”是我们每天都在接触、了解、驾轻就熟的元素，我们具有独特的优势将“声音”作为记录福建发展的切入点。《我最怀念的声音》短纪录片通过线上直播节目征集听友对“怀念声音”的记忆。编剧团队从中汲取灵感，从福建发展的历史、人文、自然、精神、未来等方面，实地走访，确定选题，拍摄记录。这个过程也是987纪录片工作小组践行“四力”要求的集中体现。

卫小林：走对新闻工作这条路

人物名片

卫小林，1949 年 8 月出生，大学本科学历，高级编辑。1983 年进入福建电视台，从编辑、记者做起，成为业务骨干；先后任福建电视台新闻部(中心)副主任、新闻中心主任、副台长、福建省广播影视集团新闻频道总监、集团副总编辑。2009 年退休。

先后有数十件作品分别获得中国新闻奖二等奖，全国电视好新闻一、二等奖，福建省电视好新闻一、二等奖；具有组织策划大型报道的能力。多次采访过党和国家领导人，多次率队圆满完成全国和福建省两会报道、重大主题报道活动。1997 年率团队在福建电视新闻界开创电视新闻直播形式；在新闻频道工作期间率领团队改革创新，新闻频道获得 2004 年度全国最具成长性前十新闻媒体，名牌栏目《现场》收视率达到 7%以上；2004 年度频道广告收入首破亿元大关；1995 年获首届全国“百佳”新闻工作者称号。退休后仍不断学习研究新闻业务，并参加省新闻评议小组评议工作。

卫小林

“四力”心得

人，有时候恰恰因为没有条件选择而走对了路。幸运的是，从事新闻工作的路，虽然不是我有条件去做的选择，但我走对了。

1983年，电视新闻工作大发展，但人才青黄不接。获福建省广播电视大学老师举荐，我被借调到福建电视台当新闻编辑。

当时的我，真不是做新闻的料：已过“而立”之年，是一个有5岁女儿的单身妈妈；1966年初中毕业的我，在电大学习的也不是新闻专业；此前的我是偏远山区一个小剧团的大提琴手……是机会选择了我。很难想象，甩开琴弓的我如何迅速转行。

我问自己：机遇来的时候，你准备好了吗？

那时，没有电脑，没有网络。为了抢时效，通讯员常用电话传发当天的消息。于是，不论哪里一声吆喝“口播组传稿！”我都得迅速奔向不一定是哪座楼、哪间办公室，以最快速度记录电话传稿，再奔回赶编。我努力多抄稿，学编稿，“偷”新闻写作技术，顺带练就了快记本领。

那时，没有快捷交通。天黑才下班的我，常常不停歇地蹬上自行车，从乌山赶往仓山某干部学校旁听新闻课，还参加了人民日报新闻写作函授班。我要用乌山、仓山之间每天来回两小时的自行车往返，用福州、北京的函件往来，拉近与周围人的距离。

那时，难觅新闻教材。我搜罗各种报纸杂志，看各种新闻稿、各类新闻栏目，跟着年轻的老记者出外采访……每一天都是新的实习课。

我必须跑着行进，还必须比别人快一步，没有坦途捷径。

次年8月，我正式调入福建电视台。“跑着前进”成为我的职业习惯，没有人告诉我终点在哪儿。

不经意间的改变，重写了我的后半生。不承想，新闻工作竟成为我钟情不渝的事业。

那年，去福州火电厂报道一个五四青年先进团队。集体拍照时，大家硬是拉一位年过半百的小个子“妈妈”入框。我连忙嘱咐摄像记者拍一个从集体全景推近到她的特写，我说“一定有故事”。这位不起眼的“妈妈”是全国五一劳动奖章获得者、烟囱制造专家韩益群。随她登上烟囱顶，拍摄她的工作常态，就是要告诉人们，这个兜里始终揣着苏打饼干对付胃痛的小个子女人，是怎么制服210米高的大烟囱——那可是相当于70层楼高的“巨无霸”啊！“五一”国际劳动节当天，这条新闻在央视《新闻联播》中播出。那好像是我在央视播出的第一条新闻，也是我第一件获奖作品。

带着感情去发现，真心实意去了解一件事、一个人，就会精心去采制。出好作品的同时也是一次自我提升。时隔30多年，烟囱顶上大风呼呼紧吹、脚下燕巢危幕般摇晃的情景犹在眼前。我必须永远心怀敬畏，我必须练就一身本领，才能对得起这份使命。

登飞鸾、下赤溪，发回“来自扶贫一线的报道”。宁德扶贫工作“滴水穿石”的精神久久为功，成为全国经验。我为见证福建发展欣喜自豪。

访磁灶，走古田，我报道磁窑、水泥窑是如何撑起当地经济半边天。后来，磁灶的青烟缭绕不见了，龙岩的烟尘弥漫消失了——福建就是这么一步步与时俱进，转变发展理念，谱写绿色发展新篇章。作为记者，我们见证并经历这个伟大时代的一段前进历程，真的很自豪。

“四力”不是简简单单的业务技巧。踏踏实实不停脚，在路上才有底气；明辨是非有眼力，才能见人之所未见；多思多想，细思明察才能由表及里；笔饱墨酣，方能入木三分。这是我最真切的体会。

我的新闻朋友圈中，不乏如师如友的同行同事，也遇到不少鼓励我的良师领导；我的新闻生涯中，获得过不少国内、省内大奖，也有不少失误和错误……这些经历是我这辈子最宝贵的财富。它时时提醒着我不忘初心，不辱使命。

代表作品

科普展览
——被遗忘的角落

卫小林

福建电视台《新闻联播》 1995年10月27日

【解说】

在车水马龙的福州五一广场的东北角，在人进人出的先施商场对面，坐落

着福建省科技馆，这里正在展出彗星撞击木星科学展览和南极科学考察展览，却是冷冷清清，据科技馆的工作人员讲，展出一个月来，到此参观的人，不足五千人次，也就是说，在福州仅有不到千分之五的人来过。

【同期】

记者：展览办多少天？

工作人员：展出 50 天。

记者：每天来看的人多不多？

工作人员：来看的人不多。

记者：最多的时候一天有多少人？

工作人员：每天最多就十来个人。

【解说】

记者来此拍摄的当天上午，只有一位观众。

【同期】

观众：对彗木相撞很感兴趣，又有南极考察，就来看看。

【解说】

据了解，福州这次展览是继北京、上海、南京、深圳展出的第五展，在此之前的展出，都引起了热烈的反响，而此番在福州遭受的冷遇，是主办者始料不及的。

【同期】

福建省科技馆副馆长柯少愚：原因的话，按照我们想有两个方面，一个是宣传报道上有所欠缺，宣传报道不敢做大，就是前期展览已投入了相当一部分资金，若再投入宣传广告费，科技馆承担不起；二是公众科技意识不够，科技馆办的历次展览，在社会上没有引起大的反响：另外，中小学生课业负担重，家长更重视能不能考上某某中学、某某大学，至于孩子科普知识是否很丰富，懂得东西是不是很多，我估计并不是家长所关心的。

编后话:福建省科技馆曾举办过几次科普展览,其遭遇大抵与这次相同,远不如一些展销会、贸洽会,值得一提的是彗木撞击展览和南极考察展览举办之际,正是全省科技大会隆重而热烈召开之时,科普展“门前冷落车马稀”的现象,是否与科技知识与现实生活距离太远有关呢?普及科技知识,提高全民科技文化素质,已经成为当今重要的课题,应该引起全社会的关注。

李晓晖:“四力”的践行是不二法则

人物名片

李晓晖,1968 年 6 月出生,福建福州人,中共党员,福建师范大学本科学历,1989 年 7 月参加工作,2013 年被聘为高级编辑,现任广播传媒中心主任、广播交通频率总监。获得福建省“十佳”新闻工作者、福建省“三八红旗手”等荣誉称号。作品成绩优异,获得中国新闻奖一等奖 1 篇、二等奖 1 篇,中国广播影视大奖作品 1 篇,中国广播电视协会一等奖作品 3 篇,福建新闻奖及福建省广播影视新闻奖一等奖作品 20 篇,其他等次获奖作品 40 篇。

李晓晖

“四力”心得

增强“四力”是习总书记在新形势下对宣传工作队伍提出的具体要求,蕴

含着新时代的新内涵。在移动互联时代，传统媒体想要在信息爆炸的传媒环境中立于不败之地，在自媒体百花齐放的市场中保持权威专业，“四力”的践行，是不二法则。

脚力，要求媒体人身体力行。没有调查就没有发言权，没有了解就没有公正的观点。社会是复杂的，是非对错往往彰显于细节，绝不是坐在演播室或直播间就可以精确把握的。记者不了解现场，编辑不了解行业，主持人不了解社会，根本不可能得到第一手的资料。只有抬起脚，去到现场，去到街头巷尾，走进烟火人间，才可能得到真实的媒体素材。

眼力，是对媒体人观察力的要求。媒体人进入现场、深入社会，看到什么、关注到什么、发现什么，这决定媒体报道的方向。如果一个媒体人，没有“眼力见儿”，哪怕身处现场，也做不出合格的报道。

脑力，则要求媒体人懂得找角度，从与众不同的方向得出独特的、深刻的观点，不人云亦云，不跟风造势。从政治立场的高度来说，媒体人要懂得辩证法，懂得透过现象看本质，找到符合社会发展规律的报道方向。

笔力，要求媒体人有优秀的表达能力。没有优秀的笔力，哪怕再好的菜，也会乱成一锅粥，不能和受众达成共鸣。其实这个道理也很简单，没有好文笔，没有好口才，怎么能做一个优秀的媒体人呢？

“四力”既是对每一个媒体人提出的四项职业技能的要求，又是彼此关联、缺一不可的统一体。有了身体力行的脚力，才有了眼力发现细节的可能；有了细致观察的眼力，才有优良的素材供脑力进行加工的可能；有了政治过硬、角度独特、想法深刻的脑力，才可能经过生花妙笔的再加工，得到优秀的新闻作品！

翁崇闽:对台传播实践中,“四力”要求指明方向和方法

人物名片

翁崇闽(笔名:闻达),1968年6月出生于福州。1990年7月毕业于中国人民大学新闻系广播电视新闻专业,留校两年后调入福建人民广播电台对台广播部,历任东南广播公司节目监制、总编室主任及主持人、记者、编辑、评论员等。

从事对台广播宣传近30年,主持过新闻、评论、文化、生活、综艺等各类节目,策划和组织过若干国台办重点宣传项目、公司重大直播报道和宣传项目。1999年至今,一直负责东南广播公司的评论和台情研究工作,为东南广播对台评论取得的成绩作出了贡献。

翁崇闽

所采制的近百篇新闻作品曾获中国新闻奖(4 件)、中国广播奖、中国国际新闻奖、中国广播文艺奖以及福建新闻奖、福建广播新闻奖等各级各类新闻奖。新闻论文曾获得全国广播电视优秀论文奖、中华人民共和国成立 50 年全国新闻论文优秀奖、福建新闻奖、福建优秀广播新闻奖等。荣获全国百优新闻理论人才、福建“双十佳”新闻工作者、福建人民广播电台优秀党员、福建广播影视集团先进工作者等荣誉称号。

“四力”心得

结合近 30 年对台广播宣传和研究工作,我个人认为,新闻“四力”很切合实际,具有很明确的指导意义。

对台宣传的历史使命是宣导大陆对台方针政策、传播正确的大陆发展信息、沟通两岸人民心灵,同时反对和批判任何“台独”分裂言行。换句话说,我们要做的是,宣导和传播正确的两岸观和国家统一观,批判与之相悖的分裂言行,通过塑造准确和正确的两岸形象,尤其是大陆形象,影响和引导台湾同胞支持两岸关系和平发展、推进两岸和平统一。

这里面,讲究传播力、引导力、影响力和公信力就显得十分重要。只有把我们传播的信息达致台湾同胞,并为其所接收、接受,才可能在长期的互动中,让其逐渐地认同。如此,对台传播和宣传的意义与作用就会得到验证和突出。

在这个过程中,我个人的体会是:

一是要加强学习和研究。举凡对台方针政策,两岸关系、国家统一理论,台湾历史、文化,社会心理、民意流动,对台传播理论、实务,台湾媒体环境与竞争态势等,都应该时时学习,密切跟踪,在工作中结合实际,做出积极的互联互通。

二是要懂得思考,用思考力来解决疑惑、判断本质,这对做好对台传播是很重要的素质要求。

三是要深入两岸一线采访和观察,了解正在发生的两岸事,观察所有可能的信息,然后加以综合分析与研究,不断地验证、修正和提升。

四是要坚持。做一件事,就得坚持到底,尽量圆满。有时在对台传播中遇到一个问题,可能会让你感觉困惑。这时,我认为可以放一放,工夫在诗外,持续地学习、观察、采访和研究,最终会找到合适的表达方式和理解结果。

郭福佑:我爱,我思,我求

人物名片

郭福佑,中共党员,1962 年 9 月出生,1986 年厦门大学中文系毕业。1990 年起调入福建人民广播电台对台湾广播部(1993 年改名为东南广播公司)从事新闻采编工作,1999 年起担任专题编辑室主任(后改称专题组组长)、宣传科长、东南广播公司总监助理、广播全媒体中心海峡财经部副主任。2001 年被聘为主任编辑。2007 年被评为高级编辑。2013 年聘为高级编辑。

从事新闻工作 30 多年,300 多篇次作品在全国及省级各类评稿中得奖,其中中国新闻奖 4 次、中国广播电视新闻奖 12 次、中国广播影视大奖 7 次、中国彩虹奖 7 次、中国国际新闻奖 2 次、福建新闻奖 12 次、省广播新闻奖一等奖(含全国对台港澳广播优秀节目特等奖、一等奖)19 次等。

郭福佑

曾获第六届全国“百佳”新闻工作者、第六届福建省“双十佳”新闻工作者、第二届中国广播电视“百优”理论工作者、“九五”期间福建省对外宣传先进个人、福建省直优秀共产党员、省广电厅精神文明积极分子、首届“金鼎奖”最佳记者提名奖、福建广播影视集团优秀共产党员等荣誉称号。

“四力”心得

习近平总书记指出，宣传工作干部要不断增强脚力、眼力、脑力、笔力。不断增强“四力”，自觉承担好举旗帜、聚民心、育新人、兴文化、展形象的使命任务，是新时代宣传思想工作的理论自觉和实践自觉。

我是一个来自广电系统的新闻工作者，从业三十几年来，实实在在、勤勤恳恳，在自己喜爱的工作岗位辛勤耕耘。谈不上有什么轰轰烈烈之举，有的只是一个普通广播记者的炽热情怀。回首身后，留下一串串探索的足迹，它记录着我的奋斗、我的追求、我的收获，也真实记下了一个广播人的心路历程。

做一名记者是我美好的梦想。1990 年正式调入电台，从此开始了我的广播记者的生涯。

带着对新闻记者工作的向往，我怀揣梦想，满怀信心，准备在广播这一方崭新天地中开创自己的事业。关注涉台方面新动向，主动寻找采访线索、联系采访对象，奔波于全省各地，虚心向有经验的老记者、老编辑求教，这一切成了日常生活中的主旋律。永远在路上，我乐此不疲。丰富的阅历是个人发展的基石。人生入世，正是在不断地“阅”和“历”中增长见识、了解常识、学习知识。通过“脚力”的奔走实践，更好地感知世界风云、海峡的变化。为了更快捷、更及时地向台湾同胞传递相关信息，我走遍福建许多地方，用手中的话筒记录闽台交往历史。在这些林林总总的新闻事件中，有不少是闽台交往的“第一”：52 年来两马两门互通客轮、台商第一次海上直航回家过年、台商第一次包机直飞台湾、祖国大陆第一家专卖店开到金门、祖国大陆第一批直航赴金门采访团……2001 年 1 月 1 日新年伊始，闽台交往就呈现出新的气象，金门到厦门、马祖到马尾，中断 52 年的客运开通，在现场的马祖知名人士陈振清激动地说：“我们盼了半个多世纪。”

“脚力”走出了长度，也拥有了厚度，在长期的奔波学习后，我慢慢发现自己的眼界开阔了、视野拓宽了。这时的广播工作在我的眼里呈现出一片迷人的新天地。无论是在新闻线索的发现和挖掘，还是广播节目的制作水平，我越来越得心应手。1997年6月底，全体中国人都把目光聚焦到香港，大家都翘首等待这一历史时刻。在做好福建喜迎香港回归的报道时，我们十分注意挖掘一些有价值的新闻。当我们得知林则徐的后裔将举行家祭，以告慰林公在天之灵这一消息时，我与同事马上意识到这是一条很有价值的新闻线索。我们预先与林公的后裔林子东取得联系，家祭那天，胸有成竹的我们运用丰富的现场音响生动形象地向海内外听众报道这一很有地方特色的新闻。后来，这条录音新闻获当年福建广播奖一等奖、中国新闻奖三等奖。2000年，台湾吕秀莲抛出“远亲近邻”的谬论，引起海内外中国人的同声谴责，全国各大报刊纷纷发表文章进行批驳。我们在及时做好相关报道的同时，一直在思考：如何独辟蹊径，把文章做得更有特色、更有说服力。因为吕秀莲的祖籍地在福建南靖，她也曾到祖籍地谒祖。最后，我们决定把文章的落脚点放在祖地上。我们立即赶赴南靖县及厦门大学台湾研究所，采访吕氏宗亲和专家学者，制作出的评论《数典忘祖吕秀莲》言当其时、特色鲜明，起到了很好的宣传效果。作品获当年中国新闻奖二等奖。

新闻工作者要做哪吒和孙悟空，练就一身看得广、看得透的本领，要善于全方位、多角度地发现问题，又要高标准、深层次地认识问题。对台宣传是一项政策性很强的宣传，熟悉对台宣传工作的人经常说这样一句话：“涉台无小事”，说这话绝不只是体现一种谨小慎微的态度。因为稍一疏忽，一件小小的事往往就会产生政策理解的偏差，引发政治倾向的问题。在多年对台宣传工作中，我更真切地感受到，作为一名从事对台宣传的工作者，身上的担子也很重。因此，只有提高自身的政治修养、政策水平，深刻领会对台方针政策，密切关注两岸局势的最新动态，以较强的政治敏锐性及时、准确对两岸一些突发事件做出判断和反应，才能起到较好的宣传效果。

对台宣传同样需要增强文风鲜活、引人入胜的笔力。文似看山不喜平，平淡寡味、无故事无情节无道理无文采的作品很难吸引人打动人。好的作品有高度有深度有温度，生动活泼引人入胜，要讲好海峡故事、讲好两岸同胞自己的故事。2005年12月，在首届中国广播影视大奖中，东南广播公司选送的《一位耄耋老人与故乡的情感对话》广播专题节目榜上有名，在众多的参评作

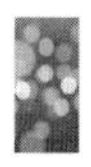

品中脱颖而出。无论在内容选择还是在节目形式的创新上，都可圈可点。2004年早春二月，台湾妇女界知名人士、严复的孙女、辜振甫夫人严倬云女士回到阔别67年的故乡——福州祭祖。如今，海峡两岸交往日益频繁，祭祖、探亲已不再是新鲜题材。如何在这看起来没有新意的题材中找到新的“亮点”？经过精心选择，记者别出心裁地选择人类普遍的情怀——故乡情这一角度入手。80岁高龄的严倬云女士是有着多重身份的知名人士，但在采访中，记者避开严女士的“政治光环”，平实地表达一位孙女对祖父的缅怀、一位老人对故乡的深情。记者有意识地运用类似纪录片“场景再现”的方式，让这位“少小离家老大回”的耄耋老人自然地流露对故乡的深情。于是，在严女士回乡两天的行程中，记者不辞辛劳全程跟踪采访，用话筒录下了严女士在回乡祭祖过程中的典型音响：比如绵绵春雨中祭扫祖父墓的音响、回到祖父严复故居时轻快的脚步声、寻觅儿时记忆时充满喜悦的一言一行，都被记者用话筒一一记录下来。严女士在福州两天的行程，犹如两幅色彩不同的画面：一幅是黑白的画面：阴雨绵绵的天气，一袭黑衣的严女士带领子侄辈祭扫祖父严复的墓；一幅是色彩斑斓的画面：阳光灿烂，一身桃红色中式上衣的严女士回到祖父故居。这两幅画面天气的变化、场景的变化、人物衣着、神态的变化对比非常强烈，而这一切却是自然天成的。记者使用类似“纪录片”的形式来表现，用简练的语言点明严女士的衣着、神态。这样的一档广播节目像电影一样，有场景再现，有鲜明的“画面感”，给人耳目一新的感觉。广播毕竟还是听觉的艺术，在节目中，大量现场音响的运用，无疑是节目的最大亮点，它让节目生动，让人仿佛身临其境。这档节目在制作上着力凸现声音的魅力，除了精心写作、精心选择现场音响外，主持人选择了娓娓动听的叙述方式，精心安排背景音乐，与节目有机地融合，起到了很好的烘托气氛的效果。一位听友在听完节目后给我们来信说：听这档节目好像是在听一篇极富感情的散文，清新迷人。

与新闻结缘，是我无法回避的一种选择，从业以来，我体味了成功和喜悦，也承受了太多太多的辛劳，但我无怨无悔，因为在我心中始终流淌着这样一股暖流：我以自己是一名新闻工作者为荣，我为自己是一名广播人感到自豪，新闻事业永远是我心头不解的情结。

代表作品

香港回归雪国耻　家祭无忘告林公

郭福佑　郑韶风　闻　达　方　亮　陈　力

东南广播公司《585晚新闻》 1997年6月29日

【解说】

听众朋友，今天是6月29号，民族英雄林则徐的300多位后裔在故乡福州举行家祭，把香港即将回归祖国的大喜讯祭告先祖。

【录音】

家祭典礼开始！全体肃立！奏国歌！

【解说】

上午九点，家祭典礼在修葺一新的林则徐纪念馆树德堂举行。树德堂里悬挂着江泽民的题词：“林则徐的爱国主义精神永垂不朽！”从全国各地赶回的林公后裔肃立在大堂中央，其中年龄最大的已有92岁，最小的才3岁。他们恭敬地向林则徐塑像献上花篮，并鞠躬行礼！

林则徐的第五代孙、林则徐基金会会长凌青作为主祭人宣读祭文。

【录音】

敬爱的少穆公：在举国欢庆香港回归祖国怀抱的前夕，在您的故乡福州，我们，您的子孙，从四代到八代怀着无比兴奋和激动的心情，将这一大的喜讯祭告您在天之灵。

【解说】

12年前，担任中国常驻联合国首席代表的凌青先生将《中英联合声明》文本送交联合国总部。此时此刻，他百感交集。

【录音】

我心情当然感到自豪，感到喜悦。家祭无忘告乃翁嘛。

（记者：凌老，问一下，您今天宣读祭文，您最想告诉林则徐的一句话是什么？）

收回香港！

【解说】

林则徐第五代孙女林子东告诉记者说，香港的被割让是林公一生中最大的遗憾。

【录音】

今天香港回归了，我们当然要把这个喜讯告诉他。另外，我们举行家祭，也是为了激励后人。

【解说】

年近八十从台湾回来的林心珠女士，是林则徐的第五代孙女。

【录音】

这次刚好是“七一”香港回归，那当然家祭要扩大一点。当然我们很高兴。我们都会记住老祖宗的这些事情。

【解说】

家祭典礼在林则徐后裔高昂的《歌唱祖国》的合唱声中结束。

林兴华：增强脚力、眼力、脑力、笔力

——提高新闻舆论的传播力、引导力、影响力、公信力

人物名片

林兴华，中共党员，高级编辑，厦门大学历史学专业本科毕业，北京大学文学硕士，福建省“十佳”新闻工作者，现任福建省广播影视集团广播全媒体中心常务副主任兼交通应急部主任。1997 年 8 月至 2005 年 2 月，任东南卫视《记者行动》《东南瞭望》《东南新闻眼》等栏目记者、编辑；2005 年 2 月至 2007 年 8 月，任福建省广播影视集团新闻评论部《人物志》《监督网》《道德鉴》《北京看西岸》《商界名流》《新闻启示录》《东南新闻眼》等 7 个栏目制片人、总制片人；

林兴华

2007年8月至2013年12月，任福建广播影视集团办公室副科长、科长兼集团党组秘书；2013年12月至2015年10月，任东南广播公司总监；2015年10月至2020年5月，任东南广播公司总监兼广播传媒中心副主任；2020年5月起任现职。从事新闻工作23年来，主创作品荣获国家级、省级新闻奖项200多次，其中4次中国新闻奖、7次中国广播影视大奖。

“四力”心得

2018年8月，习近平总书记在全国宣传思想工作会议上强调，要不断增强脚力、眼力、脑力、笔力，努力打造一支政治过硬、本领高强、求实创新、能打胜仗的宣传思想工作队伍。作为一名新闻工作者，我们要牢记嘱托、勇担使命，在增强“四力”实践中，提高新闻宣传的传播力、引导力、影响力、公信力，书写新时代的精彩答卷。

增强脚力，就是要勤下基层“抓活鱼”。作为一名新闻工作者，我们不能闭门造车、捕风捉影，更不能杜撰新闻，而要发扬“脚板底下出新闻”的好传统，深入基层、深入实际、深入群众，从火热社会实践中发掘素材，从群众生产生活中发现选题。要始终坚持以人民为中心的工作导向，以人民为报道主角，以人民为服务对象，心系人民，讴歌人民，始终保持人民情怀。只有勤下基层，深入群众，才能采写出“沾泥土”“带露珠”“冒热气”的文章。

增强眼力，就是要练就透过现象看本质的“火眼金睛”。大千世界，纷繁复杂。我们要勤于学习，善于思考，锤炼一双敏于发现问题的眼睛，提高分析能力、辨别能力、判断能力，善于从新闻事件中廓清迷雾辨是非。我们要不断提升专业素养，打牢专业功底，善于从新闻事件中找出“新闻眼”，发现新闻价值所在。

增强脑力，就是要学会运用马克思主义立场、观点、方法认识和分析问题。新闻媒体是党的喉舌，是党和政府与人民群众的连心桥。我们要着力提高政治能力，始终保持清醒的政治头脑，深入学习领会习近平新时代中国特色社会主义思想，增强“四个意识”，坚定“四个自信”，做到“两个维护”。我们要牢牢坚持马克思主义新闻观，坚持政治家办报、办刊、办台、办新闻网站，把旗帜鲜明讲政治的要求贯穿融入新闻舆论工作的各环节、全过程。我们要把坚持正确的政治方向、舆论导向、新闻志向、工作取向，体现到新闻采编工作中去，切实把党的理论路线方针政策和重大决策部署宣传好、阐释好、落实好。

增强笔力，就是要全面提高采、写、编、评“看家本领”。作为一名新闻工作者，我们要练就一身好把式、真功夫，切实提升自己的政治素质、文化修养和专业功底，要科学把握、自觉遵循新闻传播规律，善于把握“时度效”，采写更多有思想、有温度、有品质的精品佳作。要进一步转作风、改文风，坚持“短实新”，反对“假长空”，要善于运用群众喜闻乐见的语言，说家常话，讲贴心话，真正做到入耳入脑入心。要增强新闻报道的针对性、实效性，让自己的作品吸引人、打动人，传得开、传得远。

郭戴云：不忘初心，方得始终

——广播剧《闽宁镇》的创作体会

人物名片

郭戴云，现任福建省广播影视集团“五个一工程奖”领导小组办公室副主任。中国广播文艺研究委员会专家组成员，中国广播剧研究会副秘书长。历任福建人民广播电台新闻综合广播副总监，福建省广播影视集团广播音乐频率总监，福建省广播影视集团广播全媒体中心副总编辑，福建省广播影视集团媒体策划中心副主任。入职近30年，曾获中国新闻奖、中国广播影视大奖、中宣部“五个一工程奖”等。

郭戴云

“四力”心得

习近平总书记在2018年召开的全国宣传思想工作会议上强调：“要不断增强脚力、眼力、脑力、笔力，努力打造一支政治过硬、本领高强、求实创新、能打胜仗的宣传思想队伍。”增强“四力”是习总书记在新形势下对新闻宣传工作提出的具体要求，蕴含着新时代的新内涵。作为广播剧《闽宁镇》项目负责人、制片人，回想一年多的创作历程，不正是习总书记所强调的新闻宣传工作者“四力”的具体体现吗？

剧目立项，各方支持

这部广播剧的选题灵感来自《新闻联播》的一则新闻。习近平总书记在贵州召开部分省区市党委主要负责同志座谈会时强调，确保贫困人口到2020年如期脱贫。

我从《新闻联播》里看到这个消息，非常振奋，立刻想起1997年时任福建省委副书记、福建省对口帮扶宁夏领导小组组长习近平带队到宁夏考察，闽宁两省区负责同志共同商定，要在这里组织实施闽宁对口扶贫协作，建立一个移民示范区。这是一场跨越2000多公里、历时20年的闽宁协作，如果能用广播剧的形式讲述闽宁镇的故事，这将是一件非常有意义的事情。

想到就干。我立即向集团申请项目，着手组建创作团队，全国范围内寻找优秀的制作公司，约编剧导演谈创意谈想法谈故事，带领创作团队深入闽宁镇以及宁夏最贫困的西海固地区采访……一条新闻的灵感，一个项目的建立，一支创作队伍的组建，一切都很顺利。这期间福建省委宣传部给了我们极大的支持，项目扶持资金是我们这部剧成功的保障。集团领导多次召开各有关部门碰头会，全力保障项目顺利进行。在宁夏采访期间，我们得到了宁夏广播电视台的大力支持。

我们深深感受到，闽宁协作20多年来，闽宁两地人民建立起非常深厚的感情。在这场跨越时空的守望相助中，一批又一批福建援宁干部、科技专家、医生、教师、闽商等群体，无私奉献、踏实苦干，用智慧和心血助力宁夏贫困群众发展生产、改善生活、脱贫致富。这些鲜活的事迹正是《闽宁镇》创作的源泉。

专家把脉，数易其稿

为了保证最终成品的质量，2019 年 3 月，主创团队邀请北京的广播剧专家为剧本把脉。中国广播剧研究会的名誉会长安景林，常务副会长高坦，专家组成员李京盛、熊生民、何善昭、关玲、赵德全等业界专家悉数到场。专家们就剧本的立意、结构、语言、人物、故事情节以及剧情的合理性逻辑性都给出了参考意见，对这部作品的剧本也给予了充分的肯定：这是一部在所有扶贫题材的作品中角度最为独特的，是宣传脱贫攻坚战取得重大进展的精品力作！闽宁协作也自然而然促成了福建省广播影视集团与宁夏广播电视台的合作，事实证明，这种合作给这部广播剧带来更广泛的关注和社会影响。反复修正后，广播剧《闽宁镇》的样子越来越清晰。

“大咖”加盟，品质保证

剧本创作完成之后，演播制作成为剧作最终呈现的关键。为打磨提升剧作质量，使之成为兼具思想性、艺术性、欣赏性的新时代佳作，我们邀请了中国广播剧“最佳音乐奖”获得者于祥国、中央台导演权胜分别担任音乐创作和导演。《闽宁镇》运用了宁夏富有地方民族特色的音乐形式——“宁夏花儿”，四段“宁夏花儿”既是剧情的补充又是故事的承接。如果说音乐是广播剧锦上添花的华美衣服，那么演员则是不可或缺的灵魂。为了选角，权胜导演可没少费心，选择的都是中国配音界的声音“大咖”。作品录制前，权胜导演用了两天的时间给演员说戏，他说：“好题材不可多得，必须要好好把握每一处表演的细节，全力以赴，精益求精。”

匠心之作，融媒宣发

最近几年，新媒体的技术革新，场景更迭，内容载体，表现形式层出不穷，一部广播剧要以什么样的形式展示给听众，已经没有标准答案。我们的选择是这样的，广播剧《闽宁镇》宣发品一定要有实体的呈现。

宣传册、CD 和 MP3，这是必不可少的。我们在广播剧进行后期制作之时，就开始着手成品宣发事宜。定稿，设计，物料选择，印刷品招投标。从剧集内容品质，到产品实体呈现，都做到完美无瑕。

这部剧在中央广播电视总台《中国之声》以及宁夏、福建、山西等地的广播频率高频次播出。“学习强国”平台、海博 TV、宁夏广播电视台网站、“红枸杞”APP 客户端、中国广播剧研究会等新媒体平台上，广播剧《闽宁镇》全网同步上线。融媒体手段的宣发，让时代的精神得以广泛有效传播。

不忘初心，方得始终

万水千山不忘来时路。1997 年，在宁夏回族自治区永宁县西部一个叫玉泉营的地方，习近平同志亲自命名，闽宁镇的诞生与兴起，承载了党和国家领导人的亲切关怀，倾注了闽宁两地各级领导的心血。2019 年，黄河水滋润着戈壁滩，昔日的荒漠变成了绿洲。闽宁镇已经告别昔日的“干沙滩”，成为名副其实的“金沙滩”。

我在广播媒体已经工作 25 年了。我一直在用声音传播时代力量，用声音记录时代变迁。身处这样一个伟大的新时代，总要留下值得一生回味纪念的东西。制作优秀的广播剧作品就是我最好的方式！

郑建武:追求最有效的新闻表达

——浅谈媒体融合背景下增强“笔力”的体会

人物名片

郑建武,从事新闻工作27年,在摄像、记者、编辑、策划等多岗位锻炼,多次报道重大时政新闻和重大事件,积极探索媒体融合背景下的重大主题宣传创新,精心打造《福建卫视新闻》《福建新闻联播》“头条工程”,成效突出;近几年策划实施了《直播福建超级工程》《还看今朝——清新福建》《八闽起宏图》等重大主题宣传项目,受到省委、省政府主要领导批示表扬。获中国新闻奖3次、中国电视新闻奖1次、福建新闻奖一等奖多次。先后获评省优秀新闻工作者、省“十佳”新闻工作者。

郑建武

“四力”心得

不断增强新闻工作者的脚力、眼力、脑力、笔力，是习近平总书记对宣传思想战线的殷切期望。

增强脚力、眼力、脑力，最终都需要通过增强笔力实现最有效的表达。在传统意义上，笔力是指驾驭掌握语言文字的能力。而随着媒体融合的深化，“笔力”的内涵正不断丰富，对新闻工作者的要求也越来越高。

1998 年，中央电视台新闻中心在策划纪念改革开放 20 周年系列节目时提出，没有故事就没有新闻。当年福建电视台新闻中心百集系列报道《走过二十年》（第九届中国新闻奖二等奖）就把报道主体对准“人”，每集新闻讲述一个人物（或群体）在改革开放二十年间体现思想解放的故事，立体呈现福建各地的人们破旧立新、探索前行的生动实践，改变了此前电视主题报道叙事宏大，却政策堆砌、故事简单、人物单薄的面貌，受到广泛好评；2005 年中央电视台新闻中心系列报道《落实科学发展观》（第十六届中国新闻奖一等奖）更进一步以构思精巧的切入点、充满戏剧冲突的人物故事、多元的电视表达，几乎将传统电视主题报道的创新推向极致。

主题人物化、人物故事化、故事细节化，传统电视主题报道记者的“笔力”要求在导向正确的前提下，贯彻“以人为本”的理念，综合运用文字、声音、图片、视频等手段来讲好故事，做好新闻作品，提升可看性、感染力。

在媒体融合背景下，要求记者树立产品意识和全媒体思维，以有效到达为目标，坚持创新表达、实现精准传播。既要创作优秀的新闻作品，更要懂得针对不同的分发平台，打造不同表现形式的融媒体产品，强化全媒体传播的引导力、影响力。比如央视喜迎十九大特别节目《还看今朝》，在语言的表达上，既有传统电视新闻语言的提升，更有许多网络语言的轻松诙谐；在拍摄上大量使用延时、移轴、GoPro 跟拍等手段，节目的形态增加了短视频、Vlog、一镜到底、动画片等网络视频流行的表现形式；在传统平台做好特别节目的同时，还在新媒体平台推送形式新颖的短视频，成为爆款。一句话，树立产品意识，让观众愿意看甚至喜欢看。这好比好的广告，会让消费者忍不住转发、舍得买单。好的宣传，也应该要追求这样的传播效果，而这也正是增强“笔力”努力的方向。

阮怡：践行“四力”，是新闻工作者的职责与使命

人物名片

阮怡，从事新闻工作22年，从一名记者、主持人、编辑，成长为新闻业务的组织管理者，先后任福建新闻广播节目监制、节目统筹和副总监，现为福建省广播影视集团融媒体资讯中心广播部主任。在厦门会晤、中华人民共和国成立70周年、抗击地震及台风等重大主题宣传或突发事件报道中出色完成报道任务。近年来，有7篇新闻作品获中国新闻奖一、二、三等奖，14篇作品获福建省新闻奖一等奖，个人荣获福建省“十佳”新闻工作者、福建省“三八红旗手”等荣誉称号。

阮　怡

“四力”心得

增强“四力”是习总书记在新形势下对宣传思想队伍提出的具体要求，蕴含着新时代的新内涵，它为新闻工作者指明了前进的方向，更是新闻工作者的职责与使命。

增强脚力，就要俯下身子，深入基层扎实采访，在实践中不断提升自己。打动人心的报道一定出自记者深入基层的采访，记录下群众带着欢笑、含着泪水的真情实感和鲜活语言，才能让报道充满烟火气。

增强眼力，才能透过现象抓住本质，准确把握时代脉搏。穆青先生曾说："记者要善于发现美好的东西，把它挖掘出来奉献给人民。"新闻工作者就是要用敏锐的眼光，在群众生产生活中找新闻点，发现真善美，弘扬主旋律，传播正能量。

增强脑力，就要以人民为中心，心中装着群众、胸中怀有大局，善于发现问题、分析问题、回答问题。不仅要“讲好故事”，还要给人以启迪。

增强笔力，需要扎实的专业素养和政治修养，还要有创新意识。把握创新的传播手段，用心、用情发掘，用工匠精神精雕细琢，才能创造出有温度、有深度的精品力作。

这些年福建新闻广播的获奖作品，不论是突发事件报道《泰宁泥石流紧急救援》，还是讲述脱贫攻坚故事的《港澳台侨生的下党村日记》，都是践行“四力”的收获。我们到现场去，到群众中去，把群众当作最好的老师，俯下身、沉下心、察实情、说实话、动真情，把话筒和镜头对准中华民族伟大复兴中国梦的创新实践，努力推出有思想、有温度、有品质的作品。

我们正处在新闻报道融合传播的时代，要按总书记系列讲话要求，通过践行“四力”，不断创新主流媒体的新闻传播手段，确保新闻宣传的“时度效”，做党的政策主张的传播者、时代风云的记录者、社会进步的推动者、公平正义的守望者！

唐征宇:增强“四力”是创优工作的法宝

人物名片

唐征宇,福建省广播影视集团融媒体资讯中心编委、主任编辑。福建医科大学临床医学本科,北京大学新闻传播学院研修班毕业,复旦大学“智媒·青年领袖”高级研修班毕业。曾获中国新闻奖一等奖、中国广播影视大奖,30余篇作品获福建新闻奖,2008年获福建省“十佳”新闻工作者称号,2009年获全国优秀新闻工作者荣誉称号,2013年为中美记者交流访问学者,2019年获聘中国移动5G数字专家组成员、国家广电总局人才中心特邀培训讲师。

唐征宇

“四力”心得

回想自己被评为全国优秀新闻工作者和福建省“十佳”新闻工作者，已经是10年前的事情了。当时的自己仅仅30岁出头，工作才不到10年。自认为能被评为全国优秀，有一个非常重要的原因，就是有数量较多的获奖作品：1个中国新闻奖一等奖、1个中国新闻奖二等奖、1个中国广播影视大奖、3个中国广播影视大奖提名奖、10个福建新闻奖一等奖以及其他类的奖项。回顾这些作品的采访、写作过程，感受颇深：创优的过程不是无头苍蝇到处乱撞，增强“四力”的指导思想正是我们开展创优工作的法宝。

一、增强“脚力”，需要不怕艰苦冲在一线

在我工作的前几年，主要负责987私家车广播的一档突发新闻直播栏目《987现场寻呼》的采访工作。无论何时何地，线索一来，立刻就要奔赴现场，用最快的速度电话连线报道突发事件，直播难度大、户外采访条件艰苦。栏目开播了7年，我做了7年，共发回现场报道近4500条。爆炸、火灾、车祸、洪水……为了获得最鲜活的报道，我必须一直冲到最危险的第一现场。现在回想起来，很多瞬间让我后怕：爆炸现场发生了二次爆炸、台风现场大树倒塌、火车事故现场一辆火车从我身边呼啸而过……用“死里逃生”来形容那些采访经历也不为过。有时候为抢新闻拼速度，单位没有采访车的时候，我会开上自己的车子赶到百公里外的现场做报道。

正因为这样与同行们拼“脚力”，我才有了众多的优秀采访作品。2003年，一位驴友在福州福清大华山失踪，近千人施救。在接到采访任务后，我连招呼都还未跟家里打，就直接奔赴山区。与登山队员一起住帐篷、啃面包，一连3天，几乎连续每个整点向市民发回报道。2005年，我通过对社会公益组织“简单助学”长达半年的采访，精心创作了仅有15分钟的广播专题《用简单的心做快乐的事》，获得了当年福建新闻奖一等奖。2007年，我以比消防救援人员更快的速度赶到福州金钻大厦工地坍塌的现场，成为唯一从头到尾连续直播报道救援现场的媒体记者。扣人心弦的报道加上正确的舆论导向，让《福州金钻大厦工地坍塌事故现场直播》被评为2007—2008年度的中国广播影视大奖。

二、增强“眼力”，需要敏感捕捉新闻事件

与中央媒体相比，我们地方媒体能有“大”题材、“好”题材、“热点”题材吗？当然有！这就看一个记者能否敏感地捕捉到有价值的新闻事件。对新闻事件价值的判断，是对一个记者新闻敏感性的考验，这就是新闻工作者的“眼力”。热点问题是指社会普遍关注的，涉及多数人切身利益的问题。热点通常集中在一个时期、一个地区，反映社会某一方面矛盾的焦点。另外一方面，有些新闻事实只是一些零碎的简单的信息，往往稍纵即逝，然而，从这些新闻线索顺藤摸瓜，常常会引出全面、复杂的新闻事实。记者必须时刻观察世界的风云变幻，认真分析预测事态的变化和发展。只有当一个新事物刚刚萌芽或者露头，还没有被人察觉和普遍注意的时候，能够及时发现它、抓住它，并及时报道，这样才能创作出富有时代精神的好作品！

我获得中国新闻奖一等奖的广播评论《和平的赛场需要更宽广的民族胸怀》，就是从一件普通的体育赛事中捕捉到具有深层社会意义的新闻热点。作品前瞻性地在2008年北京奥运会之前发出预警信号：和平的赛场需要更宽广的民族胸怀。只有这样才能避免观众对外国运动员的正常比赛行为发出嘘声等类似事件在2008年北京奥运赛场上发生，避免因这种民族情绪的宣泄，使中国在世界上的形象受到影响。另一篇获得中国新闻奖二等奖的作品《呜呜祖拉吹响中国制造警音》中的新闻事件看似不大，只是一个普通经济事件——生意大、利润小。但这个事件涉及国家利益，也涉及每个人的切身利益。它是受众关注的热点，也是经济生活方面的焦点。站在时代潮头，用发展的眼光去看这个问题，我提出呜呜祖拉吹响的是中国制造的警音，中国制造需要向中国创造转型！

三、增强“脑力”，需要将社会责任永记于心

一个记者到了现场，也观察到新闻事件，但从什么角度做报道，最终取得什么样的舆论效果，取决于作者的格局与思考，是对记者“脑力”的考验。孟子的文章，气势磅礴。因为孟子说“吾善养吾浩然之气”。“养”是不断地提高自身的修养，不断地对心灵进行历练。历练的是什么？修养的是什么？是自己的人生观、价值观、世界观，还有对社会的基本态度。对于从事新闻工作的人来说，这股“浩然之气”不是写作文章的气势磅礴，而是记者强烈的社会责任

感、正义感。强烈的社会责任感是记者增强“脑力”的动力源泉。作为一个新闻工作者，只有具有真挚、强烈的社会责任感，才能写出内容翔实、主题突出、切中时弊、深入人心的新闻作品。《和平的赛场需要更宽广的民族胸怀》以特有的新闻敏感性、高度的社会责任感，从民族利益的高度出发，结合奥运的百年历史，阐述体育象征和平的本质。《呜呜祖拉吹响中国制造警音》从呜呜祖拉的中国制造商仅仅获取微薄利润着手，深刻分析其内在原因，提出“中国制造”应向“中国创造”转型。以小见大，这是我对中国当前高消耗高污染的经济模式的担忧。为什么要写这个文章，为什么要做这个作品？因为我看到了问题，不吐不快，希望自己能够为国家建言献策。这就是我动用“脑力”思考新闻事件的源动力。

四、增强“笔力”，需要深入浅出明白如话

在融媒体时代，用户大量向移动端转移，用户的阅读时间越来越碎片化。如果一味地追求“快餐式阅读”，难免新闻少了深度，缺了营养。所以，新闻工作者增强“笔力”，最终的目的就是要增强传播力，创作的新闻要让用户“入眼、入耳、入脑、入心”，需要表达得深入浅出、明白如话。

所谓深入浅出，就是要把深刻的内容和思想通过通俗易懂的论述表达出来。不“深入”，新闻只会“隔靴搔痒”。做到深入浅出，首先要求记者本身对这个事件的“表”和“里”有深刻的研究和理解。其次，以平等的心态对待用户。只有把用户跟自己的关系摆放到平等的位置，才能够心平气和地摆事实、讲道理。如果把自己当作高高在上的说教者，或是思想的传播者，就容易出现教训人的口吻。另外，有一个重要环节，就是要懂得使用通俗易懂的语言，明白如话。不用艰深晦涩的语言，反对矫揉造作的文风。日常生活中的语言就生动，也最贴近生活，最贴近群众，加上形象的比喻，使用俗语谚语、诗词典故等等，就能够达到“浅出”的目的。最终让用户明白我们在讲什么事情，以及想要表达的观点。

普通新闻创作如此，评论类节目的创作更是如此。第十八届中国新闻奖的评委在听过广播评论《和平的赛场需要更宽广的民族胸怀》后评价说：“文章没有居高临下的说教，没有板着面孔教训人的口吻，而是从公众关心的新闻事件、社会现象出发，作有理有据、心平气和的评述，逻辑严谨、环环相扣、步步推进、评述饱满。文字平实、精炼中透着一种大气！”在《呜呜祖拉吹响中国制造

警音》中，我在描述呜呜祖拉制造商占据全球90%的市场，但是只获得微薄利润这一经济事件时，就用了“这不是人家吃肉我啃骨，人家吃米我咽糠吗?”这样的俗语来打比方，让听众更容易理解，也更贴近听众的生活，更容易产生共鸣。

我在多年新闻创优工作中，因为遵循增强“四力”的指导思想，才能够创作出数篇优秀作品，才能在中国新闻奖这个行业的最高奖项的评选中斩获殊荣。

代表作品

福州金钻大厦工地坍塌事故现场直播(节选)

唐征宇　刘凌燕　李晓晖

福建省广播影视集团广播都市生活频率　2007年6月13日

【演播室现场】

主持人小梅：北京时间16点45分，这里是福建电台987都市生活广播。大家好，我是小梅。现在我们要打断一下正在播出的节目，紧急插播《987现场寻呼》。大约就在十几分钟前，我们接到热心听友提供的新闻线索，说位于福州五一南路阿波罗大酒店对面的海钻城金钻大厦的施工工地发生了一起重大的坍塌事故。据了解呢，有数名的工人受伤和被困！我们987都市生活广播在接到线索之后，第一时间派出了三路记者分别赶往现场和医院，对于这起坍塌事故进行现场采访报道。

【场外连线】

小梅：现在导播已经告诉我们，第一路记者征宇的电话已经连线到直播间了，那我们接下来请进征宇，让他来给大家介绍一下那边的最新情况。征宇你好。

征宇：小梅你好，听众朋友大家好。我现在是在发生事故现场的围墙外边给大家发报道。15分钟以前我们接到听友报料，这里的施工现场一层楼楼板发生了一个大面积坍塌，有很多名工人被埋，我们第一时间就赶到现场了。由于工地外围是一个2米多高的围墙，而且铁门已经关闭了，由专人来把守，所以我们到这里已经是十几分钟的时间，但是还没有机会进入到现场。就在5分钟以前，一辆省立医院的急救车从工地大门里面开出来，车上有3个受伤的工人，一个躺着，还有两个坐着，车子以非常快的速度往医院开过去了。

小梅：征宇那就是说，现在有3名工人受伤是吗？

征宇：嗯，还不止。与金钻大厦相邻的是已经入住的金钻世家，它们之间就隔一道墙。这里有一个通往二楼的楼梯，我现在站的这个地方就离事故现场只有十几米远，刚好可以高过这堵墙看到工地上的情景。可以看到一辆急救车、两辆消防车就停在空地上，消防队员现在还在往大楼里面跑，说明工地里肯定还有其他工人受伤。

小梅：看来这起事故还是比较严重的，那征宇你能不能看得到坍塌地点的具体情况？

征宇：范围看得见，离消防车七八米的地方有个大概二三十平方米的范围，周围围了很多人，包括有警察还有消防队员，那个地方就是坍塌的位置，但是坍塌的部分是往下沉的，所以我们这里没有办法看到坍塌下面的情况。不过现在在我旁边就是给我们打来新闻热线报料的张女士，她是住在金钻世家的业主，事故刚一发生的时候她就知道情况了，而且她还进了工地看了一下，有的情况我想我们可以通过她来了解一下。

小梅：好的。

【现场采访】

征宇：张女士您好。（你好）事故发生的时候大概是几点钟？

张女士：好像是4点20分吧，那个时候我从大利嘉城对面回家，刚好路过他们工地的时候，听到轰的一声非常响，我还以为工地上在炸什么东西，后来听到有人说“报警啊报警啊”，就看到很多工人从工地里面跑出来。

征宇：您当时有没有到工地里面看一下，看到什么情况？

张女士：我进去了，那个时候整个一个大正方形的水泥板塌到下面去，有一个工人，脚上都流血。其他几个工人说，至少有五六个人这样子埋下去了。后来警察跟消防车都来了我就出来了，赶紧给你们打电话。

征宇：那这个工地施工多久了？

张女士：这个楼盖很久了，大概一两年了嘛。你看，它现在都开始卖了嘛，马上就盖好了。

征宇：问一下，有没有从工人那里了解到，他们当时在做什么，为什么会发生这样的一起坍塌事故呢？

张女士：他们好像说是在做什么塔吊之类的什么东西，那个我也不太清楚。

征宇：好的，谢谢您。

张女士：好，不用谢。

【场外连线】

小梅：征宇啊，有没有了解到这个工地是谁在负责施工？

征宇：有，这个在工地门口的牌子上就可以看到，是由福建六建有限公司施工、福建建设工程管理有限公司来监理的。现在工地方面的负责人也已经赶到事故现场了。另外说到工地方面，我还得补充两句，无论是医院的救护车，还是其他救援车辆，进出围墙铁门的时候都需要先下车交涉，或按警铃才会被放行，很耽误时间。我看到一名消防队员出门到消防车上拿救人用的绳索，刚一出门，门就被关上了，而且他拿完绳子返回的时候，敲了好久的门，才得以进入现场。那我想他们用这样的态度来对待救援人员实在让人费解。那现在这个情况我想就了解到这里，我争取过一会可以进入到坍塌的第一现场去看一看。小梅。

小梅：好的，谢谢征宇，自己在现场也要注意安全，再见。

征宇：OK，再见。

【演播室现场】

小梅：好，听众朋友，通过我们的电波，大家已经了解到了，海钻城金钻大厦施工工地发生了一起重大的一楼楼板坍塌事故，目前已经有3名受伤工人被送往了省立医院。现在整个救援工作仍在进行当中。那关于这场坍塌事故的救援进展会怎样？原因到底是什么？我相信很多的听众朋友一定都非常的关注。也欢迎大家一起来参与到这个坍塌事件的直播互动当中。如果您也是事件的目击者，或者说您刚刚正好经过这个路段，都欢迎大家给我们提供最新的线索和最新的消息。

【场外连线】

小梅：好，我们的外场记者凌燕的电话现在也接到直播间来了，接下来我们来迎进凌燕，来了解一下她那边了解到的情况。凌燕你好！

凌燕：小梅你好，大家好，我是外场记者凌燕。

小梅：凌燕，你现在是在什么地方？

凌燕：是这样的，本来按照之前的分工，我跟征宇到现场采访，一个是采访消防还有警方他们如何来进行施救的，另一个是找施工方面来采访一下当时这个事故是怎么发生的。但是到了现场我们才发现整个这个地方全部都被封锁住了，根本就进不去，现在我们两个只好分头行动，希望能够尽快了解到一些有效信息。我现在人就在工地外面，因为工地的大门口一直关着，而且有专人把守，之前我们跟他们沟通了很久，但是他们就是不肯把我们放进去，所以我暂时跟大家介绍的只是外围采访的一些东西。

小梅：没有问题，我想现在施工的工人可能还在现场，你能找到他们吗？

凌燕：其实刚才我一直在围观的人群中寻找一个目击者，但是发现大部分的人都是过路来看热闹的，他们不太了解现场当时发生什么样的状况。但是后来我在离工地最近的一个食杂店采访的时候，正好碰到从工地里出来的李师傅，现在我们来问一下李师傅看看当时到底发生了一个什么样的情况。

小梅：嗯，好的。

【现场采访】

凌燕：李师傅您好，想问一下当时发生坍塌的时候您在做什么？

李师傅：我在二楼倒那个水泥。

凌燕：那当时有几个工人在一楼施工？你有没有看到整个事故是怎么发生的？

李师傅：我们六七个人在二楼，一楼也有六七个人嘛。事情做了一半的时候，就听到轰的一声，地板还会震，我以为地震来了，赶紧去抓旁边什么东西，很怕。后来下面有人在喊，救人啊救人啊，才知道出事情了。我跑到楼下去看的时候，看到地板塌了下去好大一块，好几个人掉下去了，然后我赶紧打电话给警察，后来就去帮忙拉人了！

凌燕：当时你救上来几个人？

李师傅：有2个人掉地不深，就在面上，但是脚被砸了，我赶紧拉他上来，

让他在旁边休息。还有1个人在很下面，我看都看不到。后来很快警察跟那个抢救的人就过来了，把我们几个都赶出去说这里很危险，到外面去。

凌燕：那我想问一下，您在这里工作多长时间了？

李师傅：去年开始就在这边做，一年多时间吧，房子你看都快盖好了。

凌燕：那您当时在这个现场，知不知道这个情况，坍塌当时是怎么发生的？

李师傅：哎呀，这个我就不知道了，反正老板叫我们做什么我就做什么。

凌燕：好，谢谢啊。

李师傅：不客气。

【场外连线】

凌燕：好的，小梅，那刚刚李师傅也跟大家介绍了一下，当时他在里面看到的一些情况，这里呢，我还想再补充一点，就是这会的工地外面围观的人特别多，而且什么警车、消防车，包括警方的指挥车辆都停在这个路段上。所以，现在从五一路经金钻世家到广达路这条支路特别拥挤，那我希望所有的机动车辆在这一段最好能先改道一下。

小梅：嗯，好的，非常感谢凌燕，还有没有其他消息？

凌燕：暂时没了，如果等一下有新的消息马上第一时间跟你联系的。

小梅：嗯，注意安全。

凌燕：再见。

【演播室现场】

小梅：好，听众朋友，在凌燕的外场连线过后，我们来关注一下短信平台。有这么一位手机尾号6384的听友说："坍塌的时候声音特别大，我在隔壁一栋楼都能听到"；另外呢手机尾号6504的听友说："人命关天啊，请开发商们严把房屋质量关"；手机尾号为3379的听友发来短信说："救人要紧，为什么救援车辆进去都那么难，真让人心急和气愤！"好，非常感谢各位听友发来短信跟我们互动，如果您也想跟我们短信互动的话不妨留意一下我们短信平台的互动方式。

【场外连线】

小梅：好，接下来我们马上来连线位于福建省立医院急救中心的记者阿喆，来听一听那边的最新情况。阿喆你好。

阿喆：小梅你好，听众朋友大家好。我现在在省立医院急救中心的二楼，3名被营救的伤者刚刚被送到这里。他们当中有两个被担架抬着下了救护车，另外一个是在护士的搀扶下自己走上来的，他们都穿着施工的衣服，衣服有不同程度的破损，从头到脚都是土。他们年纪看起来都不大，都是三十多岁的样子，伤得也不是太重，神志都还清醒，眼睛都睁着，还能看旁边。担架上的两个人腿上都扎着白色的纱布，可以看到鲜红的血迹，估计是腿部受伤，另外一个估计是手受伤了，他的手一直保持一个弯曲的姿势，也扎着纱布，很快就被送进抢救室，我现在还来不及采访他们，医生也都在忙着诊断和抢救，我想过一会方便的时候再进一步了解情况，你看好吗小梅。

小梅：好的，谢谢阿喆，等待你那边的好消息。再见。

阿喆：再见。

【场外连线】

小梅：好，导播示意说我们的外场记者凌燕那边也有一个最新的情况要告诉大家，现在我们马上来请进凌燕的电话。凌燕你好，辛苦了。

凌燕：小梅你好，大家好我是外场记者凌燕。现在还是在外围进行采访，大家可能发现我现在的状态比较疲倦，因为发现这一段时间的采访工作进行得不是特别顺利。因为工地方面一直还是不肯通融让我们进去采访，所以说我们依然是在外围进行一些活动。在刚刚有一辆救护车是从我的身边开过，因为车在这段路段的时候行驶得特别慢，透过车窗玻璃我能看到车的后座坐着两个工人，他们都是穿着这种蓝色的施工队的服装，浑身都是泥土。其中一个人躺着，看起来他的情况应该比较严重，他已经是挂着吊瓶正在输液，而且他的胸前有一大片的血迹，好像流了非常多的血，眼睛一直紧闭着，表情也很痛苦。另外一个工人的情况看起来会比较轻，因为他坐在长凳上，身上也没有很明显外伤的痕迹，也没有输液。因为车从这缓缓开出来之后马上就离开了，车子的外观显示这辆救护车是来自市一医院的，离这里大概只有两三分钟的路程，如果说道路顺畅的话他应该马上就能到达医院了。

小梅：那就是说现在受伤的人数已经有5个人了，还有没有其他工人被困？

凌燕：应该还有，从工地大门口往里面看，我们刚才是看到了消防人员还

在陆续地往工地坍塌的地方跑，而且有个救护车几分钟之前又开进去了。据我们判断可能还有人在里面，就是被埋或者受伤。但是具体几个人呢，我们还了解不到。不过比较好的就是我们的记者征宇当时跟救护车方面进行了一个沟通，他搭救护车进去，希望到里面进行进一步的采访和跟踪。

小梅：嗯，现在那里的交通情况怎么样？

凌燕：现在交通情况比较好，这会没有那么多车从这走了，围观的人也开始逐渐减少，说实话，我现在这个位置啊从外面往里面看也确实看不到太多的东西。不过，我发现就是从门口看起来，在这个在建大楼的外墙防护网上挂着非常大的四个字——安全生产。但是在这样一个事故面前，这4个字既显得特别的醒目，又显得挺有讽刺的意味。我特别想说，有关部门也好，各个施工工地也好，不要把这4个字仅仅当成是口号或者是标语使用，而是应该落到实处，最好能让每一个工人都能够“高高兴兴上班去，平平安安回家来”。这是我们每一个人的心愿。

小梅：是的，我想安全生产也不光是一个领导的事、一个工地的事，或者是一个部门的事，而应该是每一个从事相关行业的人都要时刻绷紧的一根弦，毕竟生命对于每个人只有一次。好的，非常感谢我们的外场记者凌燕，再见。

凌燕：好，再见。

【场外连线】

小梅：好，马上来连线外场记者征宇，让他来了解一下工地里面的最新情况。征宇你好。

征宇：小梅你好，听众朋友大家好。我已经是跟着这个救护车进入到工地里面了。

小梅：那好，救援行动现在开展得怎么样呢？

征宇：到目前我已经了解到一共6个人被埋，第一辆急救车上有3个都送到了省立医院这之前我都说过了，5分钟前，又抬了两个上来，都送往了市一医院。我看到这两个工人，一个是左脚的一根脚趾好像快断了；另外一个工人是躺着的，胸口上有明显的血迹。除了这5个人以外，现在据我了解还有一个工人还被埋在废墟之下。

小梅：征宇，那你现在的具体位置在哪里，可不可以为大家描述一下这个事故救援现场？

征宇:救援现场的一楼是被清场的,大部分无关人员都已经被清到了工地外,我所在的地方是在二楼,这个位置刚好是事故坍塌楼板的正上方,也就是二楼楼板这里有一个边长一米左右的正方形的洞,可能确实是原先塔吊的位置,这里的水泥板还没堵上,我从这里往下看就可以看到整个事故现场。一层楼坍塌的水泥板它是一个正方形的,边界相对平整,大概有40平方米,厚度大约有一米,估计的重量可能有几百吨重!塌下去之后这个重量瞬间击穿了地下一层的水泥地板,所以我现在这个位置可以直接看到地下二层。

小梅:征宇你能不能看到那名被困的工人呢?

征宇:暂时还看不到,就看到一名消防队员站在坍塌的大水泥板上面,他在站的位置上面一直往下看着什么东西,而且消防队员他自己踩的这个大水泥块本身也是摇摇欲坠的,所以呢这名消防队员他身上绑着安全绳索,在安全绳索的另外一端由另外几名消防官兵来拉着,另外,还有一些救援人员在往旁边搬这些小石块,估计最后一个工人在大水泥板下面。同时我还可以看到穿白大褂的医生也在下面,手上还提着一个很大的氧气袋,看来他们已经做好了抢救的准备。

小梅:现场的气氛如何,能不能给大家描述一下呢?

征宇:应该说,气氛挺紧张的,但是又不像大家想象得那样很多人手忙脚乱,救援工作紧张而有序,而且现场有几十甚至上百号人,大家可以听得出来,这里还算比较安静,这是因为指挥的人员他们喊话的时候是不用话筒的,他们的喊话要能够让一楼,还有地下一楼、地下二楼这3个楼层的里面所有人员都可以听到,所以大家尽量保持安静。要不要行动,或者该怎么行动,大家都听从现场指挥人员的安排。

小梅:有没有了解一下,坍塌的部分是楼板呢还是塔吊平台?

征宇:这个问题是这样,工地方面和有关部门都还没有就这起事故对媒体发表任何说明和观点,但是,之前我刚进来的时候,有工人在旁边议论说,发生事故的时候,他们几个工人在拆塔吊平台的预置板,不过,这个消息还没有得到现场事故调查人员的证实。

小梅:嗯,还有什么其他情况吗?

征宇:暂时没了,但是我想尽快看到最后那名被困的工人,一找到他呢第一时间就跟你们连线。

小梅：好的，征宇在工地里面更要注意自己的安全。

征宇：谢谢，知道了。再见。

【演播室现场】

小梅：再见。好的，现在我们再次来关注一下我们的短信互动平台，看一下听众朋友对这一坍塌事件的看法。手机尾号为4986的听友说："希望最后一名工人能够尽快救出来，希望他能够平安渡过难关。"，另外，手机尾号为8521的听友朋友发来这样的短信："救援人员你们辛苦了，加油、加油、再加油"。看来，很多关注这个事件的朋友都在为受伤的工人默默祈祷，希望他们都能够平安度过这一场难关，也希望他们都能够尽快恢复健康。

小梅：好，我们的值班编辑刚刚为我们搜索了近期发生在国内的几起类似的安全事故，接下来我们来简单了解一下。2007年5月4日，四川省成都市凯丽滨江花园二期工程施工现场，施工人员在拆卸塔吊时塔吊上部突然发生坍塌，造成3人死亡。2007年6月5日，河南省南阳市锦江公寓综合楼工程施工现场，在拆除塔吊过程中突然发生坍塌，造成7人死亡。这两起事件就发生在这两个月，看来因为拆除塔吊而引发的坍塌事故不在少数，这样的事件应该引起施工单位的重视，举一反三，杜绝同样事件的再度发生。

【场外连线】

小梅：好，导播告诉我们征宇的电话接进来了，有最新的关于最后一名被困工人的消息告诉大家，征宇你好。

征宇：小梅你好，现在有一个最新的消息啊，我已经看到了最后一名工人了。他现在被埋的位置非常深，只有头部垂在外面，头上还好戴着一个头盔。刚才他疼痛的时候，可以清晰地听到他"哎哟哎哟"的叫声。他所处的位置我给大家描述一下，他的正上方有一块水泥板，刚才说到的就是最大的那块，至少有几十吨，其他水泥块形成了一个三角形的空隙，他就在这个空隙里，应该说运气算是非常好，要是压到，这个工人就粉身碎骨了。消防官兵在现场就地取材搭起一副滑轮，用来吊起大小不等的水泥块。另外呢，为了避免工人身边那块最大的钢筋水泥继续倾斜，消防队员还动用了5个千斤顶，给这块水泥临时支起了5条"腿"。同时抢救的时候，医生还为被埋工人挂瓶输液，保证他的体力能够坚持到现在。

【同期】

一、二、三，加油！……

【场外连线】

征宇：好，小梅，现在能从我的手机当中听到救援人员喊的“一、二、三”的声音了吗？

小梅：可以，听到了！

征宇：他们正在吊起一块比较大的水泥板……应该非常清晰吧？（对）好！那个水泥板现在已经被吊到一边了。

小梅：可以听得出来，现场救援的气氛非常紧张！征宇，那你估计一下还要多长时间这名工人才会被抬上来？

征宇：非常快，因为这块最大的水泥板一挪开，身上的小石块进行一个简单的清理他就可以抬上来了。

小梅：好，那等他一上来抬上救护车就立刻给我们发报道可以吗？

征宇：好的，没有问题。

小梅：谢谢征宇在这个时间给我们发回的报道，也要注意安全，征宇再见。

征宇：再见。

【视点故事】

小梅：听众朋友，这里是福建 987 都市生活广播，大家好，我是小梅，现在正在为您直播的《987 现场寻呼》。今天下午 4 点 20 分左右，五一路金钻大厦一楼施工工地发生坍塌事故，6 人被埋，到目前为止，5 名工人已经被送往省立医院和福州市一医院，还有一名伤者被埋在最下方，他身上最大的一块坍塌的水泥板刚刚被移开，也即将被抬上地面。接下来，我们马上来连线一下阿喆，他还在省立医院的急救中心，听听他那边有什么最新的情况。

【场外连线】

小梅：阿喆你好。

阿喆：小梅你好，听众朋友好。我现在是在省立医院的急诊科。下午的这次坍塌事件中，一共有 3 个人送到了省立医院。我刚到医院的时候，他们 3 个都在包扎和抢救。伤势最轻的一个工人叫付忠，他跟我们简单介绍了一下当

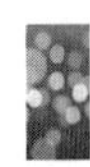

时的情况，不过他现在被公安机关带去录口供了，所以我只能口播。他说他来自四川达县，其他 5 名都是来自福清的，他们当时就在坍塌的一楼楼板上进行一个塔吊的作业，他们准备把塔吊的预置板拆掉，但没有想到，下面承受不住了，所以就坍塌下去了。当时这位四川工人，他当时听到了一点声音，反应比较快，他跳出来了，还用左手勾住了一根钢筋，所以他没有掉下去，就斜躺在塌下去的水泥板上。现在在我旁边的是急诊室外科的医生廖主任，廖主任您好，简单介绍一下这 3 位伤者的情况。

【现场采访】

廖主任：3 个当中最重的一个是左边的大腿的股骨和小腿的胫骨骨折，另外一个也是右腿股骨骨折，四川（伤者）的那个左手肱骨骨折，而且左腿有皮外擦伤。

阿喆：那他们有没有生命危险？

廖主任：暂时都没有生命危险。

阿喆：好，谢谢廖主任。

廖主任：不用谢。

阿喆：小梅啊，在省立医院我了解的情况就是这些。

【演播室现场】

小梅：好的，非常感谢阿喆。下面，我们再来看看短信平台的留言情况。手机尾号为 3748 的听友发来短信说："希望有关部门能够彻底查清事故的原因，对相关事故责任人予以处理，杜绝类似事件再次发生。"手机尾号为 7913 的听友这样写道："坚持住！想想你的家人在等你，想想大家都在营救你，想想大家都在关心你，你一定可以平安脱离危险的。"我想这个短信一定是写给最后这位被困的工人的。

【场外连线】

小梅：好，接下来导播示意我们要紧急接进记者征宇的电话。征宇你好。

征宇：小梅好，告诉大家一个好消息啊，最后一个被水泥压住的工人也已经被救上来了。我现在是坐在市一医院的急救车上跟随伤者一起来到市一医院。

【同期】

这个帮我拿一下……

【现场采访】

征宇:我现在是帮医生和他们的工人一起把最后一名工人从车上抬下来。医生,他血压大概多少?

医生:量不到。

征宇:还量不到血压是吧。

【场外连线】

征宇:喂,还量不到,可能血压还非常低,我现在看到这名伤者是比较年轻的工人,他的耳朵在不断地流血,同时他在不断地发抖,现在这名病人已经从急救车上推下来,送进了市一医院的抢救室。

小梅:好的好的。我们也算是松了一口气。但就是不知道这一名伤者的伤情到底怎么样。

征宇:那刚刚这名病人在车上量血压时还量不到,估计血压非常低,因为刚才在那耽搁了时间,被石板压得太久了,现在可以看到他手上脚上同时挂了 3 个吊瓶在输液,具体什么情况可能医生进入到专业的检查才有办法知道。

小梅:征宇,那另外刚刚有两个(伤者)送到市一医院的情况怎么样有没有了解一下?

征宇:哦,有。在我来的急救车上我就问了一下同行的医生,两个伤势都比较重,一个颅脑外伤,一个有血气胸,现在都在 ICU 重症病房进行看护。情况就是这些了。

小梅:好,那非常感谢征宇,非常辛苦啊。

征宇:不谢,再见!

【演播室现场】

小梅:好的,各位朋友,感谢大家一直锁定调频 987 福建电台都市生活广播,刚才为您直播的是 987 现场寻呼。在今天下午 4 点 20 分左右,福州金钻大厦正在施工的一楼塔吊平台发生坍塌,当时有 6 名工人被埋,事故发生后,

福州市有关领导和公安、消防部门立即赶往现场进行紧急救援。到目前为止，6名工人已经全部被救出送到医院抢救，而事故的原因有关部门还在进一步调查中。最后还是要用之前一位听友说的那句话来提醒大家，只有“人人注意安全”，才能“个个家庭幸福”。好，再次感谢大家的关注。感谢你的收听，我是小梅。再见！

赖黎萍:守初心担使命　强“四力”勇创新

人物名片

赖黎萍,现任福建广播影视集团融媒体资讯中心屏山记者站副站长、时政采访科科长,主要负责省委领导活动的采访报道工作。2000 年 9 月参加工作,先后在福建人民广播电台新闻部、福建广播影视集团融媒体中心屏山记者站从事新闻采编工作。从业 20 年来,始终奔跑在新闻第一线,脚踏实地,锐意进取,经历过广播、电视采编、出镜记者等多岗位磨炼,不断成长。曾先后被评为福建省首届“十佳”女新闻工作者、福建省“十佳”新闻工作者、福建省“三八红旗手”、福建省科普宣传先进个人。

赖黎萍

“四力”心得

“不断掌握新知识、熟悉新领域、开拓新视野，增强本领能力，加强调查研究，不断增强脚力、眼力、脑力、笔力”——是习近平总书记对宣传思想战线提出的殷切希望，为我们提高本领能力指明了努力方向。要实现“四力”有力，根本途径在于“历练”。

一、增强“脚力”。新闻工作者所有的积淀和突破都是靠一双跑一线的“泥腿”实现的，只有在一线奔走中发掘素材，得到的数据才会真实可靠，事例才能鲜活可亲，细节才能生动感人，也才能写出有生气、有温度、散发着“泥土芬芳”的新闻作品。因此，新闻工作者只有不断历练、锤炼好“脚力”这一基本功，才能行得远、走得快，践行群众路线、奔赴新闻现场，掌握来自基层一线的鲜活素材，开展深入、生动的报道，记录历史的瞬间、见证时代的发展。

二、增强“眼力”。好作品的背后，是一双双具有发现力、辨别力、判断力的敏锐的眼睛。凭借这样的“好眼力”，既发现事实、领会要义，也从纷繁复杂的形势中找到问题症结，在海量繁杂的信息中甄别真伪、归纳总结，提高内容的思想高度和深度。新时代新闻工作者要锤炼出深远、通透的新闻眼光，立足国家战略，对准时代的焦点、报道社会的热点、回应民众的关注点，由点及面、由表及里，通过生动鲜活的新闻报道，记录国家发展、反映社会进步。

三、增强“脑力”。提升“脑力”，关键要用习近平新时代中国特色社会主义思想武装头脑，在学懂弄通做实上下功夫，坚持党性原则，弘扬主旋律，传播正能量，以实际成效增强“四个意识”，坚定“四个自信”，做到“两个维护”。在这次防抗新冠肺炎疫情的大战大考面前，作为一名时政记者，我始终牢记新闻工作者的职责使命，及时高密度发布权威信息，深入解读党中央、省委的决策部署和政策措施，做好战“疫”的新闻宣传和舆论引导。从 2020 年正月初一至今，我始终坚守在采编第一线。仅春节 7 天假期，我就有 5 天工作到凌晨 3 点，以实际行动践行着初心使命。

四、增强“笔力”。媒体融合时代，“笔力”已不只停留在一手好文章，有时候“一个人一台手机”就能成为一个摄制组。如何加强传播手段和话语方式等的创新，用生动的形式、多样的手段，综合运用“口头、笔头、镜头”，做好舆论引导、讲好中国故事成为新闻工作者的时代重任。当下，媒体在融合，记者在转型，只有不断掌握新技能，创新传播手段，才能不负肩上的责任，不负伟大的时代。我与同事们也积极投身到这场媒体融合发展的改革中，开始探索制作时政短视频。在保证电视新闻第一时间安全播出的同时，我注意捕捉时政活动中富有感染力的对话和细节，制作成短视频，在移动新媒体端推出，与电视新闻形成宣传合力，获得好评。如微视频《“你们奋战在火线，展现了白衣战士最美的风采！”于伟国、唐登杰视频连线我省支援湖北医护人员》，在海博 TV、抖音号发布，迅速获得 53 万的播放量，11 万网友点赞，进一步提升主流媒体的传播力、影响力，为打赢疫情防控阻击战营造了良好的舆论氛围。

“四力”是新时代新闻工作者必备的基本功。我们要用习近平总书记关于新闻舆论工作的重要论述武装头脑，知行合一、学以致用，不断掌握新知识、熟悉新领域、开拓新视野，不断锤炼“脚力、眼力、脑力、笔力”，真正做到政治过硬、本领高强、求实创新、能打胜仗，采写出更多受众喜爱的有思想、有温度、有品质的精品，才能无愧于党和人民的信任与重托，无悔于时代赋予新闻工作者的责任与使命。

李连申:践行“四力” 传递声音

人物名片

李连申,1999 年 7 月参加工作进入福建人民广播电台,2004 年 2 月起在福建省广播影视集团工作至今。经历采、编、播多个岗位,常年组织参与策划重大采访活动,如北京奥运会、金砖国家领导人厦门会晤等采访报道。主播《福建新闻》,并担任福建省委全会、党代会的播音工作。2008 年获评第八届福建省“十佳”新闻工作者,2019 年获播音指导任职资格,2020 年底,成为“学习强国”学习平台播音朗诵专家团成员。

李连申

多部作品获奖，发表多篇论文：所播评论《和平的赛场需要更宽广的民族胸怀》获第十八届中国新闻奖广播评论一等奖，《为政之要须“以百姓心为心”》获2015—2016年度中国广播影视大奖广播评论大奖，《紫金污染谁之痛?》获第十七届福建新闻奖一等奖，《改不走的钓鱼岛主权》获福建省广播电视艺术奖一等奖（2018年6月）；《“互联网＋”时代的场景要素》发表于《东南传播》（2016年1月）、《融媒体时代的故事传播》发表于《中国广播》（2017年11月）。

“四力”心得

1999年7月参加工作以来，我始终以一名党的新闻工作者的身份严格要求自己，认真学习党的理论路线方针政策，特别是习近平总书记关于新闻舆论工作的重要论述，严守党的舆论阵地，坚持正确导向，紧扣时代命题，不断开拓创新。

践行“脑力”：担纲权威栏目　传递党和政府声音

践行“脑力”，把上级的新思想新思路新观点及时准确全面地传递给广大受众，提供精神力量和舆论支持。

主播的《福建新闻》承担着福建省委、省政府重大宣传任务，是福建新闻广播重中之重的早新闻节目。自2001年7月主播《福建新闻》以来，我热情饱满、安全优质地完成每一次播音任务。2011年和2012年连续两年在福建省委、省政府工作检查中担任播音工作，每天播报长达8小时以上。2012年5月底到6月初，福建省委、省政府进行了历时12天行程近5000公里的全省拉练式工作检查。拉练开始前，我父亲病重住院，在唐山等到父亲病情稍微稳定，就急忙赶回，并在次日不顾连日病床前守候的辛劳赶到龙岩。一连6天直播，每天稿件3万字以上，各地文稿均是前一天晚上才拿到，内容常常一改再改，每天都要梳理编辑稿件到凌晨，白天便顶着暑热，进行长达8小时以上的播音。在2012年7月12日省委、省政府工作检查宣传报道工作总结表彰会上，我获得“2012省委省政府工作检查宣传报道工作先进个人”光荣称号，得到福建省委办公厅明电表扬。近年来，我一直担任福建省委全会、党代会的播音工作，都顺利圆满完成。

践行“眼力”:重大报道突发事件　过细准备打硬仗

践行“眼力”,以敏锐视觉视角进行新闻报道,重大报道突发事件以打硬仗心态过细准备。

从1999年7月参加工作以来,我多次参加重大报道和直播活动,10多次与中央人民广播电台中国之声的老师合作特别节目,如“北京奥运火炬福建传递”大型直播(2008年5月)、“纪念古田会议80周年特别直播”(2009年12月)、联合国贸易和发展会议“第二届世界投资论坛”(2010年9月)等。2017年9月3日到5日,金砖国家领导人第九次会晤在厦门举行,举世瞩目。其中,我对联合中央人民广播电台并机现场直播印象尤为深刻。9月3日15点20分首场联合直播“金砖国家工商论坛开幕式习主席主旨演讲”,信号第一时间切换到开幕式现场,当时现场出奇安静,央广现场技术人员误以为信号断了,顿时气氛紧张起来,随时准备启动传输预案,而央广副总编刘晓龙沉着冷静,几次手势告诉大家再等等,短短数秒后便传来了清晰的现场音,第一时间让世界倾听到“厦门会晤”的声音。我注意到,作为前方并机直播总指挥,刘晓龙副总编每场都是手持电话联通北京与厦门直播通道,即使是这样一位在广播战线耕耘了几十年的老兵,每次读秒倒计时切换现场信号也是表情凝重、一丝不苟,额头微微渗着汗水,一直到直播结束。这种严谨、细致、认真的工作态度和作风深深震撼了我,激励我在以后的节目编播和重大报道中争取更大进步。

每遇灾情险情和其他重大新闻事件,经常连续奋战在一线。2011年7月23日晚上20点30分温州发生动车追尾事故,当晚21点多我便连线浙江之声现场记者李晓华,之后连夜主持特别救援节目,帮助多位听友联系到亲友。积极赴一线采访、直播连线。汶川地震1周年时赴彭州采访,连续5天报道当地恢复重建情况。负责的《半点连线》节目连线报道各地重大和突发事件,如玉树地震、舟曲山洪泥石流、马航MH370航班失联等,借鉴各兄弟媒体记者、亲历者以及相关专家学者的“眼力”,通过不一样的报道视角做到“让新闻与现场同步”。

践行“笔力”:夯实理论基础　热心传帮带

践行“笔力”,通过文字作品讲好身边故事,丰富自我。

多年来，我结合自身工作经验和学习心得，先后在《中国广播》《东南传播》等期刊发表多篇论文，进一步夯实业务基础、提高理论水平。《广播新闻节目连线报道发展初探——以福建新闻广播为例》发表于《中国广播》(2011年5月)、《用互联网思维升级广播新闻节目》发表于《东南传播》(2014年12月)、《“互联网＋”时代的场景要素》发表于《东南传播》(2016年1月)、《融媒体时代的故事传播》发表于《中国广播》(2017年11月)。《解析综艺节目“新特质”》(2012年度)、《解读突发事件中新闻报道的紧急应对》(2011年度)在中国电视艺术家协会主持人专业委员会主办的主持人论文评选中分别荣获一、二等奖。

践行“脚力”:走基层　投身公益献爱心

多年来，我通过深入基层践行“脚力”，弘扬正能量，践行社会主义核心价值观。

一直以来，有声语言以其独特的魅力春风化雨般感召着广大受众，我积极投身福建新闻广播公益行动——“书声”计划，号召广大听友向福建各地校园捐赠爱心书籍，在校园设立“听友爱心书屋”，让孩子们在读书中陶冶情操、不断进步。我积极参加、示范阅读，在这个平台上展现声音的魅力和声音的力量，如带队到宁德市古田县大甲镇中心小学等省内贫困边远小学授课、捐书帮扶，让琅琅的读书声传遍八闽大地，也让爱心持续传递。2016年7月中旬，台风“尼伯特”给福建闽清县、永泰县带来百年一遇的特大暴雨，灾区急需各种救援物资，我们广泛联系爱心听友，连续一周筹得近50万元爱心物资驰援闽清等重灾区。

“有爱声自远”，我秉承媒体良心，注重以身作则、行为示范，注重团结带领身边人将公益帮扶融入日常工作，形成常态，时时处处践行。

总结过去，发现自己很多不足；展望未来，唯有通过努力工作来弥补提高，尤其要向更多前辈和同行学习。我将认真践行习总书记对新闻工作者提出的职责要求、使命担当，传播党的主张、反映人民心声、展现时代新貌。“吃苦、奋斗、拼搏”，努力在今后的新闻从业道路上不断取得新进步！

李薇:把“四力”落实在工作中

人物名片

李薇,在播音主持一线耕耘22年,随着广播电台的改革经历了从播音员到主持人的蜕变,到编播合一的提升,再到接受记者型主持人的挑战,直至独自策划节目,逐渐成长为一个能力全面的新闻节目主持人。同时,担任重大活动、重大直播、突发直播的主持工作。从业以来,主创栏目和作品获7个国家级奖项、30多个省级奖项,并获多项个人荣誉:第十三届福建省“十佳”新闻工作者、福建省“三八红旗手”“践行社会主义核心价值观好记者”等称号。

李 薇

“四力”心得

新闻工作者需在加强脚力、眼力、脑力、笔力上下功夫。

脚力，是新闻工作的基础。在“脚力”上下功夫，要走出办公室、深入到基层，脚沾泥土才能饱含深情。近年来，我参与主持数十场户外大型活动。福建新闻广播每年承办三明林业博览会的开馆式，我从策划、主持，到演讲、诵读，全方位参与活动；2017 年 12 月，参与《红旗下的经典诵读》——宣传“十九大精神”情景报告会三明尤溪站大型活动的诵读演出；2019 年，主持福建新闻广播 2020 改版主持人见面会；中华人民共和国成立 70 周年，参与“初心如炬 鼓岭诗会——福建人民广播电台建台 70 年暨福建新闻广播台庆季”活动的主持、撰稿和表演……“直播”是广播贴近群众、贴近基层的最好方式、最佳形态。我不仅希望在活动中与听友真诚相待，节目内外都能感染听众、影响听众；更希望在节目中潜移默化引导舆论。

眼力，让工作精进，考验一个新闻工作者的发现力、判断力。政治意识和把关能力是新媒体工作的基础和起点。在“眼力”上下功夫，就要用敏锐的眼光，深入基层一线火热的劳动场面。落实在工作中，就是每天一次的新闻选题策划会，在群众生产生活中找选题，发现真善美，弘扬主旋律，传播正能量。

脑力，让格局升阶。一个人的思想力，决定他看问题解决问题的高度。在“脑力”上下功夫，就是要心中装着群众、胸中怀有大局，围绕中心、多思善谋。近年来，我积极参与福建新闻广播的大策划、大制作，共同完成多个围绕中心工作的百集系列报道的策划、播音和制作工作。“重大历史系列”有《留住抗战老兵的声音》《永不消逝的红军声音》等；“生态福建系列”有《留住乡愁》《清新福建　四季水声》《跟着诗词游八闽》；“致敬传统系列”有《听见匠心》；“改革开放 40 周年”有《潮起闽江》。

笔力，是新闻工作的最终落实，是综合能力的闭环阶段。在“笔力”上下功夫，就是要用好群众语言，用群众喜闻乐见的方式阐述观点，谋篇布局，创作内容充实、语言朴实的好作品。2020 年是脱贫攻坚决战决胜之年，福建新闻广播推出百集系列报道《美丽乡村我代言》，邀请百位“特色代言人”，由家乡人说家乡美、家乡人说家乡味，展现脱贫攻坚的乡村变化，让大家全方

位感受八闽乡村的美丽。我作为负责人，特别注重在报道语言上下功夫，重大主题宣传不再曲高和寡，用生动的语言让它“飞入寻常百姓家”，影响千家万户，让新时代的主旋律入眼、入耳、入心。

冯媛媛:践行“四力”,知行合一再出发

人物名片

冯媛媛,福建省广播影视集团融媒体资讯中心广播部策划,3次获得中国新闻奖,曾荣获福建省“十佳”新闻工作者、福建省直机关“三八红旗手”荣誉称号。从事广播事业23年来,扎根一线岗位,在品牌活动、创收运营和新媒体工作方面做出成绩。策划的活动公益为先,积极践行社会主义核心价值观;活动影响力大,曾被《人民日报》头版宣传;活动规模大,策划举办了《听见金砖的脚步声》《改革开放40周年·潮起闽江》等全国百位媒体人大型采访活动。

冯媛媛

“四力”心得

融媒体时代，重塑了媒体格局，也改变了传统活动策划的呈现形式。要想成为一个好的策划，需要牢牢把握新闻的主题性和贴近性，并将融媒体技术应用到活动的创新过程中，积极探索适应时代的新型活动呈现方式，锻造知行合一的专业能力，来一场再出发。

一、深入基层　练就强劲脚力

近年来，经我策划举办的活动每年都超过百场。活动公益为先，积极践行社会主义核心价值观，策划举办了多场大落地、大阵仗活动，打造大影响力，包括《听见金砖的脚步声》《改革开放40周年·潮起闽江——全国百名电台总编、记者看福建》，以及《初心如炬　鼓岭诗会》和《初心如炬　幸福满仓》，为庆祝中华人民共和国成立70周年献上一份礼物。从深入基层的活动踩点，到多元报道角度的确定，每一个环节都细细打磨，生动讲好福建的发展故事。

二、洞察生活　练就敏锐眼力

好的活动策划，必须根植于生活的土壤，善于发掘提炼精彩故事，做亮做强主题宣传，有效提升主题活动的时度效。如连续7年策划举办“鲜花送雷锋”活动，在全社会倡导学习身边的“雷锋”；公益活动“书声计划”，已为全省27所偏远山区的学校送去爱心书籍和文具；品牌活动《听见匠心——1036小记者营》，带领孩子们亲近传统文化，场场爆满。

三、勤学深思　练就过硬脑力

从2017年起，我和策划团队主动介入各地政府部门举办的大型展会和活动，借助灵动的创意和平台优势，成为政府部门满意的“媒介外脑”，先后3次成功拿下了“海峡两岸(三明)林业博览会”开馆式的承办权，为尤溪、屏南等地政府部门量身打造合作方案，反响热烈。一场场合作的背后，都是一次次脑力激荡。

四、书写时代　练就不凡笔力

作为央广精准扶贫公益广告指定的省级对接媒体，创意并同步播出了一系列精准扶贫广告，用声音助力扶贫。同时通过电商平台"乡愁商城"，在精准扶贫项目上对接资源，引入渠道，让贫困户受益，为国家打好脱贫攻坚战贡献一份力量！

练就过人"四力"，非一朝一夕；扎根基层一线，才能用优秀作品发出"福建声音"。

孙世庆：增强“四力”练真功，融通采编多环节

人物名片

孙世庆，1980 年出生，福建师范大学毕业，2002 年进入福建广播影视集团福建新闻广播从事记者、编辑工作。

负责多档传统广播新闻节目以及新媒体的编辑，在福建广播历史最悠久、最权威的节目《福建新闻》中，努力发挥舆论主阵地作用。福建早间收听率最高的节目之一《那样动听 100 分》，时长近 3 个小时，努力做到精益求精、风格清新、点评热辣、可听性强。多次荣获优秀栏目和节目编排类福建新闻奖一等奖。编辑并审核福建新闻广播官方微博、微信、今日头条号，先后制作多档不同风格的微信原创栏目。

孙世庆（右一）

每年参与一线采访，题材涵盖访谈、专题、评论、直播、编排、优秀栏目、系列报道等，多次荣获中国新闻奖二、三等奖和中国广播影视大奖等重要奖项。

"四力"心得

脚力、眼力、脑力、笔力，是新闻工作者的基本功。以往，由于岗位不同，对"四力"的要求可能各有侧重；在新媒体时代，新闻工作内部分工进一步淡化，个人技能逐渐融合，采编播一体已是潮流。这就要求每个新闻工作者，对"四力"的掌握不仅全面，而且深入。

作为记者，在采访现场，不是简简单单地把一件事情从头到尾描述清楚就好，而是要发挥脑力，发扬主观能动性，认真思考节目将要播出的媒体平台的特性，寻找契合不同媒体平台特性的新闻细节，或用清新活泼的短视频呈现，或用专题报道深度解析，或用多方位采访展示人物成长历程，或专门抓拍特写画面展示人物特质。记者不仅对报道环节负责，也对播出环节负责。

眼力是每个新闻工作者都要深化的技能。记者必须具备敏锐的眼力，在人物众多的新闻现场，第一眼锁定关键事件点和关键人物；编辑必须在纷繁复杂的稿件中，找到彼此的联系，用最快、最优化的方式进行组合，取得"一加一大于二"的效果；主持人在突发报道时，必须眼观六路，及时选用最新消息。

传统印象中，编辑就是坐在办公室、坐在电脑前，对脚力的要求比较低。但实际上，编辑的一半是记者。新媒体时代，一是要求编辑越来越多地到现场去亲身感悟，以便组织记者稿件；二是很多新闻环节，编辑需要自己去采访，和采访对象亲自去交谈，才能获取自己最需要的情节，更好地实现节目意图。

新媒体时代是移动阅读、移动观看的时代，事情发生在哪里，主持人就要第一时间出现在哪里，不再按稿宣读，而要出口成章，这对主持人的笔力是巨大的挑战。央视主持人朱广权为什么深受观众喜爱，火爆网络，因为每个段子都是他自己写的，最符合他的个人风格。正是因为胸有文墨、腹有诗书。

所以，作为新时代的新闻工作者，锻炼过硬“四力”，才能在各采编环节，在每一项具体工作中，做到扎实稳健；在每一个突如其来的新闻事件面前，做到应对自如。

刘学:“四力”皆强　方出精品

人物名片

刘学,福建省广播影视集团融媒体资讯中心广播部记者,7次获得中国新闻奖,曾荣获福建省“十佳”新闻工作者、“福建最美新闻工作者”荣誉称号。

曾参与四川雅安地震一线报道,两岸领导人新加坡会面、中华人民共和国成立70周年阅兵式和群众游行活动采访报道。党的十九大期间,曾策划开设《十九大时光　三剑客走基层》专栏,受到福建省广播影视集团表彰。

刘　学

“四力”心得

新闻人不断增强“脚力、眼力、脑力、笔力”，才能讲好中国故事，发出中国声音。

脚力，深入一线捕捉“活鱼”。面对好的新闻选题时，采访要不急不躁，深入一线，学会与采访对象做朋友。比如我采写的广播专题《大爱无声——一位记者眼中的特殊馒头店》获得中国新闻奖三等奖。我蹲点 3 天，以朋友的口吻，推心置腹地和专题中人物聊天、聊家常，采访到的音响鲜活而生动。

眼力，见微知著，无声听雷。我参与创作的广播消息《福州市民为钓鱼岛自古就属于中国又添铁证》获得了第二十八届中国新闻奖一等奖。消息背后，是记者一年来持续不断的付出。为采访一篇有分量的关于钓鱼岛主权的新闻，记者查阅大量资料，积攒数万字资料，终于梳理出册封使齐鲲在出使琉球中所写的大量的诗作，在齐家族谱中也查到相关资料。这篇作品为钓鱼岛属于中国又添铁证。采写这篇消息，每一个阶段都需要记者凭借新闻的敏锐性，观察出事件最核心的东西，在线索梳理中，眼力起到很关键的作用。

脑力，精心策划，提前布局。精心策划，才能在一个人物或一个地方的事情上，以小切口体现大主题。比如广播评论《别让拆迁拆掉历史传承》获得中国新闻奖三等奖，这个评论看似写的是福州上下杭历史街区拆迁，实则以点带面，关注全国多地面临的普遍问题——城市发展进程中，老建筑和新摩天大楼如何取舍。

笔力，反复打磨，多问多读。好的作品不是一遍写成的，一定要经过很多次修改，甚至数十次修改，修改到每一个字、每一个词都达到字斟句酌的程度。

“四力”是有机联系、相互促进、高度统一的整体。“四力”皆强，才能练就高素质、好把式、真功夫，才能创作出更多优秀作品，贯彻落实好新时代党对宣传思想工作的新要求。

张春煌:践行“四力”是提高新闻舆论传播力、引导力、影响力、公信力的基本功

人物名片

张春煌,1965 年 1 月出生,中共党员,现任福建省广播影视集团电视新闻综合频道副总监,本科学历,高级编辑。1988 年至 1993 年,在福州人民广播电台任台播部副主任、新闻部副主任;1993 年 9 月入职福建电视台并参与组建东南电视台新闻部;1994 年 12 月至 2014 年 8 月,在福建电视台新闻中心、集团广播电视新闻中心,先后任编辑组组长、编辑部主任,新闻中心副主任,兼任屏山记者站站长、平潭记者站站长。2014 年 8 月至 2017 年 11 月任都市时尚频道总监,期间组建旅游频道并开播。

曾 3 次获得中国新闻奖,10 多次获得福建新闻奖等,2011 年荣获福建省“十佳”新闻工作者荣誉称号。

张春煌

“四力”心得

“四力”是一个相互联系、相互促进的有机统一整体，是衡量一名新闻工作者综合素质强弱的重要标准，要“四力”有力，就要努力学习、脚眼脑笔努力践行。作为从业33年的党的电视新闻工作者，这一直是我工作中对自己的要求和职业追求。

我认为，增强“脚力、眼力、脑力、笔力”，是新闻工作者不断提高新闻舆论传播力、引导力、影响力、公信力的基本功。

贴近实际：就是要求我们，尤其是电视新闻工作者，要坚持一切从实际出发，实事求是，围绕中心，服务大局。贴近生活：以生活为源泉，反映生活中的难点、热点；反映生活变化的新内容，传递新信息。贴近群众：坚持从群众中来，到群众中去；高度重视人民群众的多样化信息需求。

增强“四力”，才能践行“三贴近”原则，有利于培养新闻工作者为人民服务的工作态度和良好的业务素养，也是对新闻工作者学习能力的考验，要努力做到不断掌握新知识、熟悉新领域、开拓新视野，增强本领能力。新闻界开展的增强“四力”教育实践工作，就是要求新闻工作者对脚应往哪走、站在什么立场上进行思考；眼该往哪看，怎么看，看出道道来；脑要想什么，为谁着想，如何想出初心和使命；笔墨落在哪，怎么落出打烙印的时代大手笔。融媒体时代，创作一件视听作品，尤其考验“四力”。脚不勤，拍不到也拍不好真实影像；眼不勤，观察不到独特视角；脑不勤，不知拍给谁看；笔不勤，就不能有效书写历史，作品的吸引力和感染力就无从谈起。

李国泉：深入生活、扎根人民，不断增强“四力”

人物名片

李国泉，1973年12月出生，福建华安县人。毕业于北京广播学院文艺编导专业。1996年7月至2001年9月，在福建东南电视台《记者行动》任编导；2001年9月至2004年9月，在福建电视台社教中心任《与法同行》主编、期间兼任《档案》子栏目《非常档案》制片人；2004年9月至2005年8月，任福建电视台综合频道《发现档案》主编；2005年8月至2006年2月，任福建电视台综合频道《发现档案》制片人；2006年2月至11月，为福建电视台综合频道总编室负责人之一；2006年11月至2007年11月，福建电视台综合频道策划部负责人之一；2007年11月至2015年6月，任福建电视台综合频道综合节目部副主任；2015年6月至2017年12月，任福建电视台综合频道综合节目部主任、纪录片创作室主任；2017年12月至今，任福建电视台综合频道总监助理兼纪录片创作室主任。

李国泉

“四力”心得

曾创作纪录片《船政学堂》、《台湾·1945》、《逐梦山海》、《中国影像志·福建名镇名村影像志》第一季、《中国影像志·福建名镇名村影像志》第二季、《国货之光·对话新中国》、《难忘初心》、《第一书记扶贫记》等。

作为一名纪录片的创作者，深入生活、扎根人民，不断增强“四力”，才能创作出精品。

经得起时间考验、能沉淀下来的好作品，不花费一番脚力、眼力、脑力、笔力无从得来，这是做纪录片最根本的方法。从“三贴近”到“走转改”，都是增强“四力”的办法。事实证明，越接近、越真实，越贴近、越出彩。多扎根基层、常深入一线，掌握第一手材料，就能实现“脚底板下出文章”。比如，我们在创作大型历史文献纪录片《台湾·1945》时，到福建、北京、上海等等全国各地乃至国外的图书馆、档案馆大量查阅资料；走访挖掘历史亲历者和专家学者，倾听记录他们讲述的历史和观点；抢救性采访拍摄为数不多的历史见证人，从国家层面再现这一代表中华民族从日本侵略者手中收复宝岛台湾的全景历史过程，为当代及后世子孙留下“台湾光复”这一弥足珍贵的国家记忆。

这是大陆媒体首次全面发掘、真实记录、客观阐释台湾光复这段历史的大型纪录片。创作上，因为脚力、眼力、脑力、笔力齐用，所以观众可以在片子里见史、见事、见人、见情，在一个个感人故事的讲述中受到感染，感悟珍惜和平、远离战争，追求统一、反对分裂。该纪录片播出后反响强烈。

今后，我将继续坚持增强脚力，多践行群众路线。脚力越大，扎根泥土越深；多向群众学习勤劳朴实精神；多为人民群众思考，多出纪录片精品，积极搭建党和人民群众之间的影视桥梁。

邹琦逊:“四力”在新时代新闻媒体守正创新的时代意义

人物名片

邹琦逊,1972 年出生,中共党员,大学本科,现任福建省广播影视集团电视综合频道总监助理。2000 年至 2008 年在综合频道《发现档案》栏目工作期间,创作的节目《解牍春秋》获中国广播电视新闻奖一等奖、创作的节目《红崖天书》获中国广播影视大奖。2010 年至 2020 年,带领团队打造了福建电视最具影响力的民生帮忙节目《帮帮团》,“有困难找帮帮团”成了口头禅,《帮帮团》和其子栏目《调解有一套》分别获福建新闻奖新闻名专栏。2018 年获得福建省“十佳”新闻工作者荣誉称号。2020 年,创作国家广电总局重点脱贫攻坚题材纪录片《闽宁纪事》。

邹琦逊

“四力”心得

2018年，全国宣传思想工作会上，习近平总书记提出“宣传思想干部要不断掌握新知识、熟悉新领域、开拓新视野，增强本领能力，加强调查研究，不断增强脚力、眼力、脑力、笔力，努力打造一支政治过硬、本领高强、求实创新、能打胜仗的宣传思想工作队伍”。增强“四力”是做好新时代新闻工作的基础。

好新闻是跑出来的。现在，记者再快也快不过新闻现场的群众。一个人、一台手机就可以完成突发事件的记录、介绍、剪辑、发布，就可能成为舆论热点，产生舆情。当然，这样的舆情是片面的，发布者难以了解事件全貌；这样的舆情也是主观的，因为“吃瓜群众”无法了解到发布者的真实意图，导致误传。

如何以最快的速度发出客观公正的报道，引导舆论、稳定舆情？首先考验的就是记者的脚力。一个事件从发生到结束，无时无刻不处在传播链条中，不仅要快，还需要持续不断地到现场进行采访。随着采访的深入，新闻很可能出现反转。因此，脚力成了做好新时代新闻报道工作的基础。眼力不是视力，眼力是通过现象看本质的能力，是善于分析现场、分析问题、找好角度、确认方向的能力。记者在现场如何能够捕捉到有价值的细节，如何能够采写出有价值的新闻，这就需要记者培养这种能力。同时，记者还需要有思考能力，提高脑力，只有深度的思考才能写出有现实意义的报道。最后就是练笔力，笔力是需要我们反复练习才能获得的能力，笔力是艺术的再创造，是创作出好作品的源泉。

张卫:增强“四力” 久久为功

人物名片

张卫,曾参与东南卫视和海峡卫视的创建,尤其在福建电视内容创新、品牌建设、转型升级等方面硕果累累。兼任福建省电影项目评审专家库成员、福建省文化产业项目评审专家库成员,现任福建电影制片厂总经理(执行厂长)。在担任东南卫视著名电视栏目《记者行动》制片人期间,坚持正确的舆论导向,坚决按照新闻规律办事,开创性地用新闻讲好中国故事,这种超前的新闻理念,使《记者行动》成为具有广泛影响力和传播力的名栏目。

工作40余年共有15部影视作品获国际国内影视大奖,主要获奖影视作品有:国际大奖——《大寻枪》(英国)、《小屋》(罗马尼亚)、《建本流香》(加拿大)、《壁橱女孩》(西安国际电影节)、《镜中魑魅》(加拿大);国内大奖——《闽商》(金鹰奖)、《解牍春秋》(全国一等奖)、《红崖天书》(全国一等奖)、《溜溜的岁月》(全国一等奖)。

张　卫

“四力”心得

作为党的新闻舆论工作者，如何在新的历史条件下做好新闻宣传工作是摆在我们面前新的课题。新闻工作者应该主动适应客观形势发展的需要，不断增强脚力、眼力、脑力、笔力，做到政治过硬、本领高强、求实创新、能打胜仗。

脚力就是迈开双脚、调查研究的能力，是新闻舆论工作者夯实工作基础和工作作风的有力保障。心中有信念脚下才会有力量。磨炼脚力就是要新闻舆论工作者胸怀理想，心有真情，俯下身、沉下心，走进基层、深入群众，迈开脚步、调查研究，扎根人民、倾听呼声、体察民意。新闻舆论工作者应不惜脚力、磨炼脚力，在行走中观察，在观察中体会和感悟，与人民群众同呼吸、共命运。

眼力是观察、发现和挖掘的能力，有好眼力才会有好新闻。新闻舆论工作者应勤于观察、善于发现、长于挖掘，留心身边的点滴变化，既能看到平常，又能发现不同寻常，坚持不懈地培养和锻炼敏锐的洞察力和独特的视角。新闻舆论工作者要带着对人民群众的真挚情感去观察和了解世情，揭露矛盾，还原真相，关心群众所思、所想、所需，为群众发声，以百姓视角彰显民生关怀。

脑力是分析、思考、解决问题和辨别是非曲直的能力，是透过现象看本质的能力。要想客观准确地把握实质，就需要具备全面、深入的思考能力。新闻舆论工作者要善于思考、勤于思考，拓宽视野和领域，提高自身的认知水平，胸怀大局、把握大势，坚持培育和践行社会主义核心价值观，积极营造风清气正的舆论环境。

笔力是语言文字表达和驾驭能力，它是创作人员的政治素养、思想意识、认知能力和学识水平等方面的综合体现。新闻舆论工作者应注意多储备知识、多积累经验、多观察思考、多锤炼笔力，用真挚的笔触讴歌党、讴歌祖国、讴歌人民、讴歌英雄、讴歌一切积极向上的力量，讲好中国故事，传播好中国声音。

“四力”需勤学苦练，非朝夕之功；需不断坚持，非一蹴而就。切实增强“四力”是新时代做好宣传思想工作的有效途径，广大新闻舆论工作者要坚定不移地贯彻落实党的理论、路线、方针、政策，牢固树立“四个意识”，坚定“四个自信”，做到“两个维护”，紧跟时代步伐，大胆改革创新，不畏千辛万苦，永葆初心、不辱使命、勇于担当，磨炼脚下功夫，培养观察能力，增强分析和解决问题的本领，练好笔杆子，在不断实践中提升自身能力和素养，努力成长为令人信服的行家里手，自觉承担起举旗帜、聚民心、育新人、兴文化、展形象的使命任务。

连振海:记者就应在前方

人物名片

连振海,1998 年毕业于复旦大学新闻学院国际新闻专业,主任编辑。有 15 年的制片人生涯,先后在新闻时政节目《新闻启示录》、纪录片节目《发现档案》、军事专题节目《东南军情》任制片人,拥有较为丰富的新闻团队管理和采编工作的经验;曾获第十二届福建省“十佳”新闻工作者、2007—2010 年度福建省广播影视系统先进工作者荣誉称号和第八届福建青年五四奖章。主创的节目获福建省百花文艺奖一等奖 1 次、全国优秀纪录片奖一等奖 2 次、全国优秀电视专题一等奖 1 次、福建新闻奖一等奖 1 次、福建广播电视新闻奖一等奖 11 次。

连振海

“四力”心得

2018年8月，习近平总书记在全国宣传思想工作会议上强调，新闻工作者要不断增强“脚力、眼力、脑力、笔力”。结合自己20多年的一线新闻工作经历，我认为要贯彻落实好习总书记的“四力”要求，记者就应在前方。

“读万卷书，行万里路”，作为新闻记者，读书学习固然重要，但“行万里路”也很重要。具体来说，就是记者不能总是坐在办公室里，不能闭门造车，记者得冲在新闻一线，记者就应在前方。或许性格使然，我天生喜欢这里走走、那里看看，固然谈不上诗和远方，却在“行万里路”中积累起一个新闻记者需要的基本常识。工作20多年来，只要单位安排，哪怕是艰难险阻，我都始终冲在第一线，始终牢记“记者就应在前方”。

2008年，汶川大地震，余震不断，危险重重，在组织安排下，我第一时间赶到危险的灾区现场拍摄，留下大量珍贵的抢险救灾影像资料；2002年，东南卫视策划“中国帆船首航西沙”，我签下生死状，写好遗嘱，在20多个日夜里，海上扬帆2000多公里，用生命和毅力完成壮举；1998年8月，在九江抗洪最危急时刻，我和同事们一起冒着生命危险，深入艰苦的九江抗洪前线，制作出感人的专题节目《众志成城》，并在“’98全国抗洪救灾”优秀报道评选中获奖。

在一次次的新闻一线采访中，“脚力、眼力、脑力、笔力”等各种能力也不断得到提升。

林凡:锤炼“四力”,奏响新时代广播主旋律

人物名片

林凡,1976年2月出生,中共党员,主任编辑,现任福建省广播影视集团广播交通频率副总监。坚守广播新闻战线22年,由一线主持人、记者岗位走向管理岗位,统筹参与许多重大新闻事件的采访活动,成功策划“温暖回家路”“高考直通车”“全省文明交通总动员”“爱心接力各地急病听友”“交巡警与出租车司机换位体验”“122拔塞行动”等大型公益活动。先后有30多篇作品和论文获得过全国级和省级新闻奖项,曾被评为福建省“十佳”新闻工作者、福建省广播影视系统先进工作者、福建省广播影视集团优秀共产党员、福建省广播影视集团优秀广播记者。

林　凡

“四力”心得

面对新时代新征程，在媒体融合发展的新阶段，只有锤炼好“四力”，才能奏响新时代广播的主旋律，让广播牢牢占据新闻舆论的主阵地，这也是每一个广播人为之接续奋斗的目标。

践行脚力：走到现场去，走到第一线去，深入调查研究；站稳立场，站稳脚跟，保持定力，绝不动摇，牢记使命跟党走

无论时代怎样变迁，我们都是新闻工作者，党性原则是我们必须坚守的方向。作为广播新闻工作者，我们是党的喉舌，必须坚定不移跟党走，坚持党对新闻舆论工作的领导，坚持正确舆论导向，坚持团结稳定鼓劲、正面宣传为主，自觉承担起举旗帜、聚民心、育新人、兴文化、展形象的使命任务。我们要增强政治意识，树立正确的社会形象，传播社会主义核心价值观，这样才能使广播的生命更长久，受众更认可和信服。我长期在一线工作，深深感觉到吃透上级精神、学好党和国家大政方针的重要性。只有在节目报道中，把国家的方针政策与基层百姓民生所需、精神文明建设等多方面结合，才能做出有价值的节目。作为副总监，我始终坚持把正确的舆论导向放在第一位，把栏目打造成凝聚社会公益力量、传播正能量、弘扬真善美的和谐平台和正面化解社会矛盾、真正为百姓排忧解难的服务平台。正是因为站在这样的立场上，我们始终坚持深入第一线采访报道，有新闻事件发生的地方，就有福建交通广播记者们忙碌的身影。只有到一线去，才能贴近百姓、贴近生活，才能写出沾着泥土、冒着热气、温暖人心的精品佳作。

在2019年的“新春走基层”报道活动中，福建交通广播记者深入春运第一线，下田间、入社区、进企业、宿农家，通过“文字＋图片＋音频＋短视频”等方式，生动记录春运各条战线的场景和八闽大地奋斗追梦的最美画卷。在距离福州300多公里的福银高速闽赣交界，记者庆升眼含热泪报道年仅28岁的高速交警刘才添，他在2018年最后一天执勤过程中为保春运畅通勇救司机献出生命。记者张震跟随省交警总队下基层5天，走访福州、泉州、漳州等地的交警部门，探访春运背后的坚守和奉献的故事，陆续推出《双警家庭，坚守是最长情的告白》《推迟婚期的警嫂》《高速路上的推车手》等“温暖回家路”系列报道。

从乡村到社区，从车站到超市，交通广播记者们摊开纸笔算细账，对比今昔话感受，真实记录基层群众物质生活、精神生活不断改善的点滴细节。在屏南龙潭里村，记者林隽跟随村第一书记为村民写春联、问冷暖的脚步，体验基层干部大年三十忙碌的一天；记者安琪到村里新建的公厕感受了一下民生改善的温度；记者心野到养鸡场“拉家常”体验贫困户增收致富的幸福；记者庆升通过图文直播报道了龙岩上杭积极开发红色旅游产业富了一方百姓等等。这些报道不仅通过全省统一调频 FM100.7 播出，还通过全省各地 80 多个县市区的“村村响”农村有线广播进行了联播。据不完全统计，有上千万人次的村民收听到了节目，起到了非常好的宣传效果，同时也收获了良好反响。大家纷纷表示将以实际行动谱写新时代福建乡村发展的新篇章。这些接地气的走基层报道也让记者们深有感触：到现场去、到基层去，是广播新闻报道永葆生命力的法宝，每年的“新春走基层”更是我们广播记者增强本领的大练兵，把话筒对准基层一线，才能创作更多反映新时代、新征程、新气象的好作品，使广播在服务党和政府的中心工作、满足人民群众美好生活中发挥更加积极的作用。

培养眼力：不仅要看见，还必须要看准

作为大众传播重要手段之一，广播电台是意识形态工作的主要阵地之一。在日常报道中，首先必须精准把握新思想、新理念、新方略，才能提高新闻舆论工作水平。要不断加强对意识形态工作的掌控力，及时发现不良舆论倾向，有效辨别纷繁芜杂的各种声音，加强对宣传思想领域重大问题的分析研判，牢牢把握正确的舆论方向，倘若方向不对，就算能看得再远也没用！所以，培养眼力最重要的还是要提升政治素养，淬炼判断力、辨别力，保持定力，不动摇不偏离；其次是要不断锤炼观察力、发现力，培养对新闻的敏感度，善于挖掘报道的角度。

每年春节前，由福建骑行到江西的返乡“摩托大军”一直是社会关注的热点，是多年来新闻媒体“新春走基层”的重点选题。福建交通广播记者从交警部门得知，2019 年的“摩托大军”预计只有 2.6 万辆次。在 2013 年，这个数字是 15 万辆次。深挖背后的原因，记者写出《温暖回家路——十几万摩托大军去哪了》的报道，展示交通基础设施的巨大变化和人民群众生活水平的提高。在深入基层采访的过程中，广播记者发现福州城门镇胪雷村陈氏祠堂正面临着轰鸣的推土机后，历时十多天，先后采访了祠堂后人、当地村民、专家学者，

创作出广播专题《陈氏祠堂——胪雷人最后的乡愁》。由于媒体介入，胪雷祠堂的拆迁问题引起相关领导的重视，并最终决定将祠堂保留下来。有正确的方向、敏锐的眼光，才能够捕捉到时代的脉动，发时代之先声。

激活脑力：打造思想观点的核心竞争力，凸显人文情怀，提升报道的思想深度

在自媒体风行的当下，错误信息的传播可能会造成受众的恐慌、误解甚至敌视。不断增强脑力，就是要打造思想观点的核心竞争力。在众声喧哗中发出最强音、占领制高点，始终保持思想的敏锐性和开放度，用深邃的思想来吸引人、感染人、影响人。现实生活中，人民群众爱国、敬业、诚信、友善的故事时时都在发生。这些故事的价值绝不仅仅是普通人身边的好人好事，而是人民群众践行社会主义核心价值观的具体举动，更是影响和带动他人的力量。媒体需要做的是对这些行为与价值充分认知，进而聚焦、传播，使火热现实生活中的故事成为成风化人、凝心聚力的重要力量。除了关注普通人的微举动、暖故事，重大典型报道更是媒体凝心聚力、传递价值导向的重要渠道。典型人物报道等曾被认为是正面报道、规定动作，甚至是唱赞歌，写不出太多的点击率、阅读量，实际上典型人物报道只要激活脑力，让其“有思想、有温度、有品质”，一样能很好地实现传播价值，也自然会收获“10万+”。

福建交通广播记者曾以《为什么人们都忘不了您》为题，发表了关于时代楷模廖俊波的系列报道，用一群人讲述的交往经历串起对全国优秀共产党员、全国优秀县委书记廖俊波的追忆。每一个讲述都是一个故事、每一个故事里都透着温度。在系列报道中，廖俊波为刁桂华等农民企业家解忧的故事，透着执政为民的温度；一脚一脚为贫困县踩出一个开发区的故事，透着共产党员不忘初心的温度；园区开工，廖俊波能去现场，就不在会场的态度，透着干事创业的温度。这些有温度的故事形成对廖俊波的追忆，清晰传递出廖俊波的精神内涵。

提升笔力：用好手中的创新表达方式，让主题报道接地气、见高度

媒体融合发展的传播方式和手段日新月异，需要我们进一步跟上传播变革的节拍。不仅仅是节目本身的创新，更需要传播方式手段和平台的突破，让我们的优秀节目和报道能有效传递给受众。提升笔力，首先应思考主流媒体

在新媒体时代如何抓导向、抓受众、抓热点，要充分运用新技术新应用创新传播方式、表达方式，推进理念、内容、手段、体制机制等全方位创新，牢牢占领信息传播的制高点。

近年来，福建交通广播不断在融合传播方面开拓创新。2012 年开始尝试新闻与微博融合报道，后尝试微信融合，积极拓展广播新闻的传播途径。2016 年 5 月，在福州地铁 1 号线试运行报道中，通过联合腾讯大闽网、海博 TV 进行手机视频直播，对广播在重大事件中的融媒体直播进行了有益的探索，构建了广播突发新闻报道的新模式。目前，福建交通广播记者能够充分运用记者手记、自拍视频等多种创新形式，以体验式报道、全景式记录等手段，在新媒体平台推出多个受众喜闻乐见的融媒体产品。

在全媒体时代，只有锤炼好“脚力、眼力、脑力、笔力”，新闻作品才能够满足人民期待、经得住时代考验。作为广播新闻工作者，我们应该守正创新、锤炼“四力”，着力推动技术建设和内容建设的深度融合，不断创新内容产品，更好地讲述福建故事、传播中国声音，做大做强主流舆论，让正能量更强劲、主旋律更高昂，为实现中华民族伟大复兴汇聚强大精神力量、营造良好舆论氛围。

福州

福建优秀新闻工作者践行『四力』实录

楼卫东："四力"，新时代宣传思想工作的行动指南

人物名片

楼卫东，1970 年 11 月出生，籍贯浙江诸暨，1993 年 7 月参加工作，中共党员，毕业于厦门大学中文系，大学学历，主任记者。先后在福建日报社、福州日报社从事新闻采编及经营管理工作，历任福建日报记者部、机动采访部记者，总编室编辑；参与创办《福州日报》，历任福州日报总编室主任、编辑部主任、采访部主任、广告中心主任，福州日报社副总编，福州日报社副社长，福州日报社、福州晚报社总编辑；现任中共福州市委宣传部副部长，福州日报社党组书记、社长。

曾两次荣获新闻界最高奖——中国新闻奖。采写的消息《60 名包村干部受处分》获 1996 年度中国新闻奖三等奖；主持的福建日报《总编室热线》栏目被评为 1998 年度中国新闻奖"名专栏"。先后获得 2018 年中国报业经营管理领军人物、福建省"双十佳"新闻工作者、福建省宣传文化系统"四个一批"人才、福州市首届"双十佳"新闻工作者、福州市第二十八届劳动模范等荣誉称号。

楼卫东

“四力”心得

习近平总书记在2018年全国宣传思想工作会议上强调:“宣传思想干部要不断掌握新知识、熟悉新领域、开拓新视野,增强本领能力,加强调查研究,不断增强脚力、眼力、脑力、笔力,努力打造一支政治过硬、本领高强、求实创新、能打胜仗的宣传思想工作队伍。”不断增强脚力、眼力、脑力、笔力的“四力”要求,饱含习近平总书记对宣传思想战线干部的殷切期望,是做好新时代宣传思想工作的行动指南。

践行“四力”的根基是增强脚力,基层是最好的课堂,只有深入基层、深入群众,才能挖掘到鲜活的新闻素材,才能听到群众的心声,跟上时代的步伐。

在掌握大量素材的基础上,新闻工作者要用自己的眼力,从纷繁的新闻素材中捕捉有价值的新闻点,发现事件表象后的真相。

增强脑力,核心在于理论武装,坚持勤学深思,做到学思践悟。在具体新闻工作中,善用“望远镜”理解中央政策背景,善用“显微镜”把握基层实践,脑力才能转换为对新闻选题的策划和分析能力。

“四力”最后的落脚点是笔力,无论脚力上的奔波、眼力上的洞察,还是脑力上的思考,最后都要落到笔力的表达上。增强笔力,就要在宣传报道中倡导平民视角、平实文风,准确把握人民群众的所思所想,把党的政策同基层实际结合起来,运用群众喜闻乐见的语言,说家常话,讲贴心话,做到入耳、入脑、入心。笔力还体现在传播效果上。全媒体时代,一件好的新闻作品,不仅只刊载在传统媒体上,还要加强传播手段创新,掌握“十八般武艺”,通过可视化新闻以及动漫、H5等各种新媒体形式,紧扣重大时间节点,精心策划选题,不断创作“叫好又叫座”的新媒体产品。

代表作品

“阿强嫂”的三本账

——来自罗源的乡村振兴样本

楼卫东　杨　莹　黄元祥　林克城

《福州日报》 2019 年 4 月 24 日

春暖花开，草长莺飞。上周末，罗源县飞竹镇秀岭自然村的“竹海庄园”又迎来了一批城里来的客人。他们在竹林里挖笋，在水田里捉泥鳅，在畲民家中打糍粑，玩得不亦乐乎。“秀岭，是个让人来了还想再来的地方。”已是第四次带朋友来玩的游客陈春玲说。

这个昔日人烟稀少、土地抛荒严重的偏远乡村，去年有近 3 万人次的游客造访，村民收入大幅增长。是什么让秀岭重焕生机？村民们说，是因为村里来了“阿强嫂”。

一问才知，“阿强嫂”是一对夫妻的代名词。妻子朱秋容能言善道、热情好客，是竹海庄园的“活招牌”；丈夫郑毅强见多识广、聪明能干，是庄园的“主心骨”。他们用“三本账”，见证了秀岭变迁记。

“生态账”：把生态保护下来，最值钱

阿强嫂夫妇不是秀岭人。他们在福州做了快 20 年的服装生意，最多时开了百来家店铺。

2014 年，阿强嫂想给客人采购“伴手礼”，通过朋友牵线，向秀岭的一个小伙子订了 5 万元笋干。“我们对这笔钱能买多少笋干没有概念，交货时，他送来整整两卡车，一共 750 公斤。后来听说，小伙子跑了好几个村，辛苦 2 个月只赚 2000 元。当时我就被秀岭的民风打动了。”阿强嫂说。

阿强嫂夫妇慕名来到了秀岭。眼前的村庄却不是他们想象的模样：房屋年久失修，田里的草长到一人高，荒得和山连成了一体。“村里只剩下 12 个老人，大部分在 70 岁以上。”原来，秀岭邻近水源地，自从石板材厂关停，村里的青壮年都去外面打工了，孩子和部分老人也都接了出去。

阿强嫂的心里五味杂陈。离开秀岭后，那里的绿水青山时常在她脑海闪

现。“正好有段时间身体不好，我就和老公提议，一起去秀岭住段时间。”

住着住着，阿强嫂夫妇越发爱上了秀岭。“村里人觉得秀岭偏僻，没地方赚钱，所以走了；但我们觉得，生态就是秀岭最好的资源，把生态保护下来，最值钱。”夫妻俩的想法，与当地镇、村干部不谋而合。2015 年 4 月以来，结合“美丽乡村”建设，秀岭自然村开始了美丽蝶变。

村里建成了污水过滤系统，村民家里安装了三格化粪池，污水不再任意排放，垃圾不再随意丢弃；道路清洁了，房屋修葺了，公厕建起来了，村容村貌焕然一新。

阿强嫂夫妇通过土地流转，向村民租了近 400 亩农田，开荒种地。4 间破烂不堪的牛棚、农舍，经过他们的精心改造，成了别具民族风情的民宿和休闲屋。

“从服装业跨界生态农业，挺难的，但最难的，还是和村民的思想磨合。”阿强嫂主张种田不打农药，不用除草剂，只用有机肥和绿肥。“看我们用人工除草、制肥这么费工，有的村民就笑我，你这样种菜，卖菜钱够付人工钱吗？”阿强嫂听了不气不恼，反而劝说这位村民：“不如你也按我这种方式种菜，我用你现在卖的 3 倍价格跟你收购。”结果是，这位村民真的照做了，不仅菜卖了高价，自己尝过这种“费工的菜”，也坦言“真不错，吃出了小时候菜的‘甜味’”。

经过持续的生态修复，秀岭村的田地逐渐恢复了高山湿地的生物多样性。白鹭飞回来了，田里又能摸到泥鳅、黄鳝、田螺了。更让村民们激动的是，一度消失的黑水鸡、中国斗鱼、中华青鳉等野生物种，现在又出现了。

空中白鹭飞，水里斗鱼游，田间野鸡跑，梁上燕呢喃；二月看樱花，三月看梅花，四月看桃花，五月看紫薇，六七月赏莲花，八月桂花香，九月十月稻谷黄……秀岭，村如其名，又恢复了秀丽的风光，引得游客纷至沓来，带动了当地旅游业的发展。

“经济账”：做健康农产品，带村民一起致富

绿水青山，就是金山银山。

生态给秀岭带来的，不只是游客。

周末的中午时分，是竹海庄园厨房最忙碌的时候。厨师林太容，就是当年卖笋干给阿强嫂的小伙子。现在，他和妻子、孩子都搬回了村里，和老人团聚。妻子也在庄园厨房帮忙，夫妻俩每月有固定收入约 7500 元。

林太容还有一个身份，他入股了村里的畲农合作社，担任社长，负责种植管理、收购等，合作社工资和分红大约每月还有3000元。一年下来，这个小家庭收入将近13万元，是以前的两倍多。

像林太容夫妇这样，因为竹海庄园项目回归的秀岭人还有几十人。这是阿强嫂最想看到的。

“我们做这个项目，一是看好生态农业的前景，想做健康农产品，二是希望带村民一起致富。村子有奔头，村民才会回归。有产业、有人气，乡村才会兴旺。”阿强嫂夫妇与记者分享了他们的创业初衷。

在他们给村民算的“经济账”里，地租是保底的。“虽然大部分是抛荒地，我们还是按亩产75公斤稻米的市场行情价计算租金。这个价格上不封顶、下有保底，确保村民收益。”阿强嫂介绍，最开始地租大概在每亩225元，现在差不多要270元，每户年均租金收入1200多元。

其次是赚工钱。“生态农业，对劳动力的需求非常大。一人干一天活是一个工日，我们一年有2000多个工日，每个工日200元，一年要给村民发40多万元工钱。”阿强嫂说。

最重头的是“合股”做项目。阿强嫂夫妇成立了“乡状元”公司，竹海庄园项目采取“乡状元＋村集体经济＋合作社＋农户”的发展模式。飞竹镇党委书记黄犟介绍，村集体将市薄弱村扶持资金50万元投入民宿建设，每年保底增收3万多元；村民还成立畲农合作社入股，享受分红收益。

竹海庄园的生态农业项目里，最出名的莫过于“稻田养鱼”。“稻田养鲤鱼，鲤鱼吃稻虫，不仅荒田复耕、鲤鱼肥美，每亩还可增收5000元。”黄犟告诉记者，经过这些年的努力，竹海庄园获得了省、市休闲农业示范点称号，辐射9个村，带动发展稻渔综合种养基地近千亩。

主打“健康、生态”的竹海庄园产品，售价并不便宜，一枚鸡蛋要卖5元，却依然供不应求。阿强嫂说，秘诀就在于打破了农村和城市高消费群体的信息壁垒，开发微信定制、家庭配餐等渠道，把村里的绿色农产品，送进城市小区、月子会所。去年，稻米、田鱼、竹子酒、鸡、鸭、蛋、莲子等销售收入达190多万元。

村民的腰包鼓起来了。据统计，秀岭去年人均收入15000元，比2015年提高6600元。其中，与庄园合作或在庄园务工的村民，人均收入超过3万元。

“亲情账”:从不识一人到满村亲戚

“干妈,我回来啦。答应奖励我的蛋糕呢?”“在这呢,小馋猫!”上周五晚,刚从镇上放学回来,11 岁的林雨婷就一头钻进了竹海庄园找阿强嫂。两人靠在一起有说有笑,俨然一对亲母女。

“雨婷是我干女儿,特别黏我,她说长大赚钱了,要分我花”“村里 20 多个孩子,个个都叫我‘干妈’”“96 岁的老婆婆,家里母鸡下蛋,自己舍不得吃,却攒了送给我吃”……阿强嫂说,她刚到秀岭时,不识一人,现在满村都是亲戚:“秀岭就是我的家”。

为了让这个家更美好,阿强嫂牵线引入了市妇联的“姐妹乡伴”项目,有专人来村里教大家如何进行垃圾分类,如何布置前庭后院,如何制造绿肥等。阿强嫂夫妇还建立巾帼实训基地,教农妇接待礼仪,培训种植养殖、莲子加工、竹编技艺等。

村民王钗英原本是家庭主妇,经过培训,成了庄园的服务员。不仅有了稳定的工作,还经常参加畲族服饰走秀,对外推介秀岭文化。“当年,朋友劝我不要嫁到秀岭,又偏又破。现在她们都羡慕我,住在这么美的地方,生活这么丰富多彩。”

记者了解到,秀岭自然村虽然人口不多,族姓却比较庞杂,有 3 个大姓、十几个小姓。以前村子穷,村民经常为了一点利益,闹得不愉快。阿强嫂夫妇来了之后,有赚钱的项目,大家一起干,有困难,大家一起想办法。心聚拢了,邻里关系越来越和睦。村民陈文清说:“晚上,我们都喜欢聚在阿强嫂家喝茶聊天,想的都是怎么把秀岭发展得更好。”

最近,阿强嫂又代表罗源县参加了《福州,听我说》第三季电视宣讲大赛,把秀岭的故事,讲给更多人听。

陈滨峰:心态永远是决定性因素

人物名片

陈滨峰,1967 年 11 月出生,籍贯福建云霄,1989 年 8 月参加工作,中共党员,毕业于厦门大学中文系,大学学历,主任编辑。历任漳州市电视台记者,漳州人民广播电台副台长,福州日报编辑部主任、采访部主任、总编室主任,福州日报社编委、副总编、常务副总编。现任福州日报社党组副书记、副社长,福州日报社、福州晚报社总编辑。

曾获中国新闻奖,并先后获得福建省“双十佳”新闻工作者、福州市“担当尽责、激情创业”好干部等荣誉称号。2020 年,入选第一期福建省语言文字专家库(语言运用类)。

陈滨峰

"四力"心得

我从事新闻工作30余年，电视、广播、报纸、新媒体，业界十八般武艺应该都算操练过了，但始终有一种新鲜感，也始终有一种本领恐慌感，这两种感觉同时在推动与逼迫自己不断去掌握新技能，努力提升自己的能力，以跟上时代发展的步伐。

但一个人不管掌握多少技能，心态永远是决定性因素，它决定你做什么以及怎么做。

回顾一下职业生涯，有数不过来的采访，印象深刻的都有一个特点，就是用情、用心。1997年，我在漳州电视台接到采访漳州110先进群体的任务后，与同事直接入驻区公安分局，与漳州110的干警们同吃同住7天6夜，和干警们一样，衣不解带，摄像机就放在枕头边，夜间一听到警报电话响，立刻抱起摄像机，冲上警车。这7天拍摄了几十个小时的素材，见识了各种危险与刺激，体会到各种温情与感动，引发了各种思考与感悟。《人民的110》系列电视报道让漳州110家喻户晓，该作品获得了年度中国新闻奖。

进入2020年这个不平凡的年份，受疫情影响，全国各地农村出现了农产品销售困难的情况。我所在的福州日报社积极投入对农村的服务。除了运用新媒体平台助销农产品，我和同事十几次深入福清市一都镇，历时一个多月，采写了一组11篇行进式系列报道《一都很忙》，展示了一都农民运用电商销售枇杷的全过程，又写成述评文章《一都的枇杷为什么这样甜》，总结一都乡村振兴模式。整个过程，我们与乡村同呼吸、共欢喜，与好多乡镇干部、村民成为好朋友。

心到、脚到、眼到、脑到，笔就到。

代表作品

青山遮不住　毕竟东流去

——福州推行“阳光工程”启示录之一

陈滨峰

《福州日报》 2002 年 3 月 21 日

近年来，福州市在选人用人，国有经营性土地、公交线路、出租车牌照、户外广告牌位使用权，政府采购等方面摈弃“暗箱操作”，实施“阳光工程”，取得了很大成效，受到中央有关部门的充分肯定和广大干部群众的支持与赞扬，本报以及中央、省、市其他的一些媒体作了广泛的宣传。

实施“阳光工程”对当前经济社会以及政治生活有何深刻意义？如何从这些具体做法中，探寻出具有规律性的东西，以便指导这项工作更广泛、深入地开展，取得更大成效？本报从今日起，刊发《福州推行“阳光工程”启示录》系列述评性文章，这些都是本报记者在日常采编工作中对实施“阳光工程”工作的思考和粗浅的体会，旨在进一步对这项工作的意义和影响进行较深层次的探讨和剖析，力求给人们提供点滴启发，或一些有益的参考，使其各项制度、措施更加深入人心，使各级领导干部更加自觉地贯彻执行。

这批述评性文章将围绕以下主题展开：从加入 WTO、转变政府职能，从建立和完善有效的制度规范机制，从建立和完善监督制约机制，从建立和完善干部保护机制等方面，宣传报道推行“阳光工程”的重要意义。

我们期望通过各方面的报道，促进各个部门从理论、体制、机制等方面进一步探索，找出新思路，在深度和广度上对推行“阳光工程”再下功夫，从源头上杜绝腐败的产生，推进依法治市、依法行政，推动改革开放和社会主义现代化建设的发展。

福州市近年来推行“阳光工程”成效显著，给我们的启示是多方面的。通过对我市“阳光工程”实施前后一些数据的比较，并将其放在我国已经加入世贸组织这个背景下来认识，我们认为“阳光工程”不是一项孤立的事情，它将被证明是一系列改革的发端，是政府转变职能的体现。

2000年5月29日，福州市政府宣布：今后国有经营性土地使用权的出让，一律公开招标拍卖。当年9月26日，在一次拍卖会上，五四路一块面积仅4.8亩的地块，历经30轮激烈竞价，从2300万元起拍价一路飙升到3500万元。从2000年5月至今年2月，共有1238亩国有经营性土地使用权公开招标拍卖，成交金额13亿元，平均高出标底20%。

在户外广告位置使用权的处置方面，从去年4月28日市政府通过并实施《福州市户外广告位置使用权拍卖暂行办法》以来，户外广告位置使用权拍卖会已举办了5次，合计拍卖成交款2864万元。耐人寻味的是，在过去，广告公司在市区申请一个广告牌位，须盖18个公章，而福州市政府每年才收取100多万元的管理费。

国有经营性土地经拍卖后的所得和以协议方式出让的所得有什么区别？我们认为，区别是根本性的，后者是市场价，而前者是“官”价。在市场经济条件下，土地以及户外广告位置和各种公共设施就成为有形的城市资源，所以现在才有了“经营城市”这个新概念，这是对以往政府“管理城市”概念的转变。城市资源到底价值几何，以前是凭“长官意志”，由政府一些部门说了算，甚至是一些人说了算，在价格定低了的情况下，就可能造成少数人得利，而国有资产流失；在价格定高了的情况下，就可能造成人为的过高门槛，其弊端是明显的。在这种情形下，获得某种资源的人或公司，更多的是凭借“关系”而非真正的企业实力，因此，其“成交价”并不能体现资源的真正市场价值。当资源真正推向市场，就有了透明度，其价值就完全由供求关系来决定。实施公开拍卖的那些土地和户外广告位置的“成交价”普遍大幅度高出标底，对政府来说，是增加了财政收入；对竞标者来说，则是得者无悔、失者无怨。由市场来定价，体现了市场经济的公平性。

城市资源的“协议出让”与“公开拍卖”又有什么区别呢？我们认为，这不仅仅是形式的区别，这里面有一个市场准入的问题。一般说来，“协议”是关在屋子里进行的，不是所有的公司都可以参与。就像以往广告公司如果跑不下18个公章，批不到广告位，就等于被剥夺了在广告业中参与竞争的权利。至于公开拍卖，有足够资质的公司都可以参加。因为公开，也就消除了歧视，谁都可以参与公平竞争，不会被人为地排除在“游戏”之外。

价格多少，由“上面”定；谁能进入，由“上面”批。这是传统审批经济的一个典型特点。审批经济的弊端是建设和完善社会主义市场经济的一块绊

脚石，已到了非改革不可的时候。现在我国已经加入了世贸组织，就要按照世贸组织的规则来“游戏”，现行的许多审批设置与世贸组织要求的透明化原则和非歧视性原则是相悖的，如不改革，就无法参与“游戏”，不参与“游戏”还不行，因为谁都不能再把门关起来。朱镕基总理在第九届全国人大五次会议上所作的政府工作报告中明确指出，我国加入世贸组织，标志着对外开放进入一个新阶段。目前，我国政府机构改革和职能转变取得了很大进展，但还存在不少问题。必须进一步解放思想，彻底摆脱传统计划经济的羁绊，切实把政府职能转到经济调节、市场监管、社会管理和公共服务上来。要进一步改革和减少行政审批，必须规范操作、简化程序、公开透明、明确责任。

由此可见，不能把我市已经实施的“阳光工程”——尽管还局限在有限的范围内——视为偶然的举动，它是时代的必然。在这些个案中，我们看到的是一种新的观念和新的“游戏”规则。青山遮不住，毕竟东流去。我们相信，随着政府职能转变、审批制度的不断改革，“阳光”必将普照每个角落。

谢联灵:好新闻始于足下

人物名片

谢联灵,1972年3月出生,籍贯福建武平,中共党员,四川大学新闻系毕业,大学学历,1996年9月参加工作。历任福州日报社采访部副主任、编辑部副主任,福州晚报社编辑部主任、编委、总编室主任、副总编辑,福州日报社副社长。

8件作品获得福建新闻奖一等奖,其中个人采写稿件3件、编辑稿件(版面)5件;以其为主要策划人之一的专栏《新闻你来拍》被评为福建省新闻名专栏。曾获福州市首届“十佳”新闻记者、福州市劳动模范、福建省“十佳”新闻工作者等称号。

谢联灵

“四力”心得

我常对求职的年轻人说，如果想找一份轻松点的工作，媒体肯定不是好去处。到媒体，必须有吃苦的准备。

好新闻，是媒体人激情投入，用双脚跑出来的。1999 年，我单独采写的 2 篇通讯同时获得福建新闻奖一等奖，与他人合作的另一篇通讯也获得二等奖。它们都是“好新闻始于足下”的好案例。

当年 5 月 8 日，以美国为首的北约悍然轰炸中国驻南大使馆。《福州日报》以高度的政治敏感，当即以超常规的篇幅，组织战役性报道。5 月 11 日上午，我获得了《光明日报》记者朱颖、许杏虎两位烈士生前福州之行的线索，几经周折，与朱颖、许杏虎在福州的好友取得了联系。我骑上自行车，用一个下午加一个晚上，马不停蹄，采访了《光明日报》记者朱颖、许杏虎两位烈士生前在福州的好友，写出了朱颖、许杏虎福州之行的独家报道《他俩原本几年后要再来》。忙到半夜交稿，才想到晚饭还没吃。省委领导就本组系列报道做出批示，省委宣传部转发了《福州日报》这次系列报道的经验总结，在全省推广。我这篇主通讯获福建新闻奖一等奖。

同年 9 月 21 日凌晨，台湾发生大地震。我从睡梦中惊醒，发现福州市民纷纷外出避险，一时人心惶惶。报纸是不是该打破常规，推迟付印？我立即给编辑部打电话。得到肯定的答复后，我立即骑上自行车，上街采访。采访结束后，我又来到编辑部，主动承担协助工作，天亮才回家休息。这一天，我参与采写的报道《台湾百年大震，福州有惊无险》，以半个头版的篇幅抢在其他平面媒体之前，向市民报告了详情，在稳定人心上发挥了积极作用，获得了省委领导和社会各界的好评。

践行“四力”，脚力为先，我深以为然。

代表作品

他俩原本几年后要再来

——追寻许杏虎、朱颖福州之行的足迹

谢联灵

《福州日报》 1999 年 5 月 12 日

10 日下午，本报一位编辑在互联网上漫游，寻找有关北约轰炸中国大使馆的最新消息，突然被几张照片吸引住了：这不是在贝尔格莱德轰炸中牺牲的中国记者许杏虎、朱颖夫妇，一年前在福州温泉公园、五一广场留下的吗？

昨天一早，头版印着许杏虎、朱颖夫妇在福州的大幅照片的《福州日报》出现在广大读者面前。头版右下方附一启事：请提供照片的朋友速与本报联系。

上午 10 时 30 分，电话铃声响起。省招标公司一位叫刘燚的读者说：“我太太是朱颖很好的朋友。我无法表达这种感受……”他很快噎住了，他说现在只能说这些。

同事问：那个朱颖是不是你同学？陈佳一听就哭了

刘燚的夫人叫陈佳，是榕城某高校医务室医生。昨天下午记者找到医务室，她的同事说：陈佳这些天每晚流眼泪，加之上夜班，正在家休息。

几位同事早就听陈佳说有同学在贝城。这个星期一早上，一位老大姐一见陈佳进医务室，就问：“那个朱颖是不是你同学？”陈佳一下就哭了。

朱颖和陈佳从小一起生活、学习，她们的父母是山西农业大学的同事。1990 年高中毕业后，朱颖去了天津轻工学院，陈佳则随福建籍的父亲到了福州。朱颖在寄给陈佳的一张贺年卡中写道：“多少年来，身边有过多少的朋友，却无一代替我心深处你的位置……永远的朋友，是那种刻骨铭心的！”

陈佳微微红肿着眼，与记者交谈，几次都要掉眼泪。她说，8 日中午从中央电视台《新闻 30 分》中得知北约轰炸中国大使馆的消息，心中不安，赶紧打电话到北京朱家。朱颖的妹妹一接电话就哭起来，说姐姐、姐夫失踪了。陈佳和刘燚都咽不下午饭，一下午都在互相安慰，上互联网四处寻找有关消息。晚

上的电视新闻，使他们最后的希望破灭了……

“我和福建有缘。”出国前最后一次旅游，朱颖选择了福州、厦门

去年5月，结婚不久的许杏虎、朱颖两个月后就要出国。出国前，想出门旅游一次。朱颖说，她最要好的3个朋友都在福州、厦门，她和福建有缘，就想去这两个城市。这就有了福州之行。

陈佳认识许杏虎，是在他与朱颖恋爱之后。1994年、1995年之际的大半年间，陈佳陪母亲在北京看病，才重新见到了阔别多年的朱颖。朱颖开玩笑说，陈佳是她最好的朋友，许杏虎得先过陈佳这一关。许杏虎留给陈佳的印象，是温和文雅，清瘦，皮肤有些黑，话不多，但做事井井有条。

许杏虎、朱颖是5月11日下午到福州的，当时下着大雨。晚上一起吃饭，陈佳自己下厨做海鲜。最后一道菜是芋泥，大家都吃得很饱了，但许杏虎、朱颖说“要给陈佳一点面子”，就坚持吃到了最后一刻。朱颖是个活泼、开朗、大方的女孩。

12日上午4人一起爬鼓山，下午去温泉公园。朱颖玩得很开心，说没想到福州这么漂亮，空气这么好。喂广场鸽时，洁白的鸽子跳到朱颖手臂上啄玉米，朱颖吓得惊叫、躲闪。陈佳说：“她是个柔弱的女子，在战地上却那么坚强。”

13日中午，陈佳、刘燚去长途汽车站送许杏虎、朱颖上车去厦门。临走，许杏虎、朱颖说：4年后我们再来福州看你们……

说到这里，陈佳眼圈又红了：“可现在，还不到一年……”

陈佳说，昨晨中央电视台《东方之子》栏目选用的许杏虎、朱颖照片，多数是在福州之行中拍摄的。福州之行给他们留下了美好的印象，也给他们留下了大量照片。

朱颖：“希望你们多给我发邮件过来，有人记着是最大的安慰。”

去年7月，许杏虎、朱颖赴贝尔格莱德。随着他们学会上互联网，与陈佳、刘燚的联系转为省钱省时的E-mail（电子邮件）。刘燚粗略统计了一下，从贝城发来的电子邮件有20多件，双方往来约有四五十件。

随着3月24日北约轰炸开始，许杏虎和朱颖都忙着在第一线采访、写稿、拍摄照片，但双方联系却更为频繁，差不多每周都要联系一次。在E-mail中，

朱颖一直都说“请放心”“勿念”。下面一封是4月7日发出的：

陈佳、刘燚：

你们好，不知上次给你们的邮件收到没有。我们这里一切都还好，只要不停水停电，我们的生活就没什么问题。我们现在住在使馆里，比我们家要安全一些，但也不是绝对安全，出去主要靠自己了。目前的主要问题就是没有汽油，全都控制起来了，为了战争，我们可以理解。我从来都没有想过会遇到战争，不过遇到了，也就得正确对待。

现在我们最好的联系方法就是邮件，因为电话随时都有断掉的可能，所以希望你们多给我发邮件过来，有人记着是最大的安慰。自从开始打仗以来，我们就非常忙，常常一天休息不了两三小时，许杏虎一天到晚忙着写稿，也累得要命，现在爆炸就在离我们不到两公里的地方，我们也都无动于衷，主要是习惯了也麻木了。

战争一时半会儿也不可能结束，我们就这样待着吧，如果有一天停电停水我们也就不能在这儿了。我们都储备了不少的饼干和水。你们放心吧！

朱颖 4月7日

4月20日：朱颖发自贝城最后的E-mail

朱颖在贝尔格莱德向福州发出了最后一封文字E-mail，信中透露的信息说明形势越来越严峻——

陈佳：

你好！我这里有一些被炸现场的照片，有时间我会陆续发给你，看看北约究竟干了些什么。

另外一件事我想向陈伯伯咨询一下，贝市附近的氮肥厂被轰炸，大火燃烧了两天两夜，黑烟滚滚，我不知道是否会有有毒气体，虽然政府说没有毒气放出，但我仍在现场感到喉部刺激，所以我并不相信完全没有毒，另外许多油库被炸，也引起大火，不知会不会影响到下一代？请给我答复。还有采取什么办法可以减轻毒性的影响？或吃些什么东西？我们这里食物还算充足，只是北约用了一些有放射性的炸药，所以我们都担心叶子菜里面会含有大量的放射性物质。

其他方面我们一切都好，勿念！

朱颖 4月20日

陈佳接到这封电子邮件，立即请教了教化学的父亲——信中提到的“陈伯伯”，并发去了一封 E-mail，告诫朱颖和许杏虎要尽可能少到现场，尽量多喝水，而且要喝瓶装水。

此后，陈佳收到了朱颖通过互联网发来的几张战地照片。但有关许杏虎、朱颖工作和生活情况的消息，却几乎断绝了。陈佳怎么也想不到，再一次听到他们的消息，竟是一个令她无法接受的噩耗……

刘琳:学习力是增强“四力”的基础

人物名片

刘琳,1960 年 4 月 18 日生于福州,籍贯山东,1977 年 1 月参军,1979 年 3 月加入中国共产党,1984 年 7 月毕业于福建广播电视大学汉语言文学专业,大专学历,高级记者。曾任解放军一八〇医院战士、班长、政治处宣传干事,福州军区后勤部干部文化学校中文教员,海峡之声广播电台记者、编辑、《海峡月刊》主编。1993 年转业进入福州晚报社后,历任记者、编辑、采访部副主任、编委兼总编办副主任、编委兼采访部主任、副总编辑。

在军队期间多次立功受奖,曾被评为福州军区优秀文化教员、南京军区直属部队优秀女军人。转业地方工作后,曾获福州市“三八红旗手”、福州市劳动模范、福州市“十大女杰”、福州市“三八红旗手”标兵、福建省“三八红旗手”、福建省女职工标兵、全国“三八红旗手”、福州市首届文化名家、福州市第一届闽都英才等称号。

刘　琳

“四力”心得

记者的学习力，是增强“四力”的基础。好记者应当将读书、学习作为最重要的业余生活。

没有持续且有效的学习，难以建立起足够宽泛的新知识储备，难以进行冷静且足够的思考，难以保持应有的理性思维，即使跑再多的路，即使到了新闻现场，因为携带着的是一个或陈旧或空白的大脑，最有价值的新闻点会难以发现，最有趣的细节会从你的眼前溜掉。

好记者需要足够的专注力和排除各种诱惑的定力，而这只能在天长日久的静心阅读中形成。记者的内心必须一半是静谧的湖水一半是火焰。

学习量的多少，决定了知识面的广度、思考的深度、观察面的宽度、笔下的力度。

代表作品

古村下和洋：连风都飘着书香

刘 琳 翁宇民 陈 暖

《福州晚报》 2020 年 8 月 3 日

上周二，我们第一次走进龙高半岛上这个像幅画一样美的小村庄，第一个感觉这里不像许多富起来的村庄一样，古厝或破败或被拆了起新楼或新盖的洋楼杂乱无章地与古厝挤成“一线天”，这里连绵古厝完整保存着且修复一新，而新起的幢幢洋楼有序地立在外围，无言地讲述着古村发展的历史。新楼最早起于 40 年前，问当时为何有这种保护古厝意识，被太阳晒得黝黑的乡贤高建达说：“因为我们都读过书，村里百年无文盲。”

百米古街与五座老学堂

下和洋村古厝，都是百多年前下和洋男丁沿着海上丝路下南洋经商有成后，寄钱回家盖的。有的建筑风格中还夹杂着些许南洋建筑元素。村中古厝连片区有条百米长的古街，完整保存着5座百岁上下的老学堂。

生于下和洋的高正，是福清文化名家，退休后居于村中，为保护古厝出谋划策。站在小学堂内，高正很自豪地讲起学堂的前世：当年在南洋牧海有成者寄来大笔钱盖新厝，房子建好后还剩一笔钱，大家准备建座小宗祠。当时我爷爷高居德是族长，我外公是融美中学校长，爷爷去问外公是否要建祠堂，外公说：我看还是先建学堂。于是，下和洋村办起了一家完小，既有初级小学教育又有高级小学教育，这在全福清的自然村中属头一个。

下和洋村这家小学堂，先后走出了200多位大学生，还走出了院士、教授、研究员等一批科学家，打造了名医世家、教师世家和科技世家。

下和洋村小学已与他校合并，现在小学堂的一楼做了村中书院，村里常请名师在此为村中子弟授课；二楼开辟成革命斗争史纪念馆。

祖太婆与名医厝

下和洋村的有文化，还彰显在他们根据每一座古厝的历史文化，为每座古厝命名。南边厝，又叫医学之家，当地人称“名医厝”，这家因为百年前一位祖太婆的深谋远虑，从此科技英才不断，尤其盛产名医，成为名医世家。

百年前，祖太婆当家，当时各家各户只送男孩进学堂，这祖太婆手叉腰，厉言道：“女儿也是人，我家女儿统统要进学堂。”从此，这家女儿代代都读书，能读到高中绝不让女儿做初中生，能读到博士绝不做硕士生。如今这家走出的名医高统明的女儿、女婿都拿到了美国医学博士学位。

高统明是福建省肺科医院主任医师，哥哥高统珠曾是将乐县医院主任医师、院长。

施丹贞与女教师铜像

古街上保存的最小的学堂不足20平方米，这是1927年开设的一所村中夜校。女教师施丹贞毕业于福清毓贞女中（今福清二中），她白天忙他事，晚上来夜校义务教学，寒暑无间，寝馈胥忘，把不少学生送进了大学。感念施丹贞的无私奉献，近年人们在当年的学堂里为她立了一尊铜像，村民高鹏说：“下和洋人会永远感恩她。”据悉，在全国为一位普通小学女教师立铜像的并不多，所以当地人用了“唯一”一词。

在这个小学堂里，还为第一届 4 名学生立了铜像。这 4 名学生中，除了一位女生读到高中毕业，其他都上了大学。高建达说：这女孩因为文化高，后来被一位南洋大华侨娶回当儿媳妇。那大华侨说："有文化的媳妇才能旺家，因为她会教子。"听村里的几位老人说：因村中女孩自小读书，知书达理，气质又好，远近闻名，媒人最爱来牵线。

院士纪念馆与别样宗祠

高由禧(1920—2001)，中国著名气象学家，1980 年当选中国科学院学部委员(院士)。高由禧的至亲多不住在村里，但下和洋村人像保护自家眼珠一样保护着高由禧的故居。院士故去，村里派出代表，远赴兰州，背回了院士的手稿和一批院士用品，全村出资数十万，在院士故居建起了"高由禧院士纪念馆"，还花大价钱为高由禧铸了一尊铜像。记者用手轻轻揩试纪念馆内的铜像，发现丁点灰尘也没有，高正说："村里每个孩子高考、中考前都要来这里加油，立志科教兴国，争当院士。"当地村民说，有附近的村民不爱读书，双休日家长就把他带到下和洋村，到步云学堂温课，每天早上到高由禧故居走走，摸摸铜像，砺志一番。

村中古厝，有不少都悬挂着介绍先贤事功的牌匾和展板。高建达说："宗祠是用列祖列宗功绩激励后人的，我们用古厝走出的先贤教育后代。"

高正在自己家的一楼拿出一间房，作为家族先贤事迹展示馆，记者去时他已完成装修，正准备布展。

走在下和洋村，你会有种冲动：下次来时带本书，这里的风都飘着书香，很适合静心读书。还想带着孩子来，来这里砺志、养心。

陈永章:增强“四力”　服务人民

人物名片

陈永章,中共党员,1965 年 4 月出生于福建省古田县,大学本科学历,1984 年 8 月从厦门大学中文系毕业后参加工作。1989 年开始从事新闻工作,至今已逾 30 年,其间参与了《闽东报》《石狮消息报》《福州日报》创(复)刊号的编辑工作。1998 年 8 月到福州日报社工作,历任编辑部副主任、总编室主任、编辑部主任、编委等职,撰写、编辑的作品有 50 多篇(次)获得福建新闻奖、中国地市报新闻奖等,其中一等奖 13 篇(次)、二等奖 19 篇(次)。2011 年被评为福州市第三十二届劳动模范,2014 年获评福建省 2013 年度“十佳”新闻工作者。

陈永章

“四力”心得

作为新闻战线的一名老兵，我认为增强“四力”关键的一点，就是要以人民为中心，多深入到群众中去，多以群众的视角去观察现象，多站在群众的立场分析问题，把心与群众贴近再贴近，多采编散发泥土芬芳、闪烁露珠光芒的生动鲜活的新闻作品。

我是1989年10月参加新闻工作的。当时，宁德地委决定将已停办多年的《闽东报》在当年11月1日复刊，我有幸被选中，调入刚成立的闽东报社，开始了自己的新闻职业生涯。20世纪80年代末，新闻界老前辈、时任新华社社长穆青同志，对新闻工作者提出了“勿忘人民”的殷切期望。这些思想观点深刻影响了初入新闻之门的我，成为我从事新闻工作的指南。

在2013年8月19日召开的全国宣传思想工作会议上，习近平总书记提出，要树立以人民为中心的工作导向，把服务群众同教育引导群众结合起来，把满足需求同提高素养结合起来，多宣传报道人民群众的伟大奋斗和火热生活，多宣传报道人民群众中涌现出来的先进典型和感人事迹，丰富人民精神世界，增强人民精神力量，满足人民精神需求。这为我们广大新闻工作者进一步指明了方向和目标。

长期的基层新闻工作的实践让我深深体会到，只有坚持党性和人民性的有机统一，把体现党的主张和反映人民心声统一起来，才能正确把握新闻导向。人民群众既是新闻的源泉，更是新闻宣传的主角和服务对象，还是新闻作品的检验者。树立以人民为中心的工作导向，就是要以民为本、以人为本，需要我们情系人民、“勿忘人民”，需要我们自觉贴近实际、贴近生活、贴近群众，需要我们时刻不忘自己就是人民一分子，视人民群众为父母、亲人，感同身受体察他们的困扰，设身处地感受他们的忧苦，充满真情抒写他们的欢乐。

我在福州日报社主持编辑过的“党报热线”是一个以新闻舆论监督为主的版面，由于坚持从新闻规律出发，坚持贴近实际、贴近生活、贴近群众，努力把体现党的意志与反映人民群众心声结合起来，得到了党委、政府与社会群众的双重好评，2003年被评为首届福建新闻名专栏。我撰写的新闻评论《大热天吃冰激凌》《大家都好才是真正好》，分别评论的是公交车空调费由政府买单、菜价调控这样的小事。因为我一方面能够站在党报记者的高度去分析问题，同时又能以自己也是普通百姓的视角感同身受体察群众的困扰，设身处地感受群众的忧苦，比较好地做到了把体现党的主张和反映人民心声统一起来，把表达最基层百姓的心声与体现党的宗旨、党的执政理念紧紧结合在一起，因而具有较强的感染力与说服力，受到读者好评，分别获得福建新闻奖一、二等奖。

代表作品

大热天吃冰激凌

——我对政府为公交车空调费买单的体验与解读

晓　岑（陈永章笔名）

《福州日报》 2009 年 8 月 2 日

尽管一周前就知道，8 月 1 日起公交车空调费要由政府买单，但昨天投币一元登车后，我心里还是有一种大热天吃冰激凌的感觉。

大热天吃冰激凌啥感觉？用我那爱吃冰激凌的闺女的话来说，就是"甜甜的吃起来很美，冰冰的吃起来很爽"。

至于吗？省一元钱的公交空调费就乐成这样！或许，有人会提出这样的质疑，甚至嘲笑我矫情。

我因为天天乘公交车，所以最了解乘公交车的主要人群。公交车一族，除了像我这样的工资不高的工薪族，还有老年人、外来打工者、正在求学的大中小学的学生。一句话，乘坐公交的人以低收入和无收入阶层为主。

我知道，一个月节省百元左右的钱，对收入不多负担很重的下岗职工、对平均工资不到千元的企业退休职工、对收入不高病痛渐多的"依母""依伯"、对收入千元左右要租房要吃饭要交友的来榕打工的兄弟姐妹、对靠父母每月硬挤出来的几百元生活求学的学生来说，都是一笔不小的钱。政府为公交空调费买单，对他们来说就是实实在在的帮助，应该说无异于雪中送炭，无异于大热天送冰激凌。

我知道，一个月节省百元左右的钱，不会让已有私家车的人放弃私家车去乘公交车，却有可能让为了省几十元钱而顶风雨冒烈日踩自行车出行的人选择公交车,并且肯定会让为了省一元空调费而冒着烈日苦苦等待非空调车的农民工毫不犹豫地乘坐空调公交车。作出政府为公交车空调买单的决定的决策者们,平时一般都坐公车上下班或出行,难得有机会乘坐公交车,但难能可贵的是他们心忧百姓,关注到了中低收入市民出行的不便,体察到了低层市民生活的艰苦。从某种意义上说,政府在大热天送出的为公交车空调费买单的"冰激凌",是特意送给像我们这样的中低收入市民的。

我知道,政府买单给普通百姓送"冰激凌"的事已经不是第一次了,诸如公厕免费、公园免费、中小学生免收学费等等都在社会上产生了不小的反响。让我感受特别深切的是新农合让农民看病也能报销。我那在乡下的老父亲过去生病了,总是硬拖着不看医生,要让他上医院比什么都难。我心里明白,那是因为医疗费用高,他怕给子女增添负担。而现在要叫他去看病就容易了,因为有了新农合。今年春节前,他去镇卫生院住院十多天,医药费用近5000元,新农合就给报销3000多元。还有,2007年10万农民工子女在福州上学免交借读费,享受到了与城里孩子一样的公平教育,我女儿也有了来自四川、西藏和本省的寿宁、福清等地的同班同学。市财政投入1600多万元,到去年底,我市已有4.8万农村儿童吃上了免费营养餐。

我知道,以人为本、执政为民,是我们党的执政理念。"群众利益无小事。凡是涉及群众的切身利益和实际困难的事情,再小也要竭尽全力去办。"这是胡锦涛总书记对各级领导干部的殷切希望。当我们的政府一次次把关注的目光对准普通群众,把群众的吃喝拉撒、衣食住行、求学求医等生活中的小事当成政府的大事去一件件认真办好,一次次给群众雪中送炭、大热天送"冰激凌"时,我们有理由相信,那是我们的政府在以具体行动贯彻"执政为民"的崇高理念,那是我们的政府在向"服务型"政府转型时,真正把包括来榕创业者务工者在内的全体市民当作城市的主人,当作政府一心一意服务的对象。

我相信,当市民的事就是政府的事,市民的需求就是政府决策的取向时,市民就会把政府的事当成自家的事,市民就会劲往一处使,空前团结地凝聚力量,共同把福州建设成为更加美好的家园。

我知道,坚持发展为了人民、发展依靠人民、发展成果由人民共享,是党中央对各级党委和政府提出的要求。对中低收入阶层的群众来说,光靠他们的那点收入,肯定无法共享社会发展的成果。这就需要我们的政府眼往低处看、心系老百姓,更多地通过财政买单,对社会财富进行二次分配,为中低收入者提供更多的公共服务，切实解决人民群众最关心、最直接、最现实的利益问题，千方百计为困难群众多办好事实事。这其实也是我对政府为公交空调费买单这一类事，心里感到吃冰激凌一样“甜美”“冰爽”的最重要原因。

别怪我心急，别怪我贪心。我又在期待、又在猜想：下一支“冰激凌”会是什么？

雷岩平:知行合一　正本清源

人物名片

雷岩平,畲族,1968年9月出生,福建仙游人,1993年入职福州晚报社,中共党员,大学本科学历,毕业于中央党校函授学院党政管理本科班。现为福州晚报社编委、采集中心主任。

从业以来,策划采写数百个重大主题活动和大题材的新闻作品,多篇作品获全国晚协特等奖、一等奖,福建新闻奖一、二等奖。2007年获第七届福建省"十佳"新闻工作者荣誉称号;2009年荣获福建省抗震救灾先进个人荣誉称号,同年获福建省五四青年奖章。曾在福建工程学院等高校教授新闻学10余年。

雷岩平

"四力"心得

"四力"是习近平总书记在新形势下对宣传思想队伍提出的具体要求，蕴含着新时代的新内涵。作为一线新闻记者，深入学习领会"四力"精神，对提升新闻实践能力，带好队伍有着重要的意义。

书读万卷，不如路行千里。增强脚力让人见多识广。《福州晚报》是一张都市类市民报，记者的采访轨迹基本停留在城市范围内，对农村情况缺乏系统认知。

2020年是中国全面建设小康社会的收官之年。作为福州晚报社编委、全媒体新闻采集中心主任，本人以此为契机，从元旦起策划了《美丽乡村》专栏，成立"晚报巡村"小分队，每周选择一个村，深入福州各区县(市)采访，每村一个版面全面介绍脱贫攻坚、乡村振兴、党建工作情况。几个月来，小分队走访了福清、长乐、永泰、连江、罗源等近20个乡村。在践行"四力"中不断积累知识，不仅接了地气，还开阔了眼界，对新农村建设有了全新的认识。

眼力是对脚力的提炼，能起到拨云见雾的效果。记者是时代的风向标和温度计，需要有分辨取舍、正本清源的能力。没有良好的眼力，脚力再多也只是行人。在信息洪水时代，记者只有具备洞彻事理的眼力，才能择优取精，为读者提供正确的舆论导向。

脑力是缜密的思维，想得远、想得细，是对眼力的升华。作为新闻记者，就是要围绕中心，服务大局，打赢舆论的主动战，坚持干事创业的热情，做好宣传工作的主业。

手中之笔受命于民，笔下文章不负时代。笔力是对脑力的具化，每一位新闻工作者，笔力都应是最基础的能力，它要求记者不仅要写得好，还要说得好，传播好主旋律，传递好大国声音，讲好中国故事。

"四力"相互补充，呈递进关系，这项教育实践是本人从业26年以来的理论提升。"四力"需要我们像"晚报巡村"一样，深入基层和实际，从现象到本质，从本质到真理，不断摸索认知。

黎伦俊:增强“四力”　勇担使命

人物名片

黎伦俊,1980年3月出生,福建上杭人,中共党员,大学学历。2002年6月毕业于兰州大学新闻与传播学系新闻学专业,同年7月进入福州日报社参加工作。历任《福州日报》采编人员、编辑部副主任,现任福州日报编发中心主任。

36篇作品曾获福建新闻奖,其中一等奖9篇、二等奖12篇、三等奖15篇。主创的版面《福州日报》2007年12月1日一版、2008年8月9日一版(版面)、2009年10月2日第一、八连版连续3年获得福建新闻奖一等奖。此外,参与策划、编辑的“党报热线”“生活资讯”等专栏被评为福建新闻奖名专栏。荣获2017年度福建新闻奖人物系列(省“十佳”新闻工作者)称号。

黎伦俊

“四力”心得

2018 年 8 月，在全国宣传思想工作会议上，习近平总书记殷切期望宣传思想战线广大干部“增强本领能力”，提出了“增强脚力、眼力、脑力、笔力”的要求。中国记协发出倡议，全国广大新闻工作者牢记嘱托、勇担使命，在增强“四力”实践中学在前、走在前，书写新时代的精彩答卷。

作为一名新闻工作者，如何增强“四力”，书写好新时代答卷？

增强脚力，就是要加强作风建设。到基层，心里才会有群众；到现场，心里才会有感动。“纸上得来终觉浅，绝知此事要躬行”。新闻工作者只有坚持深入基层第一线，不断增强脚力，才能写出有思想、有温度、有品质，带露珠、沾泥土、冒热气的作品。

增强眼力，就是要提升政治站位。新闻舆论工作是一项政治性极强的工作。面对纷繁复杂的事物，新闻工作者既要心明眼亮，发现真善美、识别假恶丑，弘扬主旋律、传播正能量；又要善于发现新闻、挖掘新闻，看到新闻素材与众不同的地方，采写出优秀的新闻作品。

增强脑力，就是要增强思考能力。每件新闻作品的呈现，都要通过脑力的加工，去粗取精、去伪存真。在这一过程中，新闻工作者要心中装着群众、胸中怀有大局，多动脑、勤思考，才能破解重点难点，推出精品力作。

增强笔力，就是要提高专业素养。“铁肩担道义，妙手著文章”是新闻工作者的孜孜追求。当前，新闻传播领域发生了深刻的变化，我们手中的笔已经不仅仅局限于“笔杆子”，而是代表了“口头、笔头、镜头”以及各类新媒体传输终端。新闻工作者要顺应新趋势，不断充电，努力成为全媒型、专家型人才。

陈长森：不入基层　焉得“活鱼”

人物名片

陈长森，1969 年 12 月出生，籍贯福建沙县，1991 年 7 月参加工作，中共党员，中国人民大学新闻系毕业，大学本科，高级记者。现任福州晚报采集中心副主任。

2016 年获评福建省“十佳”新闻工作者，共获市级以上新闻业务奖项近百个，其中省级以上新闻业务奖项 32 个。他采写的消息《福州开通至澎湖货运直航》获福建新闻奖一等奖，通讯《“台湾新娘”，你们在福州还好吗？》获中国晚报界最高奖——赵超构新闻奖特等奖，消息《福州批准首个台湾居民个体户》获中国地市报新闻奖一等奖，通讯《九旬台湾老翁扎根福州养老业》《福清人在阿根廷开了万家超市》分别获赵超构新闻奖一等奖。

陈长森

“四力”心得

“问渠那得清如许，为有源头活水来。”基层是新闻工作的源头活水，蕴藏着丰富而鲜活的新闻富矿。在29年的新闻实践中，我感触最深的是，精彩的新闻往往来自基层。只要深入基层，走进火热的现实生活，就能够写出叫得响、传得开、留得住的新闻精品。

很多鲜活的故事，坐在办公室里是采不出来的。记者奔赴基层，才能听到百姓的声音，感受百姓的真情实感。2014年2月，我和同事偶然听说，九旬台湾老翁刘绍宣贴钱在福州从事养老业，便在“新春走基层”活动中走近他，独家挖掘他的生动故事，领悟到他之所以能够在福州养老业坚持10年，主要是真心想为家乡福州做点好事。我们采写的通讯《九旬台湾老翁扎根福州养老业》用写实的手法，通过朴实的语言和观察感知“老人们脸上有笑容”“闻不到异味”等细节，记录养老院老人们的生活状态，让读者感受到刘绍宣对老人们的情怀。该通讯获中国晚报界最高奖——赵超构新闻奖一等奖。

一些重大主题报道，如果停留在面上来落笔，往往枯燥乏味，难以引起读者的阅读兴趣。记者只有增强“脑力”，带着思考沉入基层，才可以写出有血有肉、真实可信的稿件，让读者感同身受。为了迎接党的十八大召开，《福州晚报》从2012年8月起推出“喜迎十八大——走基层、看巨变”系列报道。我作为主要策划者之一，共参与策划30多篇稿件，通过讲基层故事的形式进行报道，这些稿件以小见大、以点带面，从不同侧面向读者展现福州各个方面发生的巨变。省出版物审读审看审听中心认为，该栏目稿件的可读性、感染力强。

基层是实践的主战场，基层是新闻的原产地。不入基层，焉得“活鱼”？新闻实践证明，好新闻是记者凭着“脚力”在基层走出来的。

代表作品

“台湾新娘”，你们在福州还好吗？

陈长森　何佳媛

《福州晚报》 2017 年 12 月 29 日

一湾海峡，隔不断两岸姻缘。今年是海峡两岸同胞打破隔绝状态开启交流交往 30 周年，福州市涉外婚姻登记中心提供的数据显示，1987 年起至昨日，共有 8743 位“台湾新娘”在福州登记结婚。

“台湾新娘”，你们在福州还好吗？连日来，记者走近 3 位不同年龄段的“台湾新娘”，倾听她们在福州的故事。

为爱而来
见证城市发展

1994 年春夏之交，来自台湾彰化县的陈静秋在义序机场下了飞机，第一次踏上福州的土地，感受到了明显的落差。

“从机场出来是水泥路，不是柏油路，坐在车上很颠簸。”她回忆说，“福州虽是省会城市，但那个年代高楼、酒店少，路边摊很多，总的印象是比较杂乱。”

陈静秋与丈夫 1991 年相识于日本。当年，两人都是 20 出头，独自漂洋过海离家求学，正好坐在前后桌。两人分别成长于台湾和福州，虽有许多不同之处，但也互相吸引，逐渐萌生爱意。

毕业之后，两人本打算留在日本，但后来还是决定一起在福州发展。回忆起当初的抉择，她坦言是“追着爱情来的”。

幸运的是，双方父母都很开明。“我父亲 1987 年就到大陆寻找商机，他相信大陆的未来会很好。所以当我们决定结婚的时候，父母非常支持。”陈静秋说。

1994 年 5 月，陈静秋的婚礼在闽江饭店举行，她的爷爷、父母等 10 多位亲友都从台湾赶来参加。婚礼之后，两人开始办理婚姻登记手续。“我记得有次刮台风，路上到处都是积水，先生一路把我背回家，回想起来还是很感动。”

她回忆说，前后忙碌了3个月，终于登记成功。

婚后，陈静秋相夫教子，融入福州，偶尔也在丈夫创办的贸易公司帮忙。“如今我在大陆的朋友比台湾多。”她笑着说，“以前，台湾的朋友总会问我为什么要嫁到大陆。现在，有的朋友反而羡慕地说我的眼光好。”

曾经，往返榕台的机票要七八千元人民币，还要到香港中转，陈静秋每年只能回台湾探亲一次，现在往返机票只需要1000多元人民币，探亲说走就走。曾经，她最多时一个月打到台湾的长途话费就花了1000多元人民币，而现在通过网络电话、视频通话，与亲朋好友想聊就聊。

近几年，不断有台湾朋友问她，大陆怎么突然发展得这么好了？她耐心地解释：“不是突然之间，而是一步步走过来的。我看到福州这20多年的发展，就像看到一个小婴儿逐渐长成大人，生活越来越好，公园越建越多，道路越建越宽，是一种上升的趋势。”

现在，福州为台湾同胞在榕创业提供了不少优惠政策。两个多月前，陈静秋又做了一件充满勇气的事：在晋安区新店天艺文创园创办黛而手工烘焙工作室，开始人生的第一次创业。

这家工作室的经营面积有150多平方米，生产的甜点花样较多，通过微信营销，已经有一个比较好的开局。“我是用妈妈给孩子做点心的态度，来研发甜点。”她说。

“台湾新娘”，在福州努力经营着自己的家庭和事业；这座城市的发展进步，也给了她们前进的动力和奋斗的空间。

生活在福州
感受两岸同根同源

2003年9月，台湾世邦国际企业集团风险管理部的蔡育琴，第一次来福州出差就因急性肠胃炎住进了省立医院。当时，“世邦集运”福州办事处刚刚成立，经理林峰买了一束鲜花赶到医院慰问。

“我刚走进病房，她就用被子遮住脸。”林峰说，“原来她比较注意形象，不想被人看到生病的样子。等到打扮清楚后，才跟我见面。”

两人都没有想到，这是一段美妙缘分的开始。由于生病，育琴在福州停留了3天。这3天，她发现林峰不仅工作上勤奋踏实，生活中也很会照顾人。林峰则发现育琴秀外慧中。两人互生好感。

此后，两人分隔在榕台两地，只能通过 MSN 或电话来交流。“起初都觉得不太现实，因为工作地点不同，公司内部婚姻也比较敏感，后来觉得要努力一下。我经常躲在被窝里给她打电话，用过的电话卡收集起来，有厚厚的一叠。”林峰告诉记者，“她经常来大陆出差，我就主动休假，到她出差的城市陪她，带她参加‘珠江游’‘黄浦江游’等，年假都用来陪她出差了。”

起初，蔡育琴的家人不支持两人发展恋情，甚至联系世邦国际企业集团董事长出面劝阻。没想到，董事长大力支持两人的爱情，反而劝说蔡育琴的母亲接受他们的婚姻，还在台湾订婚宴上作为林峰的长辈出席。

2005 年夏季，两人在福州登记结婚，并于 2006 年元旦在于山堂举办婚礼。董事长夫妇又特地来福州，像陪伴女儿出嫁一样，参加了他们的婚礼。

为了解决小两口分隔两地的难题，董事长把蔡育琴长期外派到福州工作，并在福州组建集团风险管理处集合点。现在，蔡育琴在福州有了自己的风险管理小团队，负责集团大陆站点风险管控的相关事务。林峰也把“世邦集运”福州办事处越做越大，并升级为福州分公司，集装箱运输量从最初的每年 400 多个标箱，做到了 2000 多个标箱。

在生活中，两人配合默契，儿女双全。林峰有好厨艺，会做家务和照顾孩子，蔡育琴出差的时候，不用牵挂孩子的学习。

三坊七巷和马尾船政是蔡育琴时常光顾的景点。“林则徐、严复，这些学生时代了解的名人，我都可以在福州找到他们的故居或纪念馆。福州是近代史上一座了不起的城市，真的让我感受到两岸同根同源。”常住福州之后，蔡育琴越来越喜欢这里。

这里真便利
回台湾反而有点不习惯

漂亮的台湾姑娘，很酷的福州小伙，记者一见到这两位年轻人，感觉他们就是天生的一对。

2005 年，台中姑娘林筱云在澳大利亚的语言学校里，认识了来自福州的江成龙。2007 年 5 月，他们从好友变成了恋人。

2007 年底，林筱云从澳大利亚经香港抵达福州。“我对福州的第一印象不太好，因为当时家附近的南江滨西大道还没有修好，街上一些厕所臭味扑鼻。”林筱云感慨地说，“现在的福州比 10 年前好太多了，我大部分时间都在福州，已经习惯这里的生活。比如现在网购快递上门十分便捷，出门不用带现金，直接手机支付就好了，台湾这些方面就没有这么方便，回台湾反而有点不习惯了。”

2008年底，福州直飞台北的航线开通，经常往返榕台两地的林筱云觉得很方便。

在澳大利亚，两人一直处于半工半读的状态，每隔一两年回福州一次。林筱云说：“我爸爸来澳洲看我，发现他学习和打工都很努力，就没有反对。”

2012年，两人完成研究生学业，先在台湾订婚，2013年2月回福州登记结婚，并决定在福州发展事业。“福州的进步太快了，每隔一两个月看起来都有不同，市民的素质也提高了很多。”林筱云说，“我的初中同学很多也在大陆工作。我常常鼓励亲戚朋友们，一定要到大陆工作一段时间，感受这边巨大的变化和飞速的发展，这样会很有收获。”

福州优越的创业环境和生活环境吸引了林筱云的父母常来小住，甚至投资女儿的创业项目。

林筱云兴奋地告诉记者：“初悦产后护理之家是台湾知名的月子服务品牌，有一整套规范化的服务体系。我们把初悦引入福州，提供专业、舒适、尊贵、私密的月子服务，面积有1400多平方米，是精品酒店式的，地点就在海峡国际会展中心附近，明年春节后就可以开业。”

“早些年，知道我娶了台湾姑娘，朋友们会好奇。”江成龙说，“随着两岸融合发展，现在大家看待台湾人变得更有平常心。大陆人和台湾人没有不同，夫妻相处久了，感情就融洽了。”

江成龙的感受，是众多两岸夫妻的共同感受，也是两岸交流的共同心声。两岸婚姻，不仅体现着“两岸一家亲”，更是两岸经济社会融合发展的缩影。

潘文森：走出误区上坦途
——办报中的一点体会

人物名片

潘文森，1941 年 11 月出生，籍贯莆田，1962 年就读厦门大学中文系（五年制），1967 年 9 月参加工作。曾任福州晚报社副总编辑，兼任报社纪检组长，高级编辑；被选为福州市九届人大代表，福州市政协八届委员；荣获 1991 年度福建省优秀新闻工作者、第二届（1995—1996 年度）福建省“双十佳”新闻工作者荣誉称号。个人事迹收入 1996 年《中国新闻年鉴·中国新闻界人物简介》。

写有杂文、随笔、散文、评论、新闻论文、报告文学等作品近百万字。作品曾获全国晚报优秀新闻论文一等奖，全国报纸副刊论文一等奖，福建新闻奖一、二等奖等。作品被收入《中国新闻年鉴》《全国优秀杂文选》《福建新闻奖作品集》《福建文学创作五十年》《福建文艺创作 60 年选》《福建杂文选》等 10 多种文选。

潘文森

主编出版《榕荫拾翠》《兰圃撷英》《兰圃飘香》《三山夜话》《闽都杂谈》《闽都人家》《凤鸣三山》(之一至之八)等散文选、杂文选、文史丛书、报告文学集共15册书。

“四力”心得

从1982年元旦《福州晚报》创刊到2004年2月退休,在报社的22年中,我深深地体会到办报的辛劳艰难,报人的责任大如天。社会的复杂和报纸的敏感决定办报中有不少雷区和险情。只有充分地认识和找到这些雷区和险情,主动地去排除和超越,才能把握时代的主旋律,坚持正确的舆论导向,才能完成报纸所肩负的神圣使命。

这里,我就办报中遇到的一些误区,择其若干,简而述之——

一是“报业竞争激烈,要彻底改变传统的办报思路。”这是当前报界一种比较普遍的看法。随着历史的发展,与时俱进是时代的必然。但应该认清,传统的东西并非都是不好的。报纸是属意识形态的,不管是哪一个国家,哪一个阶级,哪一个政党,报纸都毫无例外地是它们的喉舌,都强烈地反映着它们的价值观念和政治主张,党的新闻事业的一些传统,经过长期的实践证明是有生命力的,是正确的,就应该继承,必须坚持。比如“政治家办报”“报纸是党和人民的喉舌”以及“把握主旋律”“坚持正确的舆论导向”等原则和方针。

当然,传统的东西,也有不适宜当下的、过时的,那就必须坚决剔除。

二是“不是机关报,可以宽松些。”经过改革开放,报业急速发展,大报小报、日报周报、机关报行业报等等到处都是。于是就有了机关报应“正襟危坐”,其他报纸就可以“宽松”之说。我们《福州晚报》,曾经是福州市委机关报,后来办了《福州日报》后,就转为市民生活报。二者我都曾经历,二者我都有体会。

我们是中国共产党领导的社会主义国家,不管是机关报还是其他任何报纸,尽管它们所承担的任务不同,形式有异,但必须坚持的党性原则、道德标准、服务对象和所要遵守的新闻纪律都是共同的。在这方面,没有要与不要的问题、宽与严的问题,它们都应该是引导民众、服务民众的得力工具,都应该是

党和人民的喉舌。所谓“宽松”，只是在这个前提下，形式可以多彩，服务可以多样，内容可以活泼，写法可以轻松，如此而已。

三是“我报道的事物都是允许存在的。”这是不少人对有争议的报道所进行的一种辩护。客观世界是丰富多彩的，现实社会是纷纭复杂的。我们所面临的纷纭事物，其存在的形式不外两种：一是原生型的“自然存在”的，一是人为型的“允许存在”的。对我们新闻来说，哪怕是标榜“自由”的西方新闻，也决不会“有闻必录”“拿到篮里的都是菜”，都必须根据自己的价值取向和民众的切实需求而有所选择。看看西方新闻，许多时候他们都集体失声就是如此。

四是用稿可以“内紧外松”。这是被一些人经常运用的一种“用稿法”。这里的“内紧外松”，其意是用本地的稿要小心些、谨慎些，因为本地的领导看得见，管得着；用外地的稿可以大胆些、放开些，因为他们管不着。据说，这种“宽严用稿法”，主要是用于“舆论监督”，是为了“监督”时不出麻烦，读者戏称为“相互监督”。这不能不说也是一种危险的误区。这样有意避开式的“相互监督”，其实就是对本该监督的东西失去了应有的监督，使原本严肃的监督制度庸俗化，使我们的报纸不能真正在思想上、政治上、行动上与党中央保持高度一致，也因此在一些地方出现了不该有的假新闻、新闻纠纷和违规新闻，给社会造成不必要的混乱。

五是“文责自负”。这是个老话题，也是一些人堂而皇之的观点。

一本书、一份报纸的出版，这里有功的人主要是作者和编(审)者。当然，如果有过，其责任也主要是这二者。随着新闻事业的发展，一大批还没有受过严格训练的年轻的报纸从业人员走上了岗位；还出现了一大批没有经过严格训练和具有一定素养的自由撰稿人，他们不懂也不顾党的政策和宣传纪律，随意编写的现象相当严重，新闻中屡屡出现的造假、炒假新闻就是一例。在西方敌对势力时时不忘对我们进行“西化”“分化”的今天，报纸编(审)者的责任比以往任何时候都来得重大。办报的责任重如泰山，决不能以轻轻的一句“文责自负”来为自己塞责。

诸如此类的误区其实不少还是陷阱，我们新闻人，应该时时处处保持政治上的高度清醒，识别误区，走出误区，踏上坦途。“以其昏昏”，是绝对无法“使人昭昭”的。

代表作品

愿为洞中一石柱

潘文森

《福州晚报》 2002年1月27日

溶洞是大自然赐予我们的万世瑰宝，是不带任何人工痕迹的伟大杰作。游览溶洞会给人带来无比的愉悦、无限的遐思和不尽的启迪。在至今所有游览的溶洞中，令我最为兴奋、最为惊奇和最能体现上述感受的是贵州织金洞。

那是去年金秋的一个上午，我同参加全国报纸副刊研究会年会的同仁们来到了这个使中国乃至整个亚洲都为之自豪的“溶洞王”。这个酣睡上百万年的溶洞，自1980年4月8日被考察队首次摇醒之后，1984年7月27日就带着一身风尘，一身黄土，从贵西来到祖国的首都参展；1988年8月1日，被国务院颁布为我国第二批国家级重点风景名胜区后，又于1994年10月29日大步跨进了在西班牙拉佳涅耳利亚洞召开的第三届国际旅游洞穴协会大会，成为亚洲第一个加入该协会的成员。这个坐落在贵州织金县官寨乡、从黄果树驱车五个半小时才能到达的溶洞从此扬名于世。

驻足洞中，我几乎都在惊呆地欣赏着那些瑰丽神奇的石笋、石柱和钟乳。这里有多达40多种、几乎囊括了当今世界溶洞中所有形态类型的堆积物。来到这里，你才会知道地球原来不是三维的，它不仅仅只有海、陆、空。此时，我正伫立洞中规模最大的景区之一——广寒宫。这个可称冠天下的洞府，宝物云集，景致奇绝：有令人叫绝的“霸王盔”，有难分真伪的“嫦娥奔月”，还有宏伟多姿的“神秘大佛”“地下星都”“热带雨林”……所谓的国宝“球宝”——“银雨树”就在这一景区的深处。正当我如醉如痴地观赏时，一颗冰凉的水滴不偏不斜地落在我的头上。用手一摸，与平常的水滴不同，黏黏的涩涩的，原来是含有碳酸钙的溶液。导游告诉我，这里属典型的喀斯特地貌，其碳酸岩成分达90%，洞顶碳酸钙含量高达99%以上。正是这一滴滴的溶液，造就了洞中千奇百怪、多姿多彩的岩溶沉积物。这时，我突发奇想：如果我长立于此，就让这一滴滴的溶液浇注我、塑造我，使我也成为洞中石柱，这该是多么奇妙和令人向往的啊！

奇想也罢，空想也罢，但我愿意，但我追求。有一句俗语叫："山中方七日，世上已千年。"这是传说中仙界与人间的时差。这不，那些在地下孕育、诞生而一经发现就已是数十万、数百万年的溶洞，在我们参观者看来，活脱脱就像是人们昨天或前天刚刚布完的一个大展。大自然就是这样一位伟大的艺术家和高超的魔术师，它向人间奉献和展现的就是这样一个在地球上最隐秘、最富传奇和最具幻想色彩的世界。这样的世界谁说不是"仙界"？我企盼有这种"仙界"，愿以尘世的"千年"来换取"仙界"的"七日"。

"仙界"令人神往，可千万别忘记："七日"的辉煌是来自"千年"的代价！我向往"仙界"，绝不是为了去坐享大自然的赐予和荣耀，而是愿意去充当那些正在和即将诞生的熔岩，在许许多多的"千年"中，去承接那一滴滴溶液日以继夜、夜以继日的滴落、堆积，再滴落、再堆积……同伙伴们一起，在这总长 12.1 公里、总面积 70 多万平方米、总容积 1000 万立方米（现已开发开放 6.6 公里 12 大景区 47 个厅堂）的织金洞里，默默无闻地在自己的岗位上劳作着，耕耘着，不畏寂寞，不索名利，无怨无悔，像它们那样有远大的抱负，有执着的追求，有不达目的誓不罢休的韧劲……

我钦敬地肃立在它们面前：那是一株尚不知名的石柱。不，确切地说它还不是石柱，它还是两株相对的石笋和钟乳石。导游说，它们之间还差 2 毫米。我不免心忧起来：它们该不会成为千古之怨吧？谢谢上苍，导游告知，上端的溶液还在不断地下滴，只是落下一滴要经过两个小时！它们相接还须 10 年！真可谓是"石柱上下五千年"。其实，何止是五千年。想一想，这织金洞里，堆积物的高度平均在 40 米左右，最高的有 70 米，比世界之最的古巴马丁山溶洞最高的石笋还高 7 米多；其洞的体积和堆积物的高度，要比誉冠全球并列为世界旅游溶洞前六名的法国、南斯拉夫等西欧国家的溶洞大 2～3 倍。就按这一滴两小时算（或许时间还有更长的，堆积物的面还有更大的），这 40 米，这 70 米，在我们人间不知要经历怎样的沧海桑田？

我愿成洞中一石柱，让大自然用它绝顶的智慧，用它无边的魔力，去雕塑，去刻画，不管它用多长的时间，不管要忍受多大的寂寞和苦痛。我知道，在这里任何的鼓噪都成不了大事，任何的虚浮都将一事无成，唯有"耐得寂寞，忍得痛苦"，才是世间万物的催产婆。

漫长的孕育，痛苦的寂寞，也许都可以忍耐。可当你飘然下凡一切都现身于世时，“全国第一的地下艺术宝库”“举世无双的地下岩溶博物馆”“亚洲第一洞”“地球之宝”“行星上的一大奇观”等不尽的赞誉将汹涌而至。面对这迷人的鲜花和悦耳的掌声，长居“仙界”、一身洁净、毫无世态经验的你能否经受得住那香风的吹拂，那浊气的熏染？的确，你那宏大的规模，磅礴的气势，谁见了都要叹为观止。在你面前，不管是想象力多么丰富的诗人还是横扫千军如卷席的将军，谁都将瞠目结舌，手足无措；不管是再伟大的艺术家还是审美巨匠，谁都会自叹不如。在你面前，人已不再是万物之尊，谁都不过是沧海一粟。可你要知道，你来到世间绝不是为了来享受尊荣和富贵，更要知道，人间最可怕的是毁誉。别以为洞内洞外两重天，洞外被香风吹醉刮倒、被浊气染黄熏黑的事不计其数。为了“仙界”，也为了人间，我们（倘若我真的成为洞中石柱）须“自珍自重，好自为之”。

我们“好自为之”，那人类呢？看到洞口醒目地摆展着的那些被游人推拉拗折的石笋断片，又听说我们的同类被评为世界遗产而今又被列入“世界遗产濒危名单”的已达31处，我国的张家界武陵源就因过度开发等保护不当问题，受到了世界遗产委员会专家的严肃批评。对此，我们不禁心忧起来。好在织金人一开始就有了强烈的保护意识：在洞中每隔一段都竖有这样的告示牌子：“我的存在就是你的存在”，“我与人类文明社会同步”。这是人类借助我们的口吻对大自然遗产意识和环保意识提出的自我警戒，更是石柱石笋们对人类的殷殷期盼。

刘家铭：练好“四力”才能写出好作品

人物名片

刘家铭，1957年12月出生，籍贯福州市，1977年参加工作，中共党员，福州业余大学汉语言文学毕业，大专学历。历任福州日报采访部副主任、县（市）记者部主任。

曾获得第十二届福建省“十佳”新闻工作者荣誉称号，2003年被福州市委、市政府评为福州市实施“东扩南进”战略先进个人，独立或为主采写的作品有50多篇获全国、省和市级各类新闻奖。其中，福建新闻奖特别奖1篇，福建新闻奖一等奖5篇、二等奖4篇、三等奖4篇，全国晚报好新闻特等奖1篇，中国地市报新闻奖一等奖2篇、二等奖2篇、三等奖3篇。

刘家铭

“四力”心得

习近平总书记对全国新闻工作者明确提出增强脚力、眼力、脑力、笔力的要求。回想30多年记者工作经历，我深深体会到，好新闻就是靠脚力、眼力、脑力、笔力得来的，一个新闻工作者，必须不断历练好“四力”，才能当好党的新闻工作者，才能写出好作品。

脚力要求记者深入生活、深入基层、深入群众；眼力是观察力、发现力，判断力、辨别力；脑力是多想、会想，多思考、会思考；笔力就是文风。“四力”是紧密联系的统一整体，环环相扣，互为补充，缺一不可。

加入新闻队伍30多年来，我坚持经常下基层采访，几乎跑遍福州市所有乡镇，包括一些偏远的山区村落、海岛小村，到基层观察群众火热的生活、生动的实践，在采访中不断学习，不断提高观察力、辨别力，多想、多思考，不断改进文风，采写出来自基层的比较生动鲜活的新闻。如《南岭七吨毛豆“突然”贬值》就是在基层福清南岭镇文祚村，采访许多当地镇村干部、农民，以及相关部门、单位挖掘出的“三农”题材的深度报道。这篇文章获得第九届福建新闻奖一等奖。《台商老赵卖鱼记》也是在长期工作实践中，敏锐捕捉到的一条有价值的新闻线索，以拟人手法，采写的一篇新闻特写。这篇文章获得2011年福建新闻奖一等奖。

练好脚力、眼力、脑力、笔力，是党在新形势下对新闻工作者提出的更高要求，是挑战，更是新闻工作者一次深入思考、盘点工作、提升业务的机会。相信我们的新闻工作者，一定会带着满腔热情，带着高度责任感，不断练好“四力”，去发现、反映万千群众在实现中国梦的伟大实践中的创造性活动、新鲜经验、感人事例，让新闻工作活力无限、佳作无穷。

代表作品

台湾水产品首次直销大陆

——台商老赵卖鱼记

刘家铭　郑　雪　黄立新

《福州日报》 2011 年 9 月 17 日

“飞”过台湾海峡的蟹

9 月 15 日。

0 点，一群在台湾海峡游荡的大红花蟹、大斑节蟹，忽然被台湾渔民“请”进了网里，又被装进保鲜箱，运回基隆港。

蟹若有知，该明白，它们已不能自由地在台湾海峡畅游了。

但蟹有知，也不会知道，它们虽不能游过海峡，却能以另一种方式越过海峡。

2 点，这些蟹被等在岸上的渔老板赵德成买走。随后，它们又和其他水产品一道，被打包运往台北松山机场。

10 点，飞机起飞，目的地：海峡西岸的福州。

11 点，抵达福州长乐国际机场，旋被送往位于马尾的福州海峡水产品交易中心。

这群蟹，就这样完成了“飞”过台湾海峡的旅程。次日，它们将在第一届海峡水产品交易会上亮相。

蟹们同样也不会知道，它们完成的是史无前例的旅程，因为这是台湾水产品首次直销大陆。这些蟹们，就这样成了“先行者”。

台商赵德成

收购这些蟹的渔老板赵德成，今年 47 岁，台湾基隆人。他 16 岁开始卖鱼，近年来，他把生意做到了大陆。不过，因为两岸水产品还不能实现直销，在这之前，他到大陆卖鱼，要通过第三地，或以小额贸易的形式进行。

老赵说，他在大陆很多沿海城市卖过鱼，这几年他把生意固定在福州，因为这里离台湾近，居民的购买力也强。虽然如此，做生意仍然很不方便，且要缴纳13％的关税。

卖鱼的和买鱼的

“台湾大红花蟹，1斤200元！”

昨日下午，第一届海峡水产品交易会在马尾如期开幕。面对蜂拥而来的客人，赵德成开始卖力地推销他带来的水产品。

吆喝声引来了一名客商，他叫李家雄，是福州市宏源水产品有限公司的采购经理。

“你这个吊螺，1斤多少钱？”

“100元拿去！”

“90元！剩下的我全买了！”

几番讨价还价，最终，李家雄买下了老赵摊位上所剩不多的大斑节蟹、吊螺和大红花蟹。

李家雄在福州市区开了一家“海鲜吧”，主打台湾海鲜。“店里需要这些活鲜。今天能买到如此新鲜的台湾直销水产品，非常开心。”李家雄说。

“大陆消费能力强，尤其是福州，很多人都爱吃海鲜。看看，多好卖！”望着被“扫荡”一空的摊位，老赵乐呵呵地说。他还为记者算了一笔账，拿大陆最畅销的台湾带鱼来说。直销免税后，每公斤带鱼可以节省1.5元，一年他大概在大陆卖掉3000吨带鱼，可以省掉400多万元。

“在大陆做生意前景很好呀！”老赵开心地说。

记者了解到，昨天举行的第一届海峡水产品交易会，是“2011海峡（福州）渔业周”的重头活动之一。交易会共设展销平台300多个，参与交易的水产品190多种。其中，台湾渔业精品馆共展销有龙胆、石斑鱼、金枪鱼、鲇鱼、台湾蟹、旗鱼、野生乌鱼等40多个新奇特水产品种。交易会还举行了项目签约仪式，渔业项目签约金额逾50亿元。

农业部总经济师杨绍品说，ECFA的签订，为两岸经贸合作注入了新的生机与活力，本届渔业周和渔博会的举办，以及台湾水产品直销大陆，将全面开启两岸渔业合作的新模式，全力拓展两岸渔业合作的新领域，携手共建闽台渔业合作的新格局。

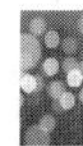

赵素文:《福州晚报》增强“四力”的基、本、源

人物名片

赵素文,1956年6月生,籍贯福建福州,1978年参加工作,中共党员,中央党校函授本科毕业。主任编辑、研究员。历任中共福州市委党史资料征集委员会办公室副主任、中共福州市委办公厅副主任、中共福州市委副秘书长兼市委党建办主任、福州晚报社总编辑、中共福州市委宣传部常务副部长、福州市教育局局长、福州职业技术学院党委书记,福建教育学院院长、党委书记。第十届国家督学。

曾获得全国“婚育新风进万家”先进个人、福建省第三届“双十佳”新闻工作者荣誉称号。福建省第八次、第九次、第十次党代会代表,福建省第十一届、第十二届人大代表,福建省第十一届政协委员。

赵素文

“四力”心得

新闻工作者增强“四力”之基在于政治意识。

有了政治意识，才能自觉做到胸怀大局、心系大局。在大局下思考、在大局下行动，才能有力有效地做好报纸的典型宣传、热点引导、舆论监督工作。《福州晚报》在世纪之交推出林炳熙重大典型，就是因为编委会有强烈的政治意识和政治敏锐性，从思想上重视报纸的典型宣传，所以能够发现典型，组织最强的采编力量，通过多角度挖掘典型先进事迹，多形式开展生动活泼的宣传活动。林炳熙先进典型宣传报道规模之大、数量之多、影响之深，在福州乃至福建报业界都是前所未有的。福建省委宣传部、福建省新闻工作者协会认为是“福建典型宣传的重大突破”。林炳熙典型宣传获1995年福建好新闻特别奖、中国晚报好新闻特等奖。

新闻工作者增强“四力”之本在于责任担当。

有了责任担当，才能做到党性与人民性高度统一，才能自觉做到为党说话、说党的话，为人民说话、说人民的话。世纪之交，《福州晚报》为社会立公、为百姓立善，记者勇敢揭露“老虎机”害人问题，虽家中遭受枪击仍不畏强暴继续开展舆论监督，此事被中国记协评为1999年中国新闻界十件大事之一。组织策划老劳模郑依姆来信，狠刹公款吃喝风系列报道，获1997年福建好新闻一等奖。曝光“包检车”内幕、披露亏损厂盖高档住宅、监督私宰肉问题、抨击公车私用、合力实施再就业工程等，弘扬真善美，鞭笞假恶丑，在世纪之交，一次次“牵动了福州人的神经”。

新闻工作者增强“四力”之源在于敬业精业。

只有敬业精业，才能为人民群众提供精美的精神食粮。世纪之交，福州晚报社引导采编人员学习钻研采编业务，强化全员精品意识，加强重大题材组织策划，注意抓拳头版面、拳头栏目，经常组织开展各种赛事锻炼队伍等，使得报纸精品佳作迭出。1995年至2000年这6年间，《福州晚报》获得全国晚报、全省好新闻奖76项，其中特等奖5项、一等奖15项、二等奖30项。庆香港回归第一次采取大联版彩色印刷，庆祝福州解放50年出50版创下福州报业多个之最，庆祝中华人民共和国成立50周年报道气势恢宏，迎澳门回归、迎新千年报道独具特色，在福建、福州报业史上写下精彩篇章。靠志气、朝气、勇气，打

了报纸编校质量翻身仗，编校质量从全国晚报倒数第5名，1997年跃上全国144家晚报第13位，1998年跃上第9位。在中国报业协会集报分会评选的“全国三十佳晚报”中名列第10位。

代表作品

晚报要自觉唱响主旋律

赵素文

《福州晚报》 2000年8月

坚持团结、稳定、鼓劲，正面宣传为主，高扬主旋律，这是党的新闻宣传的基本方针。晚报也是党报，必须牢牢坚持这个基本方针，为全党全国大局服务，这一点必须十分明确、十分自觉，绝不能有丝毫含糊与动摇。

唱响主旋律，思想上要形成共识

《福州晚报》原来是机关报性质的晚报。机关报在宣传党的路线、方针、政策和服务全党工作大局方面责任感、使命感强烈，自觉性也高。1998年10月，随着《福州日报》的诞生，《福州晚报》不再担负机关报的任务。职能变了，新闻宣传要怎么搞？在本报内部曾经有各种各样的声音。有的认为，晚报不是机关报了，可以放开手脚，应该以社会新闻为主，轻松活泼一些；有的认为，晚报已全面走向市场，应以卖点为考虑问题的出发点，读者爱看什么就登什么；还有的对刊登党委、政府重要会议、活动和重大工作部署的新闻认识不足，认为这是机关报的事，不是晚报的任务，还有的认为，这些东西“很硬”，晚报去登不合适，没人看。因而，对必须刊发的重要新闻处理上不用心，有被动应付思想。究竟晚报的宣传要怎么做？编委会认真学习领会全国、全省宣传工作会议精神，并通过开展读者问卷调查、召开读者座谈会等，对晚报的新闻宣传问题，逐步形成共识。

第一，晚报的办报方针和办报宗旨是什么。晚报不是机关报，但它仍然是一份党报，是党的新闻战线的重要组成部分，同样担负着宣传党的路线、方针、政策的任务。晚报的改革不管怎么改，宣传党的路线、方针、政策的职责都不能变。晚报确实有自己的特色，但必须自觉地服从、服务于大局。特别晚报是走进千家万户的报纸，在福州地区发行量大，社会责任也大。必须牢牢坚持四项基本原则，坚持团结、稳定、鼓劲，正面宣传为主的方针，坚持正确的舆论引导人。

第二，究竟市民需要什么样的声音？需要了解什么样的信息。通过调查，我们感到当今读者眼界广阔，知识水平也有很大提高，已不仅仅满足于看身边东家长、李家短之类的社会新闻，他们关心国家大事，需要党和政府的声音，需要了解大局，需要了解党和政府的工作信息。党政机关的重要新闻是主流新闻，一张报纸没有主流新闻，就没有品位和档次。晚报宣传不能漠视读者最大的关注点，但重要的是要改进报道手法，提高宣传质量，把这些主流新闻、"硬新闻"报好，报得百姓爱看。

第三，究竟晚报宣传要把读者引导到哪里去。每张报纸都具有引导的功能。党报的引导，应该把读者引导到党的周围，把群众的智慧和力量引导到贯彻党的路线、方针、政策上来，这是党报的性质所决定的，这一点必须十分明确，而决不能搞哗众取宠，更不能把读者引导到歪门邪道上去。

第四，晚报宣传要让人民群众看到什么。报纸宣传不是对社会上发生的事情"有闻必录"，而是要有选择地登。登什么，不登什么，要有政治意识，要让人民群众看到成绩，看到光明，要鼓舞人民建设社会主义现代化的信心。而决不能只报问题、报案件、报阴暗面，让人看了失去信心、垂头丧气。

第五，晚报走向市场靠什么。《福州晚报》办了10多年，在读者中已有一定影响，读者对《福州晚报》的办报风格、品位已经认同，我们不能丢掉自己的优势，丢掉现有读者群，去媚俗、去迎合低级趣味的东西。要靠改进报道手法，提高报纸质量；靠抓住党和政府关心、人民群众关注的问题的结合点；靠提高报纸的新闻性、时效性、地域性、可读性、可用性；靠提高服务质量等等。而不是靠猎奇媚俗去提高所谓的卖点。

对以上几个方面的问题达成了共识，进一步端正了办报的指导思想。

唱响主旋律，行动中要自觉落实

唱响主旋律只停留在认识上还不行，必须自觉落实到行动上。在实践中，我们紧紧抓4个环节的工作：

加强对重大事件的组织策划，聚集强势进行舆论引导。我们感到，唱响主旋律，首先要把大事唱好、唱响。去年，我们围绕新闻宣传上的“三件大事”，精心组织策划，打了一个又一个主动仗。迎接福州解放50周年、中华人民共和国成立50周年，我们从3月份就推出《百年福州五十年巨变》专栏，结合每个月的重大节日，分为功臣篇、劳模篇、青春篇、先锋篇、解放篇等，宣传上步步推进。在“8·17”福州解放50周年纪念日形成高潮，出了50版纪念特刊。迎接澳门回归，我们派出2名记者到澳门，开展“回归前夕看澳门”系列采访报道活动，并在澳门回归日，出上下午版纪念特刊滚动报道回归盛事。迎接新千年，我们在1999年12月30日、2000年1月1日，分别以告别旧千年和迎接新千年为主题，组织策划报道活动，这两天的版面，被收入“中国百报千年典藏”和“中国晚报新千年首日大观”。这几个大事的组织策划，进一步树立了《福州晚报》强势媒体的形象，产生了良好的社会效应。

抓好“结合点”，为党和政府的中心工作鼓劲呐喊。党报具有喉舌、引导、传播、监督等主功能。唱响主旋律，就要警惕在办报思想和办报实践中弱化主功能的倾向，就要自觉围绕党和政府关心、百姓关注的问题，搞好引导、帮忙，而决不能搞噪音、添乱。在这个问题上，晚报更要注意把握好。改版以来，我们对党委、政府重大决策部署精心处理，不惜版面刊发。今年对“三个代表”“两思”宣传倾注满腔热情，对市委、市政府的中心工作积极配合。比如福州棚屋区改造问题，百姓呼声很高，市委、市政府决心很大，但在实施过程中，难免有各种阻力和困难。本报领会市委、市政府的意图，在6月14日推出“棚屋人之梦”追踪系列报道，先是铺垫宣传，报道棚屋人盼“榕城补丁”早日换新颜、棚屋区走过300年风雨已经走不动等；而后进入造势宣传，报道市委、市政府作出决策要改造棚屋区的决心，各部门怎么积极行动等；接着进入高潮宣传，棚屋区开始动迁后，每天在一版不惜花大块版面，报道百姓搬迁、棚屋拆除、工程钻探等，棚屋区改造系列报道力度大、火力猛，唱得很响，促进棚屋区改造工作节节推进。

全面把握好舆论导向，让主旋律和谐响亮。导向没有把握好，噪音四起，就不可能唱响主旋律。特别是晚报版面内容丰富多彩，每天都向社会提供大量的政治、经济、文化、体育、科技、生活等方面的信息。晚报又是走进千家万户的报纸，影响力大，我们的责任很大。在实践中我们感到，晚报的新闻宣传不仅要把握好政治导向，还要把握好思想导向、价值导向、行为导向、知识导向、生活导向等等。

改进报道手法，让百姓喜闻乐见。主旋律不仅要唱得响，还要唱得动听，才能起到好的社会效果。改版以来，我们注意从晚报的特点出发，努力在新闻性、时效性、地域性、可读性、可用性上狠下功夫。特别是对重大主题宣传，我们力求报得更生动、更有特色、更有可读性，能吸引更多的读者。比如当前正在兴起学习“三个代表”“两思”高潮，为了搞好这个重大主题宣传，我们学习兄弟报纸经验，注意研究读者的兴趣，在建党 79 周年前夕，编发了“与您一起学习‘三个代表’”“与您一起学习‘两思’”两个专版，把“三个代表”“两思”宣传用问答形式，把人们最关心的“三个代表”的 9 个问题和“两思”中的 13 个问题，作了生动、深入、充分的阐述。

我们在新闻宣传中，还注意发挥晚报“快”“软”“杂”“活”“近”的优势，努力把“以正确的舆论引导人”落到实处。《福州晚报》是福州地区唯一下午出报的报纸，下午出报有优势也有劣势，我们努力发挥时间差的优势，当天新闻尽量去抢，做到人无我有，对早报登过的新闻，我们在后编辑、后处理上多下功夫，在版面位置、内容选择、标题制作等方面报得比人家更好一些。

唱响主旋律，工作中要清醒坚定

唱响主旋律，在实际工作中，会遇到许多具体的实际问题，必须做到头脑清醒，态度坚定。

在原则性与可读性上，原则性要放在首位。办报要讲求可读性，特别晚报是一张走向市场的报纸，一张进家庭、进生活、近百姓的报纸，更是讲求可读性。但可读性不是首要的，可读性应该体现它的原则性。有原则的可读性，才是高品位的、真正为读者所喜爱的可读性，这样的可读性，可以提高报纸的声誉。无原则的可读性只能是庸俗的可读性，最终只能失去读者，毁掉自己。

在社会效益与经济效益上，社会效益要放在首位。报纸走向市场经济，需要争创最佳经济效益，但报纸的经济效益最终是取决于社会效益。办报必须坚持正确的思想，时刻牢记对国家、对人民、对社会的责任，要坚持正确的舆论导向；要集中精力办报，提高质量，多出精品，努力使报纸赢得广大读者喜爱，从而来实现经济效益的提高。

在正面报道与批评性、揭露性报道上，要以正面报道为主。报纸要大力

宣传我国社会生活中的本质和主流，着力反映社会生活中积极健康的内容，以鼓舞人心。同时也不回避现实生活中的消极现象，要发挥舆论监督的作用，扶正祛邪，弘扬正气。但揭露性、批评性报道要慎重，同时要注意量的把握。

陈航:牢记职责使命　不断增强“四力”

人物名片

陈航,1969年8月出生,福建仙游人。1991年7月参加工作,中共党员,华东师范大学电子科学技术专业、北京广播学院新闻学专业毕业,大学本科学历,学士学位,高级记者职称,历任福州电视台经济中心副主任,福州广播电视集团新闻中心主任、电视综合节目中心主任、编委会副总编等职,现任福州广播电视台党委书记、台长,参与创作的作品曾获2000年中国广播电视奖二等奖、2003年中国广播电视新闻奖三等奖、2015年中国广播影视大奖广播电视节目提名奖等。

陈　航

“四力”心得

2018年8月，习近平总书记在全国宣传思想工作会议上强调，宣传思想干部要不断掌握新知识、熟悉新领域、开拓新视野，不断增强脚力、眼力、脑力、笔力，努力打造一支政治过硬、本领高强、求实创新、能打胜仗的宣传思想工作队伍。作为主流媒体的新闻工作者，我们要牢记嘱托、勇担使命，以高度的政治自觉抓好增强“四力”教育实践工作，推动宣传队伍不断强起来，更好地担负起举旗帜、聚民心、育新人、兴文化、展形象的使命任务。

一要提高政治能力。要深入学习习近平新时代中国特色社会主义思想，牢牢坚持马克思主义新闻观，把“四个意识”的要求贯穿融入新闻舆论工作的各环节、全过程，真正把政治方向、政治要求体现到新闻采编工作中去，把党的理论路线方针政策和重大决策部署宣传好、阐释好、落实好，以实际行动落实“两个维护”。

二要提升业务本领。加强采编队伍建设，常态化开展业务培训，推动传统采编人员向全媒体复合型人才转型，全面提高采、写、编、评各项业务水平；大胆进行业务探索，创新节目形态和表达方式，满足群众需求，生产更多有思想、有温度、有品质的精品佳作。

三要锤炼优良作风。坚持以人民为中心的工作导向，进一步转作风、改文风，把镜头画面对准基层一线，挖掘决胜全面建成小康社会、决战决胜脱贫攻坚、“三个福州”等重点工作一线先进典型，采写更多“沾泥土”“带露珠”“冒热气”的文章，全方位展现福州市各级各部门和广大人民群众建设新时代有福之州、幸福之城的故事，为实现中华民族伟大复兴中国梦汇聚强大精神力量、营造良好舆论氛围。

张春斌：锤炼“四力”，做党的全媒型专家型新闻工作者

人物名片

张春斌，1968 年出生，福建永泰人，1990 年 8 月参加工作，中共党员，省委党校哲学专业研究生毕业、中国地质大学项目管理专业工程硕士，主任记者、高级经济师；历任永泰县委党校讲师，福州有线电视台新闻部记者、《闽都经济广场》等四个节目制片人、图文部副主任、经济部副主任，福州电视台社教中心副主任、新闻中心副主任，福州广电集团编委、新闻中心副主任兼《福州新闻》制片人、总编室主任，福州市委宣传部对外宣传联络处长、副调研员、市委外宣办副主任；期间兼任首届全国青运会新闻宣传部记者处长、福州执委会新闻宣传部副部长。现任福州市社科联（社科院）党组成员、副主席、行业党委书记。

张春斌

专著《电视文化与对话时代》获第七届全国广播电视优秀著作评选二等奖，创办和策划的5个节目获全国优秀新闻栏目等全国奖项，多篇作品获全国性、省级一等奖等奖项，多篇论文在《中国广播电视学刊》等国家级、省级刊物发表，被评为第二届福州市“十佳”新闻工作者、第八届福建省“十佳”新闻工作者。

“四力”心得

习近平总书记关于宣传思想干部要不断增强脚力、眼力、脑力、笔力的重要论述是广大新闻工作者解决本领恐慌，把自己打造成为政治过硬、本领高强、求实创新、能打胜仗的党和人民信赖的新闻工作者的根本遵循，揭示了新闻职业能力建设的科学规律，指明了锻造过硬本领的科学方法，我们必须作为终生修炼课题、践行“四向四做”根本路径，熔铸于职业生涯之中。

增强脚力，必须坚持走群众路线。牢记新闻工作是群众工作，坚持以人民为中心，才能让我们的新闻报道更加接地气、聚人心，更有情感、有温度；要善于调查研究，既要“身”入经济社会建设一线、更要“心”入基层，掌握实情，了解不同社会群体思想实际、生活状况、文化需求、触媒方式，更加精准提供新闻服务，增强传播力、引导力、影响力、公信力。

增强眼力，关键在于提高辩证思维能力。练就透过现象看本质、廓清迷雾辨是非的“火眼金睛”，是每一位合格的党的新闻工作者必须具备的基本功。必须下苦功锻炼政治思维、辩证思维、历史思维、创新思维、底线思维的能力，善于区分主要矛盾、矛盾的主要方面；必须不断掌握新知识、熟悉新领域、开拓新视野，学习不同学科领域基本知识和研究分析工具，达到“庖丁解牛”境界；必须增强问题意识，注重在分析问题、解决问题中锤炼眼力，妥善处置正面报道与舆论监督关系，不断提高突发事件新闻处置能力。

增强脑力，紧要的是善于把握“时度效”。每一个新闻工作者脑中都应有高效处理信息与舆论传播布局的“中央厨房”。面对分众化、差异化传播新特点，如何为不同目标受众提供喜闻乐见的新闻信息、搭建便于接收触及的传播轨道载体；面对敏感新闻，如何发挥主流媒体引导力，形成最大公约数，都需要新闻工作者用“最强大脑”进行专业化思考、技术化设计，拟出“战役作战图”，这是硬本领，也是一门高超的“艺术”；必须自觉增强“政治家办报办台”意识，深研专业知识技能，把握规律性，提高创新能力，让脑力强起来。

增强笔力，在于熟练掌握业务“刷子”。新媒体时代，老“套路”往往不管用，解决本领恐慌问题，一要坚持“四向四做”标杆，把政治能力建设放在首位；二要当全媒体型从业人员，练就媒体融合传播新业态需要的“十八般武艺”；三要做专家型新闻工作者，媒体竞争力的核心在于人才，新闻从业人员的政治素养、理论水平、政策水平、业务能力直接关系新闻舆论工作效果；必须加强自身建设，严守真、平、情、活的准则，以富有感染力、凝聚力、引导力的新闻作品、传播阵地统一思想、凝聚共识，提高履职尽责的质量水平。

吴乙平:不断锤炼和增强新闻发现力

人物名片

吴乙平,1958年12月出生,福建云霄人,1976年12月参加工作,中共党员,福建师范大学(夜大)中文系毕业,大学本科学历,高级编辑职称,历任原福州有线电视台新闻部主任,原福州广播电视集团总编室主任、新闻中心主任、编委会副总编,福州广播电视台战略发展部主任、广播中心主任等职。2019年1月退休。

参与创作的作品曾获中国优秀广播节目一等奖、全国对台广播一等奖、中国广播影视大奖提名奖、福建新闻奖一等奖、福建广播电视艺术奖一等奖等。

吴乙平

“四力”心得

在当今全媒体时代语境下，媒体竞争日趋白热化，抢夺新闻资源、争夺话语权、引导舆论方向成了媒体竞争与生存的焦点。因此，“内容为王”也日趋凸显其重要性。如何培养自己的新闻发现力与实现力，做好内容，抢占先机，成为媒体人的重要课题。

新闻内容发现的四方面评判，即相关多数人的、认识事物本质、突发性事件之第一时间第一现场，都必须要有过硬的“脚力”。新闻工作者只有俯下身、沉下心、察民情、解民意，长期扎进一线，练就实地调查的基本功，才能掌握第一手素材，及时、客观、真实、生动地展示真相，揭示事物本质。

深度挖掘与放大是新闻发现力的纵向拓展，要想让真相在受众眼前展开，展现采访、调查的完整链条，全景式呈现新闻事件，并进行深入思考，就必须不断提高自己的“眼力”。胸怀全局、提高站位、拓宽视野、见微知著，具备“察人之所未察”的敏锐观察力，才能洞悉新闻事件的本质，由表及里、步步跟进、层层挖掘与放大新闻的价值，实现新闻报道认识社会、感动社会、启迪社会，传播正能量的目的。

在互联网时代，新闻工作者除了要掌握大量的第一手素材，及时、快捷地先声夺人和具备敏锐观察力，预测事态走向外，还要不断增强自己的“脑力”，认真观察、深度思考，才能在复杂的舆论场中保持定力，准确判断，明辨是非，激浊扬清。集合全媒体的传播力，“以我为主，为我所用”，形成同频共振，讲好中国故事，发出中国声音，引领舆论导向，牢牢把握话语权。

“笔力”既是语言文字的表达能力，也是新闻传播的实现能力。从新闻发现能力与传播实现能力的关系研判，“笔力”主要体现在前期策划与后期表达两方面。重大事件、重大活动、主题报道，甚至是突发事件的报道过程中，都需要及时和精准策划。这就需要策划者具有较强的创新思维和方案撰写能力。后期表达的“笔力”，主要是准确、生动，使新闻报道有深度、有温度，具有很强的吸引力和感染力。这样才能把新闻的发现能力，真正转化为传播的价值。

“四力”是一个相互关联、相辅相成的整体。每个新闻工作者，无论身处何时何地，都必须不断增强“四力”，并用一生去锤炼、去践行，才能创作出无愧于时代的优秀作品。

岳福荣:增强“四力”　不辱使命

人物名片

岳福荣,1953 年 2 月出生,福建长汀人,1970 年 1 月参加工作,中共党员,中央党校函授学院本科班法律专业毕业,大学本科学历,历任福州电视台新闻部主任、台长助理,福州广播电视集团电视综合节目中心副主任、专题策划部主任等职。2013 年 3 月退休。

参与创作的作品曾获 1986 年全省“好新闻”二等奖、1995 年全国优秀城市新闻一等奖、1997 年省政府奖一等奖等。

岳福荣

“四力”心得

习近平总书记当年在福州倡导“马上就办、真抓实干”，提出要“进万家门、知万家情、解万家忧、办万家事”。在福州市工作期间，他每年都把“菜篮子”工程作为福州市委、市政府为人民群众办实事的首件来抓。1994年5月30日，《福州菜篮子工程》6集新闻述评性系列报道在福州电视台的《福州新闻》和福建电视台的《福建新闻联播》连续播出，引起了良好的社会反响，作品获福建省1994年度电视好新闻一等奖。

作为一个新闻工作者，心里要装着人民群众，才能增强脚力，迈开脚步深入田间地头，深入基层一线，深入到火热的生活中去；才能增强眼力，发现真善美，识别假丑恶，弘扬主旋律，传播正能量；才能增强脑力，辨别是非，站稳立场，胸怀大局，和党和人民同心同德；才能增强笔力，用手中的摄像机捕捉拍摄一线火热、生动、真实的生活场景，追赶、融入新媒体的时代。

新闻舆论工作关乎治国理政、定国安邦，作为一个老新闻工作者，我希望年轻的记者编辑们，珍惜自己的工作岗位，热爱自己的本职工作，认真学习领会习总书记对新闻工作者情到深处的期许和厚望，不断提高脚力、眼力、脑力、笔力，用自己手中的笔和镜头，“为党为民、激浊扬清”，不辜负我们的岗位和职责，不辜负这个伟大的时代，做一个无愧于党和人民的新闻工作者！

汤寒枫："四力"铸魂

人物名片

汤寒枫，1975 年 12 月出生，福建浦城人。1998 年 9 月参加工作，中共党员，福建师范大学广播电视艺术专业毕业，大学本科学历，硕士学位，播音指导职称，历任福州广播电视集团广播中心音乐频率负责人、广播中心副主任等职。现任福州广播电视台播音部副主任。

参与创作的作品曾获 2003 年度中国广播电视新闻奖二等奖、第十五届中国新闻奖三等奖、2015—2016 年度中国广播影视大奖广电节目奖提名奖、第九届中国广播剧研究会专家奖金奖等。

汤寒枫

“四力”心得

因为一份对话筒的热爱，我有幸走进了广播电视行业。细细思考和体会自己的职业生涯，一幅幅和同事们用脚步去丈量、用眼睛去凝望、用心灵去感悟、用笔端去倾诉的画卷徐徐展开……

从传递市委、市政府声音的《榕广新闻》，到为百姓排忧解难的《政风行风热线》；从入职之初全心投入的《音乐日记》《心灵天际线》，到近年在融媒体时代积极尝试的《为你朗读》《寒枫微世界》；从广播对台评论、文艺专题和广播剧的创作，到近年来电视大型宣讲栏目《福州听我说》、美文栏目《福文话》及各类专题片的策划演播；从防抗台风“苏迪罗”“莫兰蒂”“鲇鱼”特别直播，到数字中国建设峰会、丝路国际电影节、海丝国际旅游节融媒体直播……

我是何其幸运，何其幸福！在每一次创作生产的过程中，因为走进广大人民中间，我才获得了大量机会，与感人品格、典型事例、丰富文化进行接触，获得感悟和思考，迅速产生创作的内生动力。这种动力随着创作过程的推进愈加明显：一方面，外化于节目，从而有洋溢新时代光辉、激荡生命活力的好作品产生，使我找到了职业的价值感；另一方面，内化于心，从而拥有高尚的情怀、锐意创新创造的热烈，使我找到了生命的归属感。

这些实践经历让我有一种真实而深切的体会：我和同事们一起工作战斗的过程，是持续增强“脚力、眼力、脑力、笔力”的职业历程，是让自己成长、使自己丰富的人生旅程，是在敬畏和热爱中践行初心和梦想的奋斗进程！在这样的过程中，我感受和坚守着党性和人民性相统一的原则，觉悟和践行着新闻工作的桥梁纽带作用和使命担当！

增强“四力”，守正创新——我和我的同事们满怀崇敬与赤诚，将这铸进我们的灵魂！

姚敏：如何在融媒体环境下增强“四力”

人物名片

姚敏，1976年1月出生，浙江宁波人，1998年10月参加工作，福建师范大学广播电视专业毕业，大学本科学历，硕士学位，主任播音员职称，曾为福州广播电视集团知名主持人，现为福州广播电视台新媒体中心内容监审，兼新闻中心播音科科长。

参与创作的作品曾获2003年全国第六届金话筒奖提名奖、2016年福建省广播电视艺术奖播音与主持作品一等奖、全国第六届金话筒奖提名奖等。

姚　敏

“四力”心得

增强脚力、眼力、脑力和笔力，是习近平总书记对新时代宣传思想工作者在政治能力、理论素养、专业素质和工作作风上提出的重要要求。探讨如何增强“四力”，对于实现融媒体环境下新闻工作的突破和创新、提升和优化传播效果有着重大而积极的意义。

一、增强脚力　发现真实

在互联网技术快速发展的今天，各类信息如潮水般涌来。记者、编辑似乎不用赶赴现场，无须深入采访，只要上网搜索，就可足不出户编发一条条热闹的“新闻”。这样的新闻报道难免出现与事实严重不符，甚至在新闻快速发酵传播余温未了时突然反转。“打脸”速度之快，往往令人瞠目结舌。一篇生动、鲜活、值得推敲的报道，唯有走进现场、深入生活，不惜脚力，才能获知细节，捕捉情感，触及灵魂，才能真正写出有血有肉的报道。

二、锻炼眼力　透视本质

作为一名合格的新闻工作者，不仅要眼见为实，还需有透过现象看本质的能力。眼力就是我们的洞察力和观察力。在现实工作中，我们经常发现这样的现象，一个年轻的新闻工作者对于投诉者往往抱有天然的同情心，偏听偏信，忽略人性的复杂、事实的曲折和站位的不同，随之而来的报道就失去了公允和客观。新闻工作者需要与不同的人多打交道，从各个角度了解新闻事实，善于发现异常，提高导向把关的能力，将事件最真实的面貌呈现给受众。

三、提高脑力　创新活力

在新媒体时代，一个新闻工作者如果不能尽快地掌握新知识、新技能，则无法胜任新时期的工作要求，只有保持大脑高速运转，不断完善知识结构，不断深化对宣传工作的规律性认知，才能提高有效解决问题的能力。同一篇报道，不同的人去完成，也许会呈现完全不同的传播效果。这就是记者从不同角度切入，采用不同形式、运用不同方法带来的必然结果。

四、运用笔力　改变文风

新闻工作者离不开写,好的新闻报道忌讳陈词滥调,也怕堆砌辞藻。好文笔要真实真切,语言朴实、有内涵,这样才能将新闻素材转换成广为传播的新闻报道。新闻工作者需要不断提高文字素养。这就需要我们在日常生活中多读书和勤练笔,多实践。

王振江：增强“四力”　不忘初心

人物名片

王振江（笔名：方平），1958 年 2 月出生，山东博兴人。1978 年 12 月参加工作，中共党员，福建师范大学汉语言文学专业（自考）毕业，大学专科学历，记者职称。历任福州人民广播电台新闻部负责人、新闻部副主任等职。2018 年 3 月退休。

参与创作的作品曾获 2007 年度、2011 年度中国广播影视大奖提名奖，第十八届中国新闻奖三等奖，2008 年度、2014 年度福建新闻奖一等奖等。

王振江

“四力”心得

2018 年，习总书记对广大宣传思想工作者提出要求：“不断掌握新知识、熟悉新领域、开拓新视野，增强本领能力，加强调查研究，不断增强脚力、眼力、脑力、笔力，努力打造一支政治过硬、本领高强、求实创新、能打胜仗的宣传思想工作队伍。”作为退休两年的新闻战线老同志，重温总书记这一与时俱进的殷切期望，使命感顿增。

回顾数十年职业生涯，我始终牢记自己的职业初心：保持清醒政治头脑，提升服务党和人民的业务本领，坚持体现新闻作品的时代性，努力转作风、改文风讲好中国故事。

1992 年，本人通过多项考试进入福州人民广播电台，先后主持《经济台 90 分钟》《文海夜航》等广播节目；1994 年转入新闻部任新闻记者。此后的数十年间，我绷紧“发条”奔走基层、穿梭一线。主创的十多篇省级一等奖作品《两袖清风一身廉洁——介绍优秀共产党员林炳熙二三事》《五万元拥军款哪儿去了》《五一广场烛光点点，万人祈福四川人民》《罗源县洋坪村石材污染咋就没人管》《两岸成功举行海上联合搜救演练　台方人员首登大陆船》等，中国新闻奖、中国广播影视大奖作品《回眸“松绑”放权》《祖国大陆与澎湖地区海上货运直航今日福州首航》《平抑菜价保民生》等，无不是对清醒政治头脑、提升业务本领、致力创新创造、着眼转作风改文风初心的认真实践和郑重承诺。

如今的我“退休不褪色”，依然活跃在新闻战线。在重温习总书记关于“四力”的殷切期望之时，我格外期待通过“余热”，通过对青年一代的“传、帮、带”，在勤快“脚力”、精微“眼力”、提升“脑力”、开掘“笔力”的过程中，为实现中华民族伟大复兴中国梦、为新时代新福建建设奉献毕生心力！

厦门

福建优秀新闻工作者践行『四力』实录

蓝碧霞:落笔求实

人物名片

蓝碧霞,2001年进入厦门日报社工作,现为厦门日报社采访中心副主任、滨北记者站站长。从业近20年,坚守新闻采访一线,获得新闻业务奖项30多个,月均完成各类新闻作品2万多字。采访报道领域主要聚焦在党政新闻、两岸新闻、社会新闻。

2016年被评为厦门市第十届优秀新闻工作者;2017年获厦门市五一劳动奖章;2018年获评福建省“十佳”新闻工作者,全国城市党报优秀新闻工作者。

蓝碧霞

“四力”心得

记者践行“四力”，最紧要的，就是求实。因为，真实是新闻的生命。

我要跟大家分享的，是采访中一个最基础的工作：采访记录。如今电子产品普及，许多记者的采访本被手机、电脑替代。但是，这对于新闻真实的记录、追寻，并不那么美好——特别是有历史价值的新闻事件。

多年记者采访生涯使我养成了一个习惯，就是对于采访中的所见所闻、所思所感，一定要及时记录下来。曾经一段时间，我也尝试用手机记录，但随着时间推移，这些原始记录或修改了不留痕迹，或无意中删除了不可挽回。这至少造成两个问题：一是新闻真实回溯困难；二是事实证据保留不全。这都会直接影响下一阶段的写作，甚至影响到新闻效果。

举个例子：最近厦门有一家大型企业生产线投产，邀请媒体采访报道，我从企业展厅众多文字中发现一组关键数据，并快速记录下来。基于这组数据，在随后的采访中，通过与企业负责人的进一步沟通交流，我了解了更多细节，发现了企业上墙数据的差错。正是有了习惯性的“多此一举”，在最后的新闻稿中我所采用的才是最真实、准确的数据。

参加集体采访、跨地区采访，有时由于时间匆忙，一个事件的来龙去脉不能当场记录得十分清楚，需要靠“巧劲”来弥补。比如，利用休息时间或用餐间隙，向当事人、知情人问清原委，补充记录；及时整理采访记录，对于需要补充、核实和确认的内容，马上与有关人员对接，力保记录准确完整。老话说，好记性不如烂笔头。记者要勤走基层更要勤于记录。每次采访，我都随身携带采访本、采访笔，随时、及时把重要的时间、地点、事件、情节、人物、数据等记录下来。

落笔求实。真实准确记录，是对事实和采访对象的尊重，也是对记者“笔力”的考验。多年的一本本采访本上记录了一个个真实的细节和人物，既是重要的采访积淀，也是职业生涯的美好记忆。

代表作品

孙中山陈嘉庚孙辈昨在厦深情相聚

蓝碧霞

《厦门日报》 2011 年 10 月 21 日

100 年前，孙中山先生和陈嘉庚先生为了祖国的革命事业，相识在新加坡；100 年后，他们的孙辈在厦门共同见证了中山华侨公园的奠基。昨日上午，孙中山的孙女孙穗芳、陈嘉庚的长孙陈立人首次见面，相谈甚欢，再续先辈百年情缘。

“两辈人的相逢，可以说是‘百年一遇’。”陈立人先生非常感慨。早在 1986 年，他和孙穗芳博士曾先后来到厦门，那也是他们各自的首次厦门之行，可惜时间相差两个月，未能谋面。此后的 25 年间，陈立人每年来厦 10 多趟，而孙穗芳只在 2009 年再度来厦。

不过，两家人与厦门的情缘，还是让他们相聚到一起。陈嘉庚先生创办了厦门大学和集美学村，他的精神仍在影响着一代又一代的厦门人。而孙中山先生跟厦门也有很深的渊源。被孙家人昵称为“南洋婆”的孙中山革命伴侣陈粹芬祖籍地就在厦门集美，孙中山先生在《建国方略》中规划了厦门蓝图，对厦门的发展寄予厚望。

孙穗芳说：“在厦门建设中山华侨公园，正是因为祖父与这里深厚的情缘。”陈立人先生也深情说道：“这里是我们的祖父热爱、眷念、生活、奋斗过的热土。”武昌起义成功后，陈嘉庚积极筹款支持革命。1911 年 12 月 16 日，孙中山从欧洲回国途经新加坡，最后一次与陈嘉庚会晤，陈嘉庚赠 1 万元路费，后又汇去 5 万元，以应南京临时政府成立之急需。孙中山对陈嘉庚的教育事业也给予无条件支持。1923 年闽军和粤军混战，孙中山批准“承认集美学校为中国永久和平学村”，对学校“特别保护”。

两位先贤的后人虽是初次相识，但是同样的爱国情怀，让他们交流亲切热络。提起祖父，他们有同样的遗憾，没有见过祖父的面，但是，他们同样感佩祖辈的精神。昨天，他们共同做了一件事——为中山华侨公园奠基培土，让先辈们的爱国、爱乡、爱民的精神薪火相传。

黄圣达：用“四力”破除自媒体时代的信息迷雾

人物名片

黄圣达，厦门日报社采访中心副主任兼新媒体中心副主任，长期致力于社会新闻组织和融媒体传播，带领团队成功组织了奇迹宝宝事件、台湾复兴航空空难、超强台风“莫兰蒂”、鼓浪屿申遗、厦门援鄂抗疫英雄归来等一系列重大报道，探索了新媒体语境下重大事件和突发新闻的全媒体传播。

曾带领团队先后开设了圣达搜案、深度调查、记者追击、记者求证、人物等二十余个影响较大的专栏，多个栏目获评省、市新闻名专栏。

黄圣达

“四力”心得

自媒体时代的信息迷雾正在日益侵蚀着我们的认知，虚假新闻、冗余信息，严重干扰着人们对周遭世界的判断。甚至连我们这些自诩“主流”的媒体，有时也会随风起舞，在追求眼球效应的信息狂欢中迷失方向。

我们比以往任何时候都需要“新闻古典主义”——让新闻回归新鲜、重要、真实、准确、客观、公正的“初心”，重新赢得用户的信任与尊重。而“四力”，是让新闻回归“初心”、破除自媒体时代信息迷雾的不二选择。

要脚踏实地练脚力。新闻是走出来的，不是电话问出来的，不是网上抄下来的，更不是坐在办公室里想出来的。我们要回到现场去，用脚步丈量真实火热的现场，捕捉生动鲜活的细节，对话亲历事件的关键人物，用事实说话，逼近、再逼近真相。这是我们和自媒体相比最大的优势，我们要勇于用“走”出来的新闻，向人云亦云、真伪难辨的可疑信息说不，向凭空捏造、无中生有的假新闻说不。

要火眼金睛练眼力。新闻就在我们身边，但许多人对它视而不见。我们要不断锤炼对新闻的敏感，既要有发现“竹外桃花三两枝”的锐眼，又要有预见“春江水暖鸭先知”的慧眼，善于从海量的信息中去芜取菁、捕捉亮点，善于穿透现象、看清事件的本质及其发展趋势。

要勤于思考练脑力。新闻的厚度，取决于思考的深度。一则有深度的新闻报道，不唯告诉读者“发生了什么”，还要挖掘“为什么会发生”；除了指出存在的问题，还要追问谁该对此负责。而这些，都是对新闻人智慧的考验，都需要我们费尽思量、认真琢磨。

要下笔有神练笔力。新闻人既要有能担道义的铁肩，又要有善著文章的妙手。我们是讲故事的人，而不是敲键盘的人，要不断锤炼自己的笔力，用生动鲜活的文字，讲好中国故事。

总之，我们要脚沾泥土、眼含光热、脑守信念、笔下生趣，始终聚焦时代风云，反映百姓呼声，重塑主流媒体的传播力、引导力、影响力、公信力。

吴慧泉:我的第一身份是记者

人物名片

吴慧泉,1976 年 12 月出生,1997 年 12 月加入中国共产党。少年时就怀揣记者梦,被《中国少年报》等报刊吸纳为学生记者。1998 年 7 月大学毕业后,进入福建教育出版社工作,先后担任《福建教育》杂志记者、编辑、主笔。2002 年底调入厦门晚报社,历任《教育周刊》主编、总编办负责人、要闻中心主任、编委等职。2012 年至 2013 年,借调至厦门日报社编辑中心任值班主任。2013 年 12 月起任厦门晚报社副总编辑至今。

曾获评福建省“十佳”新闻工作者、厦门市拔尖人才等荣誉,系厦门城市党建学院特聘客座教授、厦门市社科院专家顾问。

吴慧泉

“四力”心得

自从大学毕业迈入新闻行业，至今已有二十余载。在“把关人”的位置上，也已守了十余年。但是，我始终没有忘记自己的第一身份——记者。增强“脚力、眼力、脑力、笔力”，我认为这应是一名合格记者的内生动力和根本要求。尤其是在加快推进媒体融合发展的过程中，“四力”更加不可或缺。可以说，从业者是否具备足够好的“四力”，直接关系到媒体能否提升传播力、引导力、影响力、公信力。

都说“好新闻是跑出来的”。没有值班审稿的时候，我喜欢跟年轻记者一起跑现场、跑“昨夜今晨”的急诊室等地方，哪里人多就往哪里钻。许多独家新闻，都是在跑动的过程中获得的。在锻炼脚力的同时，我也与同事不断比拼、提升眼力。现场采访结束，我不会当“甩手掌柜”，而是通过“同题写作”（即在规定时间里，自己写，同事也写），相互切磋交流，细致修订合成后，才把稿件传进编辑部。写稿是锤炼脑力和笔力的必经路径，“再锋利的刀，久而不用也会生锈”，我时常这样警醒自己。带着新人成长，专业追求不懈怠，我也因此有幸获评“厦门市拔尖人才”。

做党和人民信赖的新闻工作者，就是要“不用扬鞭自奋蹄”。对于重要节点、重要策划、重要报道，我都视若珍宝，把参与采写的机会作为业务精进的良机。此外，哪怕没有硬性采写任务，我也习惯于“自讨苦吃”。有一次，我应邀到台湾参加一个民间交流活动，尽管没有发稿任务，但在台的 12 天里，我还是闲不住，先后发回 17 篇不同体裁的报道。一起前往的人忍不住笑话我：“好歹也是报社领导，这是何苦呢！”面对“好言相劝”，我只能笑了笑回答：“我的第一身份是记者，记着，记者！”

代表作品

谁把物业惯成大爷(节选)

吴慧泉　邵辰芳　刘东航　朱俊博　陈万泉　肖家豪
王绍亮　吕嘉捷　陈立新　陈进容

《厦门晚报》 2018 年 5 月 23 日至 5 月 29 日

开栏的话

最近一段时间以来，本报市民热线 5589999 接到业主对所在小区物业管理的投诉甚是密集，有的投诉物业服务怠慢、办事拖沓、收费不规范等问题，有的反映物业存在乱砍滥伐、擅自处置小区公共区域牟利等行为。

有一位业主说，他为了反映小区车库管理的问题，找了物业管理处主任两趟都没找到。最后一趟，他在管理处等了半个多小时，终于等到了物业主任。反映问题后，却一直石沉大海。这位业主感慨："按道理说，物业是我们业主花钱请来的管家，怎么现在主人找管家做事，还得求爷爷告奶奶似的，真搞不懂是花钱买服务，还是花钱请大爷。"

本报多路记者根据市民反映的情况，走访多个存在问题的小区，发现问题虽然各有不同，但归结起来，这些小区物业管理都有不尽职、不规范、物业服务意识不强、缺乏日常有效监督的情况。本报今起推出专题报道，希望推动厦门的居民业主们共同关注家园事务，为建设美丽、和谐的小区居住环境而共同努力。

容我一言

关注凝聚强大推动力

一般的新闻报道，让人们看到问题；好的新闻报道，让人们看到症结；而有影响力的新闻报道，让人们在报道里看到自己的影子。

从上周三开始，晚报连续推出六期的跨版报道，从现场走访、发现问题，再深挖细节、剖析症结，最后叩问各方、寻求破解，环环紧扣，循序推进。从近千位市民来电、留言，到物业公司闻风而动、迅速整改，再到建设主管部门、行业协会重视发声，进而又引发学者思考、建言，这组关于如何提升物业管理的话题文章，已经在全市各界引起广泛关注和深入思考。

“晚报的这次大型报道，不光是给我们业主提供了一个倾吐的平台，更是启发了全社会的思考——小区物业管理不好，问题到底出在哪里?”一名业主说。跟以往零零散散的个案报道不同，这次晚报集中推出的专题策划，让业主更理性地去看待各自小区物业管理中出现的问题，尤其是第三期推出的“业主画像”，让不少人看到了自己的影子，也让不少业主反思：自己是不是就是报道中那类“事不关己高高挂起”的业主形象？不少业主开始学会了思考和反思，学会了如何从自身做起；而物业公司也从晚报报道的案例中自我鞭策，领悟到与业主良性互动的重要性。

一处皮肤出现小疙瘩，也许是偶然，如果出现小疙瘩的地方多了，问题也许就不在表皮了，要进行全身检查，要从血液循环、器官组织等深层次去找原因。物业管理问题也是这样，不是一个小区出现状况，就只解决一个小区的问题，而是要从运行模式、组织架构和行业监督去叩问：是否存在一些不合理、不顺畅的地方？事实上这是一个社会管理的课题，也是一个长期的工程，媒体的报道，只是调查现状、引发关注、启发思考，但恰恰是这种关注，最终要凝聚成一股强大的合力，强大的社会推动力，推动业主、物业、业委会、行业协会、主管部门，甚至其他职能部门一起参与进来，有的放矢、有所作为、有力推进、有效改变。

宋康:公益栏目《就是爱朗读》的“四力”实践

人物名片

宋康,现任厦门广播电视集团广播中心副主任,正高级播音指导。1991年毕业于北京广播学院(现中国传媒大学)播音系,从事播音主持工作近30年,曾主持过《鹭岛新人榜》《行走两岸》《就是爱朗读》等十几个栏目,担任福建省电视艺术家协会主持人专业委员会副主任、厦门音乐广播、厦门经济交通广播总监,系福建省播音主持协会专家组成员。获评福建省“双十佳”新闻工作者及厦门“十佳”新闻工作者、福建省“巾帼建功标兵”、首批厦门市宣传系统“五个一批”人才。

宋　康

“四力”心得

不断增强“脚力、眼力、脑力、笔力”是习近平总书记对新时代包括新闻工作者在内的宣传思想战线队伍建设的殷切期望。如何深入基层，转变作风？我们厦门广播电视集团广播中心打造的广播公益品牌栏目《就是爱朗读》近几年做了有益的探索实践。

《就是爱朗读》启动于2017年，这个广播线性节目是我与FM94厦门旅游广播团队一同策划，并由我担任监制，目前已推出三季。截至2020年初，累计制作230多期精品节目，内容以中小学语文课文中的优秀传统文化和红色经典课文为创作素材，“以声音诠释经典，用朗读唤醒热爱”。

栏目播出后，我们愈加真切地感受到，唯有迈开双脚到基层、到群众中去、到实践中去，脚下有泥，脑中才有料。2017年底开始，我跟随《就是爱朗读》栏目开启的“进校园”之旅，先后走进全市六区十四所学校，将朗读技巧面对面带进课堂，使上万师生受益。我本人全程参与课件的制作和授课，期间的每次授课技巧切磋既是一次对自身业务能力的再磨炼，更是一种对语言艺术的薪火相传与自我的再提升，面对台下如饥似渴的眼神，更让我们的责任感倍增。

2019年起，《就是爱朗读》走基层的步伐迈向社区书院和社区书店，先后走进思明金榜书院、“十点读书”书店，举办朗读夏令营。2020年护士节前夕，我们特别策划了“《就是爱朗读》走进中山路——云上诵读分享会《致敬白衣天使》”活动，在以朗读致敬战疫先锋的同时，也让栏目组及每个参与的新闻人接受了一次心灵洗礼。

从空中电波到走入校园，走进基层，《就是爱朗读》栏目的每一步，都体现着新闻工作者以“人民为中心”的创作思想。《就是爱朗读》栏目还将继续走下去，带着“书香和朗读”走进千家万户。

王海青:增强"四力"让新闻更给力

人物名片

王海青,1965年7月28日生于山东省荣成市,毕业于厦门大学历史系,本科学历,历史学学士。先后就读于厦门大学台湾研究所、清华大学经济管理学院。曾任《厦门特区工人报》记者、专题部副主任,厦门电视台记者,海峡频道总监,厦门广播电视集团北京采编部负责人,厦门卫视副总监。新闻作品、论文多次在全国、省、市获奖。先后荣获第三届福建省"双十佳"新闻工作者、第四届全国"百佳"新闻工作者。现为厦门广电集团一级编审。

王海青

“四力”心得

新时代如何当个好记者，答案就是要不忘初心，牢记使命，增强“四力”，按照党中央的部署要求，保持清醒的政治头脑，业务上想出新招，摸清当下群众的口味，多报道受众需要的新闻，准确漂亮地完成宣传思想工作任务，让党和人民信赖、放心。增强“四力”，是新时代对记者提出的时代要求；增强“四力”，让新闻更给力。

增强脚力，就是记者要走到新闻事件发生现场，零距离报道新闻。脚力决定着记者和新闻事件的位置关系，人不到不行，距离远了也不行，道听途说写出的新闻基本上是胡说八道，更不行。记者必须到新闻发生现场，成为新闻现场的一部分。只有到现场，拿到的新闻素材才是新出锅的、带着烫手的温度、活蹦乱跳的，这样的新闻才可能鲜活灵动、活色生香。有新闻的地方，记者的脚必须到。当年，范长江历尽艰辛追随红军的脚步，才能拿出《中国的西北角》这样的作品，成为革命胜利的有力武器。不到现场，怎么可能知道中国西北发生了什么。20 世纪 90 年代末，厦门电视台《特区新闻广场》报道消防新闻的记者的传呼机与消防队报警电话联动。火警一发生，记者第一时间得到新闻线索，记者采访车和消防车同时出动。记者在灭火现场帮战士拉水管，眉毛都被烧了。这样的救火新闻，怎么会不真实呢。脚到位，人到位，是新闻报道出彩的基本保证。

增强眼力，就是记者要睁大眼睛亲自看到眼前发生新闻事件，不仅看到真实、全面的新闻事件，还要看到藏在现象背后的本质，看到与新闻相关的所有信息。增强眼力解决的是记者采写和新闻真实之间的关系。央视《焦点访谈》的很多节目素材是“密拍”得到的，记者就在新闻里，被采访对象没有任何伪装，绝对同步真实，一点假都不掺，做出的新闻可信度高，观众都爱看。1998 年 11 月到 1999 年 4 月，为报道中国南极考察队员的真实生活，我随雪龙号极地考察船航行一万多公里到了南极大陆，和队友们在冰天雪地里并肩作战，借央视记者的海事卫星发稿设备往厦门发稿。回到单位后，我编辑制作 60 集系列报道《南极日记》，让观众不仅看到了南极考察队的考察情况，更看到了国家发展的最新成就。那段时间我们栏目的收视率非常高。不去现场，怎么能报道好一万多公里外南极考察的新闻呢？1999 年 7 月到 9 月，我又参加中国首次北极科学考察队到北极考察，亲眼看到北极冰面肮脏不堪，看到人类环境保护的紧迫性，看到饥饿的北极熊在我们浮冰考察站找东西吃，看到人类活动对北极动物的影响。这一切都是要到了北极考察现场才能看到。通过记者的眼睛，观众看到真实的北极，也理解了人和自然的关系。

增强脑力，就是记者要想事情，把一条新闻的方方面面都想明白。记者自己想明白了，做出的新闻才能让受众看明白。增强脑力解决的是新闻素材和记者分析思考的关系。记者面对新闻事件首先要动脑筋理清思路，想清楚到底发生了什么、为什么、说明了什么。否则，写出的新闻乱成一锅粥，没有头绪，新闻讲了半天也不知道在说些什么，让受众丈二和尚摸不着头脑。现在是全媒体时代，一些新兴媒体发布的短新闻，三言两语句句有料，一看就是动脑筋写出来的，很值得学习。动脑筋、想事情，是记者的基本功。习近平总书记在《加快推动媒体融合发展　构建全媒体传播格局》中指出，新闻客户端和各类社交媒体成为很多干部群众特别是年轻人的第一信息源，而且每个人都可能成为信息源。全媒体时代和媒体融合发展，为当代记者带来挑战，好像身边都是竞争对手，总有人比自己的新闻快。时代也给记者提供了发挥聪明才智的大好机会，只要肯动脑，就可能写出好新闻。在全媒体时代背景下，很多人都在为受众提供信息，如果专业记者不动脑筋，不沉下心来想新招数，谁会看“无脑”的新闻呢？记者到底有没有两把刷子，关键看出新招。

增强笔力，就是记者用好手里的笔，解决新闻表达的问题。新闻写作是有规律的，但记者写稿不能玩老套路，要想妙笔生花就得增强笔力。同样一个素材，写出新意，让受众在一堆新闻里一眼能挑出来、记得住的新闻才是好新闻。否则，永远是平庸的记者。2020 年春节以来，新冠肺炎疫情肆虐，很多记者和医务工作者一起上战场，采写了很多好新闻。我对央视记者用航拍器拍摄火神山医院建设的新闻印象深刻。记者采用新技术手段，以航拍器即时采写新闻，把火神山医院建设的新闻清清楚楚呈现给世人。观众看到的不仅仅是疫情，更是在党中央领导下齐心协力战胜疫情的伟业。2020 年入夏以来，南方大范围降雨，鄱阳湖、新安江等地洪水滔滔，报道抗洪的很多记者在新闻里运用大数据技术，每天用数据准确报道灾情变化，简单明了。更有记者开始探索人工智能在新闻工作中的运用，驾驭算法帮助自己讲好中国故事。随着 5G、大数据、云计算、物联网、人工智能等技术不

断发展，记者的笔绝对不仅仅是握在手里的那一根，或者是放在十指下的键盘。记者的笔力要提高，必须重视对新技术的敏感和及时掌握，跟上时代应该是提高笔力的捷径。

增强“四力”是记者的使命，这“四力”相互间也紧密联系，脚力所至，眼力所及，用心思考，用情抒写，“四力”齐聚，让新闻更给力！

代表作品

南极日记(节选)

王海青

厦门电视台《特区新闻广场》 1999 年 5 月 1 日至 1999 年 7 月 1 日

打通生命线

——系列报道“南极日记”之四

【导语】

雪龙号科考船到达南极中山站外海后，南极考察队的首要任务是把考察设备运上站，由于内陆冰盖考察和地质考察的设备都很大，所以，唯一可以卸运的办法就是尝试用雪地车通过冰面把设备运上站。从今天开始，我们将播发《南极日记》的第二个系列报道——“冰上卸货”，用五条新闻记录我国首次南极冰上卸运的全过程。请看报道。

【正文】

冰上卸运的决定是南极考察队在出发前就做出的。1998 年 12 月 5 日凌晨，雪龙号停止破冰后，考察队领导开会部署了具体探路方案。按照安排，冰上卸运的第一梯队——探路队上午 8 点正式出发，这支探路队由我国著名地质学家刘小汉，冰川学家孙波、高新生和中山站新任站长李果四人组成，他们将分乘两辆雪地摩托车，载着今年新添置的探冰雷达为队友们探路。因为这四人中有三人是博士，所以这个探路队被称为“博士探路队”。

上午 8 点，探路队的雪地摩托车被吊到了冰面上，接着被吊上冰面的是探冰雷达，这个被称为“冰雪千里眼”的新设备能够穿透 4000 米深的冰盖结构和冰下地形。探路队把探冰雷达绑在探路队雪地摩托的雪橇板上，用缆绳连接着两辆雪地摩托就出发了。这支探路队是两年来在这方圆几千平方公里冰面上活动的第一批人，他们的行动没有任何安全保障，他们借助仪器冒着生命危险给队友们探路。

从雪龙号停泊点到中山站，直线距离是 26 公里，探路队四个人的两辆摩托车呈“之”字形线路前进，冰雷达和肉眼发现了冰面上七道大的冰缝和若干小的冰缝，并测量了冰的厚度，然后根据冰厚、此时的气温和已经掌握的数据，换算出中山站这一带冰面最大的承重能力，和冰面开裂处的承重能力，这为以后的运输提供了宝贵的数据。

中午 12 点多，经过 4 个多小时的探索，探路队终于到达了中山站，打通了从船到站的通道，连接起这条海上运输线。在随后的几天里，15 次队在这条生命线上实施了中国南极考察历史上首次冰上卸运，奏响了一曲气壮天地的冰原壮歌。

从凯探路

——系列报道“南极日记”之六

【导语】

观众朋友，在昨天的节目当中，您已经看到了 15 次队的冰上卸运发生了多次险情，从安全起见，考察队领导决定派出队中的“老南极”丛凯工程师再次探路。请看报道。

【正文】

冰上卸运的危险发生后，虽然队员们都在不顾危险地卸货，但队领导决定必须重新探路。探路是很危险的，到底让谁去呢？最后，领导决定让丛工去。丛工叫丛凯，是海洋一所的工程师，总共来过 8 次南极。丛工先是向开车的队

员询问了路况，心里就有了数。他开着中山站雪地运输车就上路了，他的任务有两个：一是看一下旧路到底有什么危险，二是找出新的安全的路。

此时已是7日深夜，积雪的冰面凹凸不平，车开起来很颠簸，丛工在颠簸的车上看路真有点吃力，为了看得清楚冰面的裂缝，丛工连眼镜都没戴。他先是沿着原来的路走，看看到底哪里有裂缝，延伸了多长。

为了好记，队员们给卸货道路沿路的冰山起了名字：像南北少林、武当、神女等。冰山脚下最容易出冰缝，走到南少林冰山的脚下，丛工真的发现了新的冰缝，连日的光照使南少林冰山已经开始融化，有崩塌的危险。

【同期声】

国家海洋一所工程师丛凯：你看，重车一直在轧，这里有一块裂的，这个冰缝挺大。俄罗斯人不愿从这里走，冰山都“酥”了，很容易掉下来。这里是多少公里处，等一会儿要记下来。

【录播】

丛工马上把这里的险情记录了下来，他给队上的建议是，把路开得离冰山远一点。接着，他开车继续走，要看看冰缝开裂的情况怎样。

12月7日晚上有天文大潮，丛工发现由于潮水的作用和海豹啃咬，冰缝都扩大了。他检查了几块放在冰缝上的木板，还在最不放心的地方加放了钢管，然后自己把车开上去，试一下木板搭的桥是否牢固。这些木板和钢管都是卸货的司机们铺上的，想分散对冰面的压力。最让丛工担心的是，有的冰缝里竟然冒出了海水，他在自己的本子上记好，这样的地段绝对要绕行。

在辽阔的冰面上，丛工一会儿横向开，一会儿纵向开，他要找的，就是那些大家可能遇到的危险，他想的就是多发现一些隐患，而他自己的安全，他却来不及想。跟着丛工干活，真替他捏一把冷汗。

经过近4个小时的探路，我们终于见到了一辆迎面开来的运输车，开车的司机是俄罗斯的考察队员，他告诉我们：前面的路很安全。于是，我们的探路就胜利结束了。丛工最后讲了一句话：行了，路探好了，我们也捡回了一条命！

内陆队选定运输方案

——系列报道“南极日记”之八

【导语】

在“南极日记”前面的节目当中，我们为您报道了 15 次队“冰上卸运”和队员上站的情况；接下来，首要工作是帮助两个内陆考察队集结准备，送他们出发。从今天起，我们为您播发“南极日记”的第三个系列——“山地运输”，介绍内陆队准备和出发的情况。

【录播】

1998 年 12 月 8 日，我们的冰上卸运全部结束，队员们全部登上中国南极中山站，在万里之外的冰天雪地里看到我们的中山站，队员们感到骄傲和自豪，更感到肩负祖国的人民的重托，责任重大。

【现场】

观众朋友，这里就是我们中山站的方向标，这里是朝着祖国的方向，从方向标上看，我们厦门离中山站的距离是 10920 公里。

【录播】

上了中山站，大家先把上站的激动放在一边，马上接着干活。按计划，我们必须在 12 月 15 日把两个内陆考察队送走，所以，我们要干的第一件事就是在中山站门前的内拉湾冰面上给他们找一条路，把所有的考察设备运到冰盖的脚下。

【现场】

观众朋友，在中山站的附近有一个美丽的海湾，它就是我面前的内拉湾，内拉湾不仅是中山站的一个风景，也是出入中山站的黄金水道。

【录播】

队里组织了探路队在内拉湾上找路，但是，出乎意料的是，往年 2 月份才

解冻的内拉湾，今年竟然提前解冻了，冰面很脆，冰缝密布，车辆根本无法通行，从内拉湾运输的计划立即作废。南极考察有一个原则——计划服从变化，在恶劣的环境面前，事先的计划都是一厢情愿，队员只能随机应变。考察队马上决定从山上找路，由走水路改为走旱路。

探路队发现：从中山站到冰盖下的山路有几个特点：一是比水路远；二是坡度大，有三个30度的大坡；三是有沙石路，雪橇难以行进。按照我们自己的车辆和装备，从山路走几乎是不可能的，坡度太大，又有积雪，我们的车拖着雪地车根本上不去。但是，从中山站到冰盖只有这一条路了，能走要走，不能走也要走，而且要赶紧走，否则就耽搁了内陆队出发的时间了。我们自己走不成，就想到了我们的邻居——俄罗斯进步二站。

【现场】

观众朋友，我身边的湖面叫“团结湖”，它位于我们中山站和俄罗斯进步二站之间，你看远处就是进步二站，湖水两国共同使用，可以说，它是中俄两国科学家友好交流的见证。

【录播】

我们找到了俄罗斯的考察队员，请他们出动站上的大型设备帮我们拖雪地车，他们愉快地答应了，表示可以出动任何我们需要的大型机械。俄罗斯科学家还为我们选路提出了很多好的建议。最后，我们敲定了走山路的路线——从中山站出发，经过俄罗斯进步二站，然后先后经过三个30度的积雪坡和一个沙石坡，再经过雪地，行驶到冰盖脚下。使用的拖载设备除了我们自己的雪地车和站上的所有车辆外，还有俄罗斯的大型拖拉机。这样，山地运输的路线和动力问题就解决了。在下集的节目当中，我们将介绍山地运输的情况。

内陆队完成山地运输任务

——系列报道“南极日记”之九

【导语】

观众朋友，在上集的节目当中，我们曾报道过，15次队的两个内陆队在俄罗斯科学家的帮助下找到了从山地进行运输的道路，俄罗斯的考察队员还答应帮助我们运输，那么，山地运输最终是怎样完成的呢？请看报道。

【正文】

15次队的山地运输是从12月9日开始的，担任驾驶车辆任务的是刚刚完成冰上卸运任务的内陆考察队队员，中山站上派出有经验的队员帮助他们。

最先被运上路的，是两个超大型的成员舱和雪橇。由于连日的极昼，路面上的雪融化得很快，变得很松，很滑。最艰苦的运输是上三个30度的陡坡，开车前，大家要先铲雪，让路面露出来，希望以此降低一点坡度，也使路面更坚实一些。

牵引成员舱真叫举步维艰：俄罗斯进步二站和中山站的两辆拖拉机一起在前面拉，由于成员舱太重，路面又滑，使出浑身力气的履带拖拉机的轮子竟然从履带里滑了出来，修好以后，拖拉机又把成员舱上的一条直径3厘米的铸钢挂钩给拉断了，车队不得不修修停停，停停修修。

把两个成员舱拉上坡后，又有了怎么下坡的困难。为了保证安全，两台拖拉机在坡顶上用一条100米长的钢缆拉住下滑的装载成员舱的雪地车，下滑的车还要用一辆雪地车在前面顶住，上面的拖拉机慢慢往下放，下面的雪地车往上顶住，一点一点往下挪。

即便这样小心翼翼地往下挪，还是发生了危险：拉第二辆成员舱的时候，由于在前面顶住的牵引车和后面的拖车没有配合好，往后拖的力量比往前拉的力量小了，牵引车带着成员舱一下子滑了下去，冲到路边的雪地上。牵引车的履带和成员舱的雪橇卡在了一起，雪橇差点把前面的牵引车顶翻了。大家都吓出一身冷汗，经过抢修才继续前进。

过了陡坡，还有一个沙石路在等着大家，由于雪橇都装着只能在冰雪上行进的雪橇板，在沙土路上走，有点像“旱地行船”。为了减小摩擦力并保护雪橇板，我们用钢板做了“金属鞋”套在雪橇板上，没想到，在沙土路上没走多久，竟然把“金属鞋”拉破了，雪橇一下子走不动了。后来，大家想了一个办法：人拿塑料板往雪橇板下放，这个办法倒是挺管用，只是人要跟着车一起跑，累得够呛。

从 12 月 9 日到 12 日，两个内陆队在全队上下和俄罗斯队员的帮助下，克服困难把四辆雪地车、六架雪橇以及考察所需的物资、仪器等全部运到了冰盖脚下的集结营地，完成了山地运输。

接下来，他们的工作是绑扎物资，准备出发。

邱建浩:增强“四力” 让新闻出新出彩

人物名片

邱建浩,厦门广播电视集团新闻中心副主任。1993 年从厦门大学毕业后即进入新闻队伍,先后在福建龙岩、厦门两市广播电视机构从事新闻采编工作。

曾参与龙岩、厦门两地绝大部分重大活动的电视新闻策划和采编工作,先后有 40 多件新闻作品在全国、全省和厦门市新闻奖评选中获奖。其中,消息《打工仔成为国家计委座上宾》获得中国新闻奖三等奖;三篇作品获得福建省广播电视新闻奖一等奖;系列报道《“船”起潮涌四十年》等九篇作品获得福建省新闻奖、福建省广播电视新闻奖二等奖。曾先后获评第十届福建省“十佳”新闻工作者、第七届厦门市“十佳”新闻工作者、厦门市委市政府精神文明建设先进工作者等荣誉称号,荣获厦门市五一劳动奖章。

邱建浩

"四力"心得

在新闻工作中摸爬滚打了20多年，埋头苦干，仰望星空，我始终对新闻事业孜孜以求。如何创作一篇好的新闻作品，打造一档好的新闻栏目？我深深地感觉到，只有在"四力"上下功夫，才能让我们的新闻报道有创新、更出彩。

10集系列报道《述说"十二五"》，是2015年末至2016年初我带领部门采编人员（厦门广电集团新闻中心时政部），对主题性时政新闻报道进行的一次创新性尝试。报道主要展现的是，厦门在"十二五"期间取得的新成就、新面貌。报道通篇采取记者"述说"的形式，首次采用形式新颖、带入感极强的"穿越"特技转场，让人眼前一亮。整组系列可看性明显增强，新闻价值凸显。系列报道播出后，受到各方好评。

2018年，我又带领时政采编团队在12集系列报道《"船"起潮涌四十年》中，对主题性报道进行了又一次创新尝试。报道创造性地以"船"为主线，通过40年来厦门"船"的发展变迁，来展示改革开放40年来厦门脱胎换骨、凤凰涅槃的沧桑巨变，可以说是在大主题背景下的巧妙切题和新颖构思。与此同时，在节目的制作包装上，每集系列报道中都有沙画的表现形式，这种颇具创意的表达把"船"的时代感、纵深感表现得更有韵味，更加生动。系列报道获得福建省广播电视新闻奖二等奖。

在采访制作这两组报道的过程中，我们迈开两条腿，一遍又一遍地走街巷、进社区，下工地、访码头港口；用敏锐的眼光，在火热的劳动场面，在群众生产生活中找准采访拍摄角度；从小处着手，大处着眼，以小见大、由点及面展现厦门"十二五"和改革开放40年来的发展建设成就；以市民群众看得见、摸得着的方式形象呈现，把脚力所到之处、眼力发现之美、脑力思考之深诉诸镜头，努力做到了拍得实、写得新、做得活。

增强"四力"不能泛泛而谈，我们必须立足于新时代新形势，守正创新，以追求采编精心、写作精湛、传播精准的"工匠精神"，采编出更多有"温度"、有"灵魂"的新闻作品，不负党和人民的期望，不负新时代的重托。

漳州

福建优秀新闻工作者践行「四力」实录

吴鹏举：基层为纸　实践为笔

人物名片

吴鹏举，1972年6月出生于福建省南靖县，1994年从山东大学毕业后，到闽南日报社工作至今。26年来扎根新闻采编一线，经历过时政记者、要闻编辑、专刊编辑、记者部副主任、记者部主任、报社编委等多岗位磨炼，现任闽南日报社党组成员、副总编。

长期从事时政新闻采写和夜班编辑工作，多篇新闻作品荣获福建新闻奖一等奖、中国地市报新闻奖一等奖，本人曾获第六届福建省“双十佳”新闻工作者、第三批漳州市优秀人才、漳州市劳动模范等称号。

吴鹏举

“四力”心得

新闻工作根植于社会实践，又服务于社会实践。基层一线是主战场，采访实践是主业务。因此，到基层一线去，到实践中去，是新闻工作本质属性的要求，也是每个记者的必修课。

首先，要在基层一线的采访中锻炼脚力。好的新闻题材，需要记者用“脚力”到基层去寻找。我们处在一个“人人都有麦克风”的全媒体时代，对于发生的新闻，如果记者缺位、媒体失语，就可能被边缘化、被淘汰。我们的新闻源头在街头巷尾、田间地头、车间工地，如果不去“接地气”，记者“两眼一抹黑”，只是跑机关、泡会议、编材料，我们的新闻就失去了源头活水。这样的作品是没有生命力的。

其次，要在新闻价值的判断中提高眼力。优秀的作品，往往有着独特的视角。记者要从联系的、多维度的视角去观察事物，从常态的工作生活中挖掘新意，从群众关心的具体问题中寻找新闻，从社会聚焦的热点中生成新闻，经常性地做一些新闻策划，推动新闻与读者的互动，形成有特色、有影响的报道。

最后，要在挖掘主题中增强脑力，在改进文风中增强笔力。我们正迎来矛盾交织的社会转型期，许多热点问题绕不开、躲不过，如果不深入研究，报道切不中要害，媒体就会逐渐丧失影响力。记者要表达宏大的主题，就要有深邃的思想，而思想认识的高度和深度，只能在学习中去体会，在实践中去检验和提升。此外，还要在一线实践中学会用群众立场、群众视角、群众语言表达新闻主题，着力改变新闻写作方式和表现形式，创作更多有深度、有影响、群众喜闻乐见的新闻作品。

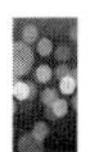

代表作品

“调”出来的和解良方

——漳州市推行医患纠纷人民调解机制情况调查

吴鹏举　张俊毅

《闽南日报》 2009年8月26日

患者有患者的屈，医者有医者的难。近年来，愈演愈烈的医患纠纷日渐成为社会的“不可承受之重”。漳州市自2007年起，在全省率先建立医患纠纷人民调解机制，为破解医患纠纷难题开出了一剂新“药方”。这一“新药”的“药效”如何？医患和谐之路如何才能越走越宽？八月中旬，记者走访了有关医疗单位和患者，向您揭示个中情形。

第三方铺就医患“缓冲带”

6月22日，一场本有可能升级为“医闹”事件的医患纠纷，在漳州市多元人民调解工作室主任赖水顺的耐心调解下，以当事双方达成调解协议而圆满解决。

4月20日，在漳打工的安徽籍青年冀某因咯血，入住漳州某大医院。经一个多月的治疗，该患者于6月16日上午抢救无效死亡。死者家属认为院方在诊疗过程中有过错，多次向院方主张赔偿未果，情绪十分激动。赖水顺接手该案后，从死者老家请来村干部一起稳定家属情绪，避免他们产生过激行为，然后逐个找相关当事人详细了解情况，并耐心向双方讲解处理医疗事故的相关法律、法规及判例。经过几次调解，双方达成协议，医院同意免收住院期间所产生的医疗费，并一次性支付补偿金，患方同意放弃追究医院的责任。

这是我市成功运用医患纠纷民调机制化解的83起医患纠纷中的一起。2007年，漳州市在创建平安医院活动中，建立了福建省第一个医患纠纷人民调解委员会，引入医患纠纷第三方调解机制。

而在以往，一旦出现医疗争议，按现行法律规定，医患双方主要通过自行协商、申请卫生行政部门处理、向法院提起民事诉讼三种方式解决。

“长期以来，医患双方信息不对称，患者对复杂的医学专业知识知之甚少，一旦出现重大争执，双方很难自行协商达成共识。”漳州师范学院政法系副教授、漳州九鼎律师事务所律师薛贵滨说，如果走行政途径，由卫生行政部门出面调停，难免有“父审子”之嫌，一旦做出对患者不利的处理结论，患者一方往往不服气。而如果提起诉讼，费时费力又费钱，当事双方都需要付出巨大的诉讼成本。另外，医疗事故技术鉴定是判定医疗责任的重要依据，该鉴定由当地医学会组织各医院专家进行，容易让患者认为是“兄弟鉴定兄弟”，导致鉴定公信力受到质疑。在合法途径解决不畅的同时，“医闹”问题也随之浮出水面。

“如果引入人民调解机制，由中立的第三方出面调停，比较容易取得矛盾对立双方的信任，有助于纠纷的公平解决。”漳州卫生局医政科科长詹立群这样解释医患纠纷人民调解制度的出台原因。

据了解，目前，漳州已成立11个医患纠纷人民调解委员会，在全市二级以上医院设置人民调解工作室43个。调解员主要由司法人员、其他医院专家、法律工作者、退休法官等人员组成，具备相关的法律和医学知识。一旦发现医疗纠纷苗头，医院调解室立即介入，及时做好疏导工作，尽量将纠纷化解在萌芽状态。如出现重大矛盾纠纷，根据当事人申请，人民调解委员会将组织人员赶赴现场，控制事态扩大，并主动介入纠纷调处。对于经调解室和调委会多次调解仍然不能解决的疑难案件，则交由设于法院的多元人民调解室，以联合调处的方式解决，达成的调解协议可由法院确认法律效力。

人民调解机制，就像在发生纠纷的医患双方之间设置了一道冲突“缓冲带”，避免了矛盾的升级。

柔性机制带来多方共赢

相比较其他纠纷解决方式，人民调解更富人情味，更具操作性。

“调解就是要在合法的前提下，合情合理地解决问题。”成功调解了十余起疑难医患纠纷的赖水顺告诉记者，许多纠纷案的患者并不是单为了赔钱，更多的是想讨个说法。他认为，人都是有感情的，只要坐下来将心比心地沟通，总能找到一个互相接受的平衡点，最终促成问题的解决。

对于广大患者及家属来说，人民调解意味着“零成本”“高效率”。一位正

在芗城法院人民调解室申请调解的病人家属给记者算了一笔账：如果通过行政调解或诉讼，耗时少则数月多则超过一年，还需先缴纳价格不菲的医疗鉴定费、诉讼费、律师费等；而人民调解一般都在一个月内结案，且调解过程不收取任何费用。可以说，这样的解决方式对患方而言几乎是零成本，这无疑减轻了他们的维权成本，提高了维权效率，客观上避免了某些患者因“耗不起”而产生的过激行为，维护了社会的安定稳定。

民调机制不仅使相对弱势的患方受益，也得到了医院的普遍欢迎，“以往遇到一些纠纷时，虽然我们苦口婆心地摆事实、讲道理，但有些病人家属却认为我们在替医院推卸责任，现在由第三方居中调解，不仅有利于与患方的良性沟通，也为医院省却了不少麻烦。”市区一家三甲医院的医务科负责人表示，近年来日益紧张的医患关系让医院苦不堪言，一些患者家属抱着“小闹小赔、大闹大赔、不闹不赔”的态度去处理纠纷，给院方带来沉重压力，也分散了医生的精力，民调机制为医患双方搭建了新的沟通平台，无疑给紧张的医患关系抹上了一层“润滑油”。

在漳州试行医患纠纷人民调解机制尝到“甜头”之后，今年 6 月，福建省综治办、卫生厅、司法厅联合下文，在全省各地推广被媒体誉为“漳州模式”的医患纠纷人民调解机制。

多管齐下方能标本兼治

医患纠纷民调制度一经实施，受到各界好评，但也不是“一调就灵”。采访中记者了解到，并非所有医患纠纷都适用于调解，有一些纠纷因调解时间超过一个月、或经三次调解当事人仍不能达成协议，调解室只好终结调解并告知当事人向法院提起诉讼。

“解决医患纠纷是一项复杂的长期的系统工作，人民调解固然提供了一种便捷的解决途径，但要根治医患矛盾痼疾，还有很长的路要走。”薛贵滨认为，由于历史原因，当前我国的医疗卫生体系还不尽完善，“看病难、看病贵”现象仍未消除，许多病人在付出高昂医疗费用后往往对治疗效果抱以很大期望，一旦疗效不佳就容易产生巨大心理落差，如果医院处理不当，很容易激化矛盾。人民调解虽然可以在医患纠纷发生时起到“缓冲”作用，但调解效果的好坏也受制于许多不确定因素，比如调解人素质高低、经验多少及调解分歧大小等，调解中可能出现“各打五十大板”的“和稀泥”局面。

薛贵滨建议，可以参照国家对交通事故处理程序和交强险的相关规定，建立由政府主导的第三方医疗责任认定和保险赔偿机制来应对医疗风险，并借鉴国外做法，在发生医疗法律纠纷时将保险公司列为诉讼主体。另外，医患双方都要调整好自己的心态，对患者而言，要认识到医学是一门充满风险的经验科学，如果动辄对医生求全责备，会造成医生为了规避风险不敢做疑难手术，或者为了保险起见多开检查项目，最终损害的还是全体患者的利益。而对于医生来说，一方面要加强与患者的沟通，多做解释工作；另一方面，对“医闹”违法行为也不能一味忍让纵容、一赔了事，该依法处理的还是要交由司法机关处理。

针对民调机制存在的不足，市卫生局有关人员透露，卫生局正着手拟定全市医疗责任保险工作方案，准备引入第三方风险承担机制。届时将组织全市公立医疗机构集体参保，成立由卫生部门和保险公司共同组建的“医疗纠纷调处中心”和“医疗纠纷理赔中心”，来分担医疗赔偿责任。

病人满意也就是医院的平安。采访中，不少医院负责人向记者表示，提高医疗服务质量，降低医药费用，才是减少医患纠纷的根本，也是目前漳州卫生系统一直在努力的方向。但是，医患纠纷并不仅仅是医院和患者之间的事，要真正达到医患和谐，还需要全社会方方面面的配合努力。

陈小玲：从三个方面入手践行“四力”

人物名片

陈小玲，1993 年 12 月调入闽南日报社从事新闻工作至今，2015 年 1 月被聘为闽南日报社高级编辑。

在连续 27 年的新闻工作中，无论是在要闻部、社会新闻部还是在专副刊部，都能爱岗敬业，采编的作品有 30 多项在全省、全国新闻奖评选中获奖，其中中国新闻奖三等奖 1 项，福建省新闻奖一等奖 2 项、二等奖 17 项。曾荣获第八届福建省“十佳”新闻工作者称号。2019 年整理散文集《多少情怀合收藏》，入选“漳州作家丛书”，由中国华侨出版社出版。

陈小玲

“四力”心得

2018 年 8 月，习近平总书记在全国宣传思想工作会议上强调：“宣传思想干部要不断掌握新知识、熟悉新领域、开拓新视野，增强本领能力，加强调查研究，不断增强脚力、眼力、脑力、笔力，努力打造一支政治过硬、本领高强、求实创新、能打胜仗的宣传思想工作队伍。”这是总书记继 2016 年 2 月在党的新闻舆论工作座谈会上明确提出“好的新闻报道，要靠好的作风文风来完成，靠好的脚力、眼力、脑力、笔力得来”之后，时隔两年再次强调增强“四力”的重要性。“四力”看似是一个业务要求，实则关系着党的新闻舆论工作的各个方面和总体效果。

如何践行“四力”？笔者认为需从以下三个方面着手：

一是新闻工作者要自觉把自己的思想统一到党全心全意为人民服务的宗旨上来，从内心深处坚持马克思主义新闻观。新闻工作者是新闻媒体的主体，其思想政治倾向和水平决定着舆论导向的正确与否和引导水平的高低。因此，正确的思想意识有助于明确新闻媒体舆论导向的方向。新时期出现的新问题，需要人们去思考，去研究。如何把握时代脉搏，明确发展方向，正确的舆论导向起着不可替代的作用。

二是新闻工作者要有强烈的社会责任感。这是由新闻工作的性质和功能决定的。新闻工作是党的事业的一个组成部分，是党和人民的喉舌，它通过上情下达、下情上达，加强党和人民群众的联系，是党和群众之间的桥梁和纽带，因此，新闻工作者必须担当社会责任。在社会环境日益复杂，新闻竞争激烈，消费对象需求多元的今天，新闻工作者的社会责任感显得特别重要。有了强烈的社会责任感，才能挑选出更好的主题，提高新闻宣传的质量和有效性。

三是新闻工作者要有人文关怀理念。人文关怀理念是一个人体现出一种处世为人的胸怀和态度，是对生命的敬畏、对弱者的同情、对“草根”的怜悯、对社会的关注、对道义的守望。因为新闻工作职业本身关乎一个群体甚至整个社会的道德取向与价值关注问题，所以，人文关怀精神尤为重要。新闻工作者的人文关怀理念体现在能客观真实地反映生活；体现在以人民利益为重，凡事以服务人民为出发点。有了人文关怀理念，新闻工作者会以平和的心态、平等的意识与采访对象交流，努力走进采访对象的世界，更多地用心灵去写作，向

群众传递正确的社会价值取向，从而服务社会。

代表作品

大地土楼的神韵

陈小玲

《闽南日报》 2020 年 5 月 6 日

大地土楼群的存在本身就是奇迹。它是世界文化遗产“福建土楼”的重要组成部分，由“土楼之王”二宜楼、“福建土楼博物馆”南阳楼、“宜居典范”东阳楼三座土楼及周边玄天阁、嘉应庙、慈西庵等景点组成，它静伏在闽南漳州华安县仙都镇大地村，安详而庄重，诱惑着人们去探奇探美。

布局：“以人为本”“天人合一”

“天人合一”即在布局设计过程中凡事坚持“以人为本”，满足人与自然、人与社会、人与环境、人与空间等方面和谐的要求。大地土楼群三座土楼由蒋氏家族所建，依据山形地势，建成方圆不同的楼宇，背山、面水、向阳，布局上处处体现“天人合一”。

对我而言，每一座土楼像是一个愉快欢乐的邀请，是诗与美的邀请，是几百年漫长历史的邀请。就在景区恢复开放的日子，我带着欣赏的眼光，去领略大地土楼群的神奇，领略它们是如何以最和谐、最默契的方式，让自己与周边环境融合在一起，成为这一片土地的一角怀抱。

当我走近二宜楼的时候，太阳已经升起来了。阳光从侧面照过来，把它的轮廓做了一个宏伟的勾勒。远处有峰，近处是坡，还有凹处的河流，这一切将它围住，它在其中展开圆润的线条，铺展着柔和的光，依稀可见渺远的古风。要不是疫情，此时该是最热闹的时候了。每年农历“三月三”，土楼人家供奉主神玄天上帝诞辰。这期间，外出打工的，旅居台湾、南洋的亲人都会纷纷返乡谒祖认宗。土楼男子轮番抬着精雕细琢的“辇轿神像”，举着传统民间刺绣的“蜈蚣大旗”，从玄天阁到大地土楼群，一路巡社游香。巡游之处，都有清茶、菜肴、家禽等供品敬奉，并点香祭拜、燃放爆竹烟花以驱邪，祈盼新的一年五谷丰登。仙都是中国大陆高山族同胞聚居最多的乡镇，要是幸运的话，还可邂逅高山族歌舞队表演。

眼前的二宜楼被称为“土楼之王”，门匾相传是安溪举人刘瑞紫题写。他在赴任浦城县令时途经土楼，巧遇二宜楼竣工庆典，应蒋士熊长子之邀题写，现已被收入《中华名匾》一书。“二宜”两字代表“宜山宜水、宜家宜室”之意。它占地十余亩，坐东南朝西北，依山势而建。它的前方远山是九龙岭，为华安第一高峰，近山为龟山，左侧是狮子山提携蜈蚣山，右侧则是虎形山，左右“二水潆洄”。据说为了达到“宜山宜水”的要求，建造过程中还改造河道，挖掉了一座小山包。河道至今依然清澈，汩汩流淌。

南阳楼是蒋士熊的孙子蒋经邦所建，它的构造与二宜楼相仿，但更显精巧细致些。内院的装饰统一活泼、富有韵律，楼后原建有花园，现已辟为茶园。

东阳楼位于南阳楼西侧，是蒋士熊之孙太学士蒋宗杞创建，它与南阳楼阴阳相济，共成“天圆地方”之意。它是一座巨型的生土方楼。整个建筑前低后高，等级分明，为内通廊式结构。东阳楼与其他土楼最大的不同就是建筑理念不再只是围绕防御，追求厅大、厨房大、卫生间大、住房小的“三大一小”，居住更舒适。

……

二宜楼、东阳楼与南阳楼三座土楼分别被冠以“蜈蚣吐珠”“狮子踏印”“狮子踢球”的雅号，建筑平面布局独具特色，与周边的山峰组成神奇的几何图案，相映成趣。天津大学城市设计研究院专家于 2001 年进行测绘，结果显示从蜈蚣山制高点到龟山最高点作一直线，直线正好通过二宜楼的圆心，且二宜楼正处于这一直线上的三分之一处，前面尚有三分之二，相当于现代意义上的黄金分割点。从人类美学来说，这种布局十分适宜于人类居住。另外，从二宜楼的中心点向两侧山即狮子山和金面山的制高点分别作一副轴线，其两边与中轴线的夹角也均为 60 度左右，这是最佳的视觉范围。三座土楼与周边山脉、环境如此巧妙和谐，令世人称奇。

而土楼内部布局同样精巧用心，“以人为本”。比如二宜楼每个单元各自有单独的出入口、小天井和独用的楼梯，构成户内私密性的空间；单元之间的隔墙，用土墙隔开，而且也较厚，隔音效果好，避免互相影响，又可防止一个单元发生火灾，殃及另一个单元，确保整座楼的安全；小灯龛设置也很别致，小灯

龛用来安放蜡烛或油灯。二宜楼外侧墙上，每隔 4 至 5 米就有数个小灯龛，小灯龛上面还设有修理梯。当瓦片需要维修的时候，修理工可直接踩上灯火座，再蹬上修理梯就可以了……这些细节的处理无不让人感慨。

二宜楼布局与环境有机融合，构成理想的生态格局，既独具优美景观，又方便生产生活，充分体现“以人为本”“天人合一”，确实是宜山宜水、宜家宜室，不愧为“民居瑰宝”的盛誉。

防御：神妙奇特　细致周密

土楼那随手关闭与开启门的过程，就像是在守护幸福与拒绝灾难。

传说二宜楼曾经在 1934 年被土匪包围两个多月，久攻不下，用平射炮轰击，楼体也岿然不动，只在墙体内留下两个弹洞而已。有关专家说其防御的完善程度“自成一个系统”。

二宜楼属于双环圆形土楼，外环高 4 层，内环 1 层。整座楼分成 16 个单元，共有 213 间房。其中 4 个单元是作为共用的门、梯道及厅堂，余下的 12 个单元为住户，每个单元均有独自的楼梯上下，它的防御系统结构独创，构造与众不同。

在导游的指引下，我们细细参观了二宜楼的防御构造。

土楼的墙基是以铆钉式花岗岩石砌成，墙体牢固结实，既可以防水，又可以防敌挖墙。墙基厚度 2.53 米，是所有土楼中最厚的一座，据说夯土时墙体放入了木条竹片，因此增加了牵引力，具有良好的抗震御风性能。

一层每单元设 S 形通声孔，便于闭楼时楼内外的联络，也防敌人攻楼时箭枪射击。

土楼一至三层不开窗，四层外墙开窗，用于日间瞭望，可作射击窗。

整个楼内共有三个门，一个大门及两个边门。大门外层铆上了一层铁皮，使之更加牢固，还可防火攻。门上有迅速灭火的设计——泄沙漏水孔。二楼有一暗室，万一敌人用火攻时，楼内居民就可在二层暗室迅速把平时储存好的水、沙，通过漏斗迅速往下倾倒，水、沙在大门内外两侧流泄，迅速将火扑灭，使敌人的火攻难以奏效。而门闩设计也十分巧妙。当敌人妄图撞击大门的时候，楼内居民只要将门腰后中部的门闩往外抽，横跨到对面的洞口，大门随即可以关住，十分牢靠。看，这圆拱形石门框的腰部两边各有一个门闩洞，内藏一条方形长木横杆，是在建楼砌石台基时预先安放上去的。如果担心大门被撞开,还可在下部再横上一根门闩。

二宜楼的边门称为水门,楼内的污水全部往北门排出。水门设计了“秘密暗道”。楼内唯一的地下排水沟上盖花岗岩条石,可通往楼外小溪畔,平时作为排水用,危急时可作为暗道,掀开几条长石板迅速通往外面逃生。

大内院有两口水井,有意前后差距,像太极中阴阳鱼之眼。还有个奇特之处就是两口井水温不同,相差一度左右。因为地下泉眼不一样,也就是水源不一样。这也是出于加强防御性的考虑,万一敌人往一口井里投毒,或者掐断了一口水源,另一口井还可以用。

……

在好奇心的驱使下,我到四楼的隐通廊走了一遭。

隐通廊顾名思义就是隐蔽的通廊。顺着这条廊道可以围绕四楼的房屋走一圈。这条通廊是大楼墙基的一部分。导游介绍说,二宜楼底基墙厚是2.53米,到这里已缩小为1.8米,外侧0.8米作为楼顶的承重,内侧大约1米作为环形通道。隐通廊环楼围合出中心内院,作为楼内多户合用的公共空间,将各家各户联系到一起。窗户都成内宽外窄的反喇叭形,有利于隐蔽自身,更好地作战。打仗时隐通廊实际上就成为战壕。因为一旦有敌情,楼内居民除了重点把守好三个大门外,其他人都可从自家单元的楼梯上来,并从四楼开启后门与隐通廊连通,迅速集中,打守卫战。

二宜楼易守难攻,防御细致周到,即可防火防震,又可御敌入侵,令人称奇。二宜楼的首要功能是防御,这与创建者蒋士熊“居安思危”的前瞻性思维密不可分,也和他祖上曾被海寇侵扰有关。蒋士熊祖上来自海澄吾养山,海澄临海,明代海盗更是猖獗,为避海寇之祸,蒋氏祖上便在明嘉靖四十四年(1565年)迁到大地村,聚族而居。

崇雅:阐幽抉微　照见人生

也许生活相对安逸,基于崇雅观念,创建者开始从自然、人生的开掘,转而进入日常生活与内心情致的体会,注重学问、道德,并从寻常事物中阐幽抉微,照见人生。

比之建筑精华,二宜楼背后所蕴含的丰富人生哲理与处世家风同样可贵。二宜楼拥有几百处壁画、彩绘、木雕、楹联,除了美观的功用外,更主要是向蒋氏后代传递家风家训。

一层大厅也叫议事厅，是蒋氏家族商量大事的地方，也是办理红白喜事的地方。屋梁上的彩绘内容涉及琴棋书画，是二宜楼文化底蕴最深厚的表现。由于历史原因，这些彩绘壁画曾被柴火熏黑，直到2000年之后，二宜楼全面维护，才进行清洗。正如美玉蒙尘，终不失其美质。

四层祖堂作为庆寿、举行婚礼的场所，中间的画像是二宜楼创建者蒋士熊及其夫人魏颜娘。

上面横梁上的一幅彩绘图名为《九世同居》。画面由两组人物组成，画里说的故事是唐高宗年间，山东有位百岁老人，名字叫作张公艺，家里五代同堂，其乐融融。李治皇帝得知后登门拜访，询问方法。张公艺老人什么也没说，就叫书童拿来纸笔，写了一百个"忍"字。唐高宗从中受益匪浅，并赐给老人"百忍匾"。聚族而居，易起纠纷，如果没有百般忍耐，就会经常互相争吵。楼主借用"九世同居"的故事来教育后代，居住在一起要以和为贵、和睦相处，可谓用心良苦。

横梁上另一幅彩绘图名为《第一家》。画面表现了一种欢聚一堂、声乐喧天、福禄寿喜的场面。说的是唐朝中期郭子仪的故事。史书记载，郭子仪大将及其"七子八婿"，为唐朝平定叛乱、稳定国家立下了汗马功劳，具有强烈的忠君爱国思想。上自皇帝，下自平民百姓，没有人对郭子仪的功名富贵产生嫉妒和怀疑，被称为"天下第一家"。在华安上坪土楼群中，有一座距今600多年历史的齐云楼，是史书记载的最早的圆形土楼，可谓是福建圆形土楼的鼻祖，被誉为"土楼之母"。"土楼之母"的建造者就是郭子仪的后裔。传说，二宜楼楼主建楼之前还去齐云楼考察取经，深受郭家文化的影响。楼主希望后人牢记"天下兴亡，匹夫有责"。前后两幅彩绘体现了"齐家治国平天下"的主题。

在二宜楼，最为丰富的莫过于传统的书画、楹联和雕刻了。二宜楼有丰富的壁画及对联，表现的内容各有不同，有描写山水地理的、有勉励后代的、有提倡尊老爱幼的，等等。"客至无不动，礼岂能失乎"，教育子孙要懂得礼仪；"青山不语花能笑，绿水无声鸟作歌"，这种既有主画面又有意境阐释楹联的作品模式，从审美上显得非常大气……我翻阅资料了解到，整座二宜楼内彩绘、壁画共有966处，其中彩绘近100平方米的有228幅，壁画近600平方米的有226幅，另外壁画配对联100幅，楹联63对，大小木雕349件。

在那个时代，人们的社会关系主要靠"礼"而不是靠法律来调节，维持礼的规范是传统，实现公序良俗的手段是教化。如此看来，在振兴乡村发展经济的

过程中，发掘优秀传统文化，用合适的接地气的伦理道德滋养一方水土，陶冶一方心灵，规范一方行至，该是一个必要的课题。

值得一提的是，墙板上、屋梁上的旧报纸，那是1931年的美国《纽约晚报》和1932年的《纽约时报》，都是英文报纸。据考证，这种报纸现在只有美国国家图书馆仍有保存，其他地方都找不到了，十分宝贵。这也说明了土楼人的思想很早就走向开放，较早地接触西方的文化艺术。这也充分证明了二宜楼的居民们很早就走向世界了。

尾声

已近中午，离开二宜楼前，我特地去探望了守护在土楼里的老人，他们平均年龄80多岁。伴着几句寒暄，陪同人员将我引入蒋燕金的家。蒋燕金老人正在吃午餐，见有客人来访，马上放下碗筷，热情招呼。我便与她轻松聊了起来。蒋燕金今年97岁，年轻时是妇女生产队队长，目前由最小的儿子、今年70多岁的蒋跃进照顾起居。说话间，蒋跃进进门了。土楼里的人都说蒋跃进是个孝子。他年轻时是养猪能手，如今除了与母亲相伴相随，一边还卖点土特产，生活安逸。和睦而居、仁爱孝义、尊亲厚生，这该是土楼最温暖最深刻的内容。

在不知不觉中，土楼的美与奇，镌刻到我的记忆里了。

林忠:践行“四力”,归来仍是“少年”

人物名片

林忠,福建鲤城人,1968年出生于漳州市云霄县,在职本科学历,主任记者。1993年入职闽南日报社,现为闽南日报社美摄部副主任、芝山记者站首席摄影记者。

从事新闻摄影工作以来,有数十幅(组)摄影作品分获福建省、漳州市及中国地市报新闻奖。1999年获漳州市首届“十佳”新闻工作者荣誉称号,2014年获福建省“十佳”新闻工作者荣誉称号。27载奔赴在新闻摄影第一线,用镜头丈量脚下的土地,也记录新时代的历史,被人誉为漳州新闻界的“老黄牛”、了解漳州的“眼睛”。

林　忠

“四力”心得

干了27年的新闻摄影，变的是时代流转，不变的是初心使命。我认为，增强“脚力、眼力、脑力、笔力”，既是提高新闻舆论工作水平的有效途径，也是新闻工作者的初心和使命所系。践行“四力”，新闻人永远都在路上。

“四力”是一个内在联系紧密的有机整体。“脚力”在于勤，“眼力”在于观，“脑力”在于思，“笔力”在于著。“四力”既是业务能力，更是政治能力，既体现职业能力和水平，也反映工作作风、精神状态。

27年前踏入新闻行业，接触新闻摄影，那时的我依靠更多的是“脚力、眼力”，行走在田间地头，奔走在大街小巷，用心记录，时刻传递。那段岁月，我用镜头留住了世间冷暖，用热血报道了公平正义，中国女排、漳州“110”……一张张照片给予市民更多的“阅读感”。步入中年，我开始尝试“脚力、眼力、脑力、笔力”的相互激荡和融会贯通，努力用镜头定格时代风云，让新闻更“有思想、有温度、有品质”。5届25次的市“两会”，21届的海峡两岸花博会，我届届没有落下；“建设海峡西岸港口大市、工业强市、生态名市”“海西建设、漳州先行”“田园都市、生态之城”“生态＋”“大抓工业、抓大工业”，漳州经济社会发展的每一次脉动，我全程参与；胡锦涛同志莅漳考察，连战先生到龙海马崎寻根谒祖，阿基诺总统到访漳州……我是见证者，也是记录者。

二十余载新闻生涯的历练，如今的我，愈加觉得坚守“四力”、践行“四力”，任重道远。练就勤快的“脚力”、敏锐的“眼力”、善思的“脑力”、独特的“笔力”，更是永无止境，需要每一名新闻人持续探索、不懈努力。年过半百的我，也有着“历尽千帆，归来仍是少年”的心境与情怀：要继续当好践行“四力”的排头兵，做新时代的记录者！

正如那句歌词：我还是从前那个少年，没有一丝丝改变，时间只不过是考验，种在心中信念丝毫未减，眼前这个少年，还是最初那张脸，面前再多艰险不退却……

代表作品

情牵台胞　全力营救

林　忠

《闽南日报》 2014 年 5 月 25 日

2014 年 5 月 23 日，一辆搭载有台胞的厦门旅游客车行经西港线华安沙坑口路段时，掉入九龙江北溪，造成人员伤亡。事故发生后，漳州市迅速组织救援。我第一时间赶赴现场，拍摄了作品《情牵台胞　全力营救》，用镜头记录下一幅幅救护人员正手把手、肩并肩踩着湿滑的江边斜坡，奋力把溺水同胞抬上岸的场景。作品强烈的现场气氛，充分展现出两岸同胞血浓于水的感人情景。该作品荣获 2014 年度中国地市报新闻奖一等奖、2013—2014 年度漳州新闻奖一等奖。

蔡文原:只有增强"四力"才能出精品

人物名片

蔡文原,1999 年 7 月开始从事新闻工作,历任闽南日报社记者,记者部、美摄部副主任,美摄部主任。

2015 年获漳州市"创建全国文明城市先进个人"、漳州"十佳"新闻工作者,2015 年获"全国地市报新闻摄影 50 强摄影记者"称号,2016 年获中国地市报新闻摄影学会颁发的"学术贡献奖"称号,2018 年获福建省"十佳"新闻工作者。2019 年获"漳州市文化名人"称号。有上百件摄影作品、报纸版面、学术论文获漳州市新闻奖、福建新闻奖、中国地市报新闻摄影奖以及其他综合奖。

蔡文原

“四力”心得

在多年的新闻工作实践中，我深切体会到，新闻工作者只有不断增强“脚力、脑力、眼力、笔力”的磨砺，只有坚持“走基层、转作风、改文风”，才能出精品。本人从事新闻工作以来，有上百件摄影作品、报纸版面、学术论文获漳州市新闻奖、福建新闻奖、中国地市报新闻摄影奖以及其他综合奖，这些成绩的取得，得益于以下三方面的坚守：

不畏艰险，俯身躬行，深入经济建设主战场，新闻题材才能因此而鲜活。厦漳跨海大桥曾经是全球第九、亚洲第六、省内第一的跨海大桥。建设期间，我多次攀登上 220 多米高的塔吊顶部拍摄建设场景。该作品进入北京中国国家博物馆展出。古雷石化基地建设是漳州市重中之重的重大项目。建设初期，我先后 15 次深入工地，多次在凌晨 4 点起床，冒着沿海寒风进入工地采访。盛夏，古雷石化项目建设中的半球形密闭钢制油罐内部温度高达四五十度，我在罐体内坚持采访数小时。古雷建设的作品获得福建新闻奖一等奖。

只有不辞劳苦，深入群众，关注平民百姓，才能回应社会关切、服务百姓生活。在深入基层采访中，我经常与报社领导、同事一道深入田间地头采访粮农、果农、花农、茶农等群体的生产、生活，获得“龙眼树下访民工”“种花南山下”“一村做粿满城飘香”等一批鲜活题材的好作品，并在中国地市报和省、市各级新闻摄影评选中获奖。

只有持续关注、善于发现和挖掘本地特色文化题材，新闻摄影才能因此而生动。漳州历史文化丰富多彩，本人长期跟踪拍摄漳州木偶、漳州芗剧等非遗项目，以及古城村落等题材，对宣传漳州、提升漳州知名度、扩大漳州影响发挥了不可或缺的作用。尤其在漳州如火如荼的“五湖四海”生态文明建设中，本人与本报摄影记者一道拍摄了上千件以“田园都市生态之城”为主题的摄影作品，其中的部分优秀作品在北京中华世纪坛展出，并在中宣部举办的福建生态建设推介会上展示。

代表作品

烈日青春战古雷

蔡文原

《闽南日报》 2011年8月4日

《烈日青春战古雷》组照之一:"战斗的喜悦"。在漳州古雷石化项目建设中,中石化四公司防腐工张伟,每天冒着高温给地下管道等钢件做防腐处理,在擦汗的时候,他的脸上露出微笑。

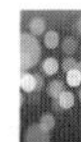

林艺群:练好“四力” 新闻路越走越宽

人物名片

林艺群,1976年8月出生于福建漳州,大学文化。1999年12月正式入职闽南日报社,主任编辑。从事新闻工作以来,踏实努力,抗击“非典”时期,受命奔赴北京小汤山采访。采编作品共有16篇(次)获省级以上新闻奖。其中,福建新闻奖一等奖3件,福建新闻奖二等奖2件,福建新闻奖三等奖5件;中国地市报新闻奖二等奖4件,中国地市报新闻奖三等奖2件。2004年荣获第五届福建省“双十佳”新闻工作者称号,2006年荣获福建省五一劳动奖章。已出版35万字的作品集《神灯和女神》。

林艺群

"四力"心得

习近平总书记强调，宣传思想干部要转变工作作风，加强调查研究，不断增强脚力、眼力、脑力、笔力。是啊，一名合格的新闻记者，只有练好"四力"，新闻之路才能越走越宽。

人常说"跑新闻跑新闻"，新闻确实就是跑出来的。进社区下农村，实地了解社情民意，方能跑出一手鲜活新闻。我的记者生涯，就是这样一路奔跑！2002年"五一"期间，全市大旱，我放弃休假，和电视台记者一起跑遍全市所有县(市、区)。每到一处，克服一路颠簸晕车带来的严重不适，呕吐完定定心，再踏入田间地头采访，就这样一路吐一路采，积累了扎实的素材。5月3日回漳后连夜动笔，采写了3000多字的稿件《全力以赴战旱魔》。5月4日这篇文章见报后，报社领导高度重视，派我和同事继续下乡探旱情，共同采写长篇通讯《九龙江畔抗天歌》。这篇文章后来获2002年度全省好新闻一等奖。为了"跑新闻"，我常常顾不上吃饭。一次采访中，我了解到一位叫娟娟的残疾女孩开办了"爱心家园"网站，鼓励残疾人自信自立。从下午5:30开始，我沿着九龙江畔一路打听一路寻找，到晚上7:10终于找到了娟娟的家。采访回来，连夜写成《娟娟和她的"爱心家园"》。这篇文章后来分获第八届"中国残疾人事业好新闻奖"优秀奖和第三届"福建省残疾人事业好新闻奖"二等奖。

"跑新闻"要有"眼力"，要善于抓住有价值的新闻线索。2001年2月，了解到漳州的金门同胞将可直航回乡探亲，我立即跟踪采写《五十二年归乡路直到今朝方成行——漳州7名金门同胞昨直航回乡探亲》。7名金门同胞探亲回来后，我逐一拜访，写下长篇通讯《相见时难别亦难》。这篇文章获第十六届中国地市报新闻奖二等奖、第八届福建新闻奖三等奖。

"跑新闻"会跑会抓线索还不行，写出来的新闻还必须要能吸引人，这考验的就是"脑力"和"笔力"。2003年5月，人人谈"非典"色变的日子，解放军175医院43名军医赴京抗"非典"。我受报社派遣，作为"连线北京小汤山　情牵漳州好军医"专栏记者，日日赴175医院做连线报道，并于6月19日和其他媒体同行直飞北京实地探访小汤山。同样的新闻，要怎么写才出彩？第一天连线，我就在考虑了。5月5日，我了解到赴京人员中有3人作为小汤山医护人员代表受到温家宝同志亲切接见，温总理还紧紧握住3人中年纪最大的医务

人员庄立琳的手。当即决定从“手”着手，深入采访，赶写出《“总理紧紧握住我的手！”》《决不辜负家乡父老的期望》两篇报道。因角度独特，报道满怀激情，《“总理紧紧握住我的手！”》获当年度福建新闻奖一等奖。

我想说，要写好新闻，别无捷径，脚力、眼力、脑力、笔力一起上，新闻路就会越走越宽。

代表作品

编者按：连日来，全国各地纷纷以实际行动支援抗“非典”斗争。在漳州，解放军175医院43名医务人员响应党中央、中央军委号召，毅然赴京决战“非典”。在严重的疫病灾害面前，漳州军医义无反顾地直奔抗“非典”一线最危险的地方，他们不愧为新时代最可爱的人。《闽南日报》于5月1日对这一壮举进行了详尽的报道。这既是驻军的光荣，也是漳州的骄傲。军地干群、广大读者对此十分关注。为了及时向读者介绍他们在京决战“非典”的最新情况，本报从即日起开辟《连线北京小汤山　情牵漳州好军医》栏目，陆续报道他们全力支援北京决战“非典”的感人故事，充分展示新时代军人在这场没有硝烟的战争中的精神风貌，以此鼓舞、激励全市人民众志成城，共同为夺取抗击“非典”攻坚战的全面胜利和推动我市当前各项工作而努力奋斗。

“总理紧紧握住我的手！”

林艺群

《闽南日报》　2003年5月7日

“你们知道吗？早上总理紧紧握住我的手，握了很久很久！”5月5日下午2时40分，53岁的175医院传染科副主任医师庄立琳在打电话给政委夏一军时，语音里仍按捺不住激动地说，“温总理勉励我们要树立信心，众志成城，战胜‘非典’病魔！”

5月5日早上9时45分，温家宝总理和吴仪副总理来到北京小汤山医院，亲切看望和接见赴京参战的军队医务人员。45名小汤山医院的医务人员作为代表，很荣幸地受到温总理的接见，这其中就有漳州175医院的医务处主任林村河、传染科副主任医师庄立琳和医务人员沈翠荣。庄立琳清楚地记得，当时他就站在第一排，温总理走到他身边时，停顿了下来，紧紧地握住他的手，问道：“您多大了？在哪个单位？”庄立琳激动极了，自豪地一挺身子，回答道：“我是原南京军区175医院的，今年53岁。”听到庄立琳已经53岁了，温总理握着庄立琳的手不觉又紧了一紧，感动地说道：“老医生都来了，谢谢你们！”

总理的亲切接见让赴京参战的军医们十分感动，也备受鼓舞。庄立琳说，真是太激动了，当天下午，队长林村河还立即召集他们开了支委会，研究如何做好下一步工作。他们表示，一定不辜负党和人民的期望，一定竭尽全力战胜“非典”病魔，早日凯旋。

泉州

福建优秀新闻工作者践行『四力』实录

吴家阳：增强“四力”是新闻工作者的立身之本

人物名片

吴家阳，福建泉州鲤城人，1974 年 10 月出生，中共党员，在职研究生学历，法学学士、经济学硕士，高级记者，现任泉州晚报社党组成员、副总编辑、东南早报执行总编辑。

1996 年 7 月四川大学新闻系毕业进入泉州晚报社工作，并于当年以新闻通讯《刻写人间公正》获得福建新闻奖一等奖。2001 年两度直航金门采访，成为 52 年来首批直航金门采访的大陆记者之一。共获得福建新闻奖一等奖 5 次，二等奖 3 次，全国晚报新闻奖特等奖 1 次、一等奖 2 次，中国地市报论文一等奖 3 次，其他各类新闻奖项 20 多次。

吴家阳（左一）

“四力”心得

2015年11月7日，新华社迎来了一位特别的同事——“快笔小新”。之后，不少媒体对此进行了报道。科学技术是第一生产力。每一次新技术的应用，都会给新闻信息的生产方式带来翻天覆地的变化。机器人都会写稿了，并且用“算法”不断给记者赋能。记者会失业吗?

几年过去了，我们看到智能机器人确实在多个领域里发挥作用，甚至谷歌已经有三分之一的编辑被智能机器人所替代。但是，记者的职业依然是智能机器人所无法替代的。

支配机器的是程序，而程序是冷冰冰的，不带情感的。而我们的新闻报道，绝不能是冷冰冰不带情感的文字堆砌。同样的事实，在不同人的笔下，会呈现不同的重点，传达不一样的情感，体现不同的立场，这些都是机器人所无法做到的。

我们强调新闻工作者要增强“脚力、眼力、脑力、笔力”，就是要求我们的记者们永远冲向第一线，获取第一手资料，通过与亲历者的直接交流，用自己独具特色的表达方式，做出具有时代感和个人特色的报道。

你的“四力”越强，你对事实的提炼就越到位，你的表达就越符合当下的时代，越能够切入人们的内心，拨动人们的心弦，达到最好的效果。人们获取新闻资讯，不仅仅要了解事实、寻求真相，还要求得心灵上的支持与共鸣。而所有的这些，是冰冷的程序所无法实现的。

从这个角度上来说，“四力”是我们有别于智能机器人的根本，是我们新闻工作者的立身之本。一旦我们放松了这方面的要求，只是躲在后方，照搬网络上的东西，只做一个搬运工或堆砌者，我们的职业危机就将来临!

许志荣:践行“四力”,与时代同行

人物名片

许志荣,福建泉州鲤城人,1969 年 1 月出生,中共党员,党校大学学历,主任编辑,现任泉州晚报社泉州网常务副总编兼网络综合部主任。

1996 年开始从事新闻采编工作,参与过《泉州晚报·海外版》《东南早报》的创刊;2013 年转岗泉州网,从事网络传播与经营管理工作,参与微信、客户端等新媒体平台的建设;多次获得福建省新闻一等奖,策划、组织的新闻采访曾获得中国新闻奖三等奖;策划、组织的《泉州创客联盟》项目 2019 年入选中央网信办主办的“全国网信工作创新 50 例”;曾获得 2014 年度福建省“十佳”新闻工作者称号。

许志荣

“四力”心得

习近平总书记在全国宣传思想工作会议上的重要讲话明确强调，要不断增强脚力、眼力、脑力、笔力，努力打造一支政治过硬、本领高强、求实创新、能打胜仗的宣传思想工作队伍。

一个媒体的形象是靠报道作品树立的，而每一篇报道作品靠的是媒体人的“四力”。

面对纷繁复杂的世界，不断变化的社会，作为一名媒体工作者，需要不断增强“四力”，才能与时俱进，适应时代的需要。

这“四力”相互联系，缺一不可。强脚力，就是要常跑动，不下基层，不出户外，写出的东西就不接地气；强眼力，就是要善观察，没有观察，易被浮云遮望眼，不识庐山真面目；强脑力，就是要勤思考，多学习，否则讲不到要害，拎不清要领，做不了判断；强笔力就是要擅表达，不常练笔，笔头会生锈，下笔无神，在新媒体时代，强笔力还体现在运用新手段，创新表达形式，让受众喜闻乐见。

媒体人承担着举旗帜、聚民心、育新人、兴文化、展形象的使命任务，责任重大，没有几把刷子是不行的，这就要求我们，不断增强“四力”，坚持终身学习。唯有这样，我们才能不断熟悉新领域、开拓新视野，有真本领，真本事，能够承担起时代赋予媒体人的光荣使命。

郭培明：不打无准备之仗

人物名片

郭培明，曾主持全国首份海外印刷发行的地市报海外版《泉州晚报·海外版》，以及《东南早报》、《泉州商报》、《香港泉州报》等的创办工作。曾任泉州晚报社副总编辑兼东南早报常务副总编辑、泉州晚报社副总编辑兼泉州商报总编辑。中国晚报杰出贡献总编辑奖获得者，作品获中国新闻奖、中国当代散文奖等。

郭培明

“四力”心得

2001年庆祝中国记者节时，我策划过一个特刊，让记者转身成为被采访对象，当一天菜农，做一次营业员，值一班交通岗，摆一回街头地摊。这些特别报道自然受到读者好评，觉得冒热气、有温度。记得我配的刊首语，题目是《永远在路上》。起早摸黑，风雨兼程，想方设法，求真务实，绝不仅仅是为了一份养家糊口的职业，媒体人的身上，还有沉甸甸的初心使命和社会责任。

跟紧、贴近，是对新闻从业者的基本要求。首先要立足新时代，站稳立场，围绕中心，服务大局，引导舆论，彰显主流媒体责任担当。与此同时，还要扎根生活，深耕一线，研究传播规律，学好看家本领，为改革开放摇旗呐喊，为民生发展鼓与呼。

“四力”之中，“脚力”“眼力”是基础条件，“脑力”“笔力”是提升工程。你在新闻现场，不能证明你看见的就是最真实的，透过现象看本质，才是对一个媒体人政治素质与业务能力的综合考量。独家视角，深度评析，好新闻可以是长篇通讯，也可以是千字短文，关键在于你的修行，打铁还需自身硬。从采编一线到媒体管理，我在多个岗位上锤炼过，无论是记录城市建设、人文变迁和民营经济发展进程，还是披露千年古桑疾病缠身、高速公路特大桥桥墩筋伤骨露，或者专访杨振宁、金庸、梁羽生、莫言、钱绍武等名流，我深深感到“功夫在诗外”。在一篇对白岩松的访谈中，我用了他的一句话当题——《我从来不打无准备之仗》，现在，我把这句话转赠给为新闻事业奋斗着的朋友们。

代表作品

晋江围头村：136对跨海婚姻密织海峡两岸情缘

郭培明

《泉州晚报》 2013年5月7日

虽是立夏，海风送爽。站在围头村战地公园安业民纪念碑前眺望，大金门

岛的轮廓清晰横卧于海峡之中。洪建财老人指点着岛上太武山的峰峦，说起他去金门探亲的趣事，笑得很开心。最新统计表明，自从22年前老洪的女儿洪双飞嫁到金门后，围头村与台湾结亲的跨海婚姻已达136对，创下两岸联姻的一个纪录。

洪建财是当年闻名的“战地小老虎”。1958年“8·23”炮战中，当安业民身负重伤时，就是由他背着离开炮位的。54年后，他带着记者寻访战地遗踪，步伐依然矫健。当问及洪双飞的婚姻，他说：“年轻人谈上对象后，有些亲友特别提醒我注意两岸分离的现实。但是当时我想，两岸关系只会越来越好，历史不允许走回头路。婚姻是两人要共同面对的生活，还是让孩子自己决定吧。”家门口对面就是金门，这5.6海里的短短距离，却咫尺天涯。洪双飞回娘家，要从金门飞台湾，再由台湾经香港转厦门，绕了一个大大的圆圈。现在好了，走泉金航线，不到2个小时。

也许是洪双飞的示范效应，一对接一对的跨海婚姻诞生了。起初，多是台湾郎来娶围头女，后来，台湾姑娘也相上了围头小伙了。围头村委会主任洪水平介绍说，目前已有四位台湾女嫁来围头，其中有一位还是家在高雄市的。

围头被称为“海峡第一村”：是祖国大陆距离金门主岛最近的村庄；是当年炮战最前沿的阵地，有5万多发炮弹落在村子里外；是《告台湾同胞书》发表之后最早启动的大陆对台小额贸易试点。在村部，洪水平正和村支书吴明忠等人商议筹办第三届返亲节的事宜。返亲节是围头人一个创新之举。2010年“七夕”那天，50多位“围头新娘”携家眷回乡参加活动，一时成为美谈。第二届返亲节参加者增至80多对。

今天的泉州已是中国民营经济最发达的地区之一，而洪双飞刚嫁到对岸那时，有些当地人风言风语，说大陆农村贫穷到香蕉皮当饭吃。围头天翻地覆的巨变，让金门人羡慕不已。金井镇镇长洪建立说，从当年战地前线的神秘，到率先开启海上贸易，再到今日的两岸联姻，具备地缘、商缘、姻缘特色的围头村一直是金井的魅力名片，“围头新娘”成为两岸民间关系发展的使者。由围头至台中的客货运航线有望规划投建，未来两岸民间交往会更密切。洪建财老人有着自己的梦想：两岸百姓都可以自由往来。“我女婿开着快艇过来，20分钟就到我家了，为他准备的饭还没煮熟呢，多方便。”他说。

吴建生:地方媒体增强“四力”的关键点

人物名片

吴建生,中共泉州市委宣传部副部长,泉州广播电视台党委书记、台长,高级编辑。从事新闻工作二十余年来,始终坚持新闻的党性原则,积极践行“四力”,砥砺初心使命。积极推进以新闻为龙头的节目改革创新,实现栏目个性化,频道专业化和节目精品化;重视城市文化宣传,创办全国首个闽南语电视频道,提高对台对外宣传水平;坚持移动优先、深耕主业,整合资源,加快媒体融合发展,建设全媒体高清播控中心、指挥中心和新闻演播中心。2006 年被评为福建省第六届“双十佳”新闻工作者,2011 年评为第七届全国德艺双馨电视艺术工作者,2015 年被评为福建省文化名家。

吴建生

“四力”心得

增强“四力”，是习近平总书记对整个宣传思想战线提出的明确要求，也是我们每一位新闻工作者完成新使命的基本要求，更是一个新闻团队系统提高整体战斗力的根本所在。对此，我们必须长期坚持、全面教育、深入实践，争取不断取得新成效、形成新经验、获得新发展，以此全面打造特别能战斗的新闻舆论队伍。

脚力不足，走基层的作品偏少；眼力不够，大格局的策划不多；脑力不强，新思想的宣传不深；笔力不精，大融合的步子不快。这是当前一些地方媒体，特别是一些地方广播电视媒体在“四力”方面存在的一些不足，也是我们下一步可以大胆探索、全面突破、持续攻关的几个关键点。

地方媒体可以从以下几方面进行有针对性的改进和提升，以此来系统改变“四力”不足的现状。一、在根本处下功夫，全面强化“头条意识”。宣传思想工作就是政治工作，讲政治是第一位的要求。落到具体工作中，我们要切实强化“头条意识”，大力推进“头条工程”落地落实、抓紧抓好、切实取得成效。二、在关键处下功夫，全面提升“看家本领”。宣传思想工作是在人的头脑里搞建设，没有“几把刷子”是干不了的。我们要把实践作为增长才干的根本途径，发扬实干苦干精神，坚持在干中学、在学中干，做到学以致用、用以促学、学用相长，不断提高运用科学理论和丰富知识解决实际问题的能力。三、在紧要处下功夫，全面推进“自我革命”。我们要坚持问题导向，树立攻坚克难的勇气担当，以“先立后破”的科学方法论有序有效推进全面深化改革。四、在基础处下功夫，全面践行“为民情怀”。宣传思想战线增强“四力”，要始终坚持和自觉践行党的群众路线，站稳群众立场、树立群众观点、增进群众感情，切实解决好“为了谁、依靠谁、我是谁”的问题，在深化作风养成、强化作风锤炼中展现新风貌、创造新业绩。

杨旭东:增强"四力"
挺进宣传舆论工作"主战场"

人物名片

杨旭东,1992 年 12 月从福建师范大学调入泉州电视台供职至今,历任新闻部副主任、新闻综合频道总监、社教节目部总监等职。2007 年起,任泉州电视台副台长;2012 年 8 月,泉州广播电视台正式成立,任台党委委员、副台长,分管广播电视节目宣传工作。长期从事新闻采编和节目宣传管理工作,全力推动节目"创新、创优、创收"工作。1999 年荣获泉州市第二届"十佳"新闻工作者称号,2010 年获福建省"十佳"新闻工作者荣誉称号。历年均有作品在全国、省、市电视新闻奖评比中获得佳绩,2013 年主创电视节目《泉州财经报道》获得第二十三届中国新闻奖电视编排奖二等奖;2015 年主创广播作品《三十年"加"与"减"》荣获第二十五届中国新闻奖广播评论三等奖;2016 年参与主创的作品《我们需要什么样的中国制造》荣获第二十六届中国新闻奖电视评论三等奖。

杨旭东

2014 至 2016 年全程参与原国家广电总局重点理论文献电视纪录片《海上丝绸之路》(七集)的拍摄工作,该片入选原国家广电总局对外传播重点目录,先后在多国主流媒体播出。2018 年组织实施纪录片《光明之城》(三集)的拍摄,担任出品人,同年该项目与美国国家地理频道合作制作两集国际版本,此项目被中宣部列入国际联合摄制影视重点项目。

"四力"心得

党的十八大以来,以习近平同志为核心的党中央高度重视传统媒体和新兴媒体的融合发展,习近平总书记多次在不同场合强调要利用新技术、新应用创新媒体传播方式,要求"主流媒体借助移动传播,牢牢占据舆论引导、思想引领、文化传承、服务人民的传播制高点"。

当下,新闻信息的传播格局已发生翻天覆地的变化。移动终端已然是我们宣传舆论工作全新的"主战场"! 面对新传播格局,广电人应正视本领恐慌,化被动为主动,积极学习和运用新媒体的技能知识,以新闻工作者的内生"四力"促媒体传播"四力"的提升,只有掌握了"新本领"的主力军才能挺进新的"主战场",才能担负起新时代对新闻工作者提出的使命职责。

下面就结合本台的工作实际,就如何提升新闻工作者的"四力"谈一下个人的思考。

第一,在全台掀起革新观念学习新本领的热潮,作为台党委在今后一段时间里重要的政治思想工作,开展"守正创新"大学习大讨论,以此凝聚士气,激发创新发展的斗志。同时,要立足岗位,开展全员技能竞赛,把实战和培训有机结合起来,培养和建设一支全媒体采编队伍。

第二,组建全媒体新闻指挥中心,合并新闻中心和新媒体公司采编队伍,改变新媒体公司单独运营和全台新闻宣传工作脱节的状况,力争做到"一体化"运作,一个指挥平台,一支全媒体采编队伍,集中统一策划,素材选题跨媒体平台共享,实施各平台差异化节目生产和精准传播。

第三,加快主频道高清化和全媒体新闻演播中心的建设步伐,积极推进建设高清移动新闻网,实现节目生产系统具备集指挥调度、高标清视音频混编、移动编审、制作共享系统等功能。融合支持传统广播、电视、新媒体等多种业务形态，搭建泉州广播电视台高清节目生产的核心业务平台。

第四，向机制要效能。制定并实施全媒体内容创优项目申报制度，配套相应的奖励政策，推动“人人都是孵化器”的内容创新工作落到实处。

蔡斯琦:锤炼“四力” 深耕电视新闻

人物名片

蔡斯琦,泉州广播电视台新闻中心记者,中共党员。2004 年参加工作,长期坚守新闻一线,获得各级新闻奖项 30 多个,并且始终坚持正确的舆论导向,爱岗敬业。主创《晋华激活中国“芯”改写全球存储器版图》《“央视春晚 泉州最美”8 小时大型直播》等多件作品获福建新闻奖一等奖。个人获得福建省防抗台风舆论工作先进个人、“福建省杰出青年岗位能手”、省新闻界“新春走基层”先进个人、泉州“十佳”新闻工作者、泉州最美新闻工作者等荣誉称号,以及泉州市五一劳动奖章。

蔡斯琦

“四力”心得

习近平总书记在全国宣传思想工作会议上指出，宣传思想干部要不断增强“脚力、眼力、脑力、笔力”，这就要求记者在长期的新闻实践中练就扎实过硬的采编业务真功夫，写出更多感染人的好作品。从个人工作经历出发，我认为，锤炼“四力”，深耕电视新闻良田需要做到以下四点。

一是必须锻炼“脚力”，坚持奔跑在新闻事件第一线。“脚下有泥土，笔下见真情”是新闻工作的真实写照。“脚力”是新闻报道的力量之源，也是记者工作的根基所在。练好“脚力”，才能行得远、走得快，奔赴新闻现场，掌握一手鲜活素材，这样才能写出“沾泥土”“带露珠”“冒热气”的优秀作品，才能赢得公信力和影响力。

二是应该增强“眼力”，练就敏锐新闻眼光。地方时政新闻以当地主要政治活动为报道内容，旨在传递党委政府政策方针，但时政报道并不是简单的“传声筒”，它需要在把握大局的前提下，以更有温度的方式，提“鲜”变“活”，使之入脑入心，为群众所接受。这就需要善于观察、善于辨别，做到看得清、看得透、看得远，将“小新闻”做出“大角度”，让硬新闻实现软着陆。

三是需要提升“脑力”，用镜头讲好时代故事。在新闻实践中，要善思考、勤思考，注重诠释解读，走进群众的“心坎”。同时培养独立思考能力，抓住问题要害，查找问题根源，寻求解决路径。这就需要把学习当作永恒的追求，不断完善知识结构，切实打牢专业功底，为思想注入澎湃活力，做一名专家型的新闻工作者。

四是必须加强“笔力”，创新电视新闻表达方式。“笔力”是新闻工作者的基本功，对电视媒体人来说，就是电视语言的灵活运用。我们不断磨炼自己的表达能力，善于运用文字、声音、图片、视频等元素进行表达。持续创新话语表达方式，适应分众化差异化传播趋势，采取群众喜闻乐见、便于接受的载体形式，让我们的新闻报道更接地气、聚人气，更有情感、有温度。

三明

福建优秀新闻工作者践行『四力』实录

马汝杰：肩头重量　促"四力"提升

人物名片

马汝杰，江苏省阜宁县人，1959年1月出生，中共党员，本科学历，主任记者职称，曾任沙县广播电视台副台长、党支部副书记，从事新闻工作34年，2019年退休。

从事新闻工作以来，凭着对广播电视新闻事业的热爱与执着，以及强烈的事业心和社会责任感，积极主动做好各阶段的新闻宣传工作，出色完成了各个时期的宣传报道任务。曾获全国二等奖一次、省级奖数十次；2002年，荣获福建省"双十佳"新闻工作者称号。

马汝杰

"四力"心得

沙县有一种民间艺术叫肩膀戏,俗称"肩头坪",也就是把戏台扛在肩上,流动演出。这一独特的民间艺术曾一度失传。20 世纪 80 年代中期,沙县几位民间老艺人凭各自的记忆,蜗居在民间的老人会整理曲目,游说动员青年底座演员,四处选拔小演员,努力拯救这一非物质文化遗产。这一切,都是他们自觉、自愿的。老人们的义举深深地打动了刚刚踏入新闻行业的我。经过两年多的跟踪采访拍摄,我与同事制作《肩膀上的艺术奇葩》纪录片,获得全省首届县级台纪录片一等奖。

正如肩膀戏的底座演员一样,他们不仅要走好自己的台步,还要确保肩上小演员的人身安全,呈现各种舞台动作。具备责任感,是对肩膀戏底座演员的第一要求。同样,一位新闻工作者,要想不断提升自己的脚力、眼力、脑力、笔力,增强社会责任感是第一要务。

2001 年,我参与策划和采访了建党 80 周年大型系列报道《光辉岁月》。前期,跑党史研究室、方志委、老区办、档案馆、图书馆,查阅了大量历史资料。此后,我又与摄像人员一起下南平、进福州、访杭州,深入本县的乡村山区,寻访沙县特支和红军东方军的活动足迹。我们采访到了老红军张廷发将军,红军时期的儿童团员、原闽西北游击纵队司令员,以及前国民党高桂乡乡长等一大批当事人和历史见证人。通过大量翔实珍贵的历史资料,充分展示沙县人民在中国共产党领导下,为推翻反动统治,建立人民民主政权进行的艰苦斗争,以及为革命所付出的巨大牺牲。由于时间紧、任务重、连续作战,出差乘车都是利用晚上休息时间。一次在赶火车时误点,本可以改签,但我毫不犹豫地和年轻的摄像记者自费雇了辆面的追赶火车,如期完成了采访任务。

2001 年 5 月,我了解到福州火车站附近有一诈骗团伙,以招工为名,专门骗取外地应聘人员钱财,于是冒险进行暗访,巧妙与其团伙主要成员周旋,用摄像机记录了诈骗团伙大量犯罪证据,进行了充分翔实的报道,同时也对有关部门的不作为进行批评监督。此后,有关部门一举铲除了这个从 2000 年 7 月起在省城行骗、涉案金额 70 多万元的诈骗团伙,主要成员 49 人被刑事拘留。

从事新闻工作三十多年，我深刻认识到，记者肩上承担着沉甸甸的社会责任，不仅要做好党和人民的喉舌，还要当好党和人民群众联系的桥梁和纽带。当你把肩上的责任看得越重，你的脚力、眼力、脑力、笔力才提升得越快。

卢辉:用“如椽之笔”书写时代最强音

人物名片

卢辉,三明广播电视台副台长,高级编辑,三明学院兼职教授。从事新闻工作近三十年,先后有十多件新闻作品获得福建新闻奖(电视新闻奖)一等奖。其中,新闻评论《明天还有粮食吃吗?》获中国广播影视大奖(提名奖);多篇新闻论文获中国广播电视学会优秀论文奖。2004 年获评福建省“双十佳”新闻工作者,2006 获评福建省五一劳动奖章,2009 年获评三明市拔尖人才。

卢 辉

“四力”心得

从事新闻工作近三十年,如今,重温习近平总书记关于“转变工作作风,加强调查研究,不断增强脚力、眼力、脑力、笔力,努力打造一支政治过硬、本领高强、求实创新、能打胜仗的宣传思想工作队伍”的论述,我依然备受鼓舞。

“不入虎穴，焉得虎子”。一位好记者，如果不用“脚力”，不走出办公室，亲自体验和观察鲜活的现实生活，捕捉一手的素材和资料，何谈用“如椽之笔”书写时代最强音。当然，脚力所及，不仅仅是新闻现场，媒体融合时代，众多资源汇聚，脚力的功能已延伸到各行业领域。而且，脚力不仅要求内容生产团队到一线，运营团队技术团队也不能等米下锅。可以说，脚力，不再是“单兵作战”，而是“合力攻坚”。

“眼观六路，耳听八方”，说的就是随机应变，灵活作战。眼力，需要从业人员拓宽视野，打开领域，不能固守“一亩三分地”。要合纵连横，提高对新闻、信息、服务项目价值发现和开发的高度敏感，还要提升对内容资源的多元开发意识，努力做到：将线上线下打通，把网上网下一体化。

“心有多大，舞台就有多大”。脑力，说的就是思考、策划、设计。对传统主流媒体人而言，当务之急是加快更新观念，主动适应信息化要求，强化互联网思维。脑力，不单单是对单件内容的思考，还是对融媒产品“连锁”思考。因为我们的出发点是互联网，落脚点还是互联网，所有资源，只有通过脑力与技术“穿梭”在“数据平台”，才能整合核心资源，提高媒体核心竞争力。

如今，要快速反映瞬息万变的社会气象，我们需要一支“沟通四面八方”的笔。说到底，笔力，不再指传统意义上的笔。因为，全媒体时代，呈现事实、连接用户的一切符号、介质、手段、方法、方式都成了笔力。特别是5G和人工智能普遍应用后，全媒体内容和服务业态将会前所未有地丰富、多样和创新，交互式、体验式、沉浸式、全息化、智能化等表现手段和创作方式将成为主流。因此，全媒体时代的笔就是全息的笔，就是全员的笔。

吴爱农：到一线去锤炼“四力”

人物名片

吴爱农，三明日报社党组成员、副总编辑、主任编辑。1993 年 10 月至 1997 年 12 月，在三明日报社记者部任记者。1998 年 1 月至 1999 年 12 月，在三明日报社总编办工作，负责稿件和大样审核，负责《校园内外》《家庭》《文化与体育》《周末地平线》等版面编辑工作。2000 年 1 月至 2015 年 8 月，在三明日报社要闻部任一版编辑，兼《青青校园》编辑；2005 年 11 月，任要闻部副主任；2011 年 4 月，任要闻部主任。2015 年 8 月至 2020 年 10 月，任三明日报社总编办主任，2019 年 11 月被聘为编委。2009 年荣获福建省第九届“十佳”新闻工作者称号。

吴爱农

“四力”心得

增强“脚力、眼力、脑力、笔力”，是新时代新闻工作者的“必修课”。修好这

门课，没有捷径可走，非得下一番苦功不可。只有深入到一线去，积极锤炼“四力”，在实践中长才干，在干事中增本领，才能适应新形势新要求，更好地做好新闻工作。

基层一线，永远是新闻的“源头活水”。新闻工作者只有走进基层，贴近实际，才能写出读者喜闻乐见的好文章。在三明市融媒体中心组织的“记者再走长征路”采访活动中，记者们行程二万五千里，一次次寻访长征途中三明籍老红军的故事，采写《红军挑夫》《英雄本色》《跳崖，轿顶山壮红军魂》等系列感人至深的独家报道。这一个个有血有肉的红色故事，都是记者们用脚步追寻丈量，深入一线艰苦寻访得来的，得到许多读者的点赞和好评。

身到一线，更要心到一线。一名好记者，一定是一个用心观察、用心思考的人。正如麦尔文·曼切尔所说：“记者必须学会用孩童般的眼睛观察世界，他把每件事情都看作是新鲜的、各具特点的；同时，他必须用聪明长者的眼光洞察世界，能够区分出有意义的东西和无意义的东西。”就拿“记者再走长征路”采访活动来说，对红色故事的寻访，需要记者们拨开历史的层层迷雾，去探究和还原历史真相。这个过程必须提升眼力，增强观察力、发现力。同时，从一个个红色故事中提炼出精神内核，更离不开记者深度的思考，去探寻故事背后的时代意义，去发掘故事背后的时代精神。

“铁肩担道义，妙笔著文章。”记者朋友，到一线去吧！让我们把“脚力所到之处、眼力发现之美、脑力思考之深”诉诸笔端、镜头，源源不断地创作出精品力作，不辜负这个伟大的时代，不辜负党和人民的重托！

代表作品

“种粮状元”和他的“农机军团”

吴爱农　李　娜　张德遴

《三明日报》 2009 年 4 月 12 日

头一回见面，眼前这位中年男子开着轿车、穿着西装，谈吐自如，让人无法与过去印象中的农民联系起来。他叫陈明极，是尤溪县城关镇腾洋村村民，还是县里今年评出的“种粮状元”。

陈明极爱车，刚换了一辆新轿车；可作为种田人的他更爱农机，有朋友笑称他拥有一个“农机军团”。这不，前两天他刚用县农信社贷款订购的2台烘干机、1台联合收割机，昨日就由厂家送货上门了。

这一来，陈明极的“农机军团”更加“人丁”兴旺，除了3部运输车外，共有旋耕机、插秧机、收割机、烘干机、培土机等21台农机具，总资产200多万元。陈明极成为当地首屈一指的“农机大户”。他喜爱农机的理由是：种田要致富，离不开这些现代农机。

“我去年以来买农机共投入90万元，而得到国家的农机补贴和当地财政配套补贴，以及县农机部门配送农机具等，总价100多万元。”陈明极笑呵呵地掰着指头，先算了一笔购机账，“1台乘坐式插秧机价格11.8万元，我自己只花1.87万元，一高兴买下了6台，共得到购机补贴近60万元；购买1台联合收割机又补贴10万元……这些年的惠农政策不仅落实到田头，更是落到我们农民的心里啦。”此外，陈明极去年还领到种粮综合补贴4万元和县政府奖金2万元。国家贴这么多钱鼓励种粮，他认准了种粮有利可图。

有了“兵种”齐全的“农机军团”，从最初的稻田耕作到育秧、插秧、收割、烘干，再到销售运输，全程机械化，陈明极尝到了甜头。他又算了一笔去年的增收账：人工种稻成本高，仅插秧、收割、晒谷三项花费每亩合计300多元。相比之下，机械化种稻利润高，插秧、收割、晒谷的三项成本每亩约150元，种一亩稻可省钱170元。去年种水稻320亩，实现了全程机械化，全年种粮收入23万元，1亩赢利400多元，比以前人工种稻每亩多赚250元。加上种烟、种菜收入，去年进账100多万元。

这位“种粮状元”说，以前没想过种田也能发家，自己曾经“不务正业”，搞过基建，外出打工，包山造林……就是怕种粮，连自家的2亩多责任田也不想侍弄，因为过去种粮又累又很难致富。如今，陈明极爱种粮了，种粮让他盖了新房、买了轿车，成了响当当的致富“领头雁”。他还带动了西城镇涪头村林荣心、七尺村吴道文等8位种粮大户和农机大户发展水稻种植300多亩，组织11家农户成立了农机合作社，所购农机由合作社成员互助共享，一起奔致富路。

手握先进的“农机军团”，陈明极种粮的干劲越来越足。今年开春，他除了继续租种尤溪县西城镇凤元村180亩稻田，还到沙县夏茂镇租用农田，一个人经营着720多亩田地；并采取稻烟、稻菜轮作，提高综合效益。眼下是春耕时节，陈明极格外忙碌，正指挥着他的“农机军团”穿梭在希望的田野上。

陶盛爱：增强“四力”　提高能力

人物名片

陶盛爱，1996 年 12 月至 1997 年 2 月在三明日报社经济部从事财经类版面编辑工作，1997 年 3 月至 1999 年 4 月在要闻部从事三明市新闻、时事、财经证券类版面编辑工作，1999 年 5 月至 2006 年 2 月在专副刊部从事财经证券、经济生活类专刊编辑工作，2006 年 3 月至今在要闻部从事要闻、本市新闻、时事版编辑工作，2008 年 2 月至 2015 年 7 月担任要闻部副主任，2015 年 8 月至今担任要闻部主任。

陶盛爱

“四力”心得

作为一名党的新闻工作者，必须进一步增强使命感、责任感，科学认识脚力、眼力、脑力、笔力的深刻内涵和相互关系，坚定不移增强“脚力、眼力、脑力、笔力”的思想自觉、行动自觉。如何增强“脚力、眼力、脑力、笔力”，我认为应在四个方面下功夫。

在脚力上下功夫，就是自觉践行群众路线，深入到基层，真正贴近实际、贴近生活、贴近群众，了解国情、党情、社情、民意，多出来自基层一线的优秀作品。

眼力要求对意识形态领域的各种言论、观点、思潮、思想、情况等，进行准确、快速的辨识和鉴别，善于发现问题、明辨是非、捕捉亮点、抓住根本的能力，也是进一步增强新闻敏感的重要途径，是写出好文章、提炼好内容的重要前提。

脑力要求自觉加强马克思主义理论学习，自觉担负起新形势下宣传思想工作的使命任务，自觉把党和国家的路线、方针、政策和本地区、本部门、本单位的实际相结合，自觉开展实践创新、理论创新。

在笔力上下功夫，就是要把脚力所到之处、眼力发现之事、脑力思考之深诉诸笔端，创作出题材丰富、形式多样、内容充实、语言朴实的好作品，努力做到写得实、写得新、写得活。要增强笔力，就要求我们心中有好思想、胸中有大格局、手中有好文风、文中有好文采，以富有感染力、凝聚力、引领力的好作品，唤起群众、激励人民，统一思想、凝聚共识、汇集力量，为中国特色社会主义事业而奋斗。

谢凌：把广播办到乡镇墟场

人物名片

谢凌，1989 年参加工作以来，一直从事新闻采编与节目管理工作。30 多年来，无论是作为专职的新闻记者、编辑，还是部门负责人，始终坚持正确的舆论导向，恪守新闻工作者的职业道德，先后获得福建省“十佳”新闻工作者荣誉称号、福建省“双十佳”新闻工作者提名奖、首届福建省“十佳”女新闻工作者提名奖、“三明市优秀新闻工作者”、“三明市新闻报道积极分子”、三明市“三八红旗手”等荣誉称号。主创作品有 80 多件在全国、省、市获奖，其中，《走进墟日》荣获第二届福建省新闻名专栏奖，作品《校长妈妈》荣获第十四届福建新闻奖一等奖。

谢　凌

“四力”心得

2018年8月，习近平总书记在全国宣传思想工作会议上强调：“要不断增强脚力、眼力、脑力、笔力，努力打造一支政治过硬、本领高强、求实创新、能打胜仗的宣传思想工作队伍。”2019年1月，中国记协向全国新闻工作者发出倡议，号召广大新闻工作者牢记习近平总书记提出的增强“脚力、眼力、脑力、笔力”要求，锻造过硬素质、过硬本领、过硬作风，书写新时代的精彩答卷。作为一名从业三十多年的新闻工作者，我深切体会到深入践行“四力”，是提升新闻工作者职业素养的有效途径。

三明市是典型的山区市、农业市。为了让党的声音传遍百乡千村，多年来我们积极研究对农广播发展的规律和趋势，在节目的宣传形式上做了许多大胆有益的尝试。我们积极配合三明市及各地开展的“科技、文化、卫生”三下乡活动，把广播办到乡镇墟场，策划组织了大型对农节目《走进墟日》。这是一档广播直播互动节目，整档节目包括信息播报、人物采访、现场互动三大板块；集各种与农民朋友生产、生活息息相关的各种实用信息于一体，内容丰富；加上现场农民朋友提问和专家解答，互动性强、参与面广。《走进墟日》不仅烘托“科技、文化、卫生”三下乡活动热烈的场面，体现党和政府对“三农”工作的高度重视，也展现出广播直播的独特魅力，成为当时全省农村广播宣传的一大创新。

多年来，三明市的近百个乡镇留下了我们《走进墟日》直播组的足迹，真正实现“关注农村、关心农业、关爱农民”的节目宗旨。2005年，《走进墟日》栏目被评为福建省新闻名专栏，在各地享有较高的知名度；2006年，三明市委市政府为民办实事项目——百个墟场广播工程，明确指出各地要转播该节目；2007年，三明市委市政府为民办实事项目——百乡千村公共广播工程，提出以《走进墟日》节目为主要宣传内容，继续加强社会主义新农村建设的宣传。

多年来《走进墟日》荣获多个奖项，如《防控禽流感　发展养禽业》荣获2005年度“全国优秀农村广播节目奖”二等奖、“福建广播电视新闻奖”一等奖。

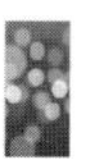

张敏:以点带面增强“四力”

人物名片

张敏,福建省尤溪县人,1964 年 9 月出生,1983 年 3 月入党,主任记者,大学本科学历,现任尤溪县融媒体中心主任、尤溪县广播电视台台长。1997 年调入尤溪县广播电视台从事新闻宣传报道工作,2004 年开始担任尤溪县电视台台长。尤溪县广播电视台先后荣获全国广播电视系统先进集体、全国市县 20 强电视台、全国县级“十佳”电视台等殊荣。本人也先后获得全国德艺双馨电视艺术工作者、全国县(市、区)级广播电视系统优秀台长、全国县(市、区)级广播电视系统百名优秀先进工作者、全国广播电视和网络视听领军人才、全国新闻宣传传媒实践学术成果“最佳编导”、全国推动城市创新广播影视与新媒体创新人物、福建省“十佳”新闻工作者、福建省最美文化工作者、福建省五一劳动奖章、三明市优秀共产党员等荣誉;被聘为全国媒体融合发展专家库首批专家、福建省媒体融合发展专家库首批专家、全国互联网影视智库“影视风控师”特邀专家、中国传媒大学县级融媒体建设和人才培养实践导师、三明学院和吉林艺术学院客座教授。

张　敏

“四力”心得

增强“四力”，要求系统全面、指向明确，意蕴深厚、内涵丰富，涵盖宣传思想工作者所应具备的政治素质、理论素养、业务能力、工作作风，寄托着习近平总书记对广大宣传思想工作者的殷切期望。作为县级融媒体中心，要结合基层实际，抓住要点，以点带面抓好学习实践。

一要抓住根本点，加强学习培训。提高政治能力是队伍建设的根本点，必须采取措施引导员工从政治上看问题，增强政治敏锐性和政治鉴别力，牢牢把握正确的政治方向、舆论导向、价值取向。通过举办专题讲座提高认识，借助平台自学，组织交流促进提升，促进广大新闻工作者坚定理想信念、培育职业道德、提高业务能力，从而增强全员战斗力。

二要抓住关键点，做好策划采编。增强员工专业本领，这是提高队伍素质的关键点。新闻实践是增强“四力”的主要渠道。要明晰思路完善方案，跟踪把握工作进展，及时点评、激励、纠偏，抓住关键，通过策划把方向，通过跟踪增动力，通过点评提质量，促进广大新闻工作者在实践中增强“四力”。

三要抓住关注点，激励创优创新。突出成果导向、效果导向，抓住受众的关注点，用受众的关注准确把握新闻报道的时度效，提高引导群众、服务群众的针对性和时效性；抓住专家的关注点，通过解读专家的关注把握作品的政治性和艺术性，从而创作优秀作品；抓住员工对个人绩效的关注，建立绩效考核和奖励办法，促进员工提高责任感和成就感。通过多点关注不断激励，有效发挥了员工主动性和创造性，推动创新创优创业。

莆田

福建优秀新闻工作者践行『四力』实录

许晨聪:闻鸡起舞砺初心

人物名片

许晨聪,1965 年 2 月出生,福建仙游人,中共党员,厦门大学中文系汉语言文学专业毕业,高级记者(正高二级),现任莆田市湄洲日报社党委书记、社长,莆田市委宣传部部务会成员,莆田市委委员,福建省人大代表。为全国优秀新闻工作者、国务院政府特殊津贴专家,福建省优秀"百人计划"人选、省文化名家。30 多年潜心于党报宣传和媒体融合发展一线探索和实践,从记者、编辑到总编、社长,从未脱离新闻岗位,经历和见证传统媒体从改革繁荣到面临严峻挑战的全过程,在着力实现传播效应最大化、经营效益最优化上深度研究并付诸运作。个人采写和编辑作品 20 多件获得福建新闻奖以上综合奖项一等奖。

许晨聪

"四力"心得

本人从1988年大学毕业后，一直从事新闻工作，秉持一份初心，30多年来坚守党报宣传和媒体融合第一线，无怨无悔、孜孜以求，专注于实践、探索、创新。作为一名老党员、老新闻工作者，在做好本职工作，构建新时代立体化传播格局，弘扬主旋律、传递正能量、唱响好声音同时，寻求"虚实相济""虚实共生"的"说"与"做"平衡路径，身体力行增强脚力、眼力、脑力、笔力，用个人的具体思考、勤勉笃行，进行跨领域、多元化、宽视角呈现，彰显政治忠诚、政治定力、政治担当、政治能力、政治自律。

一

忠于新闻事业，保持职业操守，30多年来不懈怠、不动摇、不止步。以干在实处、走在前列、勇立潮头自励自勉自强。长期担任党报负责人，始终以党性原则作为安身立命之本。深入践行习近平新时代中国特色社会主义思想，把"两个维护"贯穿每一项工作，带头做到内化于心、外化于行。把握好政治方向、舆论导向、价值取向，严守政治纪律规矩，在围绕中心、服务大局中找准坐标定位，做到守土有责、守土担责、守土尽责。落实意识形态工作责任制，积极发挥新闻采编业务专长，提升政治自觉、思想自觉、行动自觉，以习近平新时代中国特色社会主义思想为指导、贯彻落实中央、省委和莆田市委精神开展重大主题宣传，躬身一线策划、组织、刊播一批分量重、影响大的作品。如在宣传习近平总书记治理木兰溪的重要理念中，带头参与总书记在莆田足迹档案发掘、收集和整理工作，为莆田市委提供第一手资料，为中央主要媒体集中报道提供重要素材，形成独特、珍贵的资源。以专业匠心添彩事业丹心。长期坚持下基层采访和值夜班，撰写评论等报道，组织策划重大专题宣传，编辑、审定重要稿件。构筑干事创业、激发昂扬之气的良好氛围。

二

始终坚守专业一线，带头带领带动。对标业界标杆，结合莆田人文特点，在加强地市党报品牌建设和宣传城市形象上努力探索求作为，并取得成效。贯彻习近平总书记关于加快媒体融合发展的重要要求，结合实际，创设具莆田

特色“小而美”“小而巧”“小而特”的新媒体平台，精心构筑领衔全国业界项目。如邀请金鹰奖最佳歌曲奖获得者，创作木兰溪主题歌曲和视频。组建主创团队到木兰溪沿岸采风体验，完成原创歌曲《木兰溪》词曲和演唱制作。作品在2020年莆田市委市政府新春团拜会上推出，引起热烈反响，浓情献礼习近平总书记亲自谋划推动的木兰溪工程奠基20周年。报社聚力主打的新媒体“莆田新闻”微信公众号成效突出，点击量持续保持全省设区市党报、全国城市党报前茅。应对传统纸质媒体经营面临断崖式下滑困难，能有较强的预见，未雨绸缪，审视、整合、激活党报优势，在业界首倡在“四资”，即资源、资产、资金和资本上着力，上搭天线、下接地气，以地方党报IP吸引力、向心力凸显事业软实力、产业硬实力。针对困扰在全国持续发酵涉莆负面舆情，率先提出“横向宣传城市”理念，个人策划、主导、推出一批在国内、省内业界有广泛影响的活动和创新之举，如2016年组织全国百名社长总编聚焦妈祖故乡等。借品牌聚文气人气财气，拓展经营空间，增加业态，推进转型升级，2017年负责的湄洲日报社首次进入莆田市公布的全市纳税额500万元以上大户榜单。在全国报纸近年来遭遇每年经营量下降超30%的形势下，持续升级进位，报业规模总量由全省业界之后跃居前列。近5年来，报社员工收入每年平均增长超过10%。参与运作第二十五届世界技巧锦标赛、承办三届“妈祖杯”海丝国际羽毛球挑战赛等，受到中国报业协会高度评价。在业界首推以政府牵头、媒体主导、国企开发、市场运作、财政支持的全新模式，经过几年不懈努力，建成并投用了作为莆田文化地标并领衔省内地市报的报业采编中心大楼。

三

作为福建省人大代表，自己努力发挥作用，履职尽责，提出《关于构建习近平总书记八闽足迹档案和健全领导干部“走”基层常态化机制的建议》《关于创设以妈祖文化领衔的“走出去”新载体的建议》等议案，引起上级部门的重视。作为莆田市委委员，列席市委常委会，积极参与市委、市政府重要工作，深入进行贯彻习近平总书记保护好湄洲岛重要指示精神的调研等，并谋划、组织专题材料。作为国务院政府特殊津贴专家、福建省文化名家，主持创办与中国美术出版总社合作的全国大型期刊《油画》；策划编撰国内首部以同题同韵诗歌和原创书法形式歌颂圣贤的作品《妈祖颂》；主编出版由中国国家博物馆授权的馆藏妈祖故事孤本《天后圣母事迹图志》等。

30多年来，本人从业履历只有寥寥数行，干的就新闻一件事，就自己而言，或也从一个方面浓缩着“新闻”的真义。自己从1997年起任湄洲日报社领导，2002年起任主要领导，迄今任职时间为当前全省地市报社领导最长，亲历见证传统媒体从改革发展繁荣到面临严峻困难挑战的全过程。半个甲子，其间也曾有过转岗的机会，但既然选择了新闻作为终生职业，自是爱在其中、乐在其中。在践行“四力”中砥砺初心，在锤炼“四力”中净化自我，在诠释“四力”中传帮带教，一份执着，几多韶华，无悔人生。

代表作品

孝无能，成功不能

许晨聪

《湄洲日报》 2009年10月26日

农家菜馆以特色招客。这天，朋友请客，找了这样一家菜馆。

莆田当地的特色小菜，少不了豆腐、土笋冻、腐竹之类。几道菜上来之后，是一碗热气腾腾的腐竹。朋友尝了一口，就说：“味道不错！”我不在意，以为是他常年在外，难得吃上家乡菜，才觉得特别可口。

菜盘转了一圈，朋友又夹起腐竹时，脱口而出：“我父亲也爱吃这个。”

他父亲我见过，一位很淳厚、质朴的乡下老人，过去家庭十分贫穷，住过祠堂、拉过马车、干过苦力，吃饭只求饱不求好。在那样的年代，腐竹对老父来说，可能还真是奢侈品。我想朋友要说过去的故事了，这种饭桌上的忆苦思甜常有，但他没说。

用餐要结束时，朋友招呼服务员，我以为要买单，没想到他让服务员打包一份腐竹，边吩咐边转头对着我：“现在还早，给父亲送去。可口的菜给老人吃感到最开心。”

朋友不经意的三句话，道出的内容，是我之前参加各种聚会，在饭桌上从未感受过的，很新鲜、很特别、很暖人。我之后常在别的聚会场合向其他朋友复述。没想到，原以为只有自己在意的这个话题，竟然都会冲淡了饭桌上天南

地北海聊的各种“段子”，引起热议。

印象较深的有一例，是一个同学接过话茬，说起他上辈老人告诉他的一件事。老人多年前开家小摊经营炸海蛎饼，几十年间，听了、看了多少十里八乡的世相百态，但记得最牢的是：那年有一个妇女来买，说要带给母亲吃。老人很是惊讶，很是感慨。开店这么多年，遇到买海蛎饼的无数，常听说要买给小孩吃的，而说给长辈买的还是头一遭。于是老人就坚决不收她的钱，多少年来还不断提起。

看来，这话题真是不轻。

由此想，在外应酬时记得家里老人爱吃什么，并把爱吃的打包回去，若要去做似乎也不难，为何话题会这么重？

应该就在“有心”两字。

父母老了，往往自己也到了“中年”。工作千头万绪，不少人感叹压力大，心情躁，终日奔波苦，一刻不得闲。起得比鸡早、睡得比狗迟、干得比牛多。上有老下有小，可这“小”往往后来居上胜过“老”，孩子培养、教育成了家庭的核心。对年老父母，尽孝心多局限在表层物质的满足或节日团圆、问候上。不是不懂孝，而是此时懂，彼时“不懂”。或因工作生活忧烦而独坐愁苦，或因职场事业顺利而无乐不作，或因辈分代沟而无法倾谈，或因心境扰攘而不能安闲。在习以为常和日积月累里，走过匆匆岁月，心动而无行动，以至于最终一怀惆怅在心头，感叹“子欲养而亲不在”，演绎着不为人知、不愿人知的诸多遗憾、痛悔。

人终会老，老人的今天就是我们的明天。在满足老人生活、就医等“大事”同时，多一分心、多一分情、多一分爱，对很多忙碌的人来说，谈起来容易，做起来还真的难。

正是如此，朋友在特色菜馆请客时，吃到父亲爱吃的菜，油然想起也让父亲尝尝并即付诸行动，就显得格外弥足珍贵。

当我在朋友聚会时说起这事，很多人感叹自己没做过，并好奇地问他是做什么的？并或多或少流露出，那一定是位追求家庭生活，但事业上不会有大建树的人，因为在他们看来，凡成功者不拘这样的小节。

事实上呢？他是一位大型民营企业的总裁，上了胡润富豪榜，老家在沿海农村。

岁岁重阳，今又重阳。重阳谈孝事，还得说明：这位朋友打包可口的菜给父亲，非在重阳节，而在平常日。

职场求成功，不妨套用台湾流行的“爱无能，幸福不能”的表述——孝无能，成功不能。

吴伟锋：增强“四力”　坚守初心

人物名片

吴伟锋，1980 年 9 月出生，本科学历，中共党员。2003 年 6 月，毕业于福建工程学院新闻传播专业。2003 年 7 月起在莆田晚报社工作；2004 年 2 月任职于莆田市湄洲日报社记者部，现为主任记者。

参加工作 17 年来，每年采写的新闻作品总量和好稿量均居报社第一位，共获福建新闻奖近 40 件次。在报社开设首个以个人名字命名的新闻专栏《纸上锋云》。为第十二届福建省“十佳”新闻工作者、福建省五一劳动奖章、福建省青年五四奖章标兵、福建省“新春走基层”活动先进个人、莆田市首届“十佳”道德模范获得者。

吴伟锋

"四力"心得

作为一名一线记者，我自觉投身增强"脚力、眼力、脑力、笔力"教育实践，争当急先锋，关注民生，弘扬正气，扶弱济困，以真挚的情怀着力书写新时代新篇章，以手中的笔墨和相机用心记录新作为新气象，以创新融合的传播方式讲好中国故事，以昂扬的姿态唱响奋进凯歌，为党报进一步提升主流媒体的传播力、引导力、影响力、公信力而不懈奋斗。

新闻盲区往往深藏新闻富矿，是捕捉独家报道的蹊径。党的新闻工作者要善于用群众原生态语言、朴实简练的文风，从盲区入手、小角度切入，将民生话题变成群众喜欢看、看得懂的新闻故事，拉近党报与老百姓之间的距离。多年来，我先后采访挖掘了接尸工、遗体化妆师、捞尸工等故事，填补了莆田新闻界在这些领域报道的空白，引起业界和受众的关注。作为报社骨干记者，我始终忠实记录社会历史发展进程，尤其是在两岸交流、妈祖文化、木兰溪治理等重大主题宣传中能创新角度，挖掘深度。

新冠肺炎疫情发生以来，我放弃春节假期，奔赴疫情防控一线，记录"疫"线感人故事，传递抗"疫"正能量。特别是深度探访莆田餐饮企业困境突围的经验做法，引起《人民日报》、新华社、央广等央媒转载报道，为全国餐饮业复工复产提供经验。

今后，我将继续深化对新时代新闻舆论工作的认识，坚守初心做好每一次采访，勇于创新写好每一篇稿件，传播好党的声音，讲好百姓故事。

代表作品

小车斑马线前礼让　老人脱帽鞠躬致谢

——记录事发东园路暖心一幕的短视频火爆网络感动市民

吴伟锋

《湄洲日报》 2017 年 8 月 6 日

连日来，一条“车主斑马线前礼让，老人脱帽向司机鞠躬致谢”短视频在网络、微信朋友圈热传，老人和司机的文明行为，让许多市民为之感动，点赞称“满满的正能量”。

记者看到，这则短视频是由行车记录仪记录下来的，共 9 秒。视频显示，事发地点为市区东园路正荣・时代广场路段的斑马线，一名穿着白色上衣、戴着帽子、拄着拐杖的老人正要过斑马线，而此时一辆车主动减速并停在了斑马线前，礼让老人过马路。这名老人走了几步后突然驻足转过身来，脱帽向车主鞠躬。

记者从市交警支队了解到，这段视频里的暖心事发生在 7 月 27 日上午。该支队工作人员说，当时老人行动稍慢，除了视频中这次鞠躬致谢外，老人走到中间车道时又向驾车礼让的车主鞠躬；走到路边的车道时，有 2 辆电动车停车礼让，老人也一样鞠躬致谢。先后一共鞠了 3 次躬，这一幕让人感动不已。

该支队秩序大队大队长曾永福说，这几年，我市全力创建全国文明城市，交警部门相应推出许多交通管理举措，成效逐渐凸显。车辆斑马线礼让行人，而行人竖起大拇指点赞或鞠躬致谢，展现出莆田这座城市的文明。这既是创城所取得的成效，也是市民共享文明成果的生动实例。

据了解，自 2016 年 5 月起，我市开展机动车斑马线不礼让行人专项整治行动，截至目前共抓拍处罚不礼让斑马线行为 7600 多起。机动车过斑马线要礼让行人，这是一个文明礼仪，更是一项法律规定。《中华人民共和国道路交通安全法》第四十七条明文规定：机动车行经人行横道时，应当减速行驶；遇行人正在通过人行横道，应当停车让行。机动车行经没有交通信号的道路时，遇行人横过道路，应当避让。省实施《中华人民共和国道路交通安全法》办法规定，遇行人正在通行人行横道时未停车让行，对上述车辆的司机处以100元罚款，扣3分。

南平

福建优秀新闻工作者践行『四力』实录

杨斌："四力"是要求，也是方法

人物名片

杨斌，福建屏南县人。1967 年参加工作，厦门大学中文系毕业。1970 年至 1982 年，在南平市委报道组（1995 年南平地区改为南平市后，原南平市改为延平区）从事新闻工作；1982 年至 1989 年，在南平市委办公室任干事、副主任；1989 年 4 月调南平地区任《闽北报》社筹建组负责人，同年 7 月 1 日《闽北报》复刊（后改为日报），任副总编，1992 年任总编辑，1998 年任社长。2004 年 1 月退休。专业技术职务为高级编辑。

1997 年获福建省"双十佳"新闻工作者称号。2002 年参加中国新闻代表团访问俄罗斯、拉脱维亚。

杨　斌

“四力”心得

习近平总书记2016年提出“好的新闻报道，要靠好的作风文风来完成，靠好的脚力、眼力、脑力、笔力得来”后，于2018年再次强调“四力”重要性。作为老新闻工作者，我感触尤深。

“四力”不仅是对新闻工作者的职业要求，也是新闻工作者增长才干，练就真本领的重要途径。脚力差，迈不开腿去调查研究，便不能获得鲜活的新闻素材。眼力强不强，决定你观察、识别、判断能力如何。脑力即思维能力，更是关键。但笔杆子如果不过硬，文字表达不清不准不生动，则不能吸引读者。“四力”各有其内涵，但又相关联，没有前“三力”，寸管岂能生花？

我从筹建、复刊到退休，都在闽北日报社一把手岗位上，深感身上担子重，压力大。长期以来，都坚持认真学习，提高“四力”。复刊初期全员缺经验时更是如此。那时每天编务主要考虑的是：哪些新闻上头版？哪篇作头条？都要靠眼力、脑力判断。不少稿件在组版时往往要重做标题。如何从最有价值的内容中提炼主题，再搭配引题或副题，也大有学问。总编不能老在“编”字上打转。除安排记者根据党委、政府工作重心抓报道外，自己也要下基层调查采访，接地气。闽北十个县市区，我每年都要去跑几趟。1995年，我陪同香港新闻团到武夷山自然保护区参观时得一线索，但当时不便脱身采访，便过些时候下去细致调查，抓住保护区解决好保护资源与合理利用的关系，写成《野生动植物安居天然乐园，自然保护区山民闯出富路》消息，配上编后语，获当年福建新闻奖一等奖。

报人是靠笔杆子工作的，笔力强不强，往往决定于一个人的学问、识见、颖悟。我读中文本科，为我所从事的工作打下较好的文字基础。加上在报道组、市委办十多年实践，写消息、通讯、言论，一般可得心应手。任总编时本报重要社论都由我撰写。有感时，还写一些针砭时弊的小言论。

总之，干新闻这行，增强“四力”非重视不可，只有善学习、多实践、勤思考，才能出成果、出水平，跟上时代步伐，适应新闻工作。

代表作品

野生动植物安居天然乐园 自然保护区山民闯出富路

——“世界生物之窗”武夷山自然保护区在协调人与大自然关系上有了成功的探索

杨 斌 黄兴国

《闽北日报》 1995 年 9 月 18 日

山村里家家户户搞竹制品加工，一派繁忙景象；而山上森林依然茂密，翠竹郁郁葱葱，时有珍禽漫步林边，猕猴戏于人前。这种人与大自然和谐统一的情景，是记者在武夷山国家级自然保护区亲眼所见的。

人类要生存、发展，而自然环境和动植物资源要保护，这个矛盾怎么解决？带着这个问题，记者日前走访了武夷山自然保护区。区管理局的同志告诉我们：武夷山保护区建立于 1979 年，是我国东南大陆保留原生植被面积最大、森林生态系统最为完整的绿色宝库。区内有 3 个老区贫困村、42 个自然村、2500 多个“山民”。多年来，保护区通过摸索、实践，成功地协调了人与大自然的关系，解决了国内外许多保护区所没有解决的难题。

“有效保护资源，合理经营利用”，是这个保护区近 10 年解决人与大自然矛盾的正确方针。他们一改过去“一草一木不能动”的做法，一手抓保护，一手抓利用，变被动保护为主动保护，变消极限制为积极扶持。保护方面，他们强化保护科、防火办、林业公安等机构及整个保护网络建设，并从村民中选聘一批林木采伐监督员和木竹发货员，加强管理，形成一套村民自我约束的机制，有效防止了乱砍滥伐、偷捕偷猎等破坏资源的行为。利用方面，他们将保护区划为核心区和实验区，允许村民在实验区内合理利用木竹资源，发展加工业。管理局批准各村与村民建立竹林管护经营责任制，指导村民培育毛竹速生丰产林，搞无污染的毛竹、茶叶精加工。很快，村集体和个人纷纷办起竹筷、竹串、竹凉席等加工厂和精制茶厂。单是桐木村，就有竹凉席生产线 19 条，吸引 600 多名外地青年到这深山沟来打工。这样，区内经济搞活了，发展速度超过了周边乡镇。村民去年人均纯收入从建区初期的 204 元提高到 2165 元，桐木、坳头两村还被评为“闽北村星”。村民闯出了富路，自觉保护资源的意识也更强了。今年春天，一个村民开荒田时不小心丢了烟蒂，引燃杂草。护林员一报警，马上就有大批村民出动，把火苗扑灭。

由于协调好人与大自然的关系，这个保护区自然环境和动植物资源得到了有效保护。森林覆盖率从建区初期的92.1%提高到95.3%，林木蓄积量增加了14.4%，且连续8年无森林火灾，成了名副其实的自然“世界生物之窗”。而且，区内农民明显先富起来了。1987年，武夷山保护区被联合国教科文组织接纳为世界生物圈保护区，1992年被确定为世界A级保护区。有关专家学者认为，武夷山自然保护区协调人与大自然的关系是成功的。

编后语：人类只有一个地球。随着全球人口的增长和工业化程度的提高，人类对自然环境和各种资源的破坏也越来越严重。划定自然保护区，实是不得已而采取的一项保护措施。保护区又能否得到有效保护，还要看能否协调好保护区内部和周边数以万计的人与自然的关系。武夷山自然保护区正是采取正确方针，协调好了这个关系，才使保护区的自然环境和动植物资源得到有效保护，当地人民群众的生活也逐年得以改善。这个经验，即使非保护区也是可以借鉴的。人类要生存和发展，就不能不重视保护自己的生存环境和对人类生存至关重要的动植物资源。在这方面，各国政府和有识之士已经做了不懈努力。更重要的是，广大人民群众都来积极参与。

叶国宝：三分写，七分思

人物名片

叶国宝，福建松溪县人，闽北日报社高级记者。1994年至今，坚守采编一线，历任记者部、副刊部、经济部、武夷山记者站和编委等岗位。熟习报纸消息、通讯、系列报道、内参、副刊、新闻论文等业务，获得福建新闻奖31次，消息《科教片成了小桥农民"自助餐"》荣获中国新闻奖三等奖。在CN刊物发表新闻论文12篇，其中6篇发表在人民日报社主办的《新闻战线》。《"走"出的独家新闻》获得福建省新闻战线"走转改"优秀论文一等奖。曾获第四届福建省"双十佳"新闻工作者，首批福建省新闻出版行业"新世纪高层次优秀专业人才"，连续两届被评为南平市高层次人才。

叶国宝

“四力”心得

新闻界传承一句话：七分采，三分写；我觉得续接一句更周全：三分写，七分思。思考能力的强弱，折射为使用脑力的多寡，某种程度上决定了记者事业能否成功。

编微信、拍数码、发微博、传抖音，自媒体时代“全民记者”的涌现，带给记者空前的压力，逼迫我们必须尽快朝专业记者的角色靠拢站队。被誉为“无冕之王”的记者，绝非只会用手做记录的“机器人”，而应是善用脑思考的“哲学家”。如果说蜻蜓点水式的走基层还停留于专职记者的表层，那么，沙里淘金式的走基层就体现出专业记者的修养。两类记者虽只有几字之差，但思想高度悬殊。缺乏思想高度的新闻作品仿佛叶落无声。

新闻事件的思想观点，不少暗藏在走基层的事实里。遵循“采访即调研，调研出思想”的逻辑链条，专职记者具备的工作条件和占有的资源优势，“全民记者”往往难以企及。角色的定位分工，无疑要求专职记者更多呈现思想含量丰富的新闻作品，若把自己等同甚至降格于“全民记者”，势必盛名难副。

题材重大，成功一半。基层记者囿于采访活动的范围，如果不是特别派遣，全省性以上的重大新闻事件往往难以沾边。但这并非意味着无所作为。基层富矿足，活鱼鲜。搜集材料时，拿显微镜切片观察，绝对不能失实；打开电脑时，举望远镜拓宽视野，作全局性的比照研判。精于思考的基层记者，作品往往以独树一帜的高度、深度、厚度而后发制人，所谓“宏观立意，微观选材”，从而化“劣势”为“优势”。

思想探究永无止境。记者既要走有形的基层，更要磨砺超人的眼力，从隐形中走向洞若观火高出一筹的思想高度。思想高度的“薄发”，有赖于题材领域的“厚积”。为此，记者要积极接触不同行业，努力吃透某些行业，才能采写出闪耀着思想光芒的新闻作品。

代表作品

陈忠和：因排球感动中国

叶国宝

《闽北日报》 2004 年 4 月 1 日

寸寸光阴从指缝间悄悄滑走，但总有那么一些言语拨动心弦，情景沁人心脾，故事澎湃心潮，信念荡涤心胸。于是，万物之灵的我们不禁酸了鼻子红了眼眶。不为什么，只为感动。

2004 年 2 月 20 日，中央电视台演播厅，经观众和专家历时 3 个月的评选，“感动中国 2003 年度十大人物”揭晓。其中，与实现千年飞天梦想的太空使者杨利伟、抗击“非典”第一功臣的钟南山比肩而立的有——中国女排主教练陈忠和。只是由于训练日程塞得鼓破了“气泡”，陈忠和才对央视的盛情邀请道声抱歉无法赴会。

波澜壮阔的年代时时喷涌着激情洋溢的感动，感动多了容易麻木。但我们还是特别地被陈忠和所感动：感动他带领荟萃阳光的国家女队重夺阔别了 17 年的冠军奖杯，感动他在赛场上连施让对手绝望的妙招，感动他把承载着民族精神的一种象征符号演绎出新的内容。

为配合 2004 年 4 月 8 日于闽北武夷山市举行的中日女排对抗赛的新闻报道，在陈忠和中学同学、武夷中旅副总李勇平的“红娘”牵线下，我们直奔闽南的漳州市中国女排训练基地探秘。此时女排姑娘们正在封闭式地备战雅典奥运会。住在基地，夜晚有花草果树的幽香，清晨听呢喃婉转的鸟鸣。期间我聆听了陈忠和的亲朋好友和老师同学关于他的娓娓述说，并预约跟倾慕的他真实地面对面……

最疼小儿“捣蛋”，母亲不听告状

你也许没有到过漳州辖内的龙海市，但提起顾全大局、公而忘私的“龙江风格”当不陌生。“文革”中，一部“革命现代京剧”《龙江颂》燃透长城内外、大江南北。而今，发轫于龙海市的“龙江风格”在新时期依然继续弘扬。

闽南民间流传一种习俗，凡女孩出生于元宵节，男孩出生于中秋节，都显得格外吉祥圆满。难道不是吗？文化内涵丰厚的中华民族的许多传统节日，创建初衷就寄托着美好的寓意。

1957年中秋节，陈忠和出生于龙海县(后县改市)。上有一兄两姐，他排行最小。父亲陈亚发在龙海航运公司开客轮，母亲许茹珍“沾光”进了公司当搬运工。二姐陈淑丽从小送人抚养，14岁才重领回家。陈亚发最大的业余爱好是打排球看排球。周末，县灯光球场经常举行排球赛，他有时回家晚了，饭没扒完就一片云似的飘走。

性格的塑造和道路的选择，跟从小生存的环境保持着某种纽带关系。家境贫寒，让孩子们学会了承受；父亲熏陶，让子女们迷上了排球。后来，陈亚发的女婿也是排球教练员，媳妇也是排球运动员，全家成了典型的“排球之家”。

那时父母太忙碌，几乎无暇看管陈忠和。襁褓中的他主要由大姐陈淑贞带大。大姐用绳子绑住摇篮，一手拉动摇篮以催促不安分的小弟“乖乖”，一手做游戏自己找乐。稍不留神的事总难免出现，小弟便从倾覆的摇篮里鹞子翻身滚将在地，随之听取“哇”声一片。

“我小弟的弹跳力很棒的。”陈淑贞聊起排球如数家珍，“排球打得好的人，弹跳力、柔韧性和灵敏度都要突出。”当然，大姐肯定不会故意用虐待的方式来锻造骨肉兄弟长大成才。“不过，这也不是什么坏事，小时候吃点苦没啥了不起。”

聊深了，我突然泛起一种无巧不成书的亲切感。1982年11月，毕业实习的福建师大中文系七九级1班同学，取道厦门和平码头乘船抵达龙海，就是陈忠和父亲跑船的航线；地点落在龙海二中，就是陈忠和求学的母校；带队的辅导员李淑贞老师，就是陈忠和大姐的名字。而我属于实习队中一名未来的“人类灵魂工程师”。

龙海给我留下的印象依然清晰。师生上课交流习惯讲闽南话，走私录音机放得震天响，骑楼底下海蛎每斤卖三毛钱……最让我惊讶的是孩子们对排球的陶醉。在漳州地区，鼎盛时期的业余排球队“膨胀”到800多支，跟广东台山、吉林延边、辽宁盖州市同享“中国排球之乡”的美誉。中华人民共和国成立后，龙海为国家男排输送了徐莲蒲、林亚鸣、郑宗源和陈忠和等一批国手，2003年龙海二中校长吴木宾被评为“全国中学生体育协会排球分会副主席”。

陈忠和进龙海石码小学读书时，全国的读书氛围都相当淡薄，而他的秉性

是闲不住的，上课爱做小动作，搞恶作剧。这无疑违反了学生要遵守学校规章制度的行为操守。老师拿他没办法，曾经一个月上他家告状达20多次。终因“悔改不力”，他被学校“重点照顾”，留级一学年。

“我的母亲根本不听老师的告状。听腻烦了，看见老师从前门进来，母亲赶紧往后门溜走。母亲始终认为我不可能那么坏。”年龄大于或小于陈忠和的孩子，在他“赋闲”期间，仍三五成群找他玩，请他做头儿。返校后直到毕业，陈忠和才戴上了红领巾。

也许小儿惹人疼，现年84岁的老母亲从不打骂陈忠和。长到10岁，陈忠和接近母亲的身高。母亲晚上去公司开会学习，偶尔半背半拖着脚尖触地的“小皇帝”“大驾光临”。拳拳母仪之德，逮住了行人好奇的目光，也增添了与会者的谈资。

溺爱孩子固然难以成才，但如果都用一把钢尺去衡量千差万别的孩子，是否违背教育学的规律？也许陈忠和母亲不算溺爱？抑或教育学该进行反思？

拍打，拍打，赢得非常潇洒

不懂感恩的人，品格缺失，是不完整的人；不被崇拜的人，才识平庸，是不成功的人。成功了的陈忠和，感恩于他事业转折扶持他的三位伯乐：龙海二中男排主教练周宁安、福建男排主教练许旭通和国家男排主教练戴廷斌。

人生如果有命运，命运好比打排球。当命运之球将陈忠和发过网来，“一传”周宁安准确地接住并递给了“二传”许旭通，许旭通又稳妥地垫牢并传给了“主攻”戴廷斌，戴廷斌则在最适当的时机将球轻吊到最适宜的场地上……从县里到省里到国家，是他们一步一步地把陈忠和托举到了一座新高峰。

囿于条件，我遗憾地未能采访到许旭通和戴廷斌，但数度见到周宁安。

有类老师，做人淡泊明志，做事精益求精，做功心无旁骛。学生靠近他们时存几分畏惧，一旦离开又肃然起敬。新加坡归侨、陈忠和的大姐夫、现已退休的周宁安老师，可列此类。

周宁安纠了一个错：“媒体都认为陈忠和的启蒙老师是我，其实是蔡亚忠。”蔡亚忠是陈忠和的小学体育老师。陈忠和先前主要打乒乓球，小学毕业那年的“六一”国际儿童节，龙海县举行首届小学生运动会，每所小学都要求派排球队参赛。蔡亚忠注意到陈忠和身高一米六几，紧急把他“抓”来强化集训，结果他们一举夺魁。自从结缘排球，陈忠和自言变得懂事明理多了。

根据招生划片，1971 年小学毕业的陈忠和已被榜山中学录取。当时龙海县所有中学都组建排球队，每学期都搞排球赛，一派热火朝天的景象。设在海澄公社的龙海二中校领导充当“星探”，骑车转悠遍寻人才，硬硬地把陈忠和挖走。从家里步行到榜山只需几分钟，到海澄却要半小时，他便干脆常驻周宁安家里，成了“周家军”的一员。

周宁安信奉“以球育人”。“周家军”的 12 名队员挑红土填建球场，种蔬菜聊补经费不足，平时训练坚持打赤脚。“白天集训外，一般晚自修后还要练两小时。当年食品短缺，最够呛的是肚子饿。”忆峥嵘往事，今为大老板的陈忠和队友王黎川坦言青春无悔。

升到高一，“周家军”实际弹跳高度都接近 90 厘米，队长陈忠和超过 95 厘米，在与其他中学的较量中所向披靡。杜鹃初啼，同年首届全国中学生运动会在吉林省长春市举行，陈忠和作为全县唯一的选手入选了省队。

驻军某部到龙海二中开展军训半个月。瞥见排球场上生龙活虎的“周家军”，同样喜欢排球的苏政委便向周宁安提议去 30 公里外的部队打一场见分晓。两人约定：如果孩子们打赢了留下再打，否则返校军训。

战士们的个头都在一米八以上，人高马大；“周家军”身材单薄，只有一米七左右。不对称的条件并未让周宁安束手无策，他甩出诱饵：“大家想过部队生活吗？打赢了多待几天，吃饱睡足，不然明天就走路返校。”上场哨子吹响前，陈忠和密授机宜：“用弹跳弥补身高，发挥灵活战术，就算完成任务。”

让苏政委怀疑自己视觉的是，大气还没有喘过来，“周家军”便哗啦啦地以 3∶0拿下了“野战军”。回到战士宿舍，他雷霆大作：“别小瞧那些娃娃们！从明天起你们跟他们混合训练，每天拼两场，尽早扳回来！”然而直至第 6 天，如果不是“周家军”重在友谊地让了让球，比赛还是不能完结。

临别时，苏政委使劲捶着陈忠和的臂膀：“好小子！打得不赖，以后可要好好干哪！”如今，我们无权也无理讥讽苏政委缺乏科幻小说家的想象力——眼前嘿嘿憨笑的好小子，他日竟然干成了享誉五洲排坛的中国女排主教练，须知这种概率在中国仅有十三亿分之一啊！

四进三出国家队，为“爱”何惧人憔悴

高中毕业，陈忠和去龙海县东园公社秋租农场插队劳动，身高定型为 1.77 米。这约等于当时令人称羡的中国仪仗队队员的身高标准。但正如剽悍之于

摔跤、耐力之于长跑,排球运动员先天仰仗身高,而陈忠和在全国省级专业排球队中却是最矮的。末位淘汰,没有商量。

可是,好运来了。1976 年底,耳闻目睹过陈忠和情况的许旭通奋不顾身地“鱼跃救球”,把他从边缘线上“捞”到了福建男排打后排。第 3 年,福建男排获得了全国男排甲级联赛冠军。看到队友们一个比一个高,理性的陈忠和主动退役了。

陈忠和的事业至“爱”一直是排球,但他调整了努力的方向。“我更适合当排球裁判或教练。”精兵易得,良将难觅。中国排坛虽少了一名精兵,却多了一位良将。

为实现“打败日本,冲出亚洲”的初级目标,1979 年中国女排主教练袁伟民厉兵秣马,急需一名男性陪打教练充当假想敌。他开出的条件相当苛刻:作风正派,基础扎实,领悟速度快,攻防节奏好,个子不能太高,力气不能太大。他请中国男排主教练戴廷斌帮助物色人选。戴廷斌曾任福建男排主教练,并夺得过全国冠军。他一眼盯准了陈忠和。

刚考取排球国家一级裁判的陈忠和,毅然放弃冲击国际裁判的计划而应征。袁伟民安排他传球、垫球、拦球、扣球、发球,每天达上千次。那时,美国、古巴和日本三强争雄,陈忠和就守在电视机前模仿,终于模仿得要谁像谁。急跑、变步、上网,扣出快板球,俨然是日本“女魔头”横山树理附体;深蹲、高跳,大幅度摆臂,几乎可以和美国“黑珍珠”海曼乱真;甚至连古巴“大刀手”路易斯咧嘴瞪眼的特点也模仿得惟妙惟肖。

爱把成绩作为倒置衡量标准的陈忠和绷紧一根弦:“比赛打不好,表明陪练有问题。”赛场上,外国选手逾越不了“天安门城墙”的拦网和精确的“东风导弹”的扣杀时,哪里清楚自己早被陈忠和替身了不知多少次。然而,大运动量的陪练使他的腿患上了骨膜炎,肩、肘关节都打封闭。那时,陈忠和写信回家最多的就是工作的艰辛和生活的寂寞。

此次签约期限只有区区 45 天,期满后是“借”是“留”?慧眼识金的袁伟民决定把陈忠和留住。别一味地夸耀陈忠和的专业水平有多高,单那仿佛注册了商标的“陈氏微笑”,就足以使人领略到他人格的磁性魅力。嗓音有点沙哑的陈忠和待人忠厚,为人和气,口碑极好。一批批的教练和女排队员们都乐于跟他交朋友。

1989 年,胡进任中国女排主教练,迅速召唤已回福建当教练的陈忠和做助理教练;1995 年,郎平任中国女排主教练,全力推荐陈忠和进教练班子。排球属于集体项目,圈内的一般规矩是主教练一换副手都得跟着换,但历届中国女排主教练都死死地拉住陈忠和的“手”不放。他,成了“五连冠”后在中国女排待得最久的一个人。

然而,世间万物的运转有其主次的排位。处于从属位置的陈忠和,绿叶衬红花,眩晕罩光环,奖牌挂不到脖子上,形象登不了要闻版,甚至耽误职称的评定。纵然你学富五车技高八斗,也得忍辱负重甘为人梯。个中况味,无以诉说。中国女排首次登上世界冠军领奖台,《人民日报》登出的光荣榜上,就找不到被中央领导同志称为“无名英雄”的陈忠和的名字。

有时,事业越成功代价越高。十年磨一剑,人们喟叹修炼到家了。可陈忠和是四进三出国家队,“藕断丝连”22 年啊！22 年,他辅佐过 5 位主教练;22 年,他见证过“五连冠”的辉煌;22 年,他经历过失去 3 位至亲的哀痛……

长兄车祸去世,前妻被火车碾死,父亲脑出血撒手人寰。陈淑丽无语凝噎:“三次奥运会前,弟弟都很不幸。”父亲临终前轻声呼唤,陈忠和正赶往悉尼奥运会,无法尽孝。等到饮恨赛场的他黯然奔丧故里,只能面对父亲的骨灰盒长跪不起。母亲突患脑血栓命悬一线,陈忠和正赶赴亚特兰大奥运会,难以照料。虽经抢救后脱险,但母亲从此致瘫在床,只能以轮椅代步。

磨难拷打的陈忠和,永不趴下的男子汉！尽管谁也别想逃脱生离死别的沼泽,但这片沼泽如此意外、宽阔又沉重地横陈在陈忠和的面前,上苍欠公允,逆时令啊！

采访接近子夜。陈忠和回答,他乌龙茶喝得越来越浓;我缄默,穿越茶香水汽尝到异样苦涩。

蓦然回首,那人却在“夹塞”阑珊处

1981 年 11 月 16 日,日本大阪,传奇教练袁伟民带领中国女排在第三届世界杯上首次登上冠军领奖台。顿时,神州到处是巨龙翻舞的狂欢场面。到了 1986 年,女排建立了史无前例的“五连冠”霸业。这至今仍像是一张绝版的邮票、一块无瑕的美玉和一首恢宏的难以续写的诗篇。

“文革”终止,百废待兴。传说,一位东北大妈观看电视转播女排比赛,急得比上场队员还厉害:“苏联姑娘咋搞的,拿球砸我们姑娘呢?”由于民族的、社会的、心理的深层因素,大家都渴盼体育的胜利能激发国人的自信。在足球、

篮球、排球"三大球"中率先撕开缺口的女排队员，适时地铸造了中国体育的一种精神：团结协作，顽强拼搏，开拓进取，勇攀高峰。

常胜队乒乓捉对厮杀的紧张度，梦之队跳水飞翔碧波的观赏性，还有体操的灵巧、冰舞的优雅、举重的爆发、射箭的精准等，都可谓春兰秋菊，争奇斗艳。但不争的事实是，冲浪于中国体育冠军网络，一项运动项目能化为强大无比、持久不衰的精神动力的，中国女排的点击率为最。

月有阴晴圆缺。盛名之下的中国女排，自从1988年折戟汉城奥运会起，向世界冠军发起的冲锋屡战屡败，尽管有时似乎都快触摸到了"光明顶"。最惨的一次降至"冰点"世锦赛第8名。2000年悉尼奥运会获得第5名后，国家体育总局开始物色主教练，希望新人选能让中国女排摆脱"严冬"的煎熬。

当运动员时没啥佳绩，当副手时低调静坐。上猜下猜，媒体猜不到陈忠和会执掌中国女排主教练。其实媒体没猜错，陈忠和始终没有主动报名参选："在起初报名的32人中，我推荐胡进；筛选剩下的6人中，我还是推荐胡进……"然而，经过运动员、专家和教练等多方面的推荐考核，2001年2月2日，国家排球运动管理中心宣布陈忠和任国家女排主教练。

不少人对背飞、短平快、时间差、后排进攻等耳熟能详，但很少有人知道排球还有个很少运用的"夹塞"技战术。当球在高空旋转即将降落在并排靠拢的两位队员头上时，对手揣测他们必去进攻便提前跳起拦网，岂料两位队员虚晃佯攻闪到两旁，后排歪斜里冲出一名队员，"嘭"的一锤定音，惊得大家目瞪口呆缓不过神。

陈忠和就是从"夹塞"中出来的一匹"黑马"。不过，他不是自告奋勇地冲出来，而是被那些爱才如命的人逗出来、哄出来、骂出来、撵出来、逼出来的。

"跑官"无门，"送礼"无须，"吃兴奋剂"无用。指望在国际顶尖的体育竞技场上蟾宫折桂，只有依靠真功夫。比如，宏观视野就是决策的智囊库，博采众长就是创新的发动机，经验积累就是应变的撒手锏，吃苦耐劳就是坚挺的传家宝，有口皆碑就是团结的黏合剂。这些素质陈忠和都已具备。

成功的男人背后必定有位非凡的女人，这位女人常常是妻子，可陈忠和跟我谈得最多的女人是母亲。总觉得对不起母亲的他喉结拧紧："8年了，母亲坐在床上顶多待20分钟，可碰到电视直播女排比赛，她都能爬起来看1个多小时。而我极少能回家看母亲。"每次通电话，母亲就像背诵圣书一样向陈忠和重申"两要"："你要拿冠军，要养好身体。"

战机卧在空坪，无异于酣睡的雄鹰；潜艇泊在军港，无异于秃齿的鲨鱼。在那个乍暖还寒的孟春，陈忠和恰似刺向蓝天的战机和游入深海的潜艇，蓄势待发，宏图待展。他要去实现生身母亲更是祖国母亲的谆谆嘱咐：妈妈，您等着，等着您的儿子向您报捷的那一刻！

力量与智慧接吻，光荣共梦想拥抱

记者有时打探鲜为人知的细节，并非为了卖点和猎奇，实在是因之也能链接因果反映本质。如果不是那天晚餐见机问起，就不会知道陈忠和擅长表演“两手”的好戏：左手抓筷子，右手抓钢笔；左手打乒乓，右手打排球……

陈忠和赞赏这届女排姑娘多才多艺，既能绘画、绣花，又能打电脑、编导文艺节目。“那你以什么方式统帅折服她们？”不假思索的陈忠和一词双关：“综合（忠和）。”是呀！左右开弓，左右逢源，左右兼顾，左右局势，这不就是一种综合能力吗？综合能力浸润在主教练水平的点点滴滴上。

对排球而言，力量是前提。苗青根壮才有利于长成参天大树，陈忠和组建这届女排伊始就狠狠地“换血”，队员平均身高达到1.84米，为历届中国女排之最。他提拔绰号“国宝熊猫”的冯坤而舍弃正是“当家武旦”的诸韵颖，理由是“诸韵颖虽为全国当时最好的二传手，但跟冯坤比差了8厘米，而身高不够，练到死也无法补”。

对排球而言，智慧是关键。162平方米的排球场地，犹如色彩斑斓的万花筒，可翻转出玄妙莫测的组合图案。第九届世界杯中国队首场对垒巴西队，巴西队首局以21∶6的大比分领先，暂停后陈忠和只眯眯一笑：“你们活动开了没有？”姑娘们马上卸掉了拘谨的包袱。

当某个人把特长尽情地释放到极限，就可能成为某方面的天才。远与近，粗与细，紧与松，严与宽，陈忠和对这些关系掌握得游刃有余。透过“陈氏微笑”，我发现他貌似敦厚而带点狡黠，外表温柔而实则锐利，升华到了一种举重若轻、大智若愚、安之若素的境界。助理教练赖亚文形容很会变着花样搞训练的陈忠和是可爱的“蓝精灵”。

近距离的冲击力就是不同。现场旁观训练，没有了电视直播镜头中那般壮美的场景，目睹的是姑娘们累得一滴汗珠摔成八瓣儿的情形。那天在漳州，早过了中午12点，一脸愠色的陈忠和把循环对抗赛中状态欠佳的两位姑娘留下“开小灶”，各补习扣球100下。完毕，他为腿上一块块青紫瘀伤的姑娘们做

肌肉放松运动，又凸显了慈眉善目的一面。“平时委屈受够了，赛时情绪波动才会小。但我不会让她们委屈过夜，总会编笑话让她们笑着离开。”

更高、更快、更强，沿袭成规的奥林匹克精神似乎更偏重于力量。力量当然是体育运动永恒的主旋律。但如果缺乏智慧，沉浸于把“四肢发达，头脑简单”视为自嘲的滥调和敷衍的托词，体育运动就将少了精彩绝伦，少了美不胜收，少了新陈代谢，少了更上层楼。

女排姑娘在力量的磨砺和智慧的雕琢下，冯坤的巧妙组织，赵蕊蕊的高点快攻，杨昊的重扣，王丽娜的平拉开，周苏红的交叉围绕，都日臻成熟。全队攻守兼备、快速多变、以多斗寡的风格逐渐成形。2001 年 11 月，陈忠和带队荣膺了成色很足的世界女排大奖赛冠军。比赛恰逢与全国九运会“相撞”，隆重的体育赛事冲淡了国人对女排大赛的注意力。但中国女排的迅速崛起，引起了国际排联的重视。

宛如历史的轮回。22 年后的 2003 年 11 月 16 日，第九届世界杯在日本大阪举行。尽管东道主球迷呐喊助威声震耳欲聋，依然撼动不了中国队的泰山压顶。在轻重武器编织的强大火力扫射下，随着“游击队员”刘亚男漂亮的单脚背飞，赛前放言“殊死一搏”的对手日本队以 0∶3 向中国队缴枪投降。

连胜 11 场！久违了 17 年的金牌收入囊中！势如破竹，锋芒毕露，单骑绝尘。美国队教练竖起拇指：“中国队是一支没有弱点的球队。”

昂首挺进世界的中国，一块金牌已无须承担太多的精神重负，但我们仍骄傲地分享了她所散发出来的快乐风采、完美体验和价值取向：那一刻，灿烂的陈忠和被忘我的姑娘们高高抛起；那一刻，姑娘们站在领奖台上举“杯”畅饮的经典图片，定格在了海内外报刊的封面；那一刻，人们开始称以前的中国女排为“老女排”，如今的中国女排为“新女排”。

为了排球事业，陈忠和淋漓尽致地哭过两次。首次是伤心而啼，前年世锦赛上放水事件，企望摘金牌结果捡“铁牌”，舆论哗然上下讨伐；再次是喜极而泣，去年世界杯终场鸣笛，国家排管中心主任徐利率先跑过去奋力抱住他，四目朦胧无法对视。正是“无论嘘声或掌声，泪水教会我人生”。

结 语

当初国家排管中心跟陈忠和签订 4 年聘用合同，锁定的奋斗目标是“2004

年雅典奥运会得奖牌，并为2008年夺冠创造基础”。世界杯、锦标赛和奥运会是排球界推崇的三项顶级赛事，世界杯夺冠提前一步实现了奋斗目标。

体育比赛素来向往打破荣誉垄断。“得陇”之后再“望蜀”，中国女排已成众矢之的。采取残酷的淘汰赛制的奥运会中，姑娘们将狭路相逢虎视眈眈的古巴队，麻烦制造者的美国队，后起之秀的意大利队，以及预计将从5月份资格赛中脱颖而出的“克星”俄罗斯队。

胜者王，输者愁，乃体育运动难以更改的游戏规则。“当我失利，别把我贬得一无是处；当我成功，别把我褒得十全十美。”处于旋涡之中的陈忠和更表示：“奥运会是‘高考’，我们要争取升国旗奏国歌。”换言之，即力求“进三夺冠”。他还有个心愿，一旦实现目标，就把奖牌带给母亲看，让母亲自豪地宣布：“这是我儿子带着大家挣来的！”

中国队，加油！陈忠和，保重！在迈向雅典奥运会的重重雄关隘道上，让我们一起为他们鼓劲和祝福……

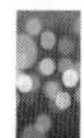

邱盛林："四季"不偷懒　方有好"收成"

人物名片

邱盛林，1975 年至 1978 年，任光泽县寨里镇报道组干事、组长；1979 年至 2006 年，任光泽县委报道组干事、组长、兼宣传部副部长；2007 年至 2010 年，任光泽县政协文教卫体和文史委主任，兼县委报道组工作；2011 年至 2020 年，返聘于光泽县委报道组。

邱盛林

"四力"心得

学写作时总抱怨"难写"。写呀写，写久了才知那不叫"难写"，而是采访时深入、观察、思考不够。其实，写新闻也和种庄稼要四季劳作一样，任何一季偷懒都会影响秋季的收成。

新闻是现实、纯真作品。脚走得越远、脚印越深，作品的成功率越高。

2000年秋的一天，光泽县华桥乡党委书记电话告诉我，他发现了一个致富典型，请我去报道。当时，媒体特别重视对“三农”的报道，次日我便去了。

这个“典型”叫严金友，“致富”谈不上，称他失败“英雄”还差不多。写，还是不写？当时的现实是大多数农民认命守穷，“不敢乱走一步”。对比之下，严金友败而不馁、勇于探索，眼下农村需要的正是这种人。有了这样的脑力思考，采访的脚力便有了力度和方向。我采访了严金友本人和邻居，又和乡村干部、乡农技站、信用社、邮政所的工作人员对严金友从事农产品贩卖和种养等屡屡失败原因进行探讨之后，写了《严金友为何屡败屡战》。

严金友屡屡失败令人深思：本人如能紧跟市场，吃一堑长一智，也不至于十几年总失败。乡、村和相关部门如果能从信息、资金、技术等方面及时提供服务，严金友也许会成为真正的“致富典型”。

严金友一稿在《福建日报》《闽北日报》见报后，我连续跟踪报道四年。与此同时，我还采写了《如何对接农民兄弟的需求》。这篇稿子在《闽北日报》刊出后，时任南平市委书记李川做了指示，《闽北日报》就此展开了半年的讨论。这场讨论，最先催生闽北服务“三农”创新的“科技特派员”制度。此后，“下派支书”“下派流通助理”“下派金融助理”等措施相继推出。南平的这一高位嫁接做法，经逐步完善升级，已成为全国实施乡村振兴战略的有效抓手之一。

大凡成功的新闻作品，都是思考形成的文字果实，是脚力、眼力、脑力、笔力之大成。当记者不容易，当好记者更难，但执着向前，“四季”不偷懒，方有好“收成”。

代表作品

毛竹山留住全村人

邱盛林　武少龙　雷兴欢

《福建支部生活》 2012年2月

无留守儿童，无空巢老人，无外出打工者。太银村成了“三无”村。

太银，位于闽赣交界的火烧关下，属寨里镇管辖，是南平光泽县最偏远的

少数民族村，然而亲临其境却仿佛进入优美的旅游景区。飘带般的水泥路穿行于竹海之间，6个自然村的200多幢小洋楼在绿竹掩映下格外抢眼，还有楼顶的太阳能热水器，路上奔跑的摩托车、小轿车等。与“生态美的山区留守儿童多、空巢老人多、外出打工多”截然不同的是，这个优美富裕的山村既无留守儿童，也无空巢老人，且很少外出打工的。“太银能富起来，不是因为这里有太多的银子。”1月12日，村党支部书记吴礼才对我们说，“是毛竹山留住了全村的人。”

定心：林权在微调中求稳

关下组的王仕通读完初中时，毛竹山还没真正到户。当时他家虽然也托管了几十亩毛竹山，但没有《林权证》，总觉得在竹山上花功夫是“奶妈抱孩子——迟早都不是自己的”，于是带着卖毛竹的1000多元钱外出打工去了。可上海、浙江闯了几年，先是跟人搞装修，后又进厂做液化气灶，每年都是带多少钱出去，回来还是那么多。2002年，全省进行集体林权制度改革，王仕通家3口人也分了72亩毛竹山，还领了《林权证》。“抱孩子的奶妈”变成了“亲妈”，王仕通决心回老家侍弄几十亩竹山，然后在竹山下搞立体化经营。他先把竹山上的杂灌劈光，再浅锄、施肥，几年下来，笋越长越多，竹子越长越大，每亩竹山卖笋卖竹收入从每年200多元增至400多元。竹山攒下了钱，王仕通又在竹山下办起了养猪场，先是一家人独办，后来变成5户人合伙，肉猪养殖从40多头扩大到600多头。如今，王仕通每年可从竹山获得收入3万余元，猪场收入15万余元。

太银只有790亩耕地，而集体林地2.2万亩，几乎都是毛竹山。施行集体林权制度改革时，太银村本着“长久稳定”原则，不简单地按组“有多少分多少”，而是整村性地“均山到人”，为了防止日后人口增减造成竹山分配不均带来的矛盾纠纷，村里特意留了1000多亩机动山，作为十年一次家庭人口变化“人减山减、人增山增”不足部分的“补充山”。“20多亩竹山也能赚个万儿八千的，还外出打什么工？”村里像王仕通那样外出打工的又陆续回乡了。

降本：道路在奖补中延伸

81岁的雷富万老人现在住的两层半洋楼是2010年享受“造福工程”政策

盖的。雷大爷说，他家的 100 多亩竹山在他家原住的秋竹坑山顶上，距现在的新村有 10 公里远。有路，竹山是财富；没路，竹山是废物。如果路没通到山上，竹山再多也留不住人。多亏村里采取“以奖代补”办法修通了去竹山的十几公里林区便道，竹山才成了养老发家的“聚宝盆”，不然即使住了新房子也过不上好日子。“山里赚不到钱只能跑山外，年轻人都外出打工了，我们老人留在家里还不是活受罪。”他感慨地说道。

太银村共 6 个村民小组，200 户 800 多人。原来全村共有分散居住点 14 个，多为散落在山头和山腰的单家独户。生产生活原始落后，公共设施难以覆盖，要实现城乡一体化，让村民过上城市现代生活简直比登天还难。住处决定人的发展路径。为了从根子上改变村民的生产生活方式，太银村花了十多年时间实施“路通山上，人搬山下”工程，先把宽敞的水泥路铺通全村 6 个自然村，建清一色的标准砖混房，然后采取“以奖代补”措施鼓励村民开通竹山便道，从而实现了上山干活骑摩托车，运肥上山、运货下山用汽车。

增效：竹山在科技中增产

“从笋长成竹，要号竹，给竹子记出生年份，砍时好按竹龄。土壤好的秋季浅锄施肥促长鞭，冬季就多笋。斜坡地施肥要在竹蔸上方施肥，天一下雨，顺着水流刚好渗入竹根……”村民翁承烟说起养竹俨然成了专家。翁承烟一家 6 口人，共有 120 多亩竹山，原来没抚育，一亩立竹量还不到 100 根，笋又少又小；抚育了，立竹量翻了一番，笋也多了大了。后来浅锄了，还施肥、打针，亩立竹量增加到 300 多根。

前些年，“把竹山当田耕，将毛竹当菜种”是太银人的口头禅。如今，太银人已经开始把毛竹当牲畜养了。要让村民把毛竹当成摇钱树，就要引导村民科学管护，只有依靠科技的力量才能让山多产竹产笋、产大竹产大笋。村委会主任王宗生告诉我们，近十年来，太银村是把万亩竹山当作银行来看待：村里投钱，向上争取科技推广项目，建毛竹丰产示范片；请技术员下组上课，组织村民观看科学育竹录像；同时还在易旱高山建蓄水池，在村民中开展科学养竹竞赛，选评科技示范户等，用科技的力量把竹山经营成“聚宝盆”。竹山效益高了，在家的安心了，外出的回来了，老人有人照顾，小孩有父母带，家就像个家了。

编后语:做好“留人”这道题

留守儿童、空巢老人从何而来?不用细想就能作答:因大批青壮年外出打工。青壮年为何要舍家外出赚钱?表象看是家里没钱赚,然而往深处想却不尽然。

原太银村党支部书记王仕银说得好:关键在于让每个人觉得“家里有份可发展的产业”。产业有天然和人为之分,然而将“天然”与“人为”合并就能显出优势和实效。

太银村留人的成功之处就在于将“竹山多”的天然因素和创新竹山管护发展机制、加大毛竹科技投入,提升毛竹身价等人为因素相结合,从而留住了全村人。

由此看来,太银村的经验可鉴。

兰旺生：如何在“四力”上下功夫

人物名片

兰旺生，1962 年 12 月出生，中共党员，现任武夷山市融媒体中心广播新闻负责人。1991 年进入广播战线从事采编播工作的兰旺生是一个双目视力仅 0.004，需借助放大镜才能看字的一级弱视力残疾人。他凭着对党的无限忠诚，对党的广播事业执着的爱，孜孜的追求和忘我的工作精神，在广播战线上留下了一道道闪光足迹，成为福建省广播界的知名人士，多产记者。曾荣获全国广播电影电视系统先进工作者、福建省五一劳动奖章、福建省“双十佳”新闻工作者、南平市优秀共产党员、南平市劳动模范、南平市“十佳”新闻工作者、南平市公民道德标兵、南平市青年创业荣誉奖、武夷山市优秀新闻工作者、南平市广电系统和武夷山市保持共产党员先进性教育和“两学一做”先进典型等荣誉称号。

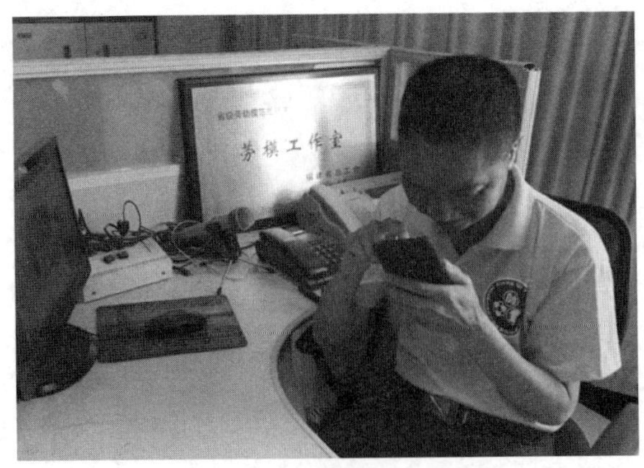

兰旺生

“四力”心得

新闻工作者如何增强脚力、眼力、脑力、笔力，本人认为应在四个方面下功夫。

在“脚力”上下功夫，就是要走出办公室、深入到基层，停下小轿车、迈开两条腿，发扬“光着脚板跑新闻”的好传统，走街巷、进社区，下农村、访农家，了解国情、党情、社情、民意。29 年来，我克服视力残疾，走基层，采访鲜活新闻。

在“眼力”上下功夫，就是要用敏锐的眼光，深入基层一线，在火热的劳动场面，在群众生产生活中找选题，发现真善美，识别假恶丑，弘扬主旋律，传播正能量。虽然我是视力残疾人，但我在工作中时刻激活“好眼力”。29 年来，我有 180 多件新闻作品获奖，其中国家级二等奖一件，省级一等奖七件。

在“脑力”上下功夫，就是要心中装着群众、胸中怀有大局，围绕中心、多思善谋、去伪存真，善于以小见大、由点及面，善于发现问题、分析问题、回答问题。29 年来，我就是这样做的，这让我做的每一条广播新闻都有可听性。

在“笔力”上下功夫，就是要向群众学习，用好群众语言，用群众喜闻乐见的方式阐述观点。29 年来，我力求每一条稿件都让老百姓听得懂。我觉得新闻工作者要谋篇布局，把脚力所到之处、眼力发现之美、脑力思考之深诉诸笔端、镜头，创作出题材丰富、形式多样、内容充实、语言朴实的好作品，努力做到写得实、写得新、写得活。

余仲樵:增强“四力”,应当做到“八个要”

人物名片

余仲樵,1982 年学校毕业后就从事广播电视新闻工作,历任广播主持人、记者、编辑部副主任、主任、有线台台长助理、广播电视台专题部主任,新闻中心主任、副台长、台长。

有 60 多件(次)作品获市级以上新闻奖。其中获福建新闻奖和福建广电新闻奖一等奖的有 7 件作品,获二、三等奖的有 21 件作品。先后 3 次获南平市“十佳”新闻工作者;6 次获南平市优秀新闻工作者。2007 年获福建省第七届“十佳”新闻工作者;2009 年获首届南平市新闻宣传工作突出贡献奖。2010 年被省委、省政府和省委宣传部、省记协分别授予“福建省防抗特大暴雨洪水抢险救灾先进个人”。

余仲樵

“四力”心得

习近平总书记讲的“脚力、眼力、脑力、笔力”，其实是一个合格新闻人的基本功。在我刚走上新闻工作岗位的时候，就有一位老新闻工作者语重心长地告诉我，新闻是用笔写出来的，更是用脚走出来的，你走多远，做出来的新闻就有多深。记得20世纪90年代在修316国道的时候，为了拍一条新闻，要坐两个多小时的船，再扛着几十斤重的机子，走三四个小时的山路，才能到工地现场，有时晚了还得和工人们一起，在四面漏风的工棚住夜。当自己拍到第一手的现场精彩画面，做出好新闻被省台、央视采用时，心里有说不出的高兴。

几十年的新闻工作感悟告诉我，要增强“四力”，就应当做到“八个要”：要有理想追求，要有工作激情，要有扎实作风，要有责任使命，要有新闻素养，要有策划意识，要有总结思考，要有创新精神。2001年冬，我到建阳童游采访冬修水利新闻，了解到一外地客商承包开发当地荒废茶厂，镇政府某些干部看到茶厂效益好而眼红，千方百计要把茶厂收回。这一题材虽小，我却一直关注事件的进展，多次到现场了解情况，积累素材。第二年春天，全市正在开展大招商活动，我认为时机已到，再次前去采访，把新闻事实和大背景联系了起来。接着又琢磨用什么样的体裁更有表现力。通过进一步采访，在建阳的另一乡镇找到了同样是承包茶山，当地政府打击地痞敲诈，全力做好服务留住客商的事例，用对比的手法，制作成新闻评论《同顶一片天　缘何两境遇》，播出后引起市领导高度重视，在干部大会上播放，并在全市引发了开展营造良好投资环境的大讨论。作品获当年福建广播电视新闻奖一等奖。这一事例证明，只要“脚力”勤往基层走，“眼力”用心观察，“脑力”深层思考，“小题材”同样可以做成有影响力的好文章。

林海：注重“四力”的整体效应

人物名片

林海，1976 年 8 月至 1978 年 1 月，在建瓯市吉阳公社毛竹场知青插队，期间任县广播站通讯员；1978 年 2 月至 1978 年 9 月，在福州军区某部服役任班长；1978 年 10 月至 1982 年 2 月，在福州军区某部任专职报道员，期间任报道组组长，并获得三等功一次；1982 年 3 月至 2018 年 12 月，在建瓯市广播电视台工作，期间任广播电视台副台长、广播电台台长；2011 年，获福建省第十一届“十佳”新闻工作者和福建省优秀共产党员称号。

林　海

“四力”心得

习近平总书记在全国宣传思想工作会议上提出的“四力”素质和能力要求，对我们新闻工作者具有很强的实践指导意义。一名合格的新闻工作者应注重脚力、眼力、脑力和笔力的整体效应。只有“四力”融会贯通、相互激荡，才能做到事实与见识、理性与情感、题材与表达并重，新闻报道工作也就必然获得“有思想、有温度、有品质”的效果。

脚力：突出“深”字。新闻工作者只有迈开双脚深入基层走访，才能了解社情民意、体察社会民生，才能发挥新闻工作者专业优势，以媒体人的专业眼光挖掘基层的闪光点，发现鲜活的新闻题材，反映社会的进步轨迹，宣传好一线的好人好事好经验好做法，弘扬社会正能量。

眼力：突出“独”字。新闻工作者要做到眼力独、视角新，关键要有政治敏锐性。不断增强“四个意识”，坚定“四个自信”，做到“两个维护”，做政治上的明白人，只有这样才能迅速捕捉到有价值的新闻，并从“小”中看出“大”来，从“形”中找出“神”来，起到积极引导，发挥好舆论阵地凝心聚力的作用。

脑力：突出“精”字。全媒体时代，更要求我们新闻工作者要有“匠心”精神，做好舆论引导宣传。只有开动所有脑力，打破“来料加工”的传统观念，认真做好选题策划，匠心独运采编制作精品，才能讲好中国特色的精彩故事。

笔力：突出“新”字。长期以来，部分新闻采编人员受传统观念和不良作风影响，作品千篇一律，越来越像“八股文”，背离受众要求，严重影响舆论宣传效果。这就要求新闻工作者要不断改进文风，摆脱形式上的枯燥和呆板，用精炼、生动的语言和清新的文风增强作品的生命力。

柯仙炉：不忘初心　增强“四力”

人物名片

柯仙炉，1987年7月至1989年9月，任松溪县人事局科员；1989年10月至1992年6月，任南平电视台（县级台）编导、记者；1992年7月至2006年8月，任南平电视台（地级台）办公室副主任、新闻部副主任、广告部副主任、《闽北经济》总策划、主编；2006年9月至2015年5月，任南平广播电视中心（南平广播电视台）新闻中心副主任、《南平新闻》《延平报道》栏目责编、《延平报道》栏目负责人；2015年6月至今，任南平广播电视台新闻中心副主任（副科）、《南平新闻》《延平报道》栏目责编、《延平报道》栏目负责人；2012年3月，获评主任记者（副高）专业技术职务；2016年6月，荣获2015年度福建新闻奖（人物系列）暨“十佳”新闻工作者；2018年11月，获南平市第三批享受市政府津贴高层次人才；2019年11月，获中国记协颁发的资深新闻工作者荣誉证书和证章；2020年7月，获评高级记者（正高）专业技术职务。

柯仙炉

“四力”心得

1989年，我从公务员队伍投身到闽北刚刚起步的电视新闻事业，至今已30多年。从事新闻工作以来，我始终不忘初心，践行“四力”，深入基层采访报道“三贴近”新闻，讲好百姓故事，传播基层好声音，传递社会正能量，把新闻事业作为一生挚爱。

扑下身子　脚沉一线

脚下有多少泥土，报道就有多少力量。脚是用来走路和站立的，脚下到底有没有力量，体现在基层一线，体现在对人民群众的新闻报道中。2010年闽北突发“6.18”特大洪灾，我连续18天坚守岗位，每天工作十几个小时，先后深入南平市10多个重灾乡镇，第一时间采访报道灾区转移安置群众的新闻，用镜头和话筒讲述当地党委政府坚持以人民为中心，众志成城、抗洪救灾的真实感人故事。新闻被省级以上电视媒体采用播出10多条，其中2条新闻被中央台《新闻联播》采用播出，对稳定灾区群众的紧张情绪起到积极的作用。在灾区采访中，我经常顾不上吃饭，衣服也不知湿透了多少次。在一次前往延平区大横镇灾区采访途中，我和同事被山洪泥石流围困近两个小时，幸好被不远处的当地村民看到，在一个陡峭的山坡劈出一条小便道，我们才得以脱险。

眼观六路　耳听八方

眼是用来观察事物的，眼力好，能够提升新闻敏感性；眼力好，创作的作品才会让受众看得清、看得懂。在一次基层采访中，我看到一段“县保”延平八字桥被洪水冲毁的短视频，立马意识到保护闽北古廊桥是一个重大新闻选题。并立即向当地文保部门了解古廊桥保护的相关情况。当时恰巧“国保”武夷山余庆桥被大火烧毁，凭着自己练就的新闻敏感和抓独家新闻的眼力，我和同事先后深入古廊桥比较集中的延平、建瓯、政和、武夷山、浦城等地进行调查采访，收集整理闽北古廊桥被洪水冲毁、大火烧毁的核心镜头。在《保护古廊桥刻不容缓》电视评论一开头，就列举了“国保”武夷山余庆桥、“省保”浦城镇安桥被烧毁和“县保”延平八字桥被洪水冲毁的三组核心镜头，现场感冲击力强，核心主题突出。作品播出后，引起文保专家学者的关注，当地政府也出台多项举措保护古廊桥“活化石”。该作品获得福建新闻奖一等奖。

紧跟时代　勤于动脑

脑力是体现思考的能力。记者想讲百姓什么故事，想传播基层什么声音，都体现在紧跟新时代展示新风貌的能力和水平。2019 年是中华人民共和国成立 70 周年，在福建省广播电视局和福建省新闻工作者协会举办的《礼赞新中国　我说新福建》短视频展播中，我和同事紧紧围绕“礼赞新中国　我说新福建”这个主题，结合科技特派员制度在全国推广实施 20 周年的契机，精心做好融媒体作品《1 号“科特派”》的选题策划，集思广益。方案确定后，我和同事先后 4 次深入科特派服务基地采访拍摄，采用互动和情景再现的方式，清晰刻画了 1 号“科特派”吴敬才科技服务“三农”、发展智慧农业，让农民增收致富的形象。我自己也扮演了“市长”的角色，融入作品创作中。该作品切入点新颖、故事性强，在福建电视台综合频道、新闻频道、东南卫视播出和在福建学习平台、抖音、今日头条等推送后，受到观众和微友的广泛关注，仅在《华人头条》的点击量就达 16 万多次。《1 号“科特派”》还获得 2019 华东地区暨全国部分省市微视频(微电影)作品大赛三等奖。

笔力遒劲　作品厚实

笔，是新闻记者手中的“枪”，笔力中有思想、有立场。新闻作品要旗帜鲜明讲政治、讲导向，要为人民大众发声，同时还要做到更加吸引人、打动人、感染人。2020 年春节，一场突如其来的新冠肺炎疫情，打破了新年应有的祥和与热闹。在武汉封城后，全国各地为了疫情防控也按下了“暂停键”。1 月 28 日(正月初四)，得知延平区大横镇博爱村有一名武汉返乡人员，我二话不说，就与同事一起前往博爱村采访报道抗“疫”新闻，深入“最危险”的区域，挖掘当地党员干部“联防联控”抗击疫情的先进事迹和村里老党员主动取消儿子婚宴的故事。1 月 31 日，这条新闻被《福建新闻联播》“让党旗在防控疫情斗争第一线高高飘扬”专栏采用播出。作品有情节、有细节，感染力强，对其他村庄抗击疫情具有借鉴作用。

全面锤炼脚力、眼力、脑力、笔力，不断提高新闻创作能力，这是对我们新闻工作者的基本要求。

黄旭辉："四力"入心注于手　汩汩华章动地来

人物名片

黄旭辉，主任记者，厦门大学公共管理硕士。1993年以来，先后在闽北日报社、南平广播电视台从事报纸、电视、广播、新媒体采编工作。获得"南平市文化名家"称号和南平市政府人才津贴，还获得各类省市级新闻奖48篇次，其中福建新闻奖报纸通讯类、系列报道类一等奖三次，媒体融合传播二等奖一次，广播评论三等奖一次。《建瓯发现飞虎队中转基地》等作品入选中国新闻奖三等奖系列报道《追寻八闽救国魂》。2017年，作为福建省委廖俊波事迹报告团成员，到人民大会堂、北京大学、中央党校等地宣讲廖俊波事迹5场，受到刘云山等中央领导的亲切接见。

黄旭辉

"四力"心得

麦克卢汉说过,媒介是身体的延伸;我说,记者是媒介的延伸。当下,无论媒介生态如何变化,无论媒体融合如何潮起潮落,记者作为媒介生态中的核心要素不容置疑,记者如何延伸自我,融入这个媒介变革的大局?脚力、眼力、脑力、笔力——这"四力"作为职业记者媒介素养的大成,在媒体融合时代不仅不能减弱,更需要加强。

有人说,媒体融合进入了技术垄断的年代,职业记者人的作用不重要了,相反,在这个意见嘈杂的大众麦克风年代,职业记者发出的黄钟大吕般主流声音,更显得举足轻重。怎样成为舆论的主流?需要一批具有强劲"四力"素养的职业记者。有好脚力,方能追上事件的发生,甚至奔走在变化之前,引领时代声音;有好眼力,方能透视粉墨登场的真伪事件,确认素颜下的真实眼神;有好脑力,方能仰观天文变幻,俯察海水般涌来的各类资讯中的波诡云谲,预知明日的前浪或后浪如何拍在沙滩上;有好笔力,方能熔铸百矿于一炉,炼得真金文章,熠熠生辉,传播宇内宏文,彪炳时代。

以"四力"洞见真相,远见事实,预见趋势。越是接近新闻现场,我们的脚步就越有力;越是接近新闻现场,我们的眼神就越清晰;越是接近新闻现场,我们的大脑就越严谨;越是接近新闻现场,我们包中的笔、麦克风、摄像机就越微微作响。这不正是壮士赴沙场,"匣中宝剑夜有声"的情境?新闻现场就是我们每一位记者的战场,"四力"就是我们的战斗力,用"四力"斩断舆论乱军之旗,用"四力"树正能量之帜。在媒体融合时代,"四力"作为职业记者的立身利器,只会变得更重要,而不会过时;"四力"作为媒体融合的有力驱动力,将汲取互联网力量,与时俱进。

韩愈说过他的写作心得:"当其取于心而注于手也,汩汩然来矣。"当我们用初心去践行"四力",当我们用使命去驱动新闻职业,定能在笔底写出感天动地动时代的华章。

龙岩

福建优秀新闻工作者践行『四力』实录

卢基莹:永远在路上

人物名片

卢基莹,笔名晓笛、一村、石山,1964年出生,大学文化。自1988年从事新闻宣传工作至今,现为福建省龙岩市永定区委宣传部副部长。先后在《人民日报》《中国人事报》《福建日报》《闽西日报》等发表报告文学、新闻、评论等各类题材作品3000多篇,100多篇作品获奖。

《父招贤　子揭榜》《洪涛砥柱》等10多篇作品获福建新闻奖,通讯《莫做数典忘祖忤逆子》获第十三届中国经济新闻大赛特等奖。《教学和科研要“上山”》等言论在《人民日报》海外版等报刊言论征文中获奖。2000年被评为第三届福建省“双十佳”新闻工作者。2010年1月被中共龙岩市委评为龙岩市首届优秀人才。

卢基莹

“四力”心得

我很荣幸能成为一名记者。自从 1988 年走进新闻界，一路走来，勤勉好学、勇于实践，小有成果。2000 年 11 月被评为福建省第三届“双十佳”新闻工作者。

根在基层，泥土香里酿真情

1996 年 8 月 8 日，永定县遭受到了百年不遇的特大洪涝灾害。

为尽快掌握第一手资料，我坚决要求到受灾最严重的下洋镇了解灾情。途中，车辆被倒塌的山石堵住了去路，我踏着泥泞山路步行赶往 20 多公里外的下洋镇。当天夜里，以最快的速度写下《永定县全面实施救灾部署》，使外界对永定老区的灾情有了初步的了解。在这之后的 7 天里，我目睹了家园被洪水摧毁，也看到了在洪灾面前，共产党员不怕苦累、不怕牺牲的奉献精神和老区人民保持着革命年代艰苦奋斗、互帮互助的优良传统，更加深切地感受到一个新闻工作者肩上的重担。我把内心的情感融入新闻中，一连写出《危难之际显身手——永定抗洪救灾的共产党员》《齐心共谱抗天歌——永定抗击8·8洪灾纪实》等 10 多篇报道。稿件先后在《福建日报》《闽西日报》《厦门日报》等报刊发表，第一时间让外界了解了洪水冲不垮的老区人民，也为社会各界赈灾永定打下了基础。

路在脚下，“出新出彩”勇攀登

最美的风景在远处，最好的新闻在脚下。

无论工作有多忙，我都不忘多学习，多思考，关注国情政策，力争“吃透两头”“见微知著”，我深知，路在脚下，唯有勤奋、学习和思考，才能不断提高自己的能力水平。

1999 年 7 月，李登辉炮制了所谓的“两国论”，全国上下对“两国论”进行声讨。新闻敏感性告诉我，应该去李登辉的祖籍地永定县湖坑乡楼下村听听乡亲们的反映。驱车 2 个多小时，我来到偏僻的楼下村，深入到李氏宗亲家中。乡亲们痛斥“两国论”，怒责李登辉是数典忘祖的忤逆子，表达祖地乡亲盼统一反分裂的强烈愿望。我迅速写下了《楼下乡亲盼统一》《莫做数典忘祖的

忤逆子》等报道，新华社专门发了新闻通稿，中央电视台新闻联播做了口播，在国内外引起强烈反响。该新闻后来列居“闽台关系十大新闻”榜首。《莫做数典忘祖的忤逆子》荣获1999年度福建新闻奖二等奖。

我在路上，甘当人梯勤奉献

一路走来，我从新闻事业的门外汉，到硕果累累的新闻工作者，再到如今分管全县新闻宣传工作宣传部副部长，我一直未敢忘记肩上的责任，未敢忘记群众的期许。

在工作实践中，我注重抓好新闻队伍建设和管理，注重培养新闻后备人才，以老带新，甘当人梯，使每一位同志做一个政治上合格，思想作风正派，写作业务过硬的新闻工作者。至今永定区委报道组已连续26年被《福建日报》评为“全省先进报道组”。

代表作品

父招贤　子揭榜

——桃源村个体果场翻身记

基　莹　梦　龙　永　明　晓　文

《闽西日报》 1994年1月8日

永定县抚市桃源村出了一桩新鲜事。

人们还记得，1992年4月《闽西日报》刊登了一则不大而又引人注目的启事：该村赖德阶老农的上百亩柑橘园对外招标承包。这一着不亚于一个炸雷，震动了方圆几十里的山乡。

然而，震动最大的莫过于赖德阶的小儿子赖宏学。打从1989年初中毕业后，16岁的赖宏学便跟老父亲上山，刀劈火烧，披荆斩棘，为开发这片橘园立下了汗马功劳。

可是，在种植管理上，这一老一少生出了许多矛盾。少的精灵肯学点子多，常挑老父亲的“毛病”；老的却不吃这一套，说老子我一辈子种地没有经验也有体验，用得着你这嫩小子来指手画脚么？无奈，宏学只能当个“帮工”。

一晃就是5年，满山柑橘树就是不听“老子”的话，光长叶子不结果，可气坏了赖德阶。没技术，认了。怎么办？有人替他出主意：登报招包，保准有能人来。于是有了开头一幕。

儿子当然不服气。三番五次找老父亲磨缠，让我承包吧，我保证如何如何。老父给的只是白眼。

宏学心想，我是你的儿子，近水楼台也先得月啊！他拉来三个哥哥和亲友，请来乡亲作证，来个“逼父退位”。父亲看他决心大，有勇气，联想过去宏学提出“少施化肥多施农家肥”等建议跟县农业部门技术员说得不差上下，心也就动了。但还是信不过，他提出承包可以，一年得上交一万元。谁知赖宏学二话没说、满口应承。唯一条件是父亲不要再插手，要给自己充分的自主权。就这样，当年5月，父子俩在众多乡亲的公证下，正式签订合约，合同一订就是十年，承包款从1993年开始上交。

赖宏学得到承包权后，如鱼得水。一方面带领母亲、姐姐勤耕细作，一方面从《柑橘优质高产栽培》《农村百事通》《福建科技报》中吸取“营养”，同时请县乡农技员进山指导。

汗水浇出黄金果。一年下来，柑橘园一片黄澄澄金灿灿，多的一株有五六十公斤，少的也有20公斤，去年柑橘收成3.5万公斤左右，可获纯利2万多元。

就在1993年日历剩下没几页时，赖宏学把一叠一万元的钞票恭恭敬敬地交到60岁的老父亲面前。老人乐哈哈地还能说什么呢，转身唱上了：“……重整山河赖后生。”

阙林福:践行"四力",让我们的新闻更有力量

人物名片

阙林福,1963 年 8 月出生,中共党员,在职本科学历,高级记者。1993 年从部队转业到龙岩人民广播电台。现任龙岩人民广播电台工会主席、新闻部主任。曾任龙岩人民广播电台节目部主任、新闻部主任,龙岩电视台新闻部值班主任,龙岩有线电视台新闻部副主任、主任。

先后获得龙岩市首届"双十佳"新闻工作者、"全国婚育进万家活动先进个人"、龙岩市抗击"非典"先进个人、龙岩市宣传文化系统"四个一批"优秀新闻人才、福建省"十佳"新闻工作者。2010 年开始被龙岩学院聘请为客座教授。

个人主创的作品先后获得福建新闻奖一等奖 2 件、二等奖 5 件、三等奖 11 件;福建省广播电视新闻奖一等奖 2 件、二等奖 5 件、三等奖 13 件。

阙林福

“四力”心得

作为一名从事多年新闻工作的老记者和综合广播频率的总监，我深切感受到：唯有努力践行好“四力”，才能让我们的新闻更加有力量。

让新闻“更有方向”

“人民至上”是我们党的核心价值理念，也是新闻工作者必须坚持的正确工作取向，“为什么人的问题”始终是新闻宣传工作要解决好的重要问题。近年来，我国新闻宣传战线先后开展的“走转改”“三项学习教育”等活动，所指向的就是这一根本问题。践行“四力”，要求新闻宣传工作者摆正自身位置，真正解决好“我是谁”“为了谁”“依靠谁”的问题。时刻牢记胸中有大义，心里有人民，肩头有责任，笔下有乾坤。

让新闻“更有温度”

前几年，新闻单位开展的“走转改”活动，这其中就是“走”字当头。为了使我们新闻更加突出民生、服务民生，更注重用平民化的视角去观察生活，用平和的心去倾听老百姓的心声，说老百姓听得懂的话，让我们的新闻更加接地气，更加有温度，就必须让脚动起来，走到基层，走到农村，走到田头，走到山上去采写一线新闻。

让“眼”动起来，把“贴近生活”的目光转向人民群众最关心的问题，及时了解他们最关心什么。把工作性采访报道转变到贴近性报道上来，使新闻报道成为人民群众的“好参谋、好帮手”。一次，我和两名记者到某县的一个乡村采访时了解到，这里的孩子上学，包括小学生，如果不住在学校，每天都要走几十公里的路上学。再经过深入采访，发现这种现象当时在农村普遍存在。我们采写了一篇新闻《这里的孩子上学有点难》，新闻播出后，社会反响很大，引起了当地党委政府的高度重视，这一状况最后也得到了较大的改善。

让新闻“更有创意”

新闻工作要守正创新，就是要靠坚实的“脚力、眼力、脑力、笔力”。没有走

出去、没有现场一手资料、没有“人无我有，人有我精”的“脑力”，就谈不上大胆创新敢于实践。唯有眼界宽了、境界高了，才能取其精华，去其糟粕，在新闻的道路上不断创新。

谢庆平:做一个新时代的广播新闻好记者

人物名片

谢庆平,龙岩人民广播电台新闻部编辑。1982 年 1 月,从部队退伍进入三明人民广播电台从事新闻工作;1992 年 1 月,调入龙岩人民广播电台工作至今。38 年来,采写了数千篇洋溢着时代气息的新闻稿件,编发了数千期听众喜闻乐听的专题广播节目。其中采写编辑的作品曾获得中国新闻奖三等奖 1 篇、福建新闻奖一等奖 2 篇、福建新闻奖二等奖 3 篇、福建新闻奖三等奖 6 篇。全国获奖主要作品有:长消息《打工仔成为国家计委座上宾》在第十一届(2000 年度)中国新闻奖评选中获得广播消息三等奖,并获 2000 年度中国广播电视新闻奖广播新闻奖长消息节目二等奖;社教板块节目《心中的祖国》获得中国广播奖 1994 年度社教板块类二等奖。

谢庆平

“四力”心得

作为宣传思想战线队伍中的广播新闻记者，我们要在不断发展变化的全媒体竞争时代中赢得宣传报道的主动，抢得宣传报道的先机，就必须不断增强“脚力、眼力、脑力、笔力”，才能做一个新时代的好记者。

就拿广播报道中常见的一个报道形式——广播连线报道来说，就离不开“四力”，要先有“脚力”，下到基层，到达现场，才有第一手的新闻线索新闻素材；再要有“眼力”，及时发现哪些新闻可以做广播连线报道；还要有“脑力、笔力”，在正式连线播报前，记者都要在头脑中进行事先的构思，发挥自己的“笔力”写出连线播报的提纲及内容提要，这样才不会漏报重点内容，整个连线报道才显得逻辑清楚、条理清晰而不会杂乱无章。

2020 年是具有里程碑意义的一年。我们全面建成小康社会，实现第一个百年奋斗目标。2020 年也是脱贫攻坚决战决胜之年。龙岩电台记者以此为契机，深入连城、上杭、永定等地方，开展“新春走基层”采访连线报道活动。在这一过程中，记者走进农村、走进农家、走进田间地头，记录每一位贫困户、城乡基层的生活变化，反映百姓对美好生活的期盼。记者说老百姓听得懂的话，写“沾泥土”“带露珠”“冒热气”的文章。目前，《龙岩新闻》节目已陆续播出了一批有深度、有分量、鲜活生动的来自脱贫攻坚一线的连线报道，深受听众欢迎。

如今的全媒体时代，媒体融合、渠道、手段都在不断地创新改革。这些都对记者的敬业精神、新闻敏感性、新闻观察力、新闻表现力提出了更高更严的标准与要求。在如今的全媒体时代，广播新闻记者应当不断增强“脚力、眼力、脑力、笔力”，不断提升增强自身素质，包括政治素质、思想素质、业务素质，才能不断提高新闻报道的水平，发挥出新闻报道的最大优势与特有魅力。

张华云:也谈新闻人的基本素养

人物名片

张华云,主任编辑,1942 年 1 月出生在龙岩市新罗区月山村贫困农家。1964 年 7 月从教育部门转行到县广播站任编辑,至 2002 年退休,又返聘至 2010 年 11 月。

1964 年 8 月初到省广播局举办的编辑培训班学习马克思主义新闻观和业务知识。50 天的时间虽不长,却打下了较为扎实的业务基础,9 月下旬正式上岗后,身体力行,协助老同志办好《龙岩新闻》,广交朋友,熟悉县情,适时调整节目设置。20 世纪 70 年代负责的杂交水稻科普节目获省农技推广四等奖。1985 年,参与写作的《龙岩重视环境保护》等新闻及专题片在中央台播出。

40 多年的新闻生涯,先后获得全国广电系统先进工作者、福建省首届“双十佳”新闻工作者等荣誉。

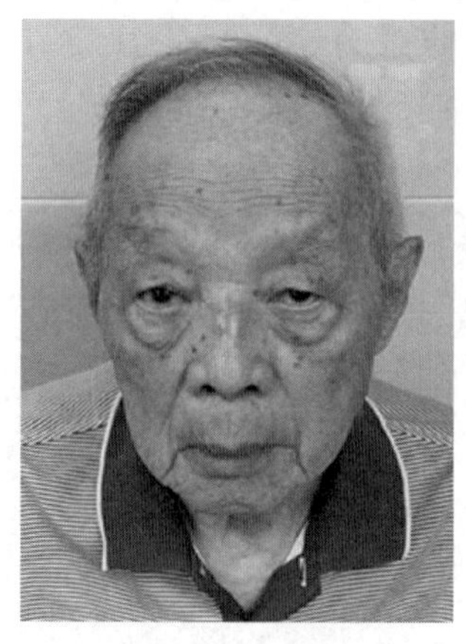

张华云

“四力”心得

我是有着40多年新闻阅历的老新闻人，很赞同如今增强“四力”的做法，记忆犹新的是20世纪六七十年代，老前辈告诉年轻的同伴，要“勤”字当头，努力做到“嘴勤、眼勤、脚勤、手勤、身体力行”。我想“勤”字贯穿于采编播的各个环节，也是出好新闻的必要因素，借助“四力”更是顺理成章了。

1980年6月，我从江山乡采访回程，在西兴桥头看到有农民卖西瓜，便上前问询西瓜的来历。卖瓜人回答，这瓜是月山下队投标晚秧地种的。投标种瓜，合法否？当晚，我到农技站几个技术干部住处聊天时，时任农业局局长恰好也到一位干部家里谈工作。我和他们说起了街头卖西瓜，请他们谈谈看法，局长很干脆，“明天上午我们去瓜店看看”。我们在田头测算效益，主人忙着卖瓜。回程的路上，局长要我听社员的意见，公社党委的意见，如果都认可，便可以写成报告或内参，但自己担责。几天后，我写出了《邱水庆投标种瓜》，7月8日在《福建日报》一版刊登。1981年评优时，该文被评为报社的年度好新闻。我想当时的“勤”聚起了我的“脚力、眼力、脑力、笔力”，弘扬了主旋律，也在一定程度上推动了当时的农业农村工作。

2000年11月，世界客属第十六届恳亲大会在龙岩举行，我深入挖掘新闻亮点，执笔了广播特别报道《我是客家人》，播出后反应良好，被选送参加省、地市优秀节目年度评选，并获一等奖。此后该报道参评中国广播奖，破天荒地上了广播社教综合性节目一等奖的榜单。这是我从业40多年获得的最高荣誉，也是常年勤奋积累付出的结果。

我个人认为，增强“四力”教育实践工作是“勤”字的延伸，是新时代新闻工作者提高素养、成为优秀新闻工作者的重要途径。

宁德

福建优秀新闻工作者践行『四力』实录

王绍据：坚持不懈深入　方可增强“四力”

人物名片

王绍据，1978 年始任福鼎县委报道组组长，1989 年调宁德地区复刊《闽东报》，历任闽东日报社总编辑，宁德（地）市委宣传部副部长、宁德（地）市记者协会主席。荣获地区首届拔尖人才、福建省优秀新闻工作者、“双十佳”新闻工作者、全国百佳新闻工作者等荣誉。享受国务院政府特殊津贴。

1984 年，徒步深入赤溪下山溪自然村调查采访，撰写《穷山村希望实行特殊政策治穷致富》一文，在《人民日报》一版刊登，该报为之配发《关怀贫困地区》的评论员文章，引起中央领导高度重视，拉开了新时期脱贫攻坚的序幕。曾得到习近平总书记在视频连线中高度肯定，赞扬他是当地的“活地图”“活字典”。2017 年被国务院授予“全国脱贫攻坚奉献奖”。

王绍据（右一）

“四力”心得

习近平总书记在2016年党的新闻舆论工作座谈会上强调：“新闻舆论工作者要转作风改文风，俯下身、沉下心，察实情、说实话、动真情，努力推出有思想、有温度、有品质的作品。”

回顾自己30多年的新闻工作生涯，我深切体会到，习总书记的讲话要求十分在理。作为新闻记者，只有俯下身、沉下心身入与深入，方能脚踏实地、贴近地气，听到群众心声，摸到百姓脉搏。只有坚持不懈地深入实际，才能磨砺脚力，擦亮眼力，触动脑力，赋予笔力。

20世纪80年代的改革风潮，推动农村形势一派大好，广大农民的生产积极性空前高涨，出现了前所未有的喜人景象。各级传媒大量报道各地涌现“万元户”“亿元村”的消息，给人们造成的感觉是：农村没有贫穷了。

在这铺天盖地而来的“富浪”面前，时任福鼎县委办公室副主任兼县委报道组组长的我，没有人云亦云，随波逐流，而是深入到边远的革命老区基点村探个究竟。1984年5月15日这一天，我起了个大清早，乘一个半小时的区间班车到达磻溪公社，然后带着干粮，迈开双脚行走35里山路到达赤溪行政村，再从村里攀登16里的崎岖小道，来到畲族群众聚居的下山溪村寨。

这个村寨坐落在半山腰里，后面是悬崖峭壁，前面是万丈深渊，仅有一条羊肠小道，两旁长满扎人的荆棘，还有一种形如锯片的牛芊茅草，用手一抓，划破血口，攀爬山道不仅要流大汗还要流鲜血。如果没有当时的一种激情冲动，就难以支撑顽强的脚力。

当我来到村寨，挨家挨户掀开锅盖、饭桌罩时，映入眼帘的是那呛人鼻腔的野菜味，桌面上没有一粒白米饭，也没有一点咸鱼咸肉，仅有山里的鲜小笋和腌制的咸笋干，一撮盐巴冲一碗开水便是菜汤。看到男女老少穿着褴褛，孩子们几乎都光着屁股，甚至连双拖鞋也穿不上。我来到一户住房，不经意地推开一扇没有插门闩的破房门，只见一位面黄肌瘦的中年妇女裹在脱落棉絮的被窝里。我用当地方言惊讶地问道：“你是生病了吗？”她既慌恐又窘迫，尴尬得无地自容没有作答。我误以为她是个哑巴，后来从邻居的老大妈打听得知：这位妇女是因为把裤子让给婆婆上山采茶了，她只好裹在被窝，要等婆婆回

家，她才能穿着裤子下地见人。这就是最具典型的婆媳同穿一条裤的穷困状况。

经过看、问、听，我不仅真切地得知村民们食不果腹，衣难遮体的现实，还得知村民们需砍柴伐竹出卖，才能买回谷子交公粮、统购粮的艰难。我还了解到，这个具有 100 多年历史的自然村，解放前夕统计人口为 104 人，至 1984 年人口不但没增加，反而减少到 81 人。

我采访回来的当天深夜，尽管疲惫不堪，却辗转反侧，无法入眠。脑子里的思潮汹涌澎湃：曾为革命做出贡献和牺牲的老区群众，在解放 35 年后却吃不饱饭，穿不上衣，如此贫穷怎能称得上社会主义社会？作为一名共产党员、一名基层的新闻工作者，面对如此严酷的现实，怎能熟视无睹、漠然置之于不顾？全国农村到处莺歌燕舞形势大好，我怎可反映负面的情况。这会给改革开放抹黑吗？如果受到处理或不公正对待，我将如何面对？

思前想后，纠结煎熬。我最终以共产党员的责任担当和记者的铁肩道义战胜了一切！凌晨 3 点起床，写成了这篇题为“穷山村希望实行特殊政策治穷致富”的情况反映。

稿子的开头，肯定了实行农业生产责任制以来农村发生巨大变化的事实，指出有一些地方，特别是偏僻边远的山村仍处在贫困落后的状况。然后列举了下山溪自然村群众食不果腹、衣难遮体的现象，提出了诸如政府部门应帮助这里因地制宜发展经济，国家应予减免征购粮任务，让孩子们能够入校读书等建议，用记者的笔真心呼吁实施特殊政策，让这个特困村尽快摆脱贫困。

这封情况反映信投寄到《人民日报》编辑部不久，先以内参件形式刊发，得到中央领导批示后，于 6 月 24 日一版显著位置公开刊登。该报为之配发了题为“关怀贫困地区”的评论员文章，文中疾呼：“我们共产党人的天职，就是领导全体人民走共同富裕的道路，如果让这些贫困现象长久继续下去，不但会影响整个农村经济的持续发展，也愧对那里曾为革命做出过牺牲的父老乡亲。”这犹如晴天霹雳响彻大江南北，点燃了新时期扶贫之火。3 个月后，中共中央、国务院颁发了《关于帮助贫困地区尽快改变面貌的通知》。于是，一场大规模的旷日持久的全国性脱贫攻坚行动如火如荼地展开了。

回想当年这篇来信的产生过程及其影响效果，正是脚力、眼力、脑力、笔力的综合体现。如果没有迈开双脚，往返徒步 100 多里山路，就难以深入到边远偏僻的村寨；如果没有身入其境其屋，就难以看到村民们吃的是什么、穿得怎么样;如果没有一份记者的责任感,就不敢担当撰写这份有悖于大好形势的“揭短”稿子;如果不经过精心考虑,只简单片面反映存在的贫困问题,没有提出实施特殊政策的建议,就难以引起《人民日报》编辑的高度关注。

“四力”归根到底,是坚持马克思主义新闻观。只有把人民的利益高高举起,摆在首位,才会不辞辛劳,不畏艰险,勇往直前。只有不懈地坚持深入,方能不断地增强“四力”。我在总编辑的岗位上,能够坚持身先士卒,深入基层,深入一线,采写出《牙城镇领导不投权力股,带头掏腰包》《不管东西南北风,咬住粮食生产不放松》《50 万贷款落户记》《粮价提高了,喜忧知多少?》《农民致富路在何方?》《一位乡镇书记的思索:人往哪里去? 钱从哪里来?》《农民进城喜与忧》《返贫——一道必须破解的难题》等 14 篇获得福建省新闻一等奖的稿子,则是践行“四力”的例证。

吴道锷：在践行“四力”中传递真善美

人物名片

吴道锷，1969年6月出生，福建屏南县人，1991年7月毕业于福建师范大学中文系，中共党员。宁德晚报社社长、高级记者。宁德师范学院兼职教授、福建省第十三届“十佳”新闻工作者、宁德市首届百人计划文化名家。1993年12月至1995年1月，任《福安报》编辑；1995年1月至2002年10月，任福安市委报道组干部、副组长、记者；2002年10月至2016年4月，任宁德晚报新闻部主任，编委兼记者部主任，副总编辑，副总编辑、党支部书记；2016年4月至2019年5月，任宁德晚报社副总编辑，宁德网总编辑、党支部书记；2019年5月至今，任宁德晚报社社长、宁德网党支部书记。2006年7月，被评为主任记者，2015年12月被评为高级记者。

吴道锷

在《人民日报》《光明日报》《经济日报》《福建日报》《闽东日报》发表新闻作品500多万字。荣获中国广播电视奖、中国晚报新闻奖、福建新闻奖、福建新闻专项奖等省级以上奖项70余次。两次承担省委宣传部新闻理论研究课题。在《中国记者》《东南传播》《齐齐哈尔大学学报》等杂志发表新闻论文10余篇。

“四力”心得

著名新闻人约瑟夫·普利策说过：“倘若一个国家是一条航行在大海上的船，新闻记者就是船头的瞭望者……”在我的理解中，选择记者这一职业就意味着对社会责任的自觉担当。记录、推动社会进步与时代发展不也正是一个新闻人的职业理想吗？

2020年2月7日，为采访防治新冠肺炎一线的医护工作者，我深入闽东医院隔离病区，记录下一群年轻医护人员的心路历程。《战“疫”——来自闽东医院隔离病区的报道》一文荣获2020年福建省“新春走基层”活动优秀新闻作品。

2013年5月，我得知宁德市民族中学教师张荣用16年的时间刚刚还清亡妻欠下的50多万元借款，感动于这名普通教师的诚信品格，我迅速前往采访。5月18日，通讯《妻子病逝欠债50万，丈夫信义还款16年》在《宁德晚报》的3版头条见报。这篇以弘扬诚信为主题的作品，迅速被人民网、网易、凤凰网等全国数十家网站，以及中国日报、扬子晚报、法制晚报等媒体法人微博转发。

在我27年的新闻职业生涯中，不少平凡人成为我人物报道的主角：为追捕持枪歹徒壮烈牺牲的民警李兴富；倾家建校办学的小学教师蔡坚基；中国武警十大忠诚卫士刘文斌；用爱心播撒阳光、有“屏南活雷锋”之誉的护士包著琼；全国首创海上社区、贴心服务海上渔民的三都边防派出所群体……

2006年3月，在得知省人大代表阮陪金因为审议省政府工作报告时对其中的贫困人口数字提出质疑进而促进了福建农村低保制度出台的简单经过。我当即利用周末时间赶往阮培金的家深入采访，梳理出这一事件的脉络，采写的《代表“质疑”催生农村低保制度》被评为当年的全国人大好新闻一等奖并被全国人大推荐参加中国新闻奖评选。我之所以用近3000字的篇幅去写这篇

文章，还想表达的另一层意思是，作为公民，你对生活的积极参与，都有可能推动着社会进步！

2012 年以来，我先后三次荣获福建省“走转改”活动优秀编辑记者、“新春走基层”活动先进个人称号。作为一名新闻战线的老兵，我深知，只有在深入基层中练就强劲脚力，在洞察生活中练就敏锐眼力，在勤学深思中增强脑力，才会在书写时代中练就不凡笔力，才能采写出一篇篇“沾泥土”“带露珠”“冒热气”的报道，才能更好地将这种感动传递并感染给更多的人。

代表作品

战“疫”

——来自闽东医院隔离病区的报道

吴道锷　林　珺

《宁德晚报》 2020 年 2 月 10 日

2 月 7 日中午 1 时，福建省福安市，暖阳高照。

闽东医院隔离病区清洁区，感染科主治医师李丰正在与第二批上岗的医生郭国华进行交接班。

1981 年出生的李丰是医院第一批报名上战“疫”一线的医生之一。1 月 24 日到岗，就接诊宁德市第一例新型冠状病毒感染的肺炎患者，15 天后，第二批战“疫”医护人员替换下了他们。

在战“疫”一线，李丰完成了自己一个多年未了的心愿：1 月 30 日，在大学连续写了三年入党申请书的他，终于在隔离病区实现了入党愿望。

2 个小时后，在隔离病区所在的门急诊病房大楼一楼，李丰参加了院方为首批三位治愈患者举办的欢送仪式。李丰说，这半个月没有白待。

备　战

1 月下旬，新型冠状病毒肺炎疫情已经开始出现向全国各地蔓延的趋势。

1 月 22 日下午，宁德市卫健委召开全市电视电话会议，全面部署新型冠状病毒感染的肺炎疫情防控工作。

当天 18 时，国家卫生健康委确认，福建省出现首例输入性新型冠状病毒感染的肺炎确诊病例，患者为福州市连江县人。

闽东医院地处福安市，是宁德市两家三级甲等医院之一，党委书记李旋、院长刘昌明已经关注武汉肺炎疫情多时，看到福建已经出现首例确诊病例、福安一名疑似患者正在院内观察，感到防控形势不容乐观，当晚部署，将已经竣工、还尚未投入使用的门急诊病房大楼 22 层连夜改造成隔离病区。

23 日凌晨，看到功能区改造完毕，副主任护师黄丽秀下意识地看了下手机，3 时已过。

1 月 23 日 11 时，福建省报告新增输入性新型冠状病毒感染的肺炎 3 例。厦门市、泉州市、宁德市霞浦县均出现当地首例确诊病例。

1 月 24 日，福建省启动重大突发公共卫生事件一级响应。

当日，正在闽东医院留院观察、有武汉疫区接触史的福安市民林某，经福建省卫健委组织复核检测、专家评估后，确诊为新型冠状病毒感染的肺炎病例，成为隔离病区收治的第一名患者。

收治他的感染科主治医师李丰，刚到隔离病区上岗不到几个小时。

请　战

刚上小学二年级、假期寄养在外婆家的占若琳得知妈妈需要在病区待上一个月，绘制了一张妈妈归期表，从 1 月 24 日开始，每天打一个钩，晚上视频聊天时就发给正在隔离病区的张静。一看到女儿的图片，张静眼泪就流出眼眶。

去年 10 月，张静挂职柘荣县医院，与女儿本来就聚少离多。自上个月 24 日进入隔离病区就没见过女儿一面，丈夫又去位于赛岐镇的福安市医院挂职，晚上休息时，才有空和女儿视频聊会天，得知女儿这几天扁桃体发炎，张静倍感心疼。

2 月 7 日，隔离病区第一批上岗的 15 名医护人员将全数换岗，与第一批入驻隔离病区的同事一样，张静还得在隔离病区观察 14 天，安全后才可以离开，“第一件事就是回霞浦看女儿。”张静急不可待地说。

同为 80 后的主治医师郭良华、黄瑞强是与李丰第一批请战入驻隔离病区的三位医师，春节前入驻时，头发都来不及理，为了迎春、同时缩短每次出患者

病房后洗浴的时间，三个人第一次互相剪了头发。“你看，剪了都不好看，大家差不多。”郭良华摘下了医生帽笑着说。

郭良华的妻子在医院超声影像科上班，两个孩子一个8岁一个2岁，休息时间，隔离区的活动空间不足百来平方，除了和孩子通过视频说说话、向家里报个平安，郭良华就是通过手机看各地关于疫情的报道。“看着病例一天一天往上增长，又没有明确的对症药，心里很着急。”郭良华说，“还好，在医院专家及医疗救治组的指导下，先后入住病房的11名患者都病情稳定、病况好转。”

医者仁心。疫情当前，自愿报名上抗疫一线的医护人员越来越多，闽东医院根据入住病人的数量，每组安排15名左右的医护人员，已经成立了三组医疗队。

在一线医护组后面，由感染性疾病科、呼吸与危重症医学科、重症医学科、中医科等组成的专家及医疗救治组分为两组，每组25人左右，几乎全是医院资深的主任、副主任医师，服务收治的新冠肺炎患者。

作为宁德市两家市级定点医院之一，闽东医院负责收治福安、霞浦、福鼎等六个县(市)的确诊病患、福安市的疑似病患。

诊 疗

确诊病例要到影像科做检查，必须全身防护、并使用专用设备，消毒水一路喷洒。黄瑞强解释说：“最严格的防护，就为了确保患者不再传染给他人。”

病例定义、预检分诊、病例报告、处置流程、转运原则、感染控制……1月30日，闽东医院加强新型冠状病毒感染肺炎疫情防控处置方案已经完善到了第三版。

重症医学科主任、主任医师顾凌是医院专家及医疗救治组A组组长，自医院收治第一例确诊患者以来，每天的工作都在10个小时以上，“发热门诊最多的一天接诊178例，医生都没有时间上卫生间，最高峰时，一天5班医生轮流上岗，24小时无休。”

新型冠状病毒感染的肺炎并没有精确的靶向药物，国家卫健委专家组先后对诊疗方案进行了5次修订。顾凌说，闽东医院专家也在结合国家诊疗方案、医院数十年的临床经验不断调整治疗方案。

专家组成员、中医科主任医师施进宝每天与隔离病区一线医生进行沟通，分析患者的病情配置不同的汤剂，并根据每一名患者的疗效进行用药调整。

医院还使用了大剂量丙种球蛋白提高患者的免疫力。让专家组欣慰的是，住院患者在综合用药的治疗下，都出现了不同程度的好转趋势。

“及时收治为患者治愈争取了时间。”闽东医院院长刘昌明介绍，“不仅医院，社会各界也同样在全力以赴。”1 月 24 日，福安患者林某被确诊后，福安市、乡、村三级医院、疾控中心在极短的时间排查了其所接触的 128 名接触者，幸好，未出现一例被传染病例。

2 月 7 日下午 2 时 30 分，许丽华带着儿子郭某的换洗衣服，乘坐福鼎市医院的 120 救护车到达闽东医院。郭某从武汉回来后的 1 月 30 日，确诊被送至闽东医院治疗，是这次出院的 3 位患者之一。3 时 32 分，上车回程时，许丽华一直在向医护人员挥手致谢。“妻子有孕在身，一人在家呢。”郭某说，“明天就是元宵节了。”

2 月 9 日上午 11 时，福建省卫健委发布，截至 2 月 8 日 24 时，宁德市累计报告新型冠状病毒肺炎确诊病例 23 例，治愈出院 4 例。

战“疫”还在继续。

李振富：增强“四力” 倾情书写新时代

人物名片

李振富，1983 年 9 月至 1987 年 6 月，在福建师范大学物理系学习；1987 年 8 月至 1994 年 8 月，在宁德地区民族中学任教；1994 年 8 月至 1996 年 10 月，在宁德电视台任记者；1996 年 10 月至 2001 年 1 月，任宁德电视台新闻部副主任；2001 年 1 月至 2001 年 10 月，任宁德电视台专题文艺部主任；2001 年 10 月至 2005 年 4 月，任宁德电视台新闻部主任；2005 年 5 月至 2007 年 4 月，任宁德人民广播电台副台长、宁德电视台新闻部主任；2007 年 4 月至 2008 年 1 月，任宁德电视台新闻综合频道总监、新闻部主任；2018 年 1 月至 12 月，任宁德电视台新闻综合频道总监；2008 年 12 月至 2012 年 5 月，任宁德电视台副台长、宁德电视台新闻综合频道总监；2012 年 5 月至今，任宁德电视台副台长。

李振富

“四力”心得

我们要将基层一线作为增强“四力”的着力点，自觉承担起举旗帜、聚民心、育新人、兴文化、展形象的使命，为新时代书写精彩答卷。

本人从事新闻宣传工作27年来，始终坚持马克思主义新闻观，努力采写“有思想、有温度、有品质”的新闻。

增强“脚力”到基层，新闻接地气。2019年8月，习近平总书记给寿宁县下党乡的乡亲们回信，我第一时间带队赶赴下党，记录下干群收悉回信后的感动与振奋，挖掘回信背后的“下党故事”，随后展开的一系列报道，生动印证“弱鸟先飞、滴水穿石”的道理，取得很好的社会反响。

增强“眼力”善观察，新闻有角度。我深知作为一名记者，既要有站在天安门上看问题的全局观念，又要懂得在田埂上找感觉的基层情怀。除了要解读国家大政方针外，更要扎根大地，书写出有影响力、维护国家利益的报道，以引导舆论。

增强“脑力”勤思考，新闻见深度。新闻工作者应树立导向意识，自觉把党和国家的路线、方针、政策和本地实际相结合，认识新事物、把握新规律，推动新闻舆论工作增强时代性、富于创造性。宁德市牢记习近平总书记“多上几个大项目，多抱几个‘金娃娃’，加快跨越式发展”的殷切嘱托，坚持高质量发展，四大主导产业快速发展。系列报道《宁德：推动高质量发展“加速跑”》，以“金娃娃”落地、发力、辐射带动产业链条，化延伸为主线，展现昔日积贫积弱的老区如今厚积薄发，发展成为福建新兴增长极，创造出令人鼓舞的“宁德速度”和“宁德质量”。

增强“笔力”改文风，新闻更鲜活。电视新闻声画兼备现场感强，力求文风清新朴实、生动鲜活，见人见事，见思想见精神。宁德市通过海上养殖综合整治，海洋生态环境极大改善。我们持续关注、跟踪报道闽东海域多次重现的白海豚，融合留存的大量新闻素材，浓缩剪辑短视频《萌翻了！中华白海豚又回来啦！》。作品时效性强、表现力强、现场感强，在全网得到快速广泛传播，收获超十万的点击量，实现融媒体环境传播效果最大化。

下沉一线、深入群众，精心锤炼脚力、眼力、脑力、笔力，才能创作出“沾泥土、带露珠、冒热气、接地气”的新闻作品。践行“四力”，融会贯通，任重而道远！

平潭综合实验区

福建优秀新闻工作者践行『四力』实录

高芳:记者,记着!

人物名片

高芳,主任记者,福建省“十佳”新闻工作者,2020 年全国广播电视和网络视听(新闻宣传)领军人才。

创办的多档民生和政务类热线节目获得福建省名专栏奖。现为平潭综合实验区融媒体中心互联网中心负责人、福建首档全媒体问政节目《问政平潭》制片人。作品多次获得福建新闻奖一等奖乃至全国奖项,多篇论文获奖并发表在国家级刊物上,其中《融媒体背景下电视问政类节目的发展策略》在《新闻战线》上刊登。

高　芳

“四力”心得

好的新闻报道，要靠好的作风文风来完成，靠好的脚力、眼力、脑力、笔力得来。这是习总书记对新闻工作者寄予的殷切期望，也给新闻工作者践行使命和理想信念指明了方向。

我从事新闻行业二十余载，从创办福州市《政风行风热线》到全省首档全媒体问政监督节目《问政平潭》。我更加深刻感受到，身为新闻工作者要做到：观念清，明辨是非，坚定如一；眼要明，高瞻远瞩，引领潮流；笔要巧，胸有成竹，笔下生花；脚要勤，深入实地，为民发声。

新闻工作者脚要勤，新闻从业者从群众中来，就要到群众中去，多深入基层一线调查研究。在和群众的交流中发现问题线索，挖掘群众最期盼解决的问题，急群众之所急，为民发声、为民解困。

新闻工作者眼要明。《问政平潭》每天面对纷繁复杂的素材线索，需要善于观察判断、善于辨别，做到客观公正，要做到见人之所见、又见人之所未见的境界，从看似很小的问题切入，引出作风的“大”问题，使问政报道能经得起检验。

身为新闻工作者，要保持清醒坚定，多思善谋、综合研判，能够想得全、想得细、想得深。《问政平潭》是一档以问政倒逼实验区部门作风改变的问政类节目，需要我们从政治角度审视和反思问题。在受到思想冲击或利益诱惑时，心中能够保持战略定力，始终不偏离舆论监督主航向。

新闻工作者笔要巧，要善于从火热生活中发现闪光点，多运用群众的语言，使每篇报道接地气、有情感、有温度。这是一个长期的探索过程，需要持之以恒、久久为功。

欧阳晓波："四力"为宣传队伍建设提供根本遵循

人物名片

欧阳晓波，中共党员，1966年6月出生，主任编辑，福建省作家协会会员、福建省首届青年记者协会副会长、福建省第七届"十佳"新闻工作者。

1986年，毕业于福建师范大学中文系并留校任中文系助教；1994年1月至2003年9月，历任福建经济报社记者、编辑、部门主任、编委、总编辑助理；2003年9月，任福建教育电视台台长助理；2004年12月至2008年12月，任福建教育电视台副台长；2007年7月至2010年，援藏任西藏林芝市教育局副书记、副局长（2009年3月提任正县级）；2011年4月至2012年11月，任福建省教育厅职业与成人教育处调研员（2012年3月至2012年11月挂职任平潭综合实验区管委会主任助理、平潭广播电视台总监）；2012年11月至2016年2

欧阳晓波

月，任平潭综合实验区社会事业局党组书记、局长；2016 年 2 月至 2016 月 9 月，任平潭综合实验区党工委管委会办公室主任、室务会召集人；2016 年 9 月至今，任平潭实验区党工委委员、管委会副主任，中国（福建）自贸区平潭片区管委会副主任。

曾主持或参与《福建经济快报》和福建教育电视台的改革改版。2012 年赴平潭挂职，主持创办平潭广播电视台，期间近三十篇作品分获“中国经济新闻奖”“中国教育新闻奖”“福建新闻奖”。

“四力”心得

作为一名曾奋战在新闻一线近二十年的“老兵”。对习总书记提出要不断增强“脚力、眼力、脑力、笔力”感同身受，我认为“四力”是有机联系、相互促进的整体，为宣传队伍建设提供了根本遵循。

“脚力”就是要练就“泥腿铁脚”。要把实践和基层当作最好的课堂，加强深入基层、深入群众、深入实际调查研究的能力。要迈开步子、扑下身子，与广大基层干部群众交朋友、话心声。要有始终在路上的精神，让一线新闻更鲜活、生动、感人。

“眼力”就是要练就“火眼金睛”。面对越发复杂的世情、国情、民情，要看得更清、更透、更远。要练就政治慧眼，做大做强主流思想舆论，提升宣传思想工作传播力、引导力、公信力。还要从繁杂、广阔的社会生活中寻找到独特的新闻素材，创作出独树一帜的作品，让新闻报道更有深度、广度和温度。

“脑力”就是要练就“善学善思”。善于发现问题、思考问题、解决问题，这是宣传思想工作的重要职责。要深入学习习近平新时代中国特色社会主义思想，在学懂弄通做实上下功夫，坚持用新思想武装头脑。要善于研究总结宣传思想文化工作规律，不断掌握新知识、熟悉新领域、开拓新视野，推动宣传工作在创新发展中增强引领作用。

“笔力”就是要练就“几把刷子”。增强脚力、眼力、脑力，都要通过笔力来体现，要不断增强语言文字的驾驭能力与水平。要写出既有思想深度，又有精神高度的文章，才能不负时代记录者的使命。要不断修炼文风，多写带着泥土味儿的文章，让百姓喜欢听、记得住、传得开。

后 记

《福建优秀新闻工作者践行“四力”实录》由中共福建省委宣传部、福建省新闻工作者协会牵头编撰而成，编务工作由厦门大学具体组织实施。刘韬、张燕萍、袁雨非、陈洁怡、卓心玥、杨雯卿、王森、束秀丽、戴云、刘坤厚、周杨、张晓娴等参与了编写工作。

本书得到了省内各相关新闻单位的大力协助，厦门大学教务处也给予了出版方面的支持。谨致谢忱！

2020 年 10 月